巴黎人

Parisians

探寻巴黎历史的神奇之旅

An Adventure History of Paris

[英] 格雷厄姆 · 罗布 (Graham Robb) 著　许婧 王利军 译

北京大学出版社
PEKING UNIVERSITY PRESS

北京市版权局著作权合同登记　图字 01-2010-7675 号

图书在版编目（CIP）数据

巴黎人：探寻巴黎历史的神奇之旅 /（英）罗布（Robb，G.）著；许婧，王利军译 .
—北京：北京大学出版社，2011.9
（培文书系・人文科学系列）
ISBN 978-7-301-19357-0

I. ①巴…　II. ①罗…②许…③王…　III. ①巴黎－地方史－近代　IV. ① K565.9

中国版本图书馆 CIP 数据核字（2011）第 160440 号

Original English language title: Parisians: An Adventure History of Paris, by Graham Robb

本书中文简体翻译版由诺顿（W. W. Norton & Company, Inc.）授权北京大学出版社出版。

书　　名：巴黎人：探寻巴黎历史的神奇之旅
著作责任者：[英] 格雷厄姆・罗布 著　许婧 王利军 译
责 任 编 辑：徐文宁
标 准 书 号：ISBN 978-7-301-19357-0/K・0796
出 版 发 行：北京大学出版社
地　　址：北京市海淀区成府路 205 号　100871
网　　址：http://www.pup.cn　电子信箱：pw@pup.pku.edu.cn
电　　话：邮购部 62752015　发行部 62750672　编辑部 62750112
出版部 62754962
印 刷 者：三河市欣欣印刷有限公司
经 销 者：新华书店
720 毫米 × 1092 毫米　16 开本　22.75 印张　480 千字
2011 年 9 月第 1 版　2011 年 9 月第 1 次印刷
定　　价：45.00 元

献给我的父母

Gordon James Robb

(1921—2000)

JOYCE ROBB,

née Gall

目 录

出　发

巴士底狱（1789 年）

我到巴黎时，巴士底狱已经不在。旅行社给我的地图上，赫然标着城东有一“巴士底狱遗址”，但等我走出地铁“巴士底站”，却只看到一个丑陋的青色石柱。就连废墟的残片也没留下。石柱的底座上，脏兮兮地用鎏金字母刻着“1830 年 7 月”，和一段表彰为捍卫“公民自由”而献身的市民的铭文。我知道法国大革命发生在 1789 年。显然，这是另一场革命。可要是国王和贵族们都已被送上断头台，又是谁在 1830 年屠杀了捍卫自由的人士呢？这座纪念碑没有告诉我答案。后来，一位高年级学长告诉我，还发生过另一场革命，跟我知道的革命仅相差七年。

那年我过生日时，父母送给我一份生日礼物，让我在巴黎度了一星期假。他们帮我在军事学院附近的一家小旅馆订了一个房间，给了我一些找寻纪念碑和廉价饭馆的提示，一张在塞纳河上乘船的许可证，一张可以在拉法耶特艺术馆免费兑换礼物的优惠券。我的行李箱装满了衣物（稍显有些多），一些应急用品，一本二手的波德莱尔作品，它是我参观那些著名景点间隙猎奇探秘的指南。我读过“巴黎即景”组诗，读过讨论“现代英雄主义”的那篇文章：“巴黎人的生活，充满了奇妙和诗意的主题：一种不可思议的感觉萦绕在我们心中；那种感觉就像空气，我们呼吸着它，但却看不见它。”我坐在圣雅各伯塔附近一家咖啡馆，读着波德莱尔，窗户上的雨水模糊了街上行人的面孔，哥特式石头建筑的气息散布到薄雾缭绕的空气中，我确信自己理解了那句话。

那一周，我还发现了几处好玩的地方。我在埃菲尔铁塔附近的河畔，找到了巴尔扎克的小屋，他曾藏在那里躲债，并写出了《人间喜剧》。我曾爬上圣心堂白色的大圆顶，看到市郊有一个村落，到处都是充满欢声笑语的咖啡馆，和创作同类作品的画家。我曾在卢浮宫一连走上好几个小时，饭都没顾上吃，几乎把一切都忘了。我发现了一些用沙铺成的中世纪街道，猜想着墙上那些图画和文字的意思，那些东西看上去像是受过高等教育、有着严肃政治立场的人所为。在地铁站，我曾路过那些肢体不全的乞丐；在袖珍巴黎旅游指南上没有提到的一些角落，我看到了“巴黎即景”组诗中描写的那种女人。

第一天，在试过自己会说的法语后，我决定最好还是以沉默思考的方式来感受巴黎。我发现，花上半天时间，就能从城市的一头走到另一头。我试了好几回，然后开始按照公交站点的站牌数来安排行程。那一周结束时，我已非常熟悉 27 路、38 路、92 路，以及其他一些尾部带有入口平台的公交线路。我最后一天才选择乘船，途中还睡了一段。当我提着一大包旧书（我觉得有些是无价之宝）在荣军院广场登上机场巴士时，我已看过许多景点，唯一的遗憾是，没去拉法耶特艺术馆免费兑换礼物。

最重大的发现之一，由于来得太迟而未能成行。在回伯明翰家乡的飞机上，坐在我身旁的一位美国绅士打破沉默，显然是想跟我聊聊天。他问我是否去过拉丁区，我说没去过（后来我意识到自己其实去过）。他说："那你可得再去一趟！你要没去过拉丁区，就等于你没去过巴黎。"

第二年，我带着足够两个星期开销的钱回到巴黎，决定先找份工作，三个星期后我找到了工作，然后在那里待了六个月。后来，我对巴黎知道得越多，就越是觉得自己可能永远也无法真正弄懂它。那些大门紧锁的院落，仿佛是巴黎景观的一大特色。我交了一些巴黎朋友，他们大都生在巴黎之外，但对成为巴黎人倍感骄傲。他们指给我一些地方，要让我自己去找，绝对找不着；教给我一些巴黎人的"生活艺术"：堵车时权当是在闲逛；违规停车是在捍卫个人自由；把街市当成公共博物馆，随意观赏橱窗里的展品。他们还教给我假装跟服务生吵架的小把戏，告诉我要敢于注视陌生的漂亮女子。作为一个学生，我一边读着小说和史书，一边努力把书中内容跟眼前事物联系起来。我学会了区分不同的革命。最后，我明白了巴士底狱遗址的石柱是怎么回事，甚至能看懂一些政治标语。但是，这样学来的知识终归有点费劲，与事实也并非完全一致。我读了雅克·伊莱雷①《巴黎街道历史辞典》里的全部七千个词条，仔细查看过每幅照片，但一到巴黎街头就会发现，即使最著名的纪念碑，也有许多谜团。甚至当我的法语水平提高到可以偷听别人说话时，林荫道上的人群，还有窗户里闪现的一张张面孔，都在提醒我：一个人永远都读不懂一个有着几百万人口、瞬息万变的大都市。

* * *

下面这些故事写的是，多个人物多重视角下的巴黎历史。本书始于法国大革命爆发，止于 2010 年，其间也穿插了一些中世纪和史前时期的小故事。本书追溯了巴黎的历史：从塞纳河上的一个小岛，那里是巴黎人部落的根据地，到如今快速发展的郊区，巴黎郊区快速扩张给人带来的恐惧，远远超过历史上这里大盗横行、野狼出没给人带来的恐惧。

我想写一部缩微版的巴黎《人间喜剧》，通过一些真人真事来反映这座城市的历史。每个故事都是真的，每个故事都是完整的，但故事之间也有交叉和转折，起到标注时间和空间的作用。一些街区和建筑物在不同的场景和视角下重复出现，但它们已被历史事件、人们的雄心抱负、建筑师和流逝的时光不断重塑。

---

① Jacques Hillairet，1886—1984，《巴黎街道历史辞典》（*Dictionnaire Historique des Rues de Paris*）的编者，该书是了解巴黎大街小巷历史渊源的必读书。

直到 18 世纪末，巴黎才有了比较精确的地图，那时很少会有人溜到离自己住处较远的地方。就是到了今天，游览巴黎或其他任何一座大城市时，人们也会有点分不清东西。相似的街道，相似的外形，混杂着当地的风土、气味、石材和行色匆匆的路人，给人一种独特的现实感。不管观察者的视角多么主观或古怪，他们的印象都已成为这座城市的一部分，同样也属于这座城市的历史。

如果只有一种视角，这些典型的探险活动就会成为呆板的旅行。叙事的方法和角度，应该由某个地点、某个历史性时刻或某人自然决定。每个故事都有那个时代的特色，都有其独特内涵，都在以各自的形式向往日致敬。之所以要叙述巴黎建筑风格的变迁，叙述巴黎警察部门和政府机关的发展，叙述巴黎的基础设施和住宅情况，叙述巴黎的休闲娱乐和政治革命，首要原因就是它们可以为叙事的目的服务。没有哪个故事是刻意安插进去的，而且除了奥斯曼男爵、希特勒和法国的几位总统，没人对巴黎的下水道系统或交通系统发表过专论。

率性而行的游客将会发现，自己的旅途就像一连串思绪，只是到了后来对照地图查看自己的行踪时，才会意识到这些偶遇背后还有如此多的学问。我曾长途步行、坐公交车或独自探路，然后再凭记忆重走那些路线，先制造一系列背景，接着就能往里添加更多细节。几乎每位研究巴黎的历史学家都曾指出，不可能对这座城市进行全景式描述。我确信自己的经历再次证明了这种不可能性。这本书无意成为另一部解析巴黎历史的作品，那类书中有些佳作至今仍在销售。但它也绝不像第一眼看上去那样迥异于传统历史著作。它跟我的另一本书《发现巴黎》所需的调查研究相当，同样是写给普通大众看的，我不想把那些来之不易的史料当成雕塑用的黏土随意摆弄。总之，它是给那些喜欢思索巴黎的人看的，我希望大家读这本书时能体会到思考的乐趣：你有可能破解出贝尔·拉雪兹公墓中每块墓碑的含义；仿佛坐在星型广场和索邦大学广场之间的露天咖啡馆；仿佛全程乘坐过十几条公交线路；仿佛仔细观察过都尔奈勒河堤和马拉给河堤之间的每一座书吧。好了，下面就请跟我上路吧。

第一章

罗亚尔宫一夜

青年时代的拿破仑

每周三早上，在夏季的七点钟与冬季的八点钟，欧塞尔市都会发出一班渡轮，开往四百多里外的巴黎。这是从勃艮第和南方省份去往巴黎最安全舒适的路线，尤其是在冬天。渡轮经由约讷河和塞纳河航行至巴黎只需三天时间，接下来，它就会停靠在遍布尖顶和穹顶的老城区中心地带。这种被漆成绿色的大型平底船，有许多装着舷窗的客舱，十分宽敞，配有成排的长椅，能容纳四百名乘客，他们可以携带同样多的动物，卖到沿途各地，或是捎给城里亲戚。船上有一个伙房，可以给那些没有带足干粮的人供应汤水和炖菜；船舱两侧各有一个半截的塔楼，俗称“公共厕所”，供那些不愿在沿岸葡萄园方便的旅客使用。

那些曾在驿路上颠簸多日的有钱人，一旦习惯了同船的士兵、旅行推销员、流浪歌手、僧侣、农夫、把孩子留在家自己去首都出售奶水的奶妈大军，就会发现这趟航程是一次愉悦的冒险。一个曾在本章故事发生几年前体验过这种旅行的诗人，把自己想象成“登上了一艘满载各种动物，驶向某个新发现的海外领地的航船”。在这条诺亚方舟式的船上找到好位置的乘客，可以在成堆的缆绳和行李外欣赏到沿途奇特的风景，就像是在观看一幅缓缓移动的画布。旅途漫长，让人昏昏欲睡，乘客们无所事事。各色人等混杂一处，令某些乘客突然生出一种活力。渴望一睹巴黎风貌之人，急于验证巴黎女人的豪放与魅力之人，在巴黎圣母院的塔楼映入眼帘之前，心中早已是浮想联翩。

在搭乘 1787 年 11 月 7 日早上从欧塞尔发出的那班客轮的乘客中，有一位来自新近派驻瓦朗斯的炮兵少尉。他年方十八，除了有些害羞，一无所惧。他脚上那双长筒皮靴，使他显得有点过矮，但他身上给人一种凛然不可侵犯之感，谁要敢当面取笑他，都得先在心里掂量掂量。布里埃纳军校里的教官，曾用近乎钦佩的口吻描述他：

> 品行正直，思维缜密；行为端正，中规中矩；精于数学运算，粗通史地知识；社交能力稍弱，航海技术很强。

作为让－雅克·卢梭的拥趸，这位年轻人并不怎么关注沿岸风景，反倒是太过有意向同船旅客炫耀他的制服，以致觉得这次旅途太过短暂。当他被派往瓦朗斯时，他是那群青年军官中唯一没有借机在里昂夜访妓院的人。他急不可待地想要探索巴黎，但脑子里想的却是更加严肃的事情。

他刚刚探完亲，这是他八年前离家求学以来第一次回老家。他的父亲死了，去世前花了几年时间和大笔家财跟亲戚们打官司。当他回到家中，他对父亲的辞世并不觉得悲痛，但当他看到母亲担负起家中所有杂务时，那种耻感就像被人狠狠地抽了一记耳光。他的家族拥有古老合法的贵族身份，但法国政府却视他们为籍籍无名的农民。他们曾因种植桑树并向不发达地区传播制丝技术而获得政府津贴，但当他们刚开始对这项技术进行投资时，王室的一个无名小吏又撤销了这项津贴。长兄研习法律无果，现在只有靠他来跟巴黎的官僚们理论了。

这是一条始于地中海的漫长旅途，路上已经可以感受到初冬的寒气。只是到了现在，放松地享受着缓慢的沿河之旅，他才开始思考前方那座城市。

十五岁时，他曾以军校学生的身份，跟三个同学和一位僧侣去过一趟巴黎。他们在码头上逗留的时间，仅够买本小说及去圣日耳曼德佩教堂作一次祈祷，然后他们就被送往皇家军事学院。在那里，整整十二个月，除了战神广场的阅兵场，他没去过巴黎任何地方。当然，他也曾从家人和军官朋友那里听说过巴黎的光彩壮丽。他曾在历史和地理辞典里读过有关巴黎纪念碑和珍藏品的介绍。他还曾把自己想成一个计划入侵巴黎的外国统帅，专门研究过它的防御能力和战备资源。

他注视着卫星城维提和舒瓦西勒鲁瓦，贝尔西平原在北方逐渐变得开阔起来，回想起以前看过的书和战友们讲过的半真半假的传说。他站在前甲板上，像位船长一样望着前方，一言不发，表情严肃。他周围是些猪笼和鸡笼，旁边有一些孩子在玩耍。客轮驶到了阿尔福，蔚蓝色的马恩河与塞纳河在这里相遇，他能感受到这一交汇产生的急流，眼前的褐色河面开始变得雄壮而宽广。在这里，极目远望，可以看到巴黎城内第一批尖塔，河湾的深水区此时还没受到城市生活和工业废水的污染。水里漂着木筏，掌舵的人穿着狼皮大衣，相貌剽悍；河上还有一些客轮，搭载着从枫丹白露来的乘客和铺路石。沿岸开始出现一些洗衣服的女人。绿树成行的路上有马车在奔驰，路旁长长的木棚下，整齐地码放着从法国中部和勃艮第地区运来的桶装葡萄酒，等着货车来运走。

他知道自己看到的是什么——这座城市跟成千上万个村庄一样，在成长过程中被特权和微不足道的竞争捆住了手脚。法国应该有一个可与伦敦媲美的大型港口，而不是依靠那些摇摇晃晃的栈桥。政府应该修建大型粮库和货栈，以备市民不时之需。一个几乎不知道如何养活自己居民的城市，没有权利跟古罗马相比，也没有多少资格对外省嗤之以鼻。

河岸两边出现了许多低矮的房屋。渡轮驶向无人居住的卢维埃岛，岛上堆满大垛木柴，仿佛高卢森林新近被砍伐过一般。小岛后面是圣路易岛上的高屋大院，再往后，透过河上的雾气和如同大船船尾烟囱里冒出的黑烟，巴黎圣母院的主体建筑开始浮现眼前。

少尉跟随着其他乘客一起在都尔奈勒码头下了船，找了名搬运工把行李送往他要入住的宾馆。接着，凭借此前研究过的地图和记忆中的路线，他穿过双倍桥，进入城心岛那中世纪的杂街乱巷中。他在死胡同中迷了路，直到教堂关门时间，才在河对岸找到一条小路，经过拥挤的街道，来到卢浮宫东边。他穿过横跨塞纳河右岸东西向延伸的圣奥诺雷街，拐入富尔路，在那里，中央市场[①]的蔬菜味道盖过了河水的恶臭味。

圣奥诺雷路上开着许多旅馆，主要供来中央市场做生意的人租用。他来到瑟堡旅馆。旅馆的入住登记册上显示，他住在三楼九号房间，他签名时用的是其原初意大利字体，而不是后来才改成的法文字体。

行李送到后，他便在那座拥有六十万居民的城市里安顿下来，享受着独居的乐趣。他在瓦朗斯住时，早上出门和晚上回去总是会被人拦住：人们用礼貌的对话占用他的时间，分散他的思考。现在他可以自由思考和探索，他准备通过亲身经历来验证书上的东西，看看巴黎是否浪得虚名。

* * *

即使没有那份关于本章故事梗概的书写记录——一份简短且不完整的夜间猎奇描写——我们也很容易猜出这名少尉感兴趣的主要对象。那段日子里，只有一处场所是每个访问巴黎的人都想去看，而且在每一则事后发表的游记中要么闭口不提，要么假惺惺地称其为放荡之地唯恐避之不及。该场所附近的街道，据说是欧洲最繁忙的路段。相比之下，巴黎的其他景点，像卢浮宫、杜伊勒里宫、圣母院、圣教堂、巴士底狱、荣军院、大广场和花园、新桥、哥白林挂毯厂，几乎无人问津。

1781 年，当时在位的法王长期欠缺现金，他那位耽于享乐、追逐时髦、放荡不羁的外甥沙特尔公爵，开始把他的王宫变成一座从事商品和色情交易的奇特市场。富丽堂皇的院落中，沿着走廊修建出一系列木质橱窗，就像是把一座火车站移到了宫里。早在这项工程于 1784 年完工之前，店主、江湖术士和艺人就已住了进来，几乎在一夜之间，罗亚尔宫就成为永不闭户的魔幻般的城中城。根据路易－塞巴斯蒂安·梅西耶（Louis-Sébastien Mercier）的说法，“一个囚徒待在那里绝不会感到厌烦，至少也要过上几年才有可能梦想重获自由。”人们半带幽默地称其为“巴黎的首府”。

凡是在 1787 年见过罗亚尔宫的人，绝不会质疑工业的进步作用和现代文明带来的好处。宫里会上演舞台剧和木偶剧，晚上花园里会举行焰火表演。橱窗和拱廊中有超过两百家店铺。只需走上一百米左右，一个不怕花钱或者不在乎店主

① Les Halles，集市广场、美食市场，素有“巴黎的胃”之称。

罗亚尔宫（1789 年）

可靠与否的人就能买到气压计、活领橡胶雨衣、绘有图画的窗格玻璃、最新出版的禁书、能够逗乐最任性小孩的玩具、送给情妇的胭脂、带给妻子的英国造法兰绒衣服。他可以在堆积如山的丝带、薄纱、绒球和绸花中随意挑选。在缓缓移动的人群中，他会发现人们争相围观某位惊艳迷人的女子，在灯光下露出亮闪闪的臂膀，款款而行。不一会儿，他就会发现自己囊中空空。如果他足够有钱，他可能会在一楼的赌场把钱输光，然后去二楼当掉自己的金表和名贵大衣，接着跟三楼客房的女士寻欢作乐，聊以自慰。

宫里的饭店达到帝王级别，水果摊上摆着从巴黎郊区运来的外国品种的水果，葡萄酒商则在出售产自某些不为人知的殖民地的名贵酒类。任何能够让人变美的东西，像能让面部增白去皱、凸显胸部蓝色血管的各种洗液和油膏，都可以用大价钱买到。一位年老体衰的骑士在离开罗亚尔宫时，将会变成一位神采奕奕的美少年，牙齿有光泽，玻璃眼珠可以换成任何颜色，扑粉的头套下戴着乌黑的假发，丝袜里则是绷紧的人造肌肉。一位渴望嫁给如意郎君的丑女孩，也能买到假肩、假臀、假乳沟、假睫毛、假眉毛和假眼皮，至少在婚礼当晚之前，她都可以让自己变得令人垂涎欲滴。

宫里还有一些小商店，专卖流行服饰：玻璃隔板后面展示着浪子和赌徒所穿的衣服，光线很暗，用以遮掩上面的污点。这些东西主要是卖给小职员和纨绔子弟。宫里有公厕，只要花十五生丁，就能行个方便。罗亚尔宫不但能满足人们的各种口味，据说它还能创造出先前从未有过的新口味。少尉参观过那里后不久出版的一份指南，向人们推荐拉佩里埃夫人，她“住在面包房楼上”，善于照顾老年人，尤其精于鞭打；邦迪夫人，能够提供外国女郎和雏妓（选自一些最有名的女修道院）；还有安德烈小姐的时尚库房，尽管“人们应该永远也不要在那里过夜，因为安德烈小姐采取的原则是：黑暗中难分美丑”。

虽然对这样一个所有人可以随意打量所有人的场所深恶痛绝，而且讨厌在人堆里挤来挤去，少尉看起来在罗亚尔宫花园还是略有破费——或许是在早上，看到衣衫褴褛的妇女在灌木丛和排水沟中搜寻被人遗失的硬币和小饰品时；或许是在中午，跟随人群排队花钱用大号透镜把阳光聚焦在火炮的引信上放上一炮。在另一次猎奇时，他参观了卢梭特别喜爱的咖啡店：罗亚尔宫前方广场的摄政咖啡店，人们可以坐在装有镜子和枝形吊灯的宏伟大厅中的大理石桌旁下棋。在瓦朗斯，他就是个小有名气的国际象棋高手。在摄政咖啡店的棋盘上，他让兵行进到对方阵地，机动灵活地调遣着手中的马，对自己的损失不动声色，而在赢棋时总是兴奋不已。

从瑟堡旅馆出发，沿着圣奥诺雷街走五个街区就能到这里。在从财政部回旅馆的途中，他在财政部的接待室里每天都要等上几个小时才能知道自己的申请结果，他经常路过罗亚尔宫橱窗外的铁栏杆。终于，在晚些时候，天黑之后，他开始探究起那些橱窗来，以满足他的好奇心，填补自己知识中的空白——他觉得自己太把它当回事了，总是抱着不可能从中占到便宜的心态去想它。毕竟，在罗亚尔宫，一个有哲学头脑和判断力的人，总能观察到一些有价值的东西。正如他约一年后写的一篇讨论幸福的短文，《理性之眼可助我们免于堕入冲动之深渊》，就入选了里昂学院举办的一次征文比赛。在罗亚尔宫，他亲身观察到独身生活乐趣的虚幻性，以及现代人轻视家庭生活的想法何等有害。去往罗亚尔宫的人可能想看瓜德罗普岛的野人，或“祖利玛美人”，她已死去两个多世纪，皮肤却仍是那般光滑细腻；但他可能也想看看那些有教养的魔鬼，如何把一种有益健康、幸福和自保的正常渴望，变成一种谋求满足兽欲的野蛮行径。

在本章故事发生的那个晚上，少尉已经远离自己的家人朋友在巴黎待了将近两周时间。虽然他想到了一些有效的行政体制改革办法，但他在争取桑树种植津贴上却没什么进展。他感到有必要来点娱乐。他走过罗亚尔宫和皇家图书馆，走过树木成行的林荫大道，来到意大利剧团表演喜剧的剧院。“意大利人”剧院，不但深受轻音乐和滑稽表演爱好者的欢迎，而且在寻找夜间伴侣的绅士中也颇受欢迎。剧院根据票价不同来安排座位，那些绅士喜欢借此之便，从昂贵的包厢到廉价的阶梯坐席中物色女人。

那天晚上上演的是一出历史题材的小歌剧:《贝蒂与丕平》。它的主题很容易让一位雄心勃勃的年轻军官浮想联翩。该剧讲述了身材矮小的丕平，如何凭借惊人的勇敢，让那些嘲笑他为“矮子”的士兵刮目相看。他的政治手腕如此精明，以致教皇在圣丹尼给他加冕为法兰克国王。在把自己的兄弟囚禁到一所修道院后，丕平又征服了哥特人、萨克森人和阿拉伯人，还成功地越过阿尔卑斯山进入意大利。正是丕平，而不是他儿子查理曼，才堪称一个欧洲帝国的第一位统治者。

小歌剧根据丕平生前的一段情感插曲改编而成。丕平与一个假装是“拉昂的贝蒂”的专横女子结婚时，对她并未注意，后来在芒斯森林偶然遇到真正的贝蒂。“大脚贝蒂”（因其内外足畸形而得名）曾发誓永不泄露自己的真实身份，但为保贞洁可以破例。通过逼问她的女仆，丕平发现她才是真正的王后，夫妻双双奏凯回到巴黎。对那些主要关注色情戏的观众来说，该剧的主要看点是，一位矮小而冲动的国王，如何将一个有着畸形内外足的未婚女子追到手。

演出结束，年轻的少尉已经处于一种可以想见的躁动状态。夜还很长，他周围的人们都在兴奋地谈论着如何消夜。他不想跟这些欢快的人们待在一起，更不想回到旅馆独自进餐。他离开剧院，外套胡乱披在身上，迎着冬天的寒风，走在林荫大道上。街上此时仍是人来车往，仿佛这一天才刚刚开始。他念头一转，从黎塞留大街向罗亚尔宫那灯火通明、夜夜笙歌的橱窗和拱廊走去。

大约一小时后，他回到了瑟堡旅馆的九号房间。这一回，他并非独自一人。等到来客离去，他坐下来，开始在一个大号笔记本上记下自己的感受。他从未写完这段记录，但却把笔记本保存了下来，也许是因为它记录了他有生以来经历的一件意义极为重大的事情。

多年后，当他命悬一线时，他把那个笔记本用灰纸包起来放入一个纸箱交给他的叔父保管。幸运的是，手稿保存了下来。曾有那么多人到过罗亚尔宫，却只有那么少的人给自己的经历留下忠实的记录，因此，这部手稿的史料价值之大，远比其作为一份重要的传记资料更有意义。

1787 年 11 月 22 日，星期四，巴黎，瑟堡旅馆

我离开“意大利人”，沿着王宫大街大步前行。由于受到自己灵魂特有的旺盛情欲的刺激，我丝毫感觉不到外界的寒冷。但当我的想象冷却下来，我感受到了这个季节的严酷，便走到剧院的长廊去避寒。

我站在一座铁门的门槛上，眼光落到一位女性身上。根据当时的时间，她的穿着打扮，以及她极为年轻的外表，我毫不迟疑地认出她是一个妓女。

我看了看她，她停了下来。她身上没有别人那种好斗的气息，而是带着一种与她的外形完美搭配的气质。我被这种和谐的神态所打动。看着她那欲说还羞的样子，我的胆子大了起来，我开始跟她搭话——我比任何人都更发自内心地憎恨她的职业，哪怕只是瞧上她们一眼，我都有种被玷污的感觉……然而，她那苍白的面容，柔弱的体质，温驯的口气，让我毫不迟疑地行动起来。我对自己说，此人要么可以按照我的意愿为我所用，要么她就是在犯傻。

"你一定很冷，"我说，"你怎么能在这种天气里强迫自己在大街上走路呢？"

"哦，先生，我是逼不得已啊。我必须完成今晚的工作。"

她说这些话时，态度很平静，她回答问题时的这种沉着冷静吸引了我，于是我走到她身旁。

"你看起来体质不佳，"我观察到，"我很奇怪你不厌烦这种职业。"

"我确实厌烦，先生，可人总得干点事啊！"

"或许吧，但你就不能找份更适合自己身体情况的职业吗？"

"不能，先生，人总得混口饭吃啊。"

看到她至少在回答我的问题，我很是欣喜。此前我的任何努力都未曾取得这样的成功。

"像你这样不怕冷的人，一定是从北方来的吧。"

"我是从布列塔尼的南特来的。"

"我知道那个地方……小姐，给我讲讲你是怎么失去童贞的。"

"一个当官的夺去了。"

"你不感到气愤吗？"我问道。

"哦，当然，对那种事你肯定会气愤的。"（她说这些话的声音中，透出一种浓浓的魅力，这是我先前没有发现的。）"那是可以肯定的，先生。我的姐妹中有人现在过得很好，我应该也会像她们那样过上好日子。"

"你是怎么来到巴黎的？"

"坏了我身子的官员，我打心底恨他，把我给甩了。母亲对此愤恨不已，我不得不离家出走。第二个男人出现了，他把我带到巴黎，在这儿抛弃了我。之后又出现了第三个男人，这三年我都是跟着他过。虽然他是个法国人，生意上的事却需要他到伦敦去，他现在就在那里……咱们到你的住处去吧。”

“我们到那里去干什么？”

“来吧，先生，我们得暖和一下，你也要满足一下自己的愿望。”

我并不想被重重顾虑压倒。我已经挑起她的兴致，这样的话，当我向她提出自己的下一步计划时，她就不会跑开。我试着捏造一些冠冕堂皇的计划，其实我想向她证明，我心里并不是那么想的……

写到这里，拿破仑停了下来。无疑，那天晚上他所经历的事情，远不像他在言情小说中看到的那样。也许，当他提起笔来开始遣词造句时，他才意识到自己并非这个舞台的主角，青楼女子的戏份要比他想象的多得多。

在拿破仑开始走近之前，那位青楼女子早已在观察和琢磨他。她看到他穿着蓝色制服，走在人群中，神态高傲，但不够文雅，显然不是巴黎本地人。他就像一块广告牌，上面写着“我是处男”。这样的人比较喜欢处境不佳而且怕羞的年轻妓女，乐于在大冷天里跟她交谈。他需要一个精于床戏的女人，那会让他感觉自己在掌控一切。

拿破仑少尉在椅子上不安地动来动去。事实上，王宫妓院中有很多东西要学。他的动作比他的言语更能流露出他会从失败中汲取教训：敲定策略和热场的时间太长了。他把自己的初夜变成一场战争，而这一切不过花了他几个法郎和五分钟时间。

* * *

他在瑟堡旅馆又住了几个星期。某种意义上，这是一次徒劳无功之旅。他未能保住家里种植桑树所需的政府津贴，在他看来，这项产业对于商人和自由职业者居住的城市来说是条可行的出路。他写了几封信，还给那部科西嘉历史写下第一段文字：“虽然我尚未达到那个年纪（书稿此处有一段空白），我却充满了许多饱经世故之人心中早已逝去的那种热情。”毫无疑问，他已对巴黎的景观更加熟悉，但却没有留下别的观景记录。如果他曾在十二月份重返意大利人剧院，就有可能看过《试探情人，或曰隐形女郎》，但不可能看过《英国囚徒》，因为那场戏是在他于圣诞节前夕乘船去往蒙特鲁两天后才上演的。他也有可能再次光顾罗亚尔宫，但那里人太多，而且一位来自布列塔尼的动人女孩也极少会缺乏顾客。他不太可能再次遇到他的初夜情人。

我们仅能通过拿破仑的记述来了解这个女人。即使只有一小段，这些文字也非同寻常。官方统计数字显示，知道自己生源地的一万两千七百名巴黎妓女中，有五十三人来自布列塔尼地区，但姓名不详，无非是些常见的化名，像茉莉、杏子、蛇女、纯情女等，而且，没有证据可以确定她讲述的受辱被弃故事是真是假。若是她真有同伴，也许是他从伦敦回来后把她从罗亚尔宫救了出去。也许，她就像巴尔扎克的同名小说夏蓓尔上校的妻子一样，被人从"如同出租马车般的"展览馆中选出，住进一座雅致的宾馆。拿破仑光顾该地两年后，罗亚尔宫成为革命分子的一个活动中心，她有可能参加了具有历史意义的"姊妹武装队"喷泉集会，"罗亚尔宫的少女"在那里宣誓将她们的冤屈公之于世，要求为自己的爱国劳动取得合理报酬：

> 团结在巴黎的来自法国各地的同盟者，不但找不到理由埋怨我们，而且都将享受到我们的上门服务并留下愉悦的回忆。

在那艰难的岁月，对她来说，待在罗亚尔宫要比去巴黎其他任何地方做妓女更容易活下来。1800 年，夏多布里昂从英国流亡归来，路过一块饱受蹂躏的土地，那里的教堂寂无人声、浮雕人像已经变黑，跟着他惊奇地发现，罗亚尔宫依然灯红酒绿、歌舞升平。一个驼背侏儒，站在一张桌子上，拉着小提琴，唱着颂歌，赞美法兰西共和国年轻的首席执政官拿破仑将军：

> 道德高兮貌英俊，
> 真国父兮拿破仑！

如果她是在十八岁上与拿破仑相遇，此时她已处在职业生涯的尾声（巴黎绝大部分妓女的年龄都在十六岁到三十二岁）。大革命过后，生活更加艰难。每次拿破仑将军去法兰西剧院看戏，都会把马车停在罗亚尔宫附近，派士兵去"整肃"各家妓院，以免法兰西共和国的首席执政官陷于尴尬境地。后来，当这位年轻的军官征服半个欧洲、迎娶奥地利公主、把自己的母亲变成法国最富有的寡妇时，罗亚尔宫的妓女则被罚款、监禁，定期接受卫生检查，或被送回她们所属的省份公开受辱。

但是，就连拿破仑也没有对"巴黎的首都"产生多少影响。一位英国旅行家说，它仍是"令许多年轻人深陷其中无法自拔的纵欲之所"。它的名声传遍帝国内外。在俄罗斯的深远内陆，哥萨克人把它当成传奇之地交口谈论。当来自俄国东部的军队越过分崩离析的法兰西帝国边界时，军官们用罗亚尔宫的传说来激励自己的部下。他们坚称，一个人只有去过那座放荡的宫殿，享受过它的高级服务，才能算是一个男人，或是自认为受过全面的教育。

第二章

巴黎拯救者

查理－阿克塞尔·吉约莫

1

在巴黎，每一条蜿蜒的街道，每一扇关闭的窗户，都有自己的故事，在这些故事中，始于1774年12月17日的一系列重大事件，注定要在巴黎的历史上留下一些永恒的印记。有几年时间，这些事件令蒙马特和圣热讷维耶芙山之间三十三平方公里的土地上发生的所有战争、革命、瘟疫和屠杀都黯然失色。然而，将近两百年过去了，竟然没有一位历史学家提起过它们。这种情况也许正好验证了一个经验：那么多人之所以选择住在这个常被诗人描写成地狱的城市，是因为它能让人难能可贵地忘掉过去。巴黎城中永无休止的喧嚣带走了一切，就像雨水把千家万户的垃圾冲入塞纳河一样。

即将发生某件大事的最初迹象，出现于1774年圣诞节前一周的星期六下午。与往常一样，大量的行人和车辆，把巴黎南端的海关大门挤得拥堵不堪。城里的商场和店铺，都在为即将到来的节日备货，尽管已是岁末年终，人们还是争相涌入喧嚣的集市，向着那些烟雾笼罩的高大建筑进发。

海关官员仔细计算着每一样进城的东西应该缴付的关税。每辆车上的乘客和大小行李都得接受检查，看看是否带有“违反国王禁令的东西”。小商小贩，挤奶女工，疲惫不堪地推着满车蔬菜来赶集的农民，南方驶来的马车上风尘仆仆的旅客，都得挤在一起等候检查。

他们中有些人坐在附近磨坊的花园中喝着免税葡萄酒，其他人则站在栅栏边闲谈。那天下午，一辆货车正在往下卸桶装葡萄酒，引来一群人围观。一个修车匠正在烧热炉子，准备修理车上坏掉的大轴。车主天不亮就从奥尔良往这里赶，结果在巴黎城边的路上陷入一个大洞。这样的坑洞在巴黎随处可见（其中一个大得足能容下一匹马），人们早已习以为常，但这个坑洞却是毫无征兆地出现在通向奥尔良的南方大道上。很久以前，当巴黎还是塞夸纳河中岛上一些小屋构成的镇子时，高卢人的高速战车就已定期往返出一条道路，正是沿着这条大道，拉贝努斯的军团在公元前52年对巴黎人部落的军队发动了毁灭性攻击。到了1774年，这条路已是法国最繁忙的交通要道。如果牲畜没有阻塞道路，有时海关大门也能在一小时内通行十多辆车辆。

这条路进入巴黎城内的部分叫地狱街（Rue d’Enfer），这对亲历该事的人来说有着非同寻常的意义。没人知道这条街为什么会起这么个恶名。它有可能源自高卢语中的“市集”（fair），或是表示某个残损铁制品的口头语——也许就是标志着城市地界的铁门。很多人都说，这条街之所以叫地狱，是因为在这里可以听到太多的叫骂声，但也正如其他人指出的，真要这么说，巴黎几乎每条街都该叫这个名。还有人坚信事物的名称既能揭示过去又能联系未来，遂将其与一则古代预言联系起来，那则预言说：有一天，拉丁区所有的庙宇、客栈、女修道院和异端学校，都将被一个无底深渊吞没。不过，有文化的人士则宁可相信一种更有学术意味的词源学解释：

> 词源学家指出，罗马帝国统治时期，圣雅克街叫“上行街”（*Via Superior*），而这条街，作为两条街道中较低的一条，被称作“下行街”（*Via Inferior*）或“下街”（*Infera*）。正因如此，经过曲解和缩写，它的名字就成了“地狱”（ENFER）。①

那天下午三点钟前后，海关栅栏旁边的人群，看到了一幕有可能彻底解决这个问题的景象：巴黎一侧的建筑物顶部在空中的角度发生了轻微改变。一秒钟后，传来一声巨响，仿佛一个巨人在舒展胸膛高声长叹。海关大门里的牲畜惊得退入栅栏。一名男子裹着头巾向大门跑去。他身后的路上扬起滚滚烟尘，地狱街下面的建筑物突然出现在人们眼前。沿着地狱街东侧，朝向巴黎市中心，约有四百米长的一段路上，出现了一道满是洞穴的巨大壕沟，吞噬了上面所有房屋。

不出所料，人们把这个大坑叫做“地狱之口”；考虑到发生过的事情，只有那些学究气十足的词源学家，才会继续质疑这个街名真实而又邪恶的起源。

2

地狱街事件过去两年多后，一顶豪华的轿子，在格雷内尔街和圣日耳曼广场中间颠来颠去，走走停停。夜里刚下过一场小雨，街上有些泥泞。这是新的石矿监察员上任后的第一次巡查。他透过溅上泥点的窗户向外张望，一边回想起往日在这座庄严的广场上漫步的情景。他曾研究过那些宏伟建筑的外观，曾驻足素描一段门楣或是一扇饰有牛鼻环的窗户，感叹建筑师如何把马厩和服务设施收进一个长菱形的场地中，同时又能营造一个宽敞的院子，足以使任何一位访客在走进

---

① Hurtaut and Magny, *Dictionnaire historique de la ville de Paris et de ses environs*（Paris, 1779）。这一解释已不足为信，这个街名的起源现已正式认定为“无法考证”。

大门前都有点不知所措。他在雨中对那些承重梁和柱廊作了简短的笔记，却被打扮得像国王一样的守门人傲慢无礼地严加盘问，同时也被从铜制海豚口中流出的雨水溅湿了衣服。

关于查理－阿克塞尔·吉约莫（Charles-Axel Guillaumot），我们可以通过他的许多论文来了解他的观点，某种意义上，他的性格对于我们理解后面发生的一系列事件是个关键。对他来讲，巴黎一直都是一座大门紧闭的城市。它的盾形纹章（一艘船和一句古代塞纳河船工组织的格言“漂浮而不沉没”）也可能是一所大门而不是一艘船：门由橡木和铁皮制成，十分坚固，上面刻着选自但丁《地狱》中的格言，“入此门者，万念俱灰！”

在罗马，这位年轻的建筑师，不止一次被某位贵族撵出门外，理由是房主不想让一位画家的慧眼看到房子外观背后隐藏的珍宝。在巴黎，一个乞求房主进入其古典民居建筑的人，若是缺乏必要的资格（一份头衔和一副白袖口），就会不可避免地被房主指使下的恶仆拒之门外。有时他甚至能看到，楼上的窗子里有人戴着红白相间的铅制鬼脸面具嘲笑他。

吉约莫年仅二十就获得罗马建筑大奖，证明了意大利在欧洲各国间的开放性艺术大赛中的优越性。虽然父母都是法国人，他却生在斯德哥尔摩，因为他父亲在那里做生意，结果他失去了所有对法国人开放的奖学金。他被迫凭借自己的天赋和毅力谋求生路。他的国外背景至少可以除去法国人身上那种与生俱来的傲慢，那种傲慢使法国人荒谬地认为，他们像盖牲口圈一样建成的教堂，可以和希腊神庙媲美。他对建筑学的研究，曾受到一位法国流亡者的青睐，这绝非巧合。伏尔泰在给他的信中写道：“你的观察报告既让人愉悦，又充满教益。”

> 我仍对巴黎感兴趣，就像一个人爱着其老友一般，哪怕他们有千错万错——街道弯弯扭扭，市场开在路中央，房间用水不便，喷泉里甚至一滴水都没有！修道院的场地倒是足够其使用，这一点多少让我有些宽慰。毫无疑问，再过五六百年，所有扭曲的事物都能被端正过来。与此同时，我希望你能发挥自己的杰出才智，取得应有的成就。

轿子绕着圣叙尔皮斯的青色围墙走了一圈，拐入图农街，朝卢森堡广场走去。这里已不属于巴黎，但是看到某些建筑上的明显缺陷，他还是会感到一种愤恨。在其职业生涯的最后阶段，他完成的最有利的工作就是把勒布朗小姐追到了手，她所具有的无可争议的魅力之一，就在于她是巴黎首席建筑师勒布朗先生的女儿。

即便如此，他也要继续为自己的名声奋斗。他曾在外省修建了一些城堡，还在韦泽莱寺院的废墟上建起一座修道院，但在巴黎，人们只知道他是一个善于修建营房的建筑师。他精于仿造别人的作品，这虽让他获利颇丰，却也不大光彩。

十六年前，他娶了勒布朗小姐。现在，他已年届五十，身材高挑，面容清瘦，脑袋像个骷髅；假发戴得非常靠后，或许是为了突出自己细长的眉毛。这副尊容有点令人难以亲近，但在某些情况下也能看到其含蓄和忧郁的一面，表明他在进行深入而频繁的思考。有时他也会露出某种慷慨的表情，但却不太容易让人辨认。他的热情藏得太深，除了在发表的作品中，极少将其表达出来。他有两个女儿、几个徒弟和强势的关系网，在专业方面丝毫不需要朋友帮忙。

即使在事业有了新起点的这一天，吉约莫也是忧虑多于兴奋。他十分担心自己的设计会被那些心胸狭隘的人和可怜的资金预算束缚住手脚。"艺术家是不幸的，"他写道，"就算他的创意完美无瑕，也会被傲慢和嫉妒加以歪曲。"他早已准备出版一本极具批判性的小册子，题目就叫《论公共纪念碑工程拨款方面无知而夸大的攻击对建筑造成的危害》，而且他对自己能否保住刚上任的职位并不十分乐观。仿佛是个恶兆一般，他的轿子在沃吉拉尔街尽头停了下来。前面的路不知被什么东西给堵了起来。国王 4 月 4 日给他颁布了一道政令。由于政府部门令人难以想象的拖沓，直到今天 24 日他才知晓，显然他注定要延误自己的首个任务。

国王的御用建筑师之一，杜邦（M. Dupont）先生，已经完成了一份报告。地狱街局部坍塌后的当天，杜邦就亲自下到二十四米深的坑洞进行探测。借着火把发出的光亮，他看到一条长廊沿着通往塞纳河的街道向北延伸。它看起来像是由一帮丝毫不懂采掘艺术的矿工挖成的一座古代采石场。有几个地方，这条长廊被一些称作"方蒂"（*fontis*）的奇特结构给阻断。"方蒂"是地下长廊的顶部下陷时形成的一种洞穴。洞内呈拱形，嵌入石头后，堆成锥形的碎石就能在泥土上面形成支撑。那种碎石堆成的圆顶称作"钟形盖"，只有内部崩塌或是那种幻想着坚不可摧的结构彻底消失后，才能看清它的形状。

石匠们腰系长绳，悬在半空，加固地下长廊中用碎石堆砌的墙体。一个石匠不小心滑落下去，在黑暗中待了三个多小时后，开始幻想一些不可能存在的东西。他被人用绞盘安全救出，几天后就康复如初。街上的交通在极短的时间内重新恢复，杜邦因其迅速有效的工程而受到褒奖。《巴黎街道历史辞典》中对他有专门介绍，里面的一些用词有些夸大：

> 像丹尼斯阁下（即杜邦）这样的人，对社会来说是一件珍宝。他用

自己的事迹证明，保卫市民的大无畏精神绝非军事专家的特权，其他行业的人也可以随时挺身而出，去捍卫他们同胞的生命。

沃吉拉尔街尽头是座广场，连着一条直通塞纳河的竖琴街，广场上停满了车辆。地狱街已被交通和治安部门关闭，就连轿子也不能通过。吉约莫只好走出轿子，挤在人群中缓缓而行。在圣街和地狱街的交叉口，他向警察出示了国王颁发的政令。政令显示“吉约莫阁下”将“在巴黎市区及其邻近平原进行一些访问和勘测工作，以判断地下的侵蚀和发掘活动是否会损害巴黎地基的稳固性”。那位警察可以确定这位绅士拿的不是假政令：他身上的名贵大衣发出一股令人愉悦的花香，赶紧让他通过了路障。

街道东侧，斐扬女修道院前聚集着一群人。空气中有一股淡淡的臭味，仿佛是一座尘封了几个世纪的地窖刚刚被打开时发出的味道。沿街的院墙看上去完好无损，但在大门另一侧，一块深陷地下的石材显然说明了问题所在。他走进院中，看到一个形状规则的深坑，直径约有六米。他一只脚踩在边沿，探着头向里观望。他估计从街面到“钟形盖”顶部约有四米五，“方蒂”本身则可能又延伸出二十一或二十四米。

此前他已安排了一批工程师在坍塌地方会面，会面后他才意识到这个深坑问题的严重性。它比 1774 年的坍塌地点离巴黎市中心至少还要近八百米。这里可不是海关栅栏附近普通民居和磨坊构成的无关紧要的散碎地带，它可是巴黎本身，它的纪念碑和教堂都集中在这里。从他站的地方望去，可以看到瓦勒德·格拉斯教堂的圆顶，看到六七座教堂的塔楼，这条街稍远处挨着老罗马人路，就是索邦教堂的圆顶和圣母院教堂的塔楼。

地狱街坍陷的可能性足以引起人们的重视，更不用说街道下面的地质结构了。自从坍塌之日起，他就把自己假想成石矿监察员。迷信的人可能会想，政府部门迟迟无所作为，一定是受了某种未知力量的操控，结果地下裂缝越来越大，地层之间日渐崩溃，最终酿成 1777 年 4 月 24 日星期四那天的灾难。但是，吉约莫在巴黎住得够久，明知偶然事件不过是家常便饭。一想到这么多年他的天赋一直受到压制，他的心中就充满了动力。他站在深坑边沿，不顾脚下的碎石仍在往漆黑的洞里落下，开始像探险家凝视新大陆的海滩一样，思索着这座城市地基中的巨大伤口。

3

初步探测过地狱街下面的深坑几天之后，吉约莫接到一些矿工的报告，说是发现了一串神秘的脚印，对此他毫不惊奇。在一个空置的洞穴中，堆积多年的灰尘就像被一条长长的尾巴扫过一样被搅动起来。一个脖子上带着装有蒜瓣和樟脑的香袋（矿工们相信这样可以抵御毒气）的工人告诉吉约莫先生，自己看到一个影子沿着坑道逃跑，背后留下“一股奇异的气味”。其他矿工也不时报告称，看到那个东西“眼睛是绿的”，“跑得飞快”，从而推断它可以在黑暗中视物。

哪怕是在当下才发生的事情，人们也总能将其与某个古老的传说联系起来。尽管此前从未有过关于地下生物的报道，却有一种说法称，任何见过“绿怪”的人，都会在一年内自己死掉或者克死一位亲戚。开工不到一个月就有一位矿工的叔叔去世，看来那个传说显然是真的……

在加固工程的第一个阶段，吉约莫把工人分成三个组。“发掘组”由外来民工组成，负责清除长廊中的碎石。“石工组”负责用支柱和发掘组清理出的石头加固坑顶，而且在街上每隔一段距离钻一个探孔，尽管这会阻断交通并引发民愤。最后，“绘图组”负责以 1：216 的比例为这座地下迷宫绘制一幅地图——这意味着，那张无人居住的街区地图，将比巴黎现有的任何一幅街道地图都更为精确。

工程中最难下手的地方就是如何处理那些“钟形盖”。移除顶盖上的任何一块碎石都有可能带来危险，所以那些石匠依照吉约莫改良的自然施工方案，把每一个“钟形盖”都变成漂亮的螺旋石锥，就像是一座反转过来的教堂的奇特仿制品。技术稍差些的建筑师负责为那些空隙填充石块和沙子。吉约莫由此建造出了大型的拱顶和柱廊。那些笨拙地开凿出的坑道被装饰上石灰石，墙壁看上去威严而整齐。在那足以令露天街道羡慕不已的平坦路面上，刻着一些边框和字符，记录着加固位置的序列号、工程总建筑师（“G”代表吉约莫）和工程施工日期。

25 · G · 1777

在 1777 年剩下的时间里，以及接下来一整年中，吉约莫都在让他的坑道与地上的街道竞赛。他沿着街道两侧在房屋正面的地下挖出一条双向走廊，加固房屋地基的工作则留给房主来完成。之所以这样，部分是由于房主对自己房屋下面的土地拥有合法的所有权：只要他本人愿意，挖一座通到地狱的地下室都行。不过，按照地面街道的线路施工，就可绘制出这座城市的地下形象。那些刻在石块上的路牌早已被侵蚀。一朵百合花标志着附近有一座修道院或教堂。只有少数街区的房屋有门牌号（便于安排部队入住），所以吉约莫发明了自己的门牌系统。在那个每堵墙上都刻着大写字母“G”的无人居住的地下世界，一个人能比在地上拥堵不堪的迷宫里更容易辨别方向。

自从在罗马度过学生时代以来，他第一次感到自己处于一种接近满意的状态。最初他还曾担心石矿监察员的工作比一位光荣的石匠好不到哪儿去，但随着工程进展，他意识到身边的工程无可置疑地见证了自己的天赋。在拉丁区地下二十四米的地方，他懂得这份宁静的欢喜，他把自己全身心地献给了一项充满激情的事业。

从不久之后人们对他的投诉来看，有必要指出的是，他从不跟任何人过从甚密，也不让任何人分享他的激情。工人们每天只有两次机会升到地上呼吸新鲜空气，感受阳光的温暖。有位工人是名老兵，他牺牲自己的休息时间待在地下雕刻马洪堡的复制品，以怀念自己在1756年帮助法军从英军手里夺回那座堡垒。有一天，他所在的坑道发生塌方，这位老兵永远地离开了他那心爱的模型。吉约莫下令为他修建一座纪念碑，上面刻着：

> 奋勇战斗了三十年后，这位勇敢的老兵在此结束了他的征程，死时与生前一样，仍在为君国效忠。

一位诗人受命为这项加固工程写一首颂词。由于工程还远未结束，这可能意味着石矿监察员的使命将要终结。然而，颂词的主题并非赞美建筑师本人，而是歌颂他采取的补救措施：

> 加固工程真得力，
> 稳定地基救巴黎。
> 若无磐石脚下撑，
> 一切都得下地狱。

* * *

几乎可以确信，那些无知而又妒忌的人会竭力阻挠吉约莫的工作。那位此前曾加固过那些坑洞后来被证明不但无效而且危险的杜邦先生，告诉施工人员他们报酬过低，试图在工人中制造事端。在财政部的走廊上，他传播小道消息，称吉约莫先生正在挥霍公款，在毫无用处的工程方面浪费了数百万里佛尔，而这些钱理应花在建设卫生设施、公路和国防上。

吉约莫很少留意这些闲言碎语，或许他应该多注意些。当它们传到他耳中时，一个可怕的真相正在浮出水面，与其相比，敌人的阴谋诡计简直就是无底深渊里微不足道的一张蜘蛛网。

4

当各个部分的地下地图拼到一起，这座城市的过去，就像一幅历史画卷一样，展现在吉约莫面前。高卢人和罗马人曾在塞纳河附近的露天采石场挖掘建筑石材。后来，他们沿着古代的河床探查了南北两端的山丘。随着城市从河心小岛扩展到两岸，采石场被挖得更深，巴黎开始吞噬自己的地基——沙子用来熔炼玻璃，石膏用作灰泥，石灰石用来砌墙，黏土用来烧制砖瓦。圣雅克街一度排满大车：一匹马拉着绞盘一圈走完十里地，就能运出重达六吨的石灰石。一些被用去修建圣母院教堂、罗亚尔宫和马雷庄园的最佳石材，都采自地狱街下面。采石工人敢挖多少就挖多少，留下的石头仅够支撑坑顶。多年以后，另一些工人发现采石场已被开采殆尽，便开始向更深的地层挖去。结果，每座采石场的底部，都变成另一座采石场的坑顶。

这也解释了，为什么吉约莫在坑道下发现的不是坚硬的岩石，而是仅靠几堆摇摇欲坠的石头支撑的空洞。在离地面很远的地方，他就能听见街上马车驶过的声响。也许就是在这一刻，他才意识到情形的可怕：支撑塞纳河左岸所有街道和房屋的，原来只是一些单薄的石灰石柱子。

若是半座巴黎城遭到无法挽回的毁坏，那将是堪与里斯本大地震相比的巨大灾难。不过，眼下还有一个更隐蔽的威胁。当吉约莫在地下埋头苦干时，他对这项任务的认识已经发生了改变。他的工程杰作已经支撑起地上的城市，但要是那些脆弱的支柱垮掉的话，它们也将随之毁于一旦。

他把心存妒忌的杜邦给他设置的种种障碍统统弃之不顾，在当前的形势下，态度问题都可以得到原谅。

在把自己的身份确定为巴黎的拯救者后，吉约莫请来了警察和特务给他帮忙。一些受人调唆向国王吁请更高工资的工人及其家属被送入监狱。杜邦本人也受到监视并有被流放到边远省份的危险，他的家里也受到搜查。有人还曾让他考虑一下“把巴士底狱的地牢坐穿”将会是什么滋味。当他感到自己已经无法立足时，只好“在自己家亲手自愿”签署了一份文件，宣布他立刻辞职，并承认吉约莫是位无可指责的君子。

* * *

接下来十年间，即使在坑洞最深最危险的地方，工人们有时也会看到吉约莫高大的身影走在他地下王国寂静的街上。他面色苍白，仿佛涂了白铅。没人敢质疑他的决断，也没人削减他的预算。他在图纸上画的每一条线，都变成可靠的现实。当国王手下那些心存谋反的大臣对凡尔赛宫的持续开支牢骚满腹时，吉约莫则在不声不响地建造全欧洲规模最大的建筑群。若是那些地下走廊首尾相连，它们将会延伸到中央高原边缘。吉约莫雇了更多的制图员来绘制地下走廊的地图，比为卡西尼绘制全国地图的人还要多。当他发现了一条长达三里多的罗马统治时期为哈伯街浴池输水的管道时，他不但将它重修，还加以改良，将其与连通卢森堡广场和罗亚尔宫的修复过的美第奇输水管道连接起来，并饰以造型优美的石梁，为巴黎的淡水供应设计了一条地下运行的凯旋门大道。

在暗无天日的地底深处，吉约莫达到了职业生涯的巅峰，对他来说，所谓的幸福与他毫无关系。他对这座城市过去的了解，已经超越书中的记载。他收集了一批奇异的动物石雕，其中有些造型奇特，他怀疑是某种果实的化石。凭借自己的知识，他还确信自己走过的地方曾是一片汪洋。有位工人曾是布里多尼的水手，他宣称在沉积的淤泥层中识别出了一艘船的残片。也许两千多年前有一场大洪水，把南方的斑岩和花岗岩也冲到了这里。曾在高卢人到来前居住于此的人们，必定目睹了一场无法想象的灾难摧毁了他们的家园。

吉约莫亲眼看到了罗马人称作“卢特提亚”的巴黎城遗址——破碎的输水管道，几段砖墙和沟渠，一些硬币和残损的塑像。他知道自己的作品要比这座城市还要耐久。无数个世纪之后，当卢浮宫和杜伊勒里宫都归于尘土，吉约莫的建筑杰作，将会成为唯一可以证明巴黎曾是一座伟大城市的证据。

* * *

他的地下王国唯一欠缺的就是自己的居民。

后来有一天，住在河对岸兰日里路的居民发现，他们的地窖里到处都是一些腐烂的尸体。圣因诺森公墓于公元 9 世纪在城外设立，九百多年来一直都在使用。墓地被用完后，公墓开始慢慢膨胀，最终，其中一面挡土墙垮掉了。

吉约莫立即建议，把那些九个世纪来值得保存的遗骨，移到加固后的地下采石场，用骨灰罐存放起来。这项建议迅速被采纳。巴黎市政府还决定，其他一些地方的尸骨，凡是会污染城市环境的，也一律移送同样的地方存放。

地狱街海关栅栏外有一条伊苏阿尔坟路，因其地下有一层古代坟场而得了这

茔窟

个阴森的名字。当地人认为那里是一位在十字军东征时期对巴黎造成过威胁的萨拉森巨人伊苏阿尔的墓地。在这条街下面，吉约莫清理出一块十八亩见方的场地，入口开在地狱街。为了纪念罗马，他把骨灰罐存放处称为“茔窟”(Catacombs)。

从 1786 年开始，巴黎人进行了一场建城以来规模最大的墓穴搬迁工程。一年多的时间里，几个街区的居民被彻夜通明的火把和诵经的教士吵得难以入睡，街上还不时有从运尸车里掉出的某块残肢。这一过程持续了十五个月，牵动了巴黎以往的全部历史。迁移的尸骨中，有来自女修道院墓地的修女，也有巴黎城外公墓中的麻风病人。圣巴托罗慕节大屠杀的受害者，跟杀害他们的天主教徒的骨灰放在了一起。有些最为古老的尸骨来自某些无籍可查的坟场。他们是在圣丹尼斯于 3 世纪使巴黎皈依基督教前去世的世俗男女。据说被送到伊苏阿尔坟路下面茔窟中的尸骨数量，比当时活着的巴黎人多十倍。

吉约莫等到数以百万计的尸骨移入之后才结束了他的工程杰作。在地狱街下面的蒙特鲁日，这些尸骨被层叠着放进一个洞窟。洞里装有活动锁链以防它们倒下来堵住通道。洞窟底部，尸骨按照不同的分区和路线排列开来。有些墙面专门用来堆放胫骨和腿骨，横梁上装点着一些头骨，“周围还装饰有别的物件，以使洞窟的特色保持一致”。这座大墓的建筑风格是如此气派，以至于人们看到它时，心中的恐怖也会消失不见。

* * *

尸骨迁移工程刚刚完成才几年，法国大革命就把巴黎变成一座人间地狱，地下茔窟迎来了一大批在动乱中丧命的贵族匿名存放的尸骨。吉约莫在动荡时期被关入监狱，罪名是贪污公款、剥削工人及与旧王朝狼狈为奸。但他心中充满了不灭的欣喜，他知道自己的工程杰作将与世长存。1794 年他被释出狱，接着做巴黎石矿监察员，兼任哥白林挂毯厂主管，直至 1807 年去世。他的职业生涯中有一半时间都献给了拯救巴黎的工程。他被葬在东城区的圣卡特琳公墓，正好位于哥白林厂和地狱街之间。

当巴黎的其余公墓在 1883 年开始搬迁时，吉约莫的墓碑却不见了。他的尸骨连同别人的遗骨一起被放入他生前建造的茔窟，与洞窟的墙壁融为一体。现在，已经钙化为地下建筑群中一分子的吉约莫仍在支撑着地基，以防巴黎沉陷下去。

5

巴黎的拯救者已经去世两百多年，在这么长的时间里，几乎任何有关巴黎历史的著作都未提起过他。有些毁坏巴黎或导致大片街区毁灭的人，死去后还被用来给街道和塑像命名，却没有一座建筑纪念吉约莫的功绩。巴黎里昂车站附近倒是有条岔道叫吉约莫路，但它纪念的是当地一名地主，跟查理 – 阿克塞尔没有任何关系。

吉约莫可能会把这当成一种忘恩负义的表现，也可能会把它视为一种大恩不言谢式的默念。或者，这不过是因为巴黎不愿提醒市民和游客自己脚下有什么东西。

1777 年吉约莫最先着手修复的地狱街坍塌部分，在 1859 年被并入新修的圣米歇尔大道。1879 年，地狱街的残余路段改称丹费尔 – 罗什洛大街，用以纪念那位在贝尔福英勇抗击普鲁士人的陆军上校。毫无疑问，给街道命名的人觉得铁路终点站应该叫个别的名字，而不是“巴黎地狱”这个犯忌的名称。或者，这里采用的是双关语，“d’Enfer”和“Denfert”发音接近，从而多少可以掩盖一下地狱街的痕迹，同时又不完全否定它的邪恶含义。

1879 年地狱街改名后，没有人再有任何理由担心发生那种可怕的地陷。就在那一年，1774 年发生坍塌的地点附近，有三栋房屋出现裂缝，人们认为这都要怪在丹费尔车站进进出出的火车。在街道的地下深处通向巴黎市中心的地方，地质学家和矿物学者对以前的加固工程深表信任，他们把国立巴黎高等矿业学校搬到卢森堡花园边上，就在 1777 年坍塌地点的对面。

次年 4 月的一天，傍晚六点钟，放学离校的师生惊奇地发现，马路对面理发师家中的饭厅暴露在路边。理发师拿着刀叉，看着自己的饭菜落到地下的“钟形盖”顶部。圣米歇尔大道的 77 号、79 号、81 号房屋正面与整体建筑脱节，掉进了地下。这一次，市民们更多是把事故原因归咎于公路和桥梁部门，而不是地狱中的魔鬼。

现如今，此类事故极为少见。巴黎的公共道路和其他建筑物，基本上不用担心塌陷问题。全市每年大概只出现十个左右的积水陷坑，而且大都很小，极少会有人因之而丧命。更大的陷坑都用现代技术加以处理，生活受到影响的居民，还会在政府财政支持下进行搬迁。1975 年巴黎北站地下出现的大洞，被注入两千五百立方米的混凝土。事实上，巴黎官方现在完全可以宣称，除了蒙马特和丹费尔－罗什洛广场东边一些街区，全城都很安全。

第三章

迷　失

“你无法想象我们周围交织着多少复杂的事物，每天我都能在自己屋里找到一些奇怪的东西。”

——玛丽－安托瓦内特写给德·波利尼亚克的信，1789年7月28日，星期二

玛丽－安托瓦内特

不久前，往日的新房子对她来说只不过是一个临时歇脚地。当她去剧院看戏而演出很晚才结束时，她就可以庆幸自己能在巴黎过夜，而不用再花很长时间坐着马车风尘仆仆地往家赶。现在，她不得已要将其变成永久的家，其不便之处立马显现出来。即使房客已被赶走，原来的房间也被粉刷一新，仍让人觉得屋子有些小，布局太复杂。她占用了房子的第一层及其与第二层之间的夹层，她的丈夫和孩子住在楼上。如果情况有变，她和自己的一些闺密十分乐于住在城里，不过，这些天她很少在天黑后回家，而且一想到马车进入庭园，自己的丈夫会在地图室用望远镜窥视她，她就感到极不舒服。

她的所有房屋从未停止过装修，她已习惯了这种不便。有时她觉得自己非常羡慕那些一天就能搭好自家棚屋的农民。她想要的房间，除了通过水彩画和石膏模型展现出来之外，从没真正出现过。她婚后的第一个卧室，到处装点着用石膏片和金色油漆做成的糖果。由于眼下没有中意的装饰方案，她想把天花板涂成白色，国王陛下则坚持完全恢复原样，保留那些用镀金颜料绘制的丰腴仙女图案。当她详细了解了王室家族的历史和财政状况后，这个一直在进行革新的政权，至少可以允许她满足自己的口味。宫中的一些花园，几乎都是按照她的心意加以修建。老的迷宫花园被一片英式树林代替，后者可以给她一种家的感觉。但是现在，新住所中的每样“改进”，都必须顾及当前局势。

木工师傅在书架和衣橱后安装了一些推拉门，挂毯后面设有木制画板，掩藏了另一道暗门，可以通向一座小型楼梯。出于一些已被忘却的目的，地板下还设置了夹层，使得整座房屋有些比例失调。她的家里已经变成一座迷宫。要想走到庭院，她就得从后面的房间溜出去，沿着走廊经过一个空房间，然后下到另一座楼梯。在这样一个地方，没有什么东西是直来直去的，对她来说什么都不管并没什么可难过的。

她的房间远离庭院，可以俯瞰花园和左侧的河畔地带。当风从那个方向吹来，雨点打落窗上时，她只能看到树木掩映下通往路易十五广场的昏暗道路。白天花园里会热闹些，因为士兵、仆人和一些衣着寒酸的人都可以进来。到了晚上，花园不再对外开放，显得十分空旷。不过，她仍能听到一些声响。她最近才开始熟悉起来，那是远处的高墙和堤坝传来的宽广而模糊的声音，仿佛在跟城里的低语进行对话。

河畔栏杆外，有一片绿树成行的水域，就像水乡的狭窄航道，巴黎人学会了在木屋下游泳，热中于挥舞着长杆子呼来喝去地干一些让人费解的勾当。河岸远端则没什么可看的。她听朋友们说，那里的人们喜欢当地风景（她的房子也是其中一部分），尽管河畔竖起的木栏有点煞风景。如果那些木头着起火，她的朋友们就得穿过仆人的住处，逃到现在已是伏尔泰码头的大楼外的街巷里。她知道，她们中的一些人迟早会被迫逃走。

* * *

虽然书面计划十分复杂，但实施起来却非常简单。她曾组织过远至沙隆地区的旅行，但她丈夫对细枝末节极为关注。自从仓皇逃出凡尔赛宫，当卫兵的头颅被戴上扑粉的假发举在长矛上时，明察秋毫就成了一种聊以自慰的习惯。他这个人喜欢摆弄看似简单实则复杂的物件。人们不止一次发现他在屋里跪在地板上捡头发。一想到自己的新房子里到处都是千奇百怪的现代装置，他就有点不寒而栗。某位吉约莫先生，负责替她赶马车的德·费尔森先生的一个亲戚，受命为新房设计一座地下堡垒，她觉得那里没必要花心思装修。

她坐在自己的画室，寻思该往箱子里装些什么（钻石、暖床器、银质洗手盆等）；国王正在向一群准备起程长途穿越法国的人讲话，他们将从英吉利海峡向地中海进发，确定巴黎子午线的准确位置，那条线就在她身旁几米远的地方，穿过罗亚尔宫广场及杜伊勒里宫与卢浮宫之间的杂街乱巷。如果计算准确，他们将会经过卢瓦尔河以南那些未开化的乡野地区，那里的居民从未听说过巴黎。不过，一旦他们完成任务，绘制出一幅有史以来最精确的地图，配上一些别的物件，就能让国王陛下快乐地连续研究几个星期。

他们自己的行程也需要精确到类似程度，但相比之下则要危险得多。费尔森先生预订了一辆特制的长途马车，等候在城外圣马丁城堡门口。与此同时，德·布耶将军在通往东边国界的几个沿途要塞，都驻扎了效忠国王的军队。应该不会出什么意外。马车内有一个精心准备的食品库，一名厨师，一层可以改装成餐桌的地板。除了外形巨大，它并不招人眼。过去两个星期，每晚同一时间，都会有一位身高和体型酷似国王的朝臣，经由大门出宫。国王本人选了三名卫士陪同上路。有人建议他选些善于识路的人，像警察、士兵、据称知晓“王国境内每条路”的退休邮政局长；但国王陛下想让人看到自己高度信任自己的卫队，因而请卫士长提供三个人选，并且没有向他们交代要去完成什么任务。

为了避免引起怀疑，他们分成四组上路。女家庭教师带着太子殿下和他妹妹去往附近的埃谢勒路，扮成车夫的费尔森先生会在一座繁华的旅馆旁等候他们。三刻钟后，他们将与国王的妹妹伊丽莎白夫人会合。等到宫里的就寝仪式结束，假国王躺下入睡，真国王扮成侍从离开。王后则将在她最信任的贴身侍卫德·马尔登先生的保护下最后一个出宫。

从她的住所到埃谢勒路街角非常近，不至于出什么岔子。如果卢浮宫修建完工，杜伊勒里宫将会成为一个巨大的长方形城区的西侧边线。骑士广场和占据大部分城区的中世纪留下的贫民窟，处在它的两端。距离她的河畔住所最近但却离埃谢勒路最远的院落是王子庭院。一旦出了院子，也就相当于离开了王宫。接下来就是骑士广场，国王马厩的一角，以及埃谢勒路前面广场的菱形部分。全部路程加起来不到五百米。

王宫的院子里总是挤满了律师、大使、仆人，最近还多出了一些相貌粗糙、身份不明的人。院子外候着一排出租马车，等候顾客从宫里出来搭车到附近宾馆。很少有人会相信某些歇斯底里的记者传播的王室家族准备外逃的谣言，拉法耶特先生则把卫兵数量增加了一倍，以防不测。他还下令加强王宫周围的照明，以防更大的不测。王后将戴上一顶宽边女帽挡住面部——她觉得这纯属多余，因为自从她头发变白，她的一些朋友都已认不出她了。万一碰上哨兵盘问，她会回答自己是女家庭教师博内夫人。总有一天，那些被乱党引入歧途的巴黎人，将会说他们的王后十分称职。

* * *

作为一个和她一样住在巴黎的外国人，费尔森先生这位瑞典贵族，可能比本国人更适合完成这项任务。法国贵族可不会像费尔森先生那样用车夫的行话轻松地聊天，也不会想到随身带个廉价的鼻烟壶，给那些难缠的话匣子闻上一口。多亏他演技老练，才能在旅馆前站定脚步，直到德·图尔泽勒夫人带着公主和已经睡着的扮成女孩的太子赶到那里。他们没有等候国王的妹妹，费尔森驾起那辆贵重的马车沿着码头驶去，向右穿过路易十五广场，然后顺着圣奥诺雷街返回原地，加入埃谢勒路的出租马车行列。

他们惴惴不安地默默等待，一位妇女绕到马车旁。车门打开，伊丽莎白夫人上了车，踩到了藏在图尔泽勒夫人裙子下面的王太子。她慌里慌张地解释说，她就在拉法耶特先生眼皮底下经过，当时他正准备乘马车去参加国王的就寝仪式。马车里安静下来，他们开始等候国王和王后从宫里出来。

从埃谢勒路街角望去，有可能看到王宫里某些高层房间的窗户，外面点着很亮的火炬，像在准备举办一场宏大的展览。附近教堂的钟楼开始敲响午夜的钟声，但国王还是没有要出来的迹象。直到所有官员都已退去（不知为何比预料的晚了一些），男仆侍候国王陛下洗浴更衣上床入睡后，一个准备自称杜兰德的身材高大的仆人平静地走出宫门，通过了杜伊勒里宫院中的岗哨。当这名仆人穿行骑士广场时，岗哨的注意力被鹅卵石路面上传来的黄铜鞋扣声吸引过去。他看到一个仆人捡回自己的鞋扣，半跪在地上熟练地把它系回原处，然后起身继续向埃谢勒路方向走去。

虽然车里的人都为国王迟迟不来而担心得要命，但当他赶到车上，坐在女士们对面后，仍然认为，虽然出现了一些小小的挫折，但这些意外恰恰证明了方案的可行性。就连钟表里也不免会有一两个零件出问题，但是通过相互扶持，它们就能在一个运转良好的平衡体系内，使整座装置达到令人满意的精确度。因此，对于王后未能准时出现，他并没太过焦虑。

* * *

终于，她和马尔登先生离开了王宫。他们没有遇到什么麻烦就通过了王子宫殿的岗哨。正当他们准备穿过骑士广场时，有人举着火把走过来。他们赶紧溜到广场的小门，就在这时，一辆马车隆隆而过，从火把映照的车窗向里望去，她清楚地看到里面坐的就是拉法耶特先生。一种比求生本能还要强烈的冲动，使她想用手杖击打那辆马车。据另一名贴身侍卫说，马尔登先生竭力使王后平静下来。更有可能是王后想让她的同伴平静下来，试图让他明白自己的命运和责任，从而变得勇敢起来。很快他们就能坐上费尔森先生的马车，平平安安地去圣马丁城堡门口跟大车会合。

就在这时，发生了某件显然非同寻常其实又很常见的事情。时过多年，几位当事人（包括布耶将军）才开始描述清事情的经过。最详尽的叙述，而且在事情发生后最先记述它的，是她的御用牧师德·丰塔日先生，他在同王后谈起此事后做了记录。有些现代历史学家怀疑是否真有此事，但他们忘了，在他们那个时代，城市交通导航设备铺天盖地，指示牌如此之多，以致根本不用太花心思去认路。巴黎的街道都已在地图上标示得清清楚楚。

马车消失在夜色中，王后和她的贴身侍卫通过侧门离开了杜伊勒里宫。他们知道，按照国王的指示，他们得左转弯离开王宫。他们很清楚这条路线不可能出错，虽然拉法耶特的马车让他们很是紧张了一阵儿，但会合地点离他们不过几百米远。

他们前面的栏杆外就是河道，稍往右点就是灯火照耀下的王桥，从那里可以通向河的左岸。河对岸的高大房屋中，有些人家仍亮着灯，但码头上一个人也没有，所以他们没有多加耽搁，快步穿过王桥，赶往大桥那边的街道。

没人知道是否马尔登先生在指路，或者他只是在听从王后的指令。另外两名侍卫曾记下那天晚上的事情经过。德·穆斯捷（François-Melchior de Moustier）只记得王后被拉法耶特吓坏了，然后就开始慌不择路。德·瓦洛里（François de

Valory）记录得更为详细，但却把它弄丢了。当他于1815年再次讲述事情的经过时，他发现自己已经记不起来了。不过，他仍记得自己曾听说，王后“一度离开向导朝相反的方向逃去，那名向导只能紧随其后予以保护”。可能是第三名贴身侍卫让王后平静了下来，但由于可以想见的原因，他从未写下自己的回忆录。王后本人则在同私人牧师谈话时，大度地承担了自己的责任：“她的向导比她更不熟悉巴黎的路况……结果，他们右转弯而非左转弯，穿过了王桥。”

理想情况下，一个头脑清醒的人可能会先停下来考虑一下局势，然后就会意识到，如果选对路的话，杜伊勒里宫一定是在一座岛上。但当时的情况让人无法作出冷静的判断，而且既然要去的街道跟王宫和埃谢勒路大致在一条线上——只是方向相反——那条路线最终也应能通向目的地。

他们进入的街道是欧巴克路，这条路因近旁用来运送建造杜伊勒里宫的石材的渡口而得名。但当时极少有街道指示牌。直到1805年巴黎市交管部门才在黄色的瓷片上把街道的名称一一标示出来：红色字母表示该条街道与塞纳河平行，黑色表示与它垂直。

他们经过了一条又一条街道，期待着马上就能看到费尔森先生停在街角的马车。道路略为向右偏离出去，两侧开始出现豪华宾馆的高墙，然后就是修道院和教堂。他们仿佛已经置身某个乡间小镇的贵族庄园。若从已知的路线及大致延误的行程加以推算，按照每小时十二里的速度来计，他们一定走到了欧巴克路尽头，却没有找到埃谢勒路，反而到了一个陌生的地方，那里不时传出哀号和尖叫声，让人以为自己误入城市边缘的某座秘密监狱。欧巴克路尽头曾是麻风病人的聚居点，位置就在绝症患者收容所和看管精神病人的小型庄园之间。

直到现在他们才开始朝塞纳河方向往回返。但是，他们非但没有按原路返回，反而选了另一条路，仿佛迷路之后，他们仍没意识到自己的主要错误在于不应该跨越河岸。

* * *

此时，大家的注意力不可避免地转向了马尔登先生。毫无疑问，他不是在有意误导王后。他只不过是已经习惯于服从命令，结果发现自己在深夜置身无名街巷，陪着一个焦急地打探着过往车辆的女人，其最神奇的能力就是在离自家几步远的地方迷路。这个女人地位极高，不大可能心平气和地接受不同意见。

王后很可能曾斥责她的同伴愚笨无能。她甚至可能还曾亲自指路。现在，不仅她自己岌岌可危，她的孩子和丈夫也命悬一线，更不用说欧洲上流社会的前景将会如何。

马尔登先生未能随身携带一幅地图，或预先对之加以研究，可能并不像布耶将军在其回忆录中所写的那样，认为王后的同伴“要多蠢有多蠢”而对其大加谴责。但要弄清马尔登先生何以迷路迷得如此离谱，就得在本身已是枝节交错的故事中再来一个插曲。可以说，马尔登先生是受了时代的局限。他可能是在根据理性行事，但当那种理性之光范围有限时，他也就无计可施了。

1791年时，巴黎的地图尚不精确。曾有一两幅制作精美的全市地图，在适当的位置标出了街道名称。这些地图仅为一些军官、图书管理员、国王及富有的收藏家所知，它们极少发挥实际作用。陌生的旅客若想一览巴黎全景，他们最常得到的建议就是爬到某座纪念碑的顶部。文具店里出售的粗略导游图，大致标出了一些主要景点和街道的位置，仅此而已。一幅地图应该对这座城市加以赞美，而不是突兀地暴露那些中世纪遗留下来的杂街乱巷和死胡同。宽德罗（Francois Cointeraux）的“巴黎今日地图”（1798），费尽心机地省略了所有次要街道，“要不这幅地图只会像团乱麻”。

巴黎的居民，包括玛丽－安托瓦内特在内，自巴黎还是河中小岛时就已对此处之泰然。大多数人从未离开过自己所在的街区，需要出远门的人都是乘坐出租马车。梅尔西耶说：“哪怕路再近，巴黎人也要坐出租马车。”这种办法可能比较明智，但也比较懒惰。“首都居民甚至不会因为自己熟悉路况而沾沾自喜”，1874年出版的拉鲁斯百科全书中这样写道。出租马车车夫自身的路况知识都是个谜。几个世纪来，关于出租马车的管理规定中，没有一条提到车夫必须熟知路况。至于行驶速度、醉酒驾车、延误行程、运载内容、马匹饲料、路障处理、穿越人群、伤及行人、对女乘客不敬、热天可否脱衣等问题，有数百条相关规定，但从无一条规定车夫知晓从一个地方到另一个地方的最短路径。不过，由于后来出租马车上装了标志其服务范围的各色吊灯，从而可以推断，车夫的路况知识必定十分有限，具体行车路线通常取决于拉车的马儿怎么走。

玛丽－安托瓦内特在左岸地区迷路约半个世纪后，巴黎全市地图的作用仍不明显，甚至印制地图的人也不怎么用它。1853年，有一本为“不熟悉首都情况”却希望在那里找工作的排字工人印制的行路指南，用超长文字列举了六十家印刷厂，意在提供一幅路线图。某位待业的排字工人若已来到位于里沃利街的某家印刷厂（“即以前的圣日耳曼福塞路14号，第一座庭院右侧的楼梯口”），然后，

> 走出该地，沿里沃利街左转，行至圣丹尼斯街，于此处应右转，直行到路尽头，穿过沙特莱广场及兑换桥，进入对面的巴尔耶里街，右侧

第一条街即圣沙佩勒街，在第5号门牌即可找到布坎先生。

至于全部路程，“假设此人在每家工场待两分钟，将花费七个半小时”。而且，这位不幸的排字工人，还只是在“半径一百公里的巴黎地区所有印刷厂”的名单中刚刚起步。

很有可能，在那个星期一的夜晚，就在欧巴克路不远处，一位最能给王后指路的人，正在绘制现代制图史上堪称伟大经典的作品之一。在那座巨大而迷乱的城市，埃德姆·韦尔尼凯（Edme Verniquet）正在眯着眼睛，透过小型望远镜，在某位仆人高举的火炬照耀下，测量某个街角的度数（他和他那由六十名几何学者组成的团队，总是在夜间进行测量工作，因为那时不会被群众围观，或被狗儿追咬，或被马车撞到）。他的梦想是绘制出巴黎第一幅完全可信的地图，其精确度可以使人看清每堵墙上的凸起和裂缝：十五年前他自费开始了这项工作，而且还要再花几年时间才能完工。国王对这项工程表达了良好祝愿，但新政府却不太热心。当韦尔尼凯请求政府予以补助时，某位议会代表主张将此事交由专门委员会进行讨论，“用以判定这幅地图到底有无任何用处”。

* * *

如果王后和她的同伴像韦尔尼凯那样仔细研究过巴黎，就会发现他们走过的道路，恰好形成以红十字路口为中心延伸的蜘蛛网状结构的外沿。其中有些街道十分平直，但它们在跟其他街道交叉时形成了奇怪的拐角，从而出现了一些呈平行四边形和梯形的街区，仿佛天天都在变形。走在这些不对称的街巷，就会发现时间过得十分诡异。自从他们穿越跨河大桥来到左岸，时间可能过了五分钟，也可能过了半小时。

或是运气好，或是靠着嗅觉，他们找到了返回的路，经由圣父路或某条邻近大道重新回到码头那边，但却是位于王桥上游更远的地方。河对岸就是卢浮宫的高墙。码头上仍空无一人，但在桥的另一端有个哨兵在那里值勤。向左望去，她可以看见记忆中的杜伊勒里宫侧影，或许这是她第一次在城中的较大参照系中猜度它的位置。就在不远处，她的丈夫和孩子正坐在马车里，一边计算着时间，一边猜想人们何时会发现国王已经不见，或者王后是否已被当成叛国者遭到逮捕。

或许他们在绝望后开始冷静下来，或许仅仅是因为做好长途出行伪装的人失去了耐心，被迫采取果断措施：仿佛整个冒险过程就是一场化装舞会，此时再无必要掩饰下去；王后和她的同伴径直向哨兵走去，询问去往吉拉尔布瓦宾馆和埃谢勒路的路。

哨兵显然知道怎么走，但他不会带着两个市民步行抄近路穿过王宫，而且看来他们也不会忽视他的指导——这就可以解释王后何以不大情愿地开始在巴黎探路，陷入与王宫咫尺之遥的贫民窟的迷宫中。

杜瓦耶讷街区全是些中世纪建筑。在那个狭小的空间里，臭烘烘的小巷曲里拐弯地延伸了近十里，有些路段几乎跟臭水沟没什么两样。有些贫民窟可能曾是修道院，里面奇形怪状的凹陷和凸起，是早年间的拱石和街道留下的无名遗址。有些死胡同附近的空地，凌乱地堆放着修建卢浮宫用的石材。到了晚上，卢浮宫就像是遭到破坏，而那些古老的屋舍，则像一座保存完好的永久性遗迹。

当他们在没有路灯的街上摸索前行时，一座教堂敲响了某个钟点的一刻钟或半点钟。若在一个小镇上，他们现在可能已经找到方向，但在巴黎却是另一种情况。最古老的教堂沿着塞纳河呈东—南—东走向，像巴黎圣母院就是根据基督教传统如此设置，从而使初升的太阳从祭坛后方的窗户照进教堂。但这种格局占地极多，其他一些教堂不得不根据自身情况因地制宜。建于 1646 年的圣叙尔皮斯教堂，可能是巴黎最后一座采用“东向”建筑的教堂。现在，巴黎的教堂朝向什么方向的都有。王后和她的同伴所在位置方圆二百米内的四座教堂中，只有一座朝向东面。从空中望去，巴黎的教堂就像一座繁忙的港口停靠的许多小船，熙来攘往，各行其是。截至 18 世纪末期，也只有像韦尔尼凯那样博学多才的人，才能通过爬上教堂的尖塔，观察其朝向角度，辨别出周围方向。

由于记录此次外逃事件的几篇文字在细节上无法统一，所以不可能准确地说出他们到底探访了怎样的迷宫，或是到底花了多长时间才来到圣奥诺雷街，然后沿着路灯走了九十米，最后终于找到了王室家族苦闷不堪的其他成员。国王——根据女家庭教师的说法——就像历年来在那些盛大仪式和外交场合时常勉力表现出的那样展示出了关切之情。他抱住王后，激动地吻着她，然后接连说了好几遍：“看见你我真是太高兴了！”

费尔森先生深知那些街道中暗藏的秘密，所以他没有从巴黎最宽阔的大道驶向东北出口，而是沿着圣奥诺雷街和蜿蜒曲折的圣安托万区向东驶去，一直走到巴士底狱，从那里右转，沿着林荫大道走了十里多路，然后到达了可能被称为圣马丁城堡的关卡。当然，他也可能早在圣梅里教堂的位置向左拐去，然后沿着那条和圣马丁路构成直角三角形的斜边很方便地直行过去。但这都是后见之明。事后的各种说法都比实际发生的情况简单得多。当那辆特别定制的马车飞速穿过邦迪森林，开始横穿布里平原和香槟平原时，巴黎的消息已经赶在头里传了过来。国王极为满意，想象着其对“法国人尤其是巴黎人”的致辞，将会给国民会议产生的影响。国王毫不掩饰自己的喜悦，他对马车里的其他人宣布：

很好，我已走出那座令我痛苦不堪的巴黎城。我可以告诉你们，一旦我东山再起，你们将会看到一个全新的我！

直到此时，他在旅途中的乐观态度仍然底气十足。其实，如果不是在巴黎耽搁了那么长时间，他们可能早已在保皇党部队被一群可疑的群众驱散前抵达索姆维尔桥。而且，他们也可能不会暴露在好奇的圣梅内乌尔德市民面前，结果人群中有位邮政局长的儿子根据硬币上的头像认出了国王。当时是1791年6月21日晚八点。几乎就在同一时间，某位不知疲倦的巴黎才子看来即使在最黑暗的时刻仍然保持着活力，他跑到杜伊勒里宫墙边贴了一张告示：

敬请市民注意，有个胖子逃出了杜伊勒里宫。谁要遇到他，请将他带回家——定有酬谢。

* * *

1793年10月16日

革命广场（先前的路易十五广场）是巴黎景色最美的地方之一。午后的阳光透过香榭丽舍大道的树枝，洒落在浓荫掩映的广场，形成粉红色的光柱——使得夏洛特·科黛①的面容在公众面前略显羞涩。曾有数千人看到这一景象，由此引起了一场关于感官印象的官方调研。由于科黛小姐穿的是法国特产的卡昂哔叽服饰，从而引发了一股戴诺曼底无边花饰女帽的热潮。

被敞篷车辆运到广场的男男女女，出乎意料的镇静。尽管那些无套裤汉言辞激烈，洋洋得意，她的行为举止却丝毫无损自己的贵族气质。站在距离广场地面三米的高台上的人们，看着周围军服严整的士兵、嘈杂不堪的人群，说出了几乎令全世界都为之动容的话语：

"哦，自由！多少罪恶假汝之名横行！"
（有人对广场上竖起的自由女神像作如是言。）
"但愿我的鲜血能够浇铸出法国人的幸福。"
"先生，请原谅，我不是故意的。"
（有人不小心踩到刽子手的脚时如是言。）

---

① Charlotte Corday，1768—1793，法国人，暗杀革命家马拉的女凶手。

1793年10月16日王后被处死

他们是从巴黎古监狱乘着农家的粪车穿过河道，沿着圣奥诺雷街来到这里的。这段路程约有六里多。他们中有一些人在从粪车走上高台的木梯时，平生第一次清楚地知道他们在哪儿，以及如何到了那儿。当她走完自己在巴黎的最后一段路程时，罗兰夫人请求给她笔墨记下自己人生的最后时刻，“把她从巴黎古监狱到革命广场的途中所见付诸笔端”。

虽然看起来镇定自若，但王后有时也会关注周围事物。有几次，人们看到她在琢磨革命者刻在墙上的东西，以及窗外飘扬的三色旗。她可能已经听到午间从王宫传来的炮声。当车辆从圣奥诺雷街驶进广场时，人们看到她曾扫视杜伊勒里宫。官方记者注意到，她“一脸凝重”。

从高台上望去，整座城市有种神灵驾临的气息。韦尔尼凯主楼的几座三角形尖顶，从革命广场都看得一清，人们要是登上高台，还能看到杜伊勒里宫的圆顶，圣叙尔皮斯教堂的北侧塔楼，蒙马特山的顶峰。由于某种神奇的造化，塞纳河的蜿蜒河道看起来已被伸直，使得人们可以把从宫墙沿着河道直至山上的风景尽收眼底。杜伊勒里宫的柱廊、绵延伸向城东的高屋大院，以及在云雾缭绕中若隐若现的屋顶建筑，使得人们浮想联翩，以为几个世纪来造就的杂乱无章之物，其实是一座典型的天城。从广场中心望去，可以看到极远的地方。在那天，站在杜伊勒里宫前面的人，若在人群的嘈杂声中爬上某座雕像的底座，就能在将近一里半的距离，清楚地看到断头台上的铡刀如何落下。

第四章

复　归

《基督山伯爵》中的一幕

故事的结局发生在1828年英国某地。一位老人卧病在床，奄奄一息，他的意识还算清醒，足以感受到自己灵魂深处罪恶之深重。一位法国天主教牧师，坐在床边写字台旁，拿着一札案卷。此情此景，正是绝大多数法国流亡者和逃亡者所处的孤苦无依境地。P牧师（人们只知道他名字中的大写字母）可能已经听过几十个类似的临终忏悔，那段法国历史因为某些人的失势和变节而丑陋不堪，不过，即使以流亡者的标准来看，这位老人的故事也称得上漫长而曲折。幸运的是，故事已在他的脑海中讲述过太多次，从而使得这次口述进行得十分顺利。

老人讲完了自己的故事：他如何逃出巴黎，到达英国。牧师拿过忏悔书，秉着烛台，让行将就木的老人在每页文字上哆哆嗦嗦地签上自己的名字。几天后，老人去世了，P牧师信守诺言，把签过名的忏悔书送到巴黎警务总监手中。在同时发送的信中，牧师解释道，他和自己的教区居民认为，“警方应该知晓一系列令人憎恶的事件，这个不幸的人既是其始作俑者，也是其牺牲品。”

围绕着这封忏悔书，巴黎警方应该展开过一些调查，理过一些头绪。但这一案件发生在十几年前，警方眼下早已有了更急迫的任务。新上任的警务总监在意的是城市卫生状况。德贝勒姆（M. Debelleyme）先生设立了专职岗位，定期打扫街道，按时洒水。他还从政府获取专项资金，用于监督妓女的卫生状况。他还下令毒死流浪狗，严禁人们弹着手风琴哼唱淫秽歌曲。他还给所有外省出身的巴黎乞丐颁发通行证，把他们全部遣回原籍。他还以皮尔爵士[①]为榜样，给过去的便衣警察配上崭新的蓝色制服、三角帽、锃亮的纽扣。

那份忏悔书被送到档案处，在那里，多亏一位堪称这个故事主人公的人，它才没有被人永久地遗忘。忏悔书在警局被束之高阁，但它很快就引起档案处一位工作人员的注意，此人从未忽视过任何一份警局档案。珀歇[②]新近才成为巴黎警察局档案处主管。这是他梦寐以求的工作，也是对他在大革命的黑暗时期表现出的勇敢与狡诈的奖励。珀歇三十来岁时就被选为巴黎社区的民意代表，但他逐渐厌倦了群众性暴乱活动。他一夜之间变成保皇党，同时却保留着民意代表的外壳。凭着红色革命分子的形象，他保住了自己查处越境外逃人员、不服管教的牧师及保皇党阴谋家的工作。他辩解道，这样能让许多人免于走上断头台。后来他跟朋

① Sir Robert Peel，1788—1850，英国政治家，将Tory党改建成保守党，曾出任首相（1834—1835，1841—1846），任内政大臣时整顿了警察制度，人们因此而把警察俗称为bobby。

② Jacques Peuchet，1758—1830，支持过1789年法国大革命，得到过拿破仑的赏识和重用，波旁王朝复辟后投靠保皇党，作了十多年巴黎警察局档案保管员。研究过文学、医学和法学，但他引起世人注意的却是他的经济学著作。晚年写有《回忆录》。

友说："与狼共舞并不意味着要与狼同食。"当然，为了在恐怖时期保住自己的饭碗，他一定也牺牲过少数人以拯救更多的人。就是这样，他也从没脱离危险。雅各宾革命派代表人物之一毕约－瓦莱纳，那个要求"在二十四小时内"处决国王的人，曾警告珀歇："朋友，小心点儿，你长了一张狂热的中间派的脸。"

不知何故，这位狂热的中间派活了下来。珀歇曾在如此多的场合现身，令人很难相信他竟然只是一个人。调查结果显示，从巴士底狱陷落到拿破仑下台，他可能藏身巴黎北郊的乡村；管理过巴黎以东十二里的一个市镇（只把极少数市民送上断头台）；也曾身陷囹圄，多亏朋友相助，才得脱身；他还编辑过两份官方报纸，后来还曾负责出版审查工作。他还编过两部百科全书，一部法国省情调研统计报告。

最后，他选择栖身巴黎市警察局档案处。通过自己在政界多年摸爬滚打的经验，他早已熟谙其中之道。警局储藏室的木头架子和箱子里，藏着一个大都市里家家户户的秘密资料。在那里面可以找到任何在巴黎生活过的人的案底——不分穷富，不论清白。他觉得，只有这样才能独辟蹊径，从中勾勒出人性的全貌。通过给各种档案分类，他就能把人类历史"深不可测的乱象"理出头绪。凭借大量细节观察，他将揭示出"人类私生活的神秘画面"，从而以多卷本著作展示给全世界。

十一年来，珀歇每天早上都会经过巴黎圣母院旁的桥头，走进暗无天日的储藏室，翻箱倒柜地查找那些庞杂的资料。每天晚上，回顾一天的工作，他的脑海里就会充满形形色色的阴谋和罪恶，以及一种日渐成长的启蒙意识。但是，一个背景复杂而且渴求真理的人，难免会四面树敌。有些人，像心生妒忌的同事、档案中留有不良记录的警察、在革命低潮的艰难岁月中幸存下来的人，开始散布谣言，说珀歇是个潜藏的革命分子。怎能把国家的肮脏机密托付给这样的人来掌管？显然不能，尤其是在此类机密仍在不断增多之时。正如珀歇在自己的书中揭露的那样，巴黎市警察局局长德拉沃（Delavau）先生本人，一直在纵容自己的属下向商户收取保护费，并开设赌场和妓院。

珀歇被免职了。在这个有着两万六千名喜欢阅读报上有关他人职位升降的公务员的城市，这绝对是一种公开羞辱。在他的回忆录中，珀歇撒谎说，他把自己热爱的工作让给了别人。私下里，他则把这次免职称作"致命打击"。此时他患上了一种神秘的疾病。他感到自己的病情正在加重，并将其归咎于他的敌人。整整三年，他放下身段四处打点，变卖旧藏品，购买自己的新名声。1828 年，新任巴黎警务总监德贝勒姆走马上任后，他才获得了一份在警局档案处工作的机会，但级别已大不如先。为国效力四十年后，他蓦然发现，在自己六十八岁时，又成了一名下级职员。

就在这时，那份忏悔书从英国送到了巴黎。凭着灵敏的眼光，珀歇从中看到了无价之宝。这份忏悔书表明，如果对一国国民管辖不当，将会出现何种后果。忏悔书中的一些细节，也令珀歇想起了自己的困境。他细致地作下笔记，将其添加到家中堆积如山的文献中。

现在，他开始夜以继日地工作，把庞杂的资料整理成文。可是，他的敌人也在加紧工作。他们传言珀歇患有某种精神疾病，已对国家安全构成威胁，应该立即清退，以免死前惹是生非。

每次名声受到诋毁，珀歇都会感觉自己的病情又重了一层。他开始在自己的日记体书稿里记录此事，这显然不是良史之举，除非他自感所处的现实已成为大历史的一部分。他的手稿最后几页，写下了一些可怕的笔记：

> 今天的痛苦如此之巨，我想自己要是有力气，就应投塞纳河自尽。
>
> 今天，1830年3月5日，生日前夕，自感极为虚弱，极为沮丧，几欲封笔。若能走出低谷，我将重写此书。

数月之后，死亡使珀歇摆脱了身体疼痛，他的敌人则沾沾自喜。不过，他的作品已经完工，而且四十年后警局被巴黎公社的革命者们付之一炬，至少也能让他聊以自慰。就在几个小时内，巴黎五百年来的档案资料，包括那份署名的忏悔书在内，全都灰飞烟灭，消失在西堤岛上空。

* * *

珀歇给妻子留下了一份公务员级别的养老金，还有一部亟待出版的大部头作品。出版商们带着合同找上门来，争相约稿。经过几年的权衡，珀歇的遗孀把手稿卖给了出版巴尔扎克首部作品的阿方斯·勒瓦瓦瑟尔（Alphonse Levavasseur）。

从现代人的阅读口味来看，珀歇的文风略显枯燥，但他讲述的有关钩心斗角和密谋刺杀故事，不管真假，深受读者欢迎。勒瓦瓦瑟尔向珀歇的遗孀保证，她丈夫的回忆录将会被好好加工，接着他像任何一个精明的出版商那样开始放手大干：他雇用了一位文本处理大师，后者能把杂乱无章的文献转化成干净利落的故事。拉默特－拉贡（Lamothe-Langon）男爵从行政事务中退休后，专为那些从未写过回忆录的人代笔捉刀。他出版有六卷本《巴里伯爵夫人亲笔写作之回忆录》，《玛丽－安托瓦内特御用理发师莱诺德回忆录》，还有几部多卷本小说。这位男爵对14世纪法国焚烧巫觋事件的珍贵描述（参见他广受欢迎的《法国宗教裁判所史话》），曾给众多历史学家关于那段历史的研究造成严重误导，直到1972年，人们才发现该书纯系伪作。

男爵把珀歇的大部分文字保留原样，却将某些故事，尤其是忏悔书一事，改得更加顺畅。他增添了一些对话，丰富了故事的细节，以讨广大小说爱好者的欢心。忏悔书的故事在英国经由某位牧师记录之后，又过了十年时间才得以最终出版。由于添油加醋和滑稽处理，故事显得不够真实。它被收入1838年出版的署名警局档案管理员J. 珀歇的第五卷《巴黎市警察局档案管理员回忆录》。男爵的名字没有出现在扉页上，以致那些被迫使用该《回忆录》而非已成灰烬的档案的历史学家，时常把雅克·珀歇称为雇用写手、想入非非的作家和赝品制造者。

书中的摘要曾被某些杂志转载。1848年，马克思读了其中讲述自杀和堕胎的一章并在自己的文章里加以引用，从而令珀歇听起来像是个马克思主义者。那份忏悔书冠名“复仇的钻石”，一位人气很高的小说家读过后发现，它“荒谬可笑”但令人着迷。他写道：“在那个牡蛎壳中，我看到有粒珍珠——一粒粗糙的珍珠，未经打磨或估价，但却是一粒需要珠宝匠妙手加工的珍珠。”他自己担当此任，将其改成了一部气势恢宏、文采奕奕、令人称奇的长达117章的作品。这部作品就是《基督山伯爵》。

当然，这部作品出自大仲马之手。他借用了忏悔书中的主要线索，抛却了笨重的故事外壳，从而拯救了那部堪称文学垃圾的作品。也许，如果那份不为人知的残本忏悔书去掉男爵煞费苦心的笔墨，服从历史真实性的检验，很有可能恰恰揭示出珀歇有生之年孜孜以求的那幅“神秘画面”的一角。

I

1807年，一位盲人探出手杖，在塞纳河与巴黎中央市场之间泥泞不堪的道路上摸索前行。他可能在想，自己是否身处两千里外的法国南方某地。外省民工通常就住在这样的巴黎街区，在那里他们可以照样讲着老家的方言，吃着家乡的饭菜。中央市场附近的圣奥波尔蒂讷区，就有一个热闹的尼姆地区民工聚居点。在尼姆，新教徒垄断了最好的工作；但在巴黎，人们可以不分宗教信仰照样谋生。谁要是处境不佳，老乡就会伸出援手，确保他不致挨饿。一般而言，那些人口密集的市郊村庄，并非外地人想象中的舒适港湾：他们夸大了外省村镇之间的小小争端，在那里，一家的收益就是另一家的损失。但是，比起盲目地投身某个盛行人道主义的社区，一个人还是多了解一些邻里情况为好。

每个民工社区都有自己的咖啡馆，充当聚会场所。警方非常熟悉这些咖啡馆，任何一个在乎自己生意的咖啡馆老板，都得确保自己跟当地警务专员搞好关系。尼姆人聚居区的咖啡馆，位于圣奥波尔蒂讷广场旁边的街上，离中央市场很近。故事发生那天（1807 年 2 月 15 日，星期日），咖啡馆老板卢皮安，正在比往常更加用心地倾听顾客的闲言碎语。

来自尼姆的鞋匠皮科，是一个相貌堂堂、干活卖力的年轻人，他走进咖啡馆，开始与那些老顾客们分享他的好消息。他刚跟一位本地姑娘玛格丽特订了婚，据《回忆录》记载，这个女孩"像雏菊一样俊俏，身材标致，令人着迷"，不管用什么标准来衡量，她的美貌都是一笔很大的嫁妆。皮科的老乡掩饰住他们的嫉妒，向他的天大好运表示祝贺。在巴黎，有两万个鞋匠在争相兜揽只有一百五十万双脚的市场，所以一个小鞋匠并不总能攀上这样的好亲事。等到皮科离开咖啡馆，卢皮安跟那些老顾客们便开始着手从事那些新郎的熟人应该干的勾当：他们要想方设法让这个幸运儿作为单身汉的最后几天，过得能多别扭就多别扭。

除了卢皮安，那天的咖啡馆里还有三个人。他们（小鞋匠当时并不知晓）分别是阿卢特、邵巴尔和索拉里。这几个名字可能都不够确切，但作为故事真实性的一个标志值得一提。这些名字都是在尼姆地区找到的，只是出现频率不高，不是当地人的常用名。

想出最好点子的正是卢皮安本人。他称其为"小恶作剧"。他们将会向警务专员告发，皮科是个英国间谍。一想到大婚之日的皮科将被关在警察局竭力辩解自己的清白，他们都开怀大笑。邵巴尔和索拉里都觉得这是个好主意，只有阿卢特拒绝掺和进来。他的动机与其说是道德高尚，不如说是谨小慎微。他知道捉弄警察的危险，担心皮科开不起这个玩笑。他也怀疑咖啡馆老板对玛格丽特心怀不轨。卢皮安的发妻已经去世，正想续弦。俊俏的玛格丽特将是一位极好的"吧台女王"，若是能够对着镶有金框的镜子，坐在红色天鹅绒坐椅上，给茶盘分发方糖，使唤店里的伙计做这做那，不时跟顾客打情骂俏，这样的女孩一年怎么着也值几千法郎。

阿卢特的疑虑是对的，但他没有向皮科发出任何警告。他离开咖啡馆，回到家中，忙着操持自己的生意。至少，他的良心是清白的。

* * *

那时的警务专员都是些专职写手。他们能编剧本，写小说，成功与否并不取决于观众的欢心与读者的好评，而在于当事人能否被判入狱或处以死刑。那天下午，第十三街区的警务专员，关上了接待室的门，在那些执照、护照及没收来的歌谱之间，清理出一块办公地。他坐下时，手头只有一点线索：鞋匠，天主教徒，尼姆人，有可能是英国间谍，名字极为普通，不像是化名；等到太阳落山，他已写好了一份报告，赫然揭发了一个妄图颠覆法国的阴谋。就算卢皮安对英国间谍的举报有误，鞋匠们也是一群喜欢招惹是非的家伙。他们经常抱怨腰疼（久坐的缘故）及其导致的精神抑郁，他们还经常便秘（也是久坐所致），从而牢骚满腹，热中议论社会政治问题。就像任何一个经历过大革命的人所知道的那样，鞋匠们总是爱惹麻烦。

这位专员把报告呈交给负责处理法国西部警讯的警务部长。自 1804 年以来，旺代地区不断出现新的骚动。经常有人看到英国船只在海上出现。据间谍报告，西部的造反者和南方的保皇党之间有联系。在警务部长钟表式的头脑中，这些情况都指向一个更大的阴谋。在尼姆，流亡英国的天主教贵族已经返乡，结果发现新教徒仍然执掌权力。他们已对拿破仑大失所望。现在，既然皇帝远在普鲁士作战，一张反叛的大网正在从地中海到大西洋沿岸伸展。

警务专员的情报可靠与否、细节真实与否，其实都无关紧要。人们宁可信其有而不信其无。在这件案子上，人们宁可信其有。就算皮科是清白的，他也会因被人举报而获罪。皮科的案子，和此前一位销声匿迹的名叫约瑟夫·吕谢的嫌疑犯十分相似，必须立即采取行动。

那天晚上，有人来到鞋匠家，没有惊动一个人就把他带走了。接下来两个月，玛格丽特发疯似的到处打听，但没人知道也没人能告诉她，她的未婚夫到底出了什么事。就像那个狂乱时代许多人的遭遇一样，皮科莫名其妙地就消失了。卢皮安是最后一个见过他的人，他使出浑身解数来宽慰玛格丽特。既然情况比预料的略有不测，此时向警务专员吐露实情会显得更加疯狂。只有疯子才会跳下悬崖去救一个刚刚坠崖的人。或许，警方手里确实掌握了皮科的某些把柄？

两年过去了，没有新闻，也没有传言。接下来，有一天，玛格丽特擦干眼泪，嫁给了卢皮安。凭借她的嫁妆和咖啡馆的利润，他们得以搬出旧址，将那些悲伤的记忆和饥渴的顾客留在身后。在一个崭新的街区，生活可以重新来过。看着林荫道上车来车往，政府官员玩着牌，女士们啜饮着柠檬汁，大城市的日常景象很容易让人忘掉过去。

2

越过标志着法国和意大利分界线的山峰，在人迹罕至的阿尔卑斯山科蒂安支脉某个山谷，费内斯特雷莱城堡像寄生虫一样依附在近乎垂直的峭壁上。这个城堡曾经镇守过通往法国的公路，如果一条人迹罕至、碎石铺筑的沟壑也称得上公路的话。经当时学者考证，“Fenestrelle”的意思要么是“小窗户”（*finestrelle*），要么就是“世界尽头”（*finis terrae*）。两种解释都说得过去。从城堡底部的院子望去，一个囚犯能够看到苍鹰在白雪掩映的荒山上空盘旋，还可以让目光跟随阿尔卑斯山上的城墙沿着奥席埃拉山峰绵延六里地。城堡内部，透过窗上悬挂的帘子，他能听到呼啸的寒风和野狼的嗥叫。在这个意大利的西伯利亚，生也悲惨，死也凄凉。除非是精神错乱或笃信宗教，否则很难解释此间一位老人何以在 1814 年 1 月的一天准备自己的终结之旅时，眼神中竟有一丝快慰。

费内斯特雷莱城堡是拿破仑设立的一系列监狱中最坚固的牢狱之一。他没有重修巴士底狱。正如伏尔泰所说：“那座复仇之宫，把罪恶和无辜一起锁藏起来。”相反，他利用起大革命时代保存下来的一些城堡：北方的哈姆城堡，卢瓦尔河畔

欧洲的西伯利亚——费内斯特雷莱城堡

的索米尔城堡，马赛海湾的伊夫城堡。这些城堡是新时代的巴士底狱：空间开阔，易守难攻，远离巴黎。在法兰西帝国的最后十年，费内斯特雷莱本身就像一部人性选集。拿破仑有时会给他弟弟那不勒斯国王约瑟夫写信："你可以把那些令你感到讨厌的人送到费内斯特雷莱"（1806年2月）；"只有神甫或英国人方可送到那里"（1806年3月）；"我已下令逮捕所有被英国收买的科西嘉人。我早已把许多人送到费内斯特雷莱"（1807年10月）。在费内斯特雷莱，来自那不勒斯贫民窟的职业打手和罗马贵族被关在一起；那些拒绝宣誓效忠法兰西共和国的社区主教和枢机主教，在狱中秘密举行弥撒时，祭坛助手都是些间谍和刺客。

即使在费内斯特雷莱，也存在社会分野。那年冬天行将辞世的囚犯原系米兰贵族，曾在教会担任要职。我们可以想象，他的牢房不会空无一物：那里有几件从费内斯特雷莱村庄租来的家具，几把靠不太住的椅子，一张薄薄的帘子，一张比鞋匠的长凳好不到哪儿去的木桌（这是曾任教皇庇护七世秘书的枢机主教巴特罗姆·帕卡对他牢房中舒适用品的描述）。一些枢机主教谋求将自己的贴身仆人与他们关在一起，另一些人则从普通囚犯中寻找仆人。对这里的绝大部分人来说，外面的世界早已不复存在：法国大军从莫斯科撤退途中遭遇的灾难只是一个谣言，能够传到他们耳中唯一可靠的公告是大山的响声：雪崩的巨响，地震带来的墙面裂缝，就像地图上的公路示意图。既然这里关押着如此多有钱有权的人，事实证明费内斯特雷莱可被渗透，一点也不奇怪。即使在那个阿尔卑斯山的死胡同，金钱也像流水一样，能在石头中间找到出路。

拿破仑的一系列侵略产生的直接后果之一就是，巨额资金沿着欧洲的金融通道四处流窜。逃亡的王公贵族把成百上千万的家产托付给像法兰克福的梅耶·罗斯柴尔德[①]这样的人。意大利遭到侵略后，根据《托楞蒂诺条约》，意大利政府筹集了一千五百万法郎现金，还有一批价值一千五百万法郎的钻石，分装在几个袋子里，从罗马送到巴黎。油画作品和艺术品要么被藏起来，要么就赶在它们被送往卢浮宫前出售。跟教皇一起被流放的枢机主教之一布拉斯奇－奥内斯蒂[②]，在拿破仑倒台后回到罗马，"幸运地发现他出走前藏匿的珍宝完好无损"。

费内斯特雷莱那位曾任教会要职的米兰贵族，也曾在哈布斯堡和伦敦的银行存有巨额现金；他把自己的绝大部分财产售出，投资到阿姆斯特丹一家银行收益

① Mayer Rothschild，1744—1812，罗斯柴尔德家族的创始人，国际金融之父，欧洲银行巨擘，创建了全球第一家跨国公司，首创国际金融业务。

② Braschi-Onesti，1753—1817，教皇庇护六世的外甥，马耳他骑士团的大修道院长。

中；他还在米兰或附近某地拥有“一座宝藏”，并煞费苦心地放入钻石及各国流通的货币；简而言之，这些举措并不稀奇，但其动机则有点不太寻常。他至死都坚信，他的子女已将他抛弃，只等瓜分他的财产。某位监狱看守或者某个村里的仆人已帮他给自己的律师带出一条消息，内容就是剥夺他家中所有卑鄙小人对其财产的继承权。

也许他早就有这个打算，但在费内斯特雷莱的长期囚禁中，他发现了可为自己复仇的最佳手段。他在狱中收了一个仆人，一个年轻的法国天主教徒，性格率直但充满热情。在这个小伙子身上，他看到了自己遭逢的不幸。他也曾被抛弃和背叛，得想个法子机智而彻底地为他申冤。他痛苦地悟出一个道理：被迫害者能够学到迫害者意识不到的某种阴险和狡诈。迫害他的人不仅使他处境悲惨，还剥夺了他感受幸福的能力。

这两个年龄和阅历迥然不同的人之间，形成了一种比父子关系还要牢靠的情谊。一个信教的人或许应该给他的仆人指导基督教方面的美德；但他传授的则是如何放贷和储蓄，如何投资股票和公债，以及如何在有全胜把握的情况下去赌博。他把仆人变成自己财富和宝藏的唯一继承者。那年冬天，当暴风雪吹打着费内斯特雷莱的石墙而欧洲大陆又在酝酿一场大暴动时，他在牢中去世了。他在临终之际感受到的幸福，在被抛弃的人中堪称极致。

* * *

两个月后，1814 年春天，战败的皇帝签署了退位声明，接着驶向厄尔巴岛。整个欧洲从监狱和藏匿之地走出的男男女女眼中，都闪烁着新生的光芒。国王们返回宫中，游客们涌入巴黎。在意大利西北部的阿尔卑斯山区，一个幽灵般的三十六岁男子，带着名为约瑟夫·吕谢的护照，离开了费内斯特雷莱城堡。

自从他被一辆密闭的马车载入费内斯特雷莱，已经过去了几近七年——说得更确切些，就是两千五百零三十天。在城堡下面的村子里，他走进一家酒馆，看到镜中的自己已经完全是一个陌生人。经过费内斯特雷莱的重重大门时，他感受到了解放的震撼，自己所确定和习惯的东西瞬间解脱。现在，除了瘦弱的身躯，他还能感受到另一种东西：一个不再是自己的人所拥有的不可思议的自由。不管以前他是谁，吕谢已经成了一个幽灵，仿佛宇宙中出现了某种离奇的差错，使这个幽灵保留了在尘世行动的能力。

他沿着雪山融水奔流而过的希索讷河谷，来到了绿草茵茵的波河大平原。在皮内罗洛，他取道都灵。从此，阿尔卑斯山上的飞雪成为一场遥远的幻梦。

1814 年 4 月，一个衣衫褴褛的人走进一家银行。这种情况不值得当地治安官跑去质询。一个证件齐全的游民，合法地认取了巨额存款，数量之多，令一般盗贼不敢问津。这个人有可能是一位流亡者或逃亡者。就该银行所知，他可是无比阔绰。

由于日后即将显明的原因，接下来几个月没有留下记录。吕谢一定到过米兰，他可能在那里拜访过一位律师，签署了一些文件。也许，他还曾在乡间的某座宅邸或某处僻静的树林稍作停留。不管他在费内斯特雷莱接受过什么指令，显然他都完成得精确而高效。不久，他就能够审时度势地研究命运赋予他的新手艺了。

存在哈布斯堡和伦敦的钱，加上阿姆斯特丹银行中的收益，总数达到七百万法郎。宝藏中存有超过三百万法郎的现金，还有价值一百二十万法郎的钻石，以及其他一些小藏品：足以令卢浮宫都为之艳羡的镶满宝石的教堂饰品和贝雕。通过在费内斯特雷莱学到的教训，他留出钻石和一百万法郎现金，把其余财富分别存入四个国家的银行。按照百分之六的存款利率，这些投资每年会给他带来六十万法郎的收益。这笔钱几乎可以满足任何癖好或欲望。相比之下，遭到废黜的拿破仑登上厄尔巴岛时，只带了四百万法郎，仅够他修建一座帝王级别的住所、几条小路、一套下水道设施，以及设法返回法国的路费。吕谢的财产总值超过一千一百二十万法郎，相当于巴黎所有鞋匠一年的收入之和。

对其他任何人来说，这仿佛是交了天大的好运。坐拥如此巨大的财富，一个人可以做任何他喜欢做的事情。但是，仅靠财富如何能够改写在他脑子里讲述了上百万次的故事？他那遭受背叛的恩人和牢友教给他要了解和憎恨自己的敌人。但在仇恨之外还有一些别的东西：一种获取些许绝对安慰的欲望，一种对正义的强烈欲求，只有这样，才能伸张他这些年来活死人般的冤屈。

疗养院的经理对这些情况一无所知，直到1815年2月吕谢介绍自己的身份时，他才惊奇地发现自己的顾客是法国最富有的人之一。吕谢只身来到这块宁静的巴黎郊区，只带了很少的行李，而且没有贴身仆人。他给付了自己的食宿费用，入住进来，开始静养，以期在长期患病后恢复体力。这座城市正在山坡上修建更多有益健康的疗养院，带有阳台和小型花园。1838年开始实行正规管理之前，私人疗养院可以接纳几乎任何付得起费用的人，也就是说，入住进来的人什么样的都有：做完外科手术前来疗养的残障人士，孕妇，年老体衰者，安分守己的精神病人，富有的忧郁症患者。与跟门房和邻里住在一起的人相比，每家疗养院的顾客都能享受到更大的私人空间和思考空间。

起先，吕谢先生恢复得很不错。但就在此时，也就是拿破仑逃出厄尔巴岛返回巴黎重掌军队时，他的身体状况迅速恶化。巴黎再次成为帝国首都的一百天里，吕谢先生卧病在床，只有吃饭和看报的力气。直到拿破仑在滑铁卢战败后被关在圣赫勒拿岛，他的身体才恢复过来，可以到户外去游览巴黎的一些景点。

3

那年夏天，数万名流亡者返回巴黎，看到笔直的里沃利街上带有拱廊的街道，整齐地通向凯旋门，弯弯的塞纳河也铺起了石堤，不禁感叹：仅凭少许建筑师和石匠，用不了几年，就可能让城市的风格大大变样。巴黎十年战争期间的改变，比半个多世纪的和平年代发生的变化都要大。出现了许多新的桥梁、运河、市场、喷泉、货栈、谷仓，道路照明情况也得到改善，城市的北部和东部边界，还修建了一些符合卫生标准的大型公墓。还有一座正在修建的希腊神庙风格的证券交易所，旺多姆广场也竖起一根石柱，从而使那里看起来有点像古罗马的城镇广场。拿破仑将巴黎变成其帝国大戏的幕布。现在，这个舞台被一个新的剧团占据。复辟势力开始向那个独裁的科西嘉人复仇，他们住进拿破仑的皇宫，享受着拿破仑式公共巡游——归根结底，这都体现了“复仇”的本意：宣布对那些被夺去的东西拥有合法权利或重新夺回。

最大的变化短时间内还不明显。中央市场附近的圣奥波尔蒂讷区的街道仍然杂乱不堪，还像中世纪以来那样到处都是死胡同。但是，住在这里的居民却发生了变化。光是这个街区就有上万人搬往异地或战死他乡。就算吕谢的长相和地位没有发生剧变，他在这里也会彻底变成一个陌生人。

那里曾有过一家商店，一个年轻人用手里的刀子切开皮革，把它缠在鞋楦子上。那里也曾有过一家咖啡馆，门楣上描画着一个不为人知的名字……也许，经过这么多年的黑暗岁月，仍有一丝希望尚存。即使如此，这丝希望在那天早晨也已破灭。吕谢发现那家咖啡馆的前任老板，尼姆的卢皮安先生，在林荫大道做起了新生意。过去六年中，分享了他的好运和大床的女人，正是玛格丽特。没人知道卢皮安的密友姓甚名谁，这真令人汗颜，他解释说他欠其中某人一些钱。幸运的是，一位邻居终于想起来那个人叫阿卢特。但据他所知，阿卢特许多年前就回法国南方去了，后来再没人听过他的消息。吕谢于是回到疗养院，把账给结了。

皇家客运专线的始发站，与维克托瓦尔圣母大街也就隔着几条街。那里每天都有一趟去往里昂和南方的长途客车，美其名曰“一百个钟头之旅”，比四天的旅程略为好听一点。尽管它只搭载八名乘客，站内却常常挤满了搬运工、不放心的乘客家属、观光客、扒手和警察。在行色匆匆的人群中，没人太多注意一位上了年纪的牧师也搭乘了去往里昂的马车。我们碰巧得知，这位神父叫巴尔蒂尼（意为“大无畏”），这个名字在意大利和法国南部十分常见。

马车驶出巴黎，沿着铺设的公路向枫丹白露方向驶去。在维勒瑞夫，马车到达山顶时，乘客们经常在标志着巴黎顶点位置的金字塔旁下车，回望来时路，就会看到它正好与巴黎圣母院的塔楼连在一起。有份旅行指南上这样描写该景点：

> 从这个高度望去，巴黎一览无遗，也就是说，目力所及之处，尽是些塔楼的灰色尖顶和形状各异的大厦，密密麻麻，从左到右，构成了这座城市。

经过漫长的旅行，乘客们彼此之间会变得十分熟悉。但是，巴尔蒂尼神父在里昂下车时，同行的乘客谁都没能知道他的底细。他上了一艘船，顺着湍急的罗纳河来到圣灵大桥，接着乘马车沿驿道风尘仆仆地穿过塞韦讷山岭和加尔地区热气氤氲的灌木丛。离开巴黎一周后，他到达了尼姆的罗马城，在当地最好的旅馆住了下来（这就意味着他一定持有名为巴尔蒂尼的护照），花了几天时间进行调查。最终，他来到城里一处破败不堪的地方，走进一个没什么家具的房间，打量着一张他入狱前见过的最后几张面孔之一。

巴尔蒂尼神父必须要讲的故事，对其他人来说可能难以置信，但对阿卢特则不同。神父自称曾在那不勒斯的蛋堡服刑，正是在那里，他听到了一个名叫皮科的法国人的临终忏悔。听到这个名字，阿卢特大惊失色，神父则抬起双眼，凝视苍天。皮科通过某种神秘手段（“上帝的声音”）得知，或是从他记忆最深处挖掘出来，那个名叫阿卢特的人，知道是谁出卖了他。作为一个几乎拥有超人般精神力量的虔诚天主教徒，皮科宽恕了那些置他于死地的人。他唯一的心愿——一个濒死之人略嫌奇怪但可以理解的心愿——就是把那些陷害他的人的名字刻在一块石墨板上，放入他的坟墓。为了酬谢阿卢特，或者说是为了鼓励他说出那些人的名字，神父准备送给他一份纪念品，那是皮科从一个名叫赫伯特·牛顿的牢友手里得来的。

如果阿卢特或他的妻子读过推理小说，他们此时可能会觉出不对劲来，但是神父接着拿出一块亮闪闪的大钻石，至少就阿卢特的妻子而言，这就足以确信无疑地证明神父的真诚。一时之间，她忘我地搂住了巴尔蒂尼神父那瘦弱的身躯。她的丈夫何以对收下钻石存有疑虑已经不关她的事。在贪婪和恐惧之间挣扎良久，外加妻子一旁煽风点火，阿卢特终于抛开疑虑。接着，神父在一个小本子上记下了三个名字：卢皮安、邵巴尔和索拉里。

几个小时后，巴尔蒂尼神父就乘上马车，离开了尼姆。

在他身后，有一个灵魂饱受煎熬。阿卢特经受着在他看来大为不义的罪行的谴责。他一直担心自己曾让一个无辜者死于非命，现在这一点已被神父证实。现在，他又被迫出卖以前的朋友。更糟的是，当地珠宝商以付给阿卢特家的价钱的两倍之数把那颗钻石卖了出去。阿卢特的思维极为混乱，后来当他把脑子里的可怕想法付诸实施，杀了那个珠宝商时，竟然有一种如释重负的感觉。

这一罪行很快就败露了。宪兵剃掉了他的头发，给他戴上一顶绿高帽，上面挂着一块锡片，刻着他入狱时的编号。绿高帽意味着终身监禁。当他戴着锁链在土伦的工厂里编织绳索时，当他无铺无盖躺在木制长椅上无法入眠时，他一定觉得那是皮科在从坟墓中向他复仇。

4

卢皮安发财了，虽然还达不到他的最高理想，但也足以在酒吧偶尔请他的老乡喝上一杯（他们现在已买不起他的酒了）。用那种“瞎猫撞着死耗子”的商业策略来说，他买进这家咖啡馆的时机正是时候。王朝复辟时期的巴黎，金钱泛滥。紧随那些占领这座城市的外国联军之后，涌入了大批渴望一睹巴黎风貌的游客。随着境外资金沿着林荫大道滚滚而入，质量可靠而又价格不菲的英吉利咖啡馆，并非唯一一家获益的商铺。

卢皮安是那种尽管已经发家致富，但却永远不会因为过分骄傲而不愿弯腰去捡掉在臭水沟里的硬币的人。正因如此，当意外之财经过时，他迅速抓住了机遇。一位此前从未在这片街区露过面的打扮得体的老年女士，上门请咖啡馆老板借一步说话。她解释说，她的家人刚刚从一场灾难中脱身——也许是避免了一桩丑闻，或许是一个任性的儿子得到帮助逃出了警察局。他们的恩人是一位失去了全部存款但却安贫乐道拒绝接受救济的人。普罗斯珀先生唯一的愿望，就是在一家有名气的咖啡馆找一份店伙工作。

急于报恩的这家人，决定用个小小的计策。在普罗斯珀不知情的前提下，他们愿意每月付给咖啡馆老板一百法郎，只要他同意雇用普罗斯珀，而且不计较此人早已青春不再。一个五十岁的人显然已不适合巴黎店伙计那种运动员式的生活。但是，既然一百法郎相当于两个店伙计的工资或是两百五十份半杯加糖咖啡外带一杯白兰地酒的零售成本，卢皮安很乐意帮这个忙。

结果证明，普罗斯珀是个难得的人才。他不大惹人注意，但卢皮安太太对他有点不太放心。说实在的，他的真实性格是个谜。他不爱出风头，却想方设法满足顾客的要求，现在这都成了一个好仆人的标志。他处事冷静，对咖啡馆发生的所有小意外都应对自如。他还善于观察细节。有一天，一位顾客给卢皮安的猎狗喂了小点心，结果它吐血而死，正是普罗斯珀给警务专员详细描述了那位顾客的模样；当卢皮安的鹦鹉惨死之后，也是普罗斯珀发现，罪魁祸首是一小堆苦杏仁和香菜。

那是一个老实人不好过的年代，就连一只被豢养的鹦鹉在自己的笼子里都睡不安生。虽然国王重又登上王位，但长达三十年的战争、暴政和动乱，不是仅靠颁布一些法令和处决一些人就能消除的。拿破仑那支劫掠成性的大军在滑铁卢战场并未全部变成炮灰。在咖啡馆外面的街道上，肢体不全的乞丐，穿着破烂不堪的军服，坐在那里烦扰着顾客。那些曾以伟大帝国的名义在欧洲一路烧杀抢掠的流氓大军，让巴黎街区不得安宁，新任警察局局长忙于对付无政府主义破坏分子和反攻倒算的保皇党，无暇顾及他们。咖啡馆入口处的架子上放置的报纸，登满了各种各样耸人听闻的暴力和犯罪故事。

一天早上，当普罗斯珀铺开报纸准备把它们叠起来时，卢皮安碰巧瞥见一个熟悉的名字：邵巴尔，他的尼姆老乡。那天之前，索拉里光顾过他的咖啡馆。只有这一次，邵巴尔没和索拉里在一块儿，他的门房前天晚上也没有看到他回来。报上对此进行了解释。就在破晓前，在卢浮宫旁新建的铁制人行天桥上，人们发现了邵巴尔的尸体，胸口受了致命的刀伤。一条关于凶手的奇特细节吸引着读者的注意：刀子留在伤口上，刀柄上贴着一块纸片，上面印着：

N°. I.

* * *

尽管没有留下官方记录，工艺桥上的谋杀案，一定考验了新组建的治安大队的智慧。他们可能怀疑凶手是排版工人，因为那些人是下层社会中的文化人，对公共治安一直都是种威胁；当然，也有可能是凶手从报纸的头版上剪下了那几个字母。唯一可能的杀人动机是谋财。死者衣袋中确实有一些硬币，推测起来的话，有可能是凶手受到干扰，没来得及拔出刀子就跑掉了。

得知邵巴尔遇害后，卢皮安隐隐感觉有些不对劲，就像患病初期的模糊症状一样。但是，他的生意很忙，自顾不暇，哪有心情关注别人的不幸。一个从外省无名之辈爬升为巴黎一家最好的咖啡馆老板的人，现在考虑的是他那些尼姆老乡只有在梦中才有可能企及的业务拓展问题。

卢皮安有一个十六岁的女儿，是他与前妻所生。她是个可人的尤物，对自身的魅力还懵懵懂懂，但从男人眼中看到的那种骚动令她兴奋不已。她父母的钱财令她打扮得近乎完美无瑕。卢皮安小姐就像是等着特别的顾客前来品尝的特色美味。在那个变幻莫测的年代，就连卢皮安这样的人的女儿，也梦想着能嫁给一位王爷。

当一位文质彬彬、相貌堂堂的人，以一种确定无疑的方式宣称他中意于她，而且花费了许多钱财之后，看起来是万事俱备只欠东风。他像英国游客那样付给店伙计小费，还用一笔惊人的费用贿赂了她的保姆。卢皮安小姐感受到了他的钱袋发出的敬意，作为交换，她让他品尝了日后的甜蜜生活。直到这道美味不仅被他品尝而且吞吃之后，她才向父母吐露实情。他们看到了自己的失误，但为时已晚。他们永远也不该信任一个过多付给店伙计小费的人。

不过，当这位绅士（后来证明是位侯爵）宣布了他的高尚意图，拿出他的家谱和财产证明，并在巴黎最昂贵的饭店“蓝色表盘”预订了一场一百五十人的婚宴时，卢皮安一家才如释重负。

这个童话般的故事成了真。侯爵迎娶了卢皮安的女儿。但当他派信使前去致歉称他要迟到时（国王要见他，侯爵估计当晚十点后才能得闲），全体婚宴人员都开始发抖。卢皮安一家和他们的客人继续进行饮宴。正如普罗旺斯收获季节那样，酒倒得很快，但价格不菲，而且尽管新娘心绪略显不佳，宴会却丝毫没有冷场。在餐后甜点端上来之前，接连上了几道饭菜。等到新盘子被放到桌上，人们发现，每个盘子里都有一封信，内容是揭发新郎实为一名逃犯。就在他们读到这封信时，他已离开了法国。

一个看到自己的主要投资对象突然失去价值的投机商，其抓狂程度也比不上此时的卢皮安。在忠心耿耿的普罗斯珀的建议下，接下来那个周末，卢皮安一家来到乡间消闲，以忘掉那个痛苦的记忆，并盘点他们现有的家产。咖啡馆的生意仍很兴旺，欠“蓝色表盘”饭店的账一年内付清即可，卢皮安小姐虽已无可挽回地被糟蹋，但她仍很年轻，日后也许可以嫁给一位不熟悉本地人情世故的外国绅士或阔佬。

卢皮安一家呼吸着乡间的新鲜空气，盘算着美好的未来，这时巴黎圣母院北面城里的某个地方冒出一柱黑烟。卢皮安家咖啡馆楼上有几个房间着起火来。早在消防队员带着铜制头盔和帆布水筒赶到林荫大道之前，火势已经蔓延到了下面的咖啡馆。天花板上的石膏线开始脱落，油画开始起皱，一群衣衫褴褛的叫花子仿佛早有预谋跑来帮忙。他们把桌椅和所有值钱的东西都装上手推车，搬运时打破了镜子，挖坏了光面柜台，打碎了每块玻璃和每样瓷器制品。当卢皮安一家从乡下野餐归来，他们发现自己的房屋和生意场馆已是空空荡荡，止剩焦土。

保险公司通常拒绝赔付因“群众骚乱”导致的损失，因为那种情况就像是人间地狱。房主别无选择，只好把卢皮安一家扫地出门。所有真正的朋友都伸出了援手，也就是说，没有别人，除了忠心耿耿的普罗斯珀，他不但跟他们站在一起，还拒绝领取自己的工资。世上仍有真情在，这一点也足可聊以自慰。几周后，卢皮安的妻子因脑溢血和心力衰竭而死，普罗斯珀就像对待自己的婚事一样，诚心诚意尽心尽力地操办了丧事。

* * *

那条蜿蜒穿过圣安托万区中心地带通向巴士底广场的道路，是笔直的里沃利大街的延伸。在那个工人和革命分子酝酿政变的粗鄙郊区，一个能像手相专家识别掌纹那样来观察街道外形的人，或许会把它的蜿蜒曲折理解为，“每条道路不可能总是坦途”。

大约就在卢皮安家发生火灾的时候，一个名叫巴尔扎克的年轻作家搬进了圣安托万区一间斗室。他这样描写自己窗外的街市景象：

> 有时，街灯的微弱光亮能够穿透雾气，泛起微黄的光影，映照出街边房顶的模糊轮廓，沿着街道缓缓延伸，就像是一片静止不动的海浪。诗一般飞逝的白昼，令人哀伤的薄雾，突然闪现的微弱阳光，沉寂而神秘的夜，谜一般的拂晓，每座烟囱里升起的烟，这个陌生世界里的每一处细节，令我逐渐熟悉而欢愉。我爱我的监狱，因为它是我自己的选择。

如果没有小说家的生花妙笔，这个街区就会显得土里土气，毫无前途。根据婚前协议，卢皮安被迫把妻子的嫁妆还给岳父母。凭借剩余的财产，他在圣安托万区租了一家比小酒馆大不了多少的咖啡馆：里面的油灯烟熏火燎，地毯也起了皱，屋里满是廉价烟草和那些认为个人清洁纯属浪费时间的顾客的味道。他那漂亮的“压寨夫人”已经去世，卢皮安小姐则顶着一头未经打理的卷发，活像阴沟里长出的藤蔓植物垂下的丝绦。只有索拉里看起来心情不错。这里更像是过去那种老咖啡馆，一个人可以讲普罗旺斯土话，而不会被人当成乡巴佬。

经常跟永不干涸的啤酒和柠檬汁单独相处的索拉里，对店里的生意可不是什么好事；有一天，他从卢皮安的酒吧喝完酒回去，开始浑身抽搐，经过几个钟头无法医治的剧痛，撒手人寰，这对卢皮安的生意尤其不是什么好事。如果不是报纸予以详细报道，卢皮安的顾客或许不会将此事与先前的凶杀案联系到一起。举行葬礼前，按照习俗，索拉里的棺材被放在他家进门不远处。不一会儿，就有人注意到，棺材上盖的黑布上有一块小纸片，贴着几个印刷字母：

N°. 2.

这件与工艺桥凶杀案如出一辙的恐怖消息，迅速在小区传开。从那以后，卢皮安发现他的店里没有一个顾客。门口的两把藤椅再也没人去坐，只有邻居的狗偶尔跳上去打个盹。也许他已开始怀疑这些坏消息之间有某种联系，但他找不出自己破产的原因，而且尽管第二件凶杀案让他充满不祥的预感，他也只能在动机方面找出一丁点头绪。

若是没有忠心耿耿的普罗斯珀，卢皮安和他的女儿极有可能流落街头。普罗斯珀把自己的微薄积蓄送给他们，至少可以让他们免于住进乞丐收容所。然而，就连这一小小的仁慈也是有代价的。普罗斯珀提出了一个极为不知羞耻和卑鄙下流的条件，令人称奇的是卢皮安竟然能够接受。卢皮安小姐将作为姘妇跟普罗斯珀住在一起，为他暖被窝，并要满足他多年来的欲望。

协议达成后，屋里添置了一张双人床，那个曾是自家爬升手段的女孩，现在成了父亲房中的一个妓女。

夜里，卢皮安躺在薄薄的床垫上，听着城里远远传来的叫喊声，竭力希望那片永无休止的声浪，可以冲刷掉隔断墙那边传来的声响；他已明白，普罗斯珀虽然长相和身体已经苍老，却仍充满野兽般的能量。

5

天气晴好的日子，杜伊勒里花园里满是些孩子和保姆，午休时间出来溜达的店铺伙计和政府职员，遛狗的人，花花公子，以及杜伊勒里宫前那些散发着香水味道、打扮得像鲜花般、举止优雅的妇女。黄昏时分，花园里的气氛要沉闷得多。河滩阶地和树林中只有少许人在闲逛，那些白色的雕像，看起来像是在阴沉地向人招手。

一天傍晚，一个身穿黑衣的壮汉，在里沃利街的铁门即将关闭前溜进了花园。这时卢皮安恰好沿着树枝掩映的林荫道往回走。他着实不想回去，一想到要路过商铺和生意忙碌的咖啡馆回到家中目睹令他悲惨和羞耻的场景，他的脚步就慢了下来。

一个人影出现在他面前。侧身让路的一瞬间，他听到了“皮科”这个名字。在他的大脑从记忆中搜索出那个名字之前，他的身体已经僵硬。眼前这张脸离得很近，足以让他看清楚。但在这张脸上，他却看不出鞋匠皮科的特征。它分明就是那个每晚拿他女儿取乐的人向他嘲笑的面具。

杜伊勒里花园里进行的简短对话在忏悔书中没有记载。卢皮安一定已经知道，正是眼前这个人刺死了邵巴尔，毒死了鹦鹉、家狗和索拉里，把他女儿嫁给了逃犯，安排抢劫和捣毁了咖啡馆，令他妻子去世，并把他女儿变成奸妇和妓女。他或许也已得知，皮科曾在地狱里待了七年。也许，就在卢皮安开始感到自己眼中燃起恐惧和仇恨之时，标有“No. 3”字样的刀子插进了他的心脏。

* * *

卢皮安的鲜血仍在沙砾上流淌，这时一条有力的臂膀突然从后面捉住了杀害他的凶手。在比捆猪所用的时间还短的工夫，凶手就被堵上嘴，五花大绑，然后用毯子裹起来，被人扛在肩上。他可能在想，警方终于查到了自己头上。但是一名宪兵不会单独采取行动，也不会如此多加小心。里沃利街上一定有辆马车在等他们。虽然他在毯子后面看不见任何东西，但河水的味道，骤然升起的寒意，以及越来越远的城市喧嚣告诉他，绑架他的人已经通过河畔的大门离开花园，正在穿过河的左岸。

忏悔书上只交待了皮科被人扛在身上约一个半小时后，毯子掀开，他发现自己仍被绑着，靠在一间地下室的折叠床上。那里除了一张床，还有一盏昏黄的油灯，一座普鲁士样式的炉子，烟囱尽根没入天花板。墙壁看起来是用从废弃的采石场弄来的粗糙石材堆砌而成。如果巴黎警方在几年后接到忏悔书时展开过调查，这些细节有可能帮助他们较为精确地辨认案发现场。若以每小时六里半的速度行走，顺着伏尔泰码头穿过奥德翁广场，绑架皮科的人在三十分钟内可能已经到达地图上显示的河对面隆起的古代采石场地区。囚禁皮科的房间，可能就在地狱街北端某个地方。

自从巴尔蒂尼神父探访过尼姆，几个月，或许几年都过去了。绑架皮科的那个人，自从逃出土伦的囚船，也经历了许多事情。他也变得几乎让人认不出原貌。他心里明白，自己的一生已被皮科的疯狂复仇给毁了。他的罪恶虽然比卢皮安等人要轻很多，但却被一种微妙的方式单独惩罚。皮科是否知道阿卢特已被那颗钻石给毁掉并不重要。阿卢特现在只想复仇。不幸的是，他却错误地想同时满足两种欲望。

在狱中，阿卢特明白了一些一开始就很显而易见的事情：巴尔蒂尼神父的故事是编的。阿卢特是一个虔诚的宗教徒，但他真的相信“上帝的声音”曾在皮科耳边低声说过他的名字吗？越狱后，他很容易就发现根本就没有赫伯特·牛顿爵士这个人，那不勒斯的蛋堡自罗慕路·奥古斯都皇帝以来就再未当过监狱。现在，不用太费脑筋也能猜出神父的真实身份，从阿卢特追查到的线索，不难找出远近闻名的系列凶杀案的嫌疑犯。

巴尔蒂尼神父的身份是假的，但那颗钻石却无疑是真的，这就值得推断：一个把钻石当零钱用的人必定极为富有。更有可能——阿卢特几年后才想明白——皮科即是此人：他的确富得惊人，而且还有一座大得令人无法想象的宝藏。

阿卢特开始执行一个计划，他最初想到时必定曾为自己的小聪明震撼不已：他准备一直饿着皮科，直到他说出宝藏的位置。凭着这种简单方法，他就不仅能成为百万富翁，还能给自己报仇，并为人世除掉一个杀人狂魔。他甚至还能问心无愧地逃之夭夭。

不幸的是，地狱街下的那个房间里接下来发生的事情，遭到那位爱写小说的男爵的恣意改写，他喜欢不时地给读者描写一段血腥场面，结果令几个问题悬而未决。不过，由于珀歇关于忏悔书的记载和忏悔书都已不见，这段文字也就成了人们推断案情的唯一线索。

令阿卢特惊讶的是，皮科拒绝花费几百万法郎来换取一片面包和一杯水。甚至在不吃不喝四十八小时后，这位蹲过费内斯特雷莱监狱的人，对自己的处境仍是毫不在意。阿卢特也逐渐意识到他的计划有一个严重缺陷：如果皮科被饿死，宝藏就永远也找不到了。

由于皮科拒绝说出宝藏的下落，根据忏悔书中的说法，阿卢特对他也就只剩下一种想法。但是，忏悔书中的一则细节与此不符。当阿卢特因贪婪和失望而怒气冲冲地走进房间时，他忽然注意到皮科脸上有股恶魔般的笑意。看到自己的敌人如此得意，阿卢特怒不可遏地“像野兽一样扑到他身上，撕咬他，用刀子刺进他的眼睛，把他开膛破肚，然后逃出那栋建筑，留在身后的只剩一具尸体”。

皮科的尸体后事如何，我们不得而知。某间地下室有具支离破碎的尸体被绑在床上，报纸上的此类消息肯定会引起人们的注意。即使过些日子老鼠吃光尸体和上面的衣物，房主肯定也会注意到下面发出的气味。然而，关于这件谋杀案，目前还没有发现其他任何记录。

正如我们知道的那样，故事的结局相对而言波澜不惊：阿卢特逃到了英国，一直戴着良心的枷锁过活，直到一位人称P牧师的法国天主教神父，“帮他认识到自己犯的错，并痛恨自己的罪过”（这是神父自己写给巴黎警务总监信中的话）。阿卢特把自己的忏悔口述给了神父，接受了神父神圣的祝福，临终时确信他已免除了自己的罪恶。

当P神父把忏悔书连同一封信件送到巴黎时，他得出了一个显而易见的结论。既然大革命的恐怖连同帝国都已终结，巴黎再次成为信奉天主教的君主国的首府，因而有必要让警务总监明白宗教信仰的重要性：

> 狂妄自大的人总想胜过上帝。他们寻求复仇，反被自己的仇恨所毁。让我们礼拜上帝，卑微地顺从他的意志吧。
>
> 此致 ×××

* * *

这就是经由P神父抄写、珀歇记录、某位男爵修饰过的故事。即使就小说文体而言，它的叙事也有几个断裂和前后矛盾之处——这也许可以看做其真实可信的标志。道德宗教问题：仇恨毁掉了复仇者，很难跟忏悔书中叙述的事件相吻合。皮科脸上“恶魔般的笑意”似乎说明，对一个以后世眼光来审视自己的人来说，确实存在某种可称之为彻底而幸福的复仇的东西。但这里面也存在一些别的问题。比如，阿卢特何以对皮科在费内斯特雷莱的生活，对他的宝藏的精确内容，对他在巴黎的藏身之处，对他的一系列犯罪及数以百计的其他细节，知道得如此之多？这个本来毫无头绪的人何以变得如此消息灵通？而且，如果他知道得如此之多，为什么他从未能找到宝藏的下落？

那位男爵，或许是P神父，注意到了这些矛盾，并找到了修补之法：阿卢特受到皮科鬼魂的指引。“没有人比我信仰更坚定，”阿卢特可能曾这么说，“因为我曾看到并听见一个脱离肉体的灵魂。”王朝复辟之后，宗教和迷信的东西开始流行，《巴黎市警察局档案管理员回忆录》的读者，极少会觉得这种以某个啰嗦的鬼魂的口吻写成的小说是在说谎。很多人都乐于将它当成确有其事。

也许有一天，忏悔书中描述的某些事件，能通过偶然发现的一封信，或是一份从档案处大火中得以幸免的警方报告得以鉴定。那些已不在世者提供的信息，对历史学家来说用处不大。从理性的角度来看，只有一个人可能知晓整个故事，那个人要么已被开膛破肚，要么就是至死都被关在地狱街下六米的地方。

我们有理由相信，皮科的死在最初的忏悔书中确有记载，并相应地被巴黎警方记录在案。同样非常可能的是，皮科被刺瞎双眼并开膛破肚这些情节只发生在那位男爵的脑子里，在现实中，阿卢特应该是把饿得半死的皮科留在那里悲惨地死去。这个故事缺失的东西太多，很难得出什么确切结论。1871 年警局档案处发生火灾当天，各种出生证、结婚证和死亡证都化为灰烬。由一位渴求真理的档案管理员从遗忘和毁灭之境拯救出的故事，却要囊括那么多无法确定的事实，这真是一种可悲的讽刺。给巴黎警方提供了所有这些信息的 P 神父，曾教导阿卢特悔罪，记下其忏悔词，并以只有法定牧师才具有的赦免特权把他送入另一个世界，由于某些原因，此人在故事里竟然连全名都不为人知，这无疑是一种更大的讽刺。

第五章

警局档案

维多克（Vidocq，1775—1857）

1.“小龙虾”奇案

1813年元旦，格雷西约永街

夜里某个时候，雪下得正紧，一堆垃圾被运过街道，堆放到格雷西约永街13号房屋的几个门前。这条日后被圣拉扎尔火车站给合并的街道附近，就是素称“小波兰”的又脏又乱的街区。在这种地方，没人会注意一堆运过的垃圾，即使上面偶尔露出一颗变形的人头，它也会迅速消弭于无形中。

格雷西约永街住着一群神出鬼没的人，他们神秘而勤勉，把自己当成幸运的租客，因为没有房主或法警胆敢涉足那里。这里也是巴黎的一部分，但它却没有任何可以让人称为巴黎的东西。这里一度是违章建筑的界线。它的一侧（旧城区的边界）尽是些锈迹斑斑的空院子，脏兮兮的洗衣店，连窗户都没有的妓院，连名字都没有的旅馆。这里的居民大都来自法国边远地界，在一些摇摇欲坠的出租屋里，居住着某个阿尔卑斯山谷的所有成年男性。街的另一侧（巴黎远郊）则是些荒山野岭，是北城区倒垃圾的地方。

在其他任何一条街道，那些垃圾堆都会被迅速收拾干净：专门收破烂的城市环卫工人会来处理它们，或者，某个来无影去无踪的无名清道夫，会在那些废物堆里扒来拣去，带着旁人难以察觉的欲望把它们装进皮袋；但等这些东西运到格雷西约永街，巴黎丢弃的垃圾早已一扫而光，比老鼠啃过的还要干净。每片菜叶，每根骨头，每个钉子，每块铁片，每块破布，每根丝线，巴黎城里医院扔掉的每条绷带和每贴膏药，都会被人收走，只剩下一堆夹杂着泥土、煤灰、毛发和粪便的粉末，以及成千上万条扫帚在晚上九点前清到大街上的其他东西。那座居住着七十万人的城市，每天都会产生大量可以堆肥的东西，它们很快就将发酵——这是一件幸事，因为夜里气温极低，躲在垃圾堆里的人只穿了件邮差的薄皮夹克。

当他从冒着热气的垃圾堆里爬出来时，这位假扮的邮差感到了一股暖意，仿佛预示着他这次将和往常一样行动顺利。几个钟头前，其他人在经过一家通宵营业的酒店时未能抵挡住诱惑，但他知道，不管再要坚持多久，等待都很值得。此人被称作“难不住”（每次服刑期间他都能成功地骗过狱警、凿开墙壁、锯断铁栏，逃之夭夭），对他来说，一晚上抽筋、挨冻、闻垃圾的臭味根本算不了什么。每个人都知道，尤金－弗朗索瓦·维多克不会被疼痛绊住手脚。他身怀绝技，能让自己矮上十厘米，同时又能行走跳跃自如。他还能嘴里衔着锉刀，一边跟人照常交谈。他会毫不犹豫地用胡桃汁涂面，用咖啡豆和阿拉伯树胶塞住鼻孔，以模仿一位绰号“大圆瓜”的罪犯，那人肤色怪异，说话有鼻音。他的努力和坚持马上就会得到回报。他相信，这件让他在除夕夜到格雷西约永街抓捕犯人的案子，将会最终令他在警局总部里的敌人心服口服。

犯罪团伙中已有二十二人落网，包括皮萨尔孪生兄弟，还有那位邪恶的罪犯，严加拷问，人们也只知他是个“江湖郎中”。他们作案手法如此精巧，对环境如此熟悉（他们甚至在第八区警务专员公寓楼上作案），以致人们可以推断出他们就是内鬼作案。为了把这些人抓捕归案，维多克几乎是单枪匹马打破了萨瓦人几百年来诚实可靠的好名声。人们再也不会相信扫烟囱的、擦地板的或跑腿送信的，因为在一座市民习惯于把钥匙放在门上以欢迎陌生人到家做客的城市，他们的行为只会被理解为在公开做慈善事业。

犯罪团伙中唯一未被抓到的是臭名昭著的“小龙虾”，他的行踪跟他的绰号一样是个谜（可能是因为他像小龙虾一样到处下手，也可能是因为他的肤色像小龙虾一样泛红，还可能是因为他能像小龙虾一样倒着走路）。尽管“小龙虾”多次漏网，但他的女友，一个洗衣女工，在格雷西约永街暴露了行踪，所以有理由推断，“小龙虾”将会亲手给她送上新年礼物。

破晓时分，凄清的东郊刚刚浮现朦胧的晨曦，沿街的屋脚露出一个身影。13号房屋的门开了，那个身影一闪而入，回头四下看了看街上没什么异样，这才回到院中。一分钟后，一堆冻住的垃圾站在门廊下的楼梯旁，用萨瓦人赶马车的方式吹响了口哨。听到暗号，“小龙虾”从二层楼上探出了脑袋：

“是你吗？”

“是。”

“我马上就下来。”

“这儿太冷。街角酒吧找我——快点。”

正当“小龙虾”一手提着裤子一手拉着拉链，一个奇臭无比的人拿着手枪出现在他面前。大约一小时后，他的脚踝被绑在椅子腿上，跟维多克一起出现在蓝色表盘饭店的一个私人房间里，他说出了他所知道的犯罪同伙的各类信息，误以为这样一来很快就会将他释放。

* * *

那天早上，亨利专员像往常一样来上班。他从奥尔费夫尔码头拐了个弯，走过河边通往圣礼拜堂后院的那条玻璃穹顶拱廊。就是在那里，在一座中世纪风格的长方形基督教堂旁边，圣安娜小路6号，一间不时散发出香味的办公室里，亨利先生进行着一场打击犯罪的永无休止的战争。

亨利先生经常在天气怡人的星期天去塞纳河钓鱼，他深谙跟那些狡猾的家伙斗智斗勇的乐趣。这种乐趣是他身为巴黎市警察局第二分局的总监所无法享受的。按说犯罪分子应该机灵透顶，实则愚不可及。他们的行话就像一种暗号，如同标记着“赃物”的袋子，把他们的身份暴露出来。最近有个名叫巴伊夫人的小偷，得知举报罪犯有赏，便详细交代了自己入室盗窃的全部犯罪事实，结果当警察上门抓她时她还惊讶不已。

专员自身拥有的小权力，使他因未卜先知而名声大噪。巴黎的黑社会称他为“坏天使”，据说任何一个罪犯在离开他的办公室时都会不小心吐露自己的罪行，或是泄露一些关键线索，最终不得不俯首认罪。不幸的是，和他共事的都是些眼高手低的无能之辈。他的手下据说曾在一个窃贼的橱柜里藏了七十二小时，结果却被窃贼锁在里面差点饿死。因而，当维多克像捕头一样提供协助，并建议组建一个由前案犯和线民组成的特殊治安大队时，亨利专员（令他手下那些警官又嫉妒又愤慨）便安排维多克从拉福尔斯监狱“越狱”，并给他提供了专门的办公室，每月薪金一百法郎，还允诺每次抓到犯人后另有奖赏。

这位前案犯对亨利先生感恩戴德，对他言听计从。在维多克的绝招中，有一招就是把一张脸弄得面目全非，然后再向任何值得他尊敬的人展现出发自肺腑的效忠之情。

专员正在向手下的警官做着简报，一股浓重的臭气涌入房间，随后维多克揪着罪犯的衣领兴高采烈地走了进来。看到警察队列，“小龙虾”挣扎着扭动四肢，嘟嘟哝哝地哀叹自己倒了大霉。维多克向他的同事们深鞠一躬，“请允许我和我的好搭档祝你们新年快乐！”

专员看着他的下属，眼神里满是骄傲。接着，他转过身，对那些警察冷峻地说道：“这就是我说的新年礼物！先生们，你们每个人都该送上一份这样的礼物。”

“小龙虾”被关入监狱，从那天起，维多克的警局老大地位坚如磐石。

2. 黄窗帘奇案

1814 年元旦，普瓦索涅尔路

拜维多克所赐，巴黎现在有了一个集中打击犯罪的部门，取代了四十八位看到罪犯转过街角跑出小区就放弃抓捕的相互攀比的警务专员。这位前案犯不仅使警局的工作更加专业，还给其所属部门原来那种俨然是一个肮脏的政府部门形象平添了几分魅力。

对亨利先生来说，维多克只不过是一个在黑白两道出入自如的最能干的双料人物。对那些罪犯来说，他却令他们难以捉摸，身心俱疲，因为他诡计多端，手腕强硬。他的能力源自一种迷信：巴黎郊区的农田外仍有许多半荒废的土地，那里流传着狼人和女巫的故事，就像患了狂犬病的狗和门房一样，它们都是日常生活的一部分。有一次，一名警官的女儿信誓旦旦地告诉维多克，那位伟大的维多克能把自己变成"一捆干草"。

"一捆干草！怎么可能？"

"真的，先生。有一天我父亲跟着他走，他把手放到维多克的衣领上，却只抓到一把干草。我可没瞎说，治安大队的人都看到了干草，还着了呢。"

不过，维多克的这些手段并无神奇之处，它们都需要加以理性考察。无论如何，人们很难想象，若要搜寻巴黎的偏僻小巷，还有什么能比牵着兴奋地循着气味探路的警犬更加有效。

* * *

在维多克破获的所有奇案中，或被认为由某种强大的力量破获的奇案中，很少有哪个案子能像黄窗帘奇案那样说明问题。

"小龙虾"落网后又过了快一年，亨利先生希望能向自己的部长再次送上一个新年大礼。不幸的是，圣诞节前夕摆在他面前的案子对维多克太过危险。一个擅长用蜡模配制各种钥匙而且翻窗越墙毫发无损的罪犯福萨尔，刚刚从比塞特尔越狱。比塞特尔监狱位于巴黎以南七里开外，是个罪犯中转站：他们在那里被戴上锁链，押上开往布列斯特、罗什福尔和土伦的囚船。显然，福萨尔已经"武装到牙齿"，他发誓，谁敢动他就干掉谁。

现在的问题是，福萨尔在狱中知道维多克，而且肯定能认出自己的前牢友。亨利先生于是把这项任务交给其他几名下属，他们也可以说是"武装到了牙齿"：整天忙于处理案头事务，无惊无险地查看那些关于福萨尔仍在配制钥匙翻窗越墙四处作案的报告。看到自己的下属如此无能，专员只好又把任务交给维多克，并给他提供了一些最新情报。情报中提及一些细节，但却用处不大：

> 传说中的福萨尔已来到巴黎。他住在市场和林荫大道间的某条街上，就在从孔泰斯路到普瓦索涅尔路，从蒙托尔格伊路到珀蒂卡罗路之间。他的房间具体在哪一层不清楚，但他窗上挂着黄绸缎窗帘。同一座

房屋中，有位略微驼背的女裁缝，她是福萨尔情妇的朋友。

凭着这些零散信息，维多克开始着手搜捕这名潜逃犯。

报告中的四条街形成一条弯弯曲曲的长路，到处都是岔路和拐角，不知通向何方。实际上，它向北延伸到中央市场，把林荫大道和环绕巴黎的“大排水沟”分成两半。其最主要部分是普瓦索涅尔路：之所以得此怪名，是因为从加来海峡港口运来的鲜鱼，要经由这条路送入首都。过节期间，这条街比平常更加繁忙，没人会注意一个头戴三角帽、拖着发辫、满脸皱纹的老人，也没人会停下来问他为什么老在盯视那些窗户，不时还在一个小本子上写写画画。

这是一项艰巨的任务。黄色是窗帘的常见颜色，许多其他颜色的窗帘用久了也会泛黄；而且，在巴黎北部城区，女裁缝的数量不亚于一个小镇的人口。根据青年人在全部人口中所占的比例，由征兵资料中的体检报告可以推算出巴黎地区有六千一百三十五人驼背。巴黎的街道总长四百二十五公里，福萨尔藏身的挂着黄窗帘的那条运送鲜鱼的街道有九百米长。考虑到不同街区的人口密度变化，大致可以算出需要调查的街道共有驼背者十三名。

一个以维多克为原型的虚构侦探在办案时，可能探访过当地的缝纫用品商，从有一搭没一搭的问话中提炼出有用信息；或曾检查过泥泞的街道，以搜寻传说中那位驼背女性的足迹。但这是在实际办案，有的只是琐碎的线索，几乎没有编造迷局的余地。维多克在自己的本子上记下了一百五十多幅黄窗帘的信息，然后顺着同样数量的楼梯爬上爬下，入户调查。结果，他掌握了一系列“美貌动人的”女裁缝的地址，却毫无驼背者和福萨尔的线索。

事实证明（长话短说），那条黄窗帘一定是让搞卫生的人拿去了，而且福萨尔也没有继续住在普瓦索涅尔路。实际上，由于这里的人们住得很密，往来很多，邻里之间十分熟悉，加之维多克不知疲倦地奔走其间，结果，即使警局掌握的线索极为分散，甚至误把绿窗帘写成黄窗帘，把独臂女裁缝写成驼背女裁缝，维多克仍能抓住他的对手。

元旦来临之际，他终于抓到了福萨尔。他为此做了数百次问话，花费了一小笔纳税人的钱贿赂线人，自己扮成送煤工，最终“像头雄狮般”扑倒了福萨尔。福萨尔被送回比塞特尔，从那里被押上了开往布列斯特的囚船。无疑，与绝大多数罪犯一样，他又设法逃了出去，但维多克那张满是煤灰的大脸，就像撒旦一样令他生畏，后来福萨尔再也没有惹过巴黎治安大队的麻烦。

* * *

黄窗帘一案平淡无奇的结局，可以很好地说明维多克早期的办案方法。当他还是阿拉斯地区的一个小孩时，他就学会了在少犯错的情况下提高自己的技巧。他第一次偷东西时用了一根涂了胶水的羽毛，伸进父母开的面包店的钱箱缝隙中，其难度之高一如其乏味至极。由于羽毛只能粘取最小面额的零钱，他于是改用自配的钥匙。那把钥匙被父亲没收后，他又用一把老虎钳砸开箱子，抓起现金，“迅速地”走到了另一个镇子。

这些简单的手法，非常适合在18世纪初的巴黎市内村落作案。但这座城市每天都在发展：在某些街区，甚至门房和便衣警察都很难认清新近搬来的陌生人。在维多克担任治安大队主管的十六年间（1811—1827），巴黎新增人口十万多。排水系统增加了十公里，往日的垃圾堆变成垃圾山，那些从中世纪老街衍生出的小巷，也像一条巨大的寄生虫的血管一样，伸展到了郊区农村。用不了多久，仅靠毅力来维护公安系统的办法，已满足不了罪恶横行的大都市的需要。

3. 六千名罪犯失踪奇案

1827年6月20日，圣安娜小街6号

在那个六月的星期三，只有铁石心肠的官僚主义者，才不会对一位独自伏在只有一张信纸的大办公桌前的四十二岁男子心生怜悯。那间散发着麝香味的办公室，笼罩在圣礼拜堂的影子里，十六年来，这里一直都是他的家。那个由二十八位男女警员组成的队伍：抄写员、探员和正在改过自新的罪犯，是他自儿时离开父母的面包店后所知的唯一的家。他逐渐喜欢上了那些文件箱，还有装着足以令林荫大道上的剧院羡慕不已的各类行头的大衣柜，以及那间移动的小厨房，不管白天黑夜，任何时候都会有一位罪犯的情妇为他们做饭，从而使他们能够随时跟上罪犯的行踪。

那位就像父亲一样照顾他的亨利专员已经退休，专心垂钓。亨利先生离职后，引起了一系列职务调动。接替者是一个上级指派的年轻人，举止优雅，处事干练，但却是个铁石心肠，一上任就开始调查维多克很早以前和近来的一些经历。与其静候调查结果，维多克决定不声不响地辞职了事。他在辞呈上签过名就走出了办公室，这可能是他最后一次走出这间办公室。他经过装饰着玻璃窗的拱廊，拉着满是文件的行李箱，心里琢磨着接管治安大队的人，一位被称作拉科椰子（Coco Lacour）的前案犯，如何才能达到自己往日惊人的办案业绩。

维多克送到囚船上的罪犯已经够多的。从瑟堡到马赛的广大地区，他的名字早已家喻户晓，甚至因为太过出名，以致不太容易发挥他的易容绝技。他破获的案子如此之多，以致从报上读过他如何安插线民的犯罪分子，觉得那些小商小贩、车夫和店员都不再像以前那样单纯。一个步履蹒跚的老妇人可能是正在探案的特务，她手里的长条面包则可能是改装过的手提箱，里面没准就有一把上了膛的左轮手枪和一副手铐。

当维多克离开治安大队时，拜他的高效工作所赐，他所留下的那些悬而未决的案子大都是关于他自己的。比如，为什么当他的前任情妇弗朗西讷被人发现身中五刀，而那把刀显然是他的，而他也双手沾满鲜血，然而她却在后来签署的声明中说那把刀是自己借来企图自杀用的？为什么一位众所周知嗜赌成性的前案犯被任命为抓赌大队主管并监管着赌场？为什么他年薪五千可当他在 1827 年 6 月从治安大队退休时，却带走了近五十万法郎？

有一个案子是如此神秘，以致逃脱了所有人的注意。尤为不幸的是，因为缺乏证据，它成了所有案子中最早结案的一个。

这个案子的神秘之处在于：维多克每年抓捕的嫌犯数量，远远超出整个塞纳河警区在该年度认定的有关人身或财产案件的认罪人数。有一年，治安大队抓捕了 772 名杀人犯、窃贼、假币制造者、诈骗犯、逃犯和各种坏蛋。就算加上四十六件根据“特别逮捕令”进行的无法解释的抓捕案例，再加上 229 名被逐出巴黎的“流浪汉和小偷”，仍然还有大量罪犯没有出现在官方统计资料中。保守估算，维多克在任十六年间，治安大队实际抓捕归案但却未载入官方统计资料中的罪犯数量约是 6350 人。按照这一比例，要把全国罪犯都抓捕归案，只需要不到十五个维多克这样的人就够了。

如果亨利专员在自己的退休生涯不是热中于去塞纳河钓鱼，而是去写回忆录，他就应该可以看清维多克作为警探其实比当骗子更加危险。为了让整个城市对犯罪现象充满恐惧，维多克需要制造更多像他那样的人。亨利先生可能已给维多克盖棺论定，认为他是一个值得尊敬的以打击犯罪的方式来控制良民的人……但正如维多克在那个六月的早上表现出的那样，他不过是一个把行李箱放在奥尔费夫尔码头一边歇脚一边痛饮白兰地酒的闲汉。虽然他是一个真正的天才，但他却从未被那个时代所承认。

4. 令人不快的神秘邮件奇案

1840年10月17日，加勒里维维耶讷小道13号

巴黎有一群本市特有的“无所事事者”（伸长脖子傻看的人），其唯一爱好就是站在那里张望，仿佛这座城市的任何活物或死物若是盯得久了，就会变得有趣。维多克离开治安大队一段时间后，这些闲人开始注意到某些房屋墙上用粉笔写的“X”——旁边有时还画着“O”。如果某位“无所事事者”耐心地盯住某个“X”看下去，他可能最终会见到一名男子或女子拿着一截白粉笔在“X”旁写下一个“O”，然后消失在街尾或躲到某个公厕处的砖墙后。如果他尾随那名在公共场所乱涂乱画的神秘客走下去，就有可能发现自己会来到巴黎某处更为豪华的地方，在那些玻璃橱窗外的拱廊中，尽是些跟他一样除了站着傻看无所事事之人。

作为一项投机生意，加勒里维维耶讷小道始建于1823年。它迅速成为右岸地区最繁华的地段。夏日的傍晚，出来散步的巴黎人，会避开林荫大道的刺眼斜阳，走入光线稍弱的荫凉地带，饱览橱窗里的巧克力和糖果，以及做成微型军队的小蛋糕，或是观看圆形大厅里的仙女和女神雕像，细细欣赏那些弄得像圣物似的支架和纹饰。遇上雨天，男人们可以在那里一边抽烟，一边研究这座大理石长廊的曲线和意想不到的街景，以及到那里购买内衣和新款流行服饰的漂亮女子。加勒里维维耶讷小道，就像一位优雅的女侯爵，有一种颠扑不破的浮华气质，它作为巴黎时尚用品中心的名声，远远流传到了这座城市之外的地方。“加勒里维维耶讷小道”这几个字，就像那些包装精美的纸盒上的神圣符号一样，被送到了外省市镇丈夫正在出远门的女士手中。简言之，在加勒里维维耶讷小道，女性可以放心地只身前来光顾，而不会引起任何怀疑。

一个星期六下午，一位年轻女性，姑隐其名，来到加勒里维维耶讷小道，走进了那座非常气派的13号大门。她沿着豪华的旋转楼梯拾级而上，来到大理石墙壁高处设置的小窗户旁，从那里她可以观察楼下情况，而不必担心被人发现。她在一个房间前敲了敲门，迅速闪入里面舒适的办公室。办公室的主人就是在无数广告上被人们用烫金字母显著标示的“叱咤风云二十载、功勋卓著、无可争议的特设治安警署前任主管”。

加勒里维维耶讷小道13号的寰球情报局，是世界上第一家私人侦探机构，比号称“西部维多克”的艾伦·平克顿（Allan Pinkerton）在芝加哥设立的国家侦探处还要早二十年。它可以为顾客量身提供一系列服务：“代理诉讼，讨债清账，搜

集各种情报，监视盯梢，根据企业和家庭所需从事各类调查工作。”此后，各种类似的山寨机构如雨后春笋般涌现，但任何一家都未能办出气势来，正如寰球情报局在说明书中欢快地解释的一样：

> 所有想要仿效我的人都处境惨淡，注定失败。“警钟情报局”的创办人已被关入梅济耶尔监狱；“商业灯塔”的创办人则死在比塞特尔牢狱；“光明使者”的创办人太过照顾自己的龌龊勾当，开业几个月就进了大牢。继续效尤者可想而知，必定会重蹈覆辙。

对某些人来说，寰球情报局的广告宣传中有一股恐吓的意味。它几乎无异于一个敲诈勒索者要把自己的生意扩展到巴黎整个商业界。

> 某些生意人有几年定购了我局服务，然后决定中止合作，结果发现，一旦失去我的经验和建议，他们立刻遭到流氓无赖的侵扰。

不过，由于寰球情报局的服务如此有益，而且政府实行了更具自由主义色彩的政策，防止警方干涉家庭事务，所以它享受到了某种强有力的保护。它有一座巨大的卡片资料库，里面收录了每个知名罪犯的信息（也包括数千名遵纪守法的公民信息），同时设立了一个精明强干的侦探队伍：“独眼龙”，“独角龙”，“百事通”，以及一位身材极高的侦探，他不用梯子就能从二楼窗户向里探视。即使情报局遭到突击搜查，两千多份关于1811—1827年间的治安大队旧档案被查封，但它的其他文件系统，就像维多克的拳头令那些罪犯头皮发憷一样，仍令警方头痛不已。

情报局的“功勋卓著、无可争议”来之不易。局里的规章制度就贴在主管办公室的显著位置，从某种程度上可以说明，与那些从牢房和贫民窟里学到各种绝技和歪风邪气的侦探一起共事，是何等之艰难：

- 员工必须时时穿着整洁，仪表端正，尤其要注意擦净鞋子。
- 员工必须随时带好必备工具，如刀子、标尺、铅笔等物，并时常让自己的办公桌保持整洁。
- 严禁酗酒赌博这两项恶习。办公室内不得饮食、吸烟、嚼烟叶，不得从事其他与业务无关的活动。
- 任何在墙面、公告栏、窗户等位置上乱写乱画之人都将被罚款，数额将以其损毁物品价值的三倍计算。
- 办公室内各类文件、笔记须正面朝下放置，以防外人偷窥。任何员工若能证明某同事向他泄露某件案子的机密，即可获得该泄密同事的一日工资作为奖励。

最后那条规定用以专门对付那些“无所事事者”。它属于一种“额外奖励”。当某座房屋需要监视时，侦探就会在附近的街角画上“X”。“不过，一旦手握粉笔，他想画什么都行。”当侦探离开那座房屋去监视下一个目标，或是“满足了某项要求”时，就会在墙上画一个“O”。通过这种办法，主管就能掌握自家侦探的活动，并在必要时予以奖惩。

不幸的是，情报局在1843年关闭了，它的文件从此散失。有些文档后来被收进政府机构，从那里又最终转到了古旧书店和文物收藏家手中。在这些被拯救的档案中，有一份资料，看似寰球情报局抄录的那位造访加勒里维维耶讷小道的年轻女性在那个星期六收到的信件（1840年，邮局每天会分六次进行投递，所以上午九点前从巴黎某处寄到另一处的邮件当天中午前就能送达）。

那封信上的收信地址是维多克的办公室，这一点足以令人不安。信纸是常见的印有标题的纸张，上面印着寰球情报局的地址和格言：

一年20法郎

就能保护你免受老奸巨猾的流氓无赖之害。

小姐：

现有一事相商，此事可能令你略有不快，并略为破费。烦请收到此信后到我办公室来一趟。

此致，敬礼。

事情早已过去这么多年，我们很难指望这件需要仔细斟酌的案子还能展示出全部细节。信封早已不见，那位女性的地址我们也不得而知。加勒里维维耶讷小道13号的现任住户是历史资料保护协会，我们辨认那位维多克的女性顾客的几率，跟看到维多克本人从他的办公室出没的几率一样低。不过，寰球情报局抄录的那封信，至少可以为下一周的案情进展情况提供一些线索。

信纸上有几处做了笔记。第一处笔记字体很粗，且极为笨拙，应该是某人用拳头握着笔管写的，内容是：“她一个月都花不了两法郎。”接着，那人用右手写道："记于1841年2月19日付款。"还有一处用左手写的笔记，内容是："备注：找到该女士的住址（等等）。"最后一处笔记写道："记于2月23日。"

除此之外就再无下文。那位年轻女性到底如何"不快"至今仍是个谜，我们也无从得知她每月花的两个法郎够不够付保护费，更不知道寰球情报局会以何种方式给她提供保护，使她免受"老奸巨猾的流氓无赖之害"。

5. BOGUS 革命奇案

1832年6月6日，城心岛——1857年5月11日，圣皮埃尔－波潘库尔街

只有曾经花费数日躲在垃圾堆里监视同一扇门或同一条街的人，才会了解巴黎在城市化过程中的更新与破坏，抹去了多少鲜为人知的故事。那些街角和十字路口，曾是一个巨人头脑中的敏感神经，但在1838年，朗比托警长开始斩断那些古老街巷的活体组织，代之以宽阔而卫生的街道。这些街道刻上了他的名字，但却抹去了这座城市的很大一部分记忆。

由于维多克不时受命从事一些特殊任务，所以即使在把私家侦探机构让渡出去之后，他也能够写作一些比他的"体面人士必备口袋书"（《论小偷：关于偷窃行为的生理学》）更有启迪作用的作品。比如，他可以给那些军官和未来的国家领导人写一部实用手册。他还可以向那些想要征服法国的人论证，首先要控制首都，而要控制首都，他将会用下列物品占据城市的某些关键位置：两辆手推车，一些桌子，椅子，床架，门板，若干床垫，以及一些精心挑选的尚未被拾荒者碰过的垃圾。既然很少有街道宽过七米，所以收集到这些东西就能很快上到二楼或三楼。通过这种方法，就可以困住一整座军营。

在后面的章节，他可能还曾论证，为了巩固新政权，扑灭曾帮助建立新政府的革命火焰，国家领导人应该发起另一场革命，将其镇压下去。

1832年6月5日，作为霍乱流行病的最后一批受害者中的一员，广受欢迎的共和派演说家拉马克将军，被巴黎有史以来规模最大的送葬队伍之一，送到了自己的终极休息处。那天一大早就开始流传一些谣言，说这场葬礼将会演变成一场保皇党人的动乱。经由1830年7月的三天革命缔造出的自由派君主政体处境堪忧，一面是心怀不满的保皇党，另一面是愤愤不平的共和派。奇怪的是，虽然担心共和派会发起进一步革命，或是保皇党人会从事一场反革命，政府却没有采取任何措施来阻止群众集会，而且当一个身形魁伟的人骑在马上挥舞红旗和象征自

由的佛里吉亚小红帽时，也没有士兵或警察出来干涉，最后终于引发了一场骚乱。

三个小时过后，半个巴黎城都被街垒阻塞起来，一小群英勇无畏的人们身穿血红的革命服饰，呼吁市民抵御保皇党人的反扑。

在某个愤世嫉俗者看来，这种骚乱是新政权交上的意外好运。截至6月6日上午，许多暴乱分子已被杀或被捕，动乱地点被限制在圣梅里教堂周围的狭窄街巷中。就是在那里，正如读过《悲惨世界》的人所知道的那样，一场血腥的戏剧上演了最后一幕。政府派出的军队，用大炮轰掉了用床垫搭建的街垒，推倒楼上的隔断墙，从那里的窗户向下扫射，从而恢复了街上的秩序。任何一位将军都会明白，在如此狭小的区域内密集战斗，难免会有不测。许多捣乱分子溜出警戒线，从屋顶逃走。但毫无疑问，经过1832年6月5日至6日的事件之后，巴黎的君主政体变得更加安全。

* * *

那天早上，若是从城心岛环顾巴黎，细心的观察者就会看到城北冒出的硝烟，以及屋顶炸出的碎石粉尘。他还可能听到贴身肉搏战的声响。当圣梅里教堂附近的河岸地带发生屠杀事件时，奥尔费夫尔码头后面的狭窄街巷出现了一些街垒。人们在上午十点钟左右发现了它们，根据每一部记述1832年动乱的历史作品的说法，当时所有的抵抗运动都被限制在右岸地区。

几支参与暴乱的群众队伍退出屠杀现场，穿过塞纳河，他们对城心岛地段的街垒充满警惕。由于那些街垒占据了右岸政府大楼和饿得要死的工人与煽风点火的学生组成的军队之间明显具有战略价值的位置，起义的烈火在巴黎旧城区的中心又被迅速点燃。

跑过去进行防御的男女起义者，若曾仔细检查过那些街垒的话，可能会注意到其建筑结构的特殊之处。街垒的底部非常坚固，仿佛修筑它们的人根据某种只可意会不可言传的防御工事建筑原理，把一些手推车堆集起来。街垒中还有一些桌子和文件柜，通过交叉和接合，形成了一种不同寻常的防御优势。街垒顶部是一排车轮和椅子，可以起到压顶石和射击垛口的作用。如果战斗迟迟没来，起义者可能还会意识到，当一座街垒建在街巷密布的地段，他们有可能同时遭到来自不同角度的袭击，或者一小股敌军就能把他们与邻近街垒分隔开。他们可能还曾把可以俯瞰街垒的房屋里的居民全部赶出，并把所有躲在烟囱和屋顶斜坡处的狙击手一一干掉。当然，如果防御街垒的某些起义者是暗藏的士兵或警察的话，这些费尽心思的措施都将失去作用。

由于缺乏详细记录，很难准确描述那天早上在圣礼拜堂的影子下发生了什么事情。最为直接的一份相关档案是一封信，由无名氏起草，并有附近街区（利科尔讷路、卡朗德尔路和瑞沃里路）的二百五十位居民签名。这份文件后来证明是维多克所作，他曾将它出示给政府部门，以申请特殊津贴表彰“维多克先生热心公益的英勇行为”，因为虽然他已不再正式受雇于治安大队，却想方设法抓获了那些“犯罪分子”，从而通过“扫除乌合之众”，“净化”了街区。

城心岛的街垒是在维多克的指导下修建起来的，他的手下混进了革命队伍，从而操纵了起义活动。事情过去很久之后，一些当天被捕然后遭到拷打和监禁的革命者明白了这一点。有些幸存下来的革命者后来试图刺杀维多克，但是他们的证据总是让人觉得缺乏可信度。

* * *

围绕维多克的名字发生了如此多的阴暗故事，以致他就像一只盘旋在 19 世纪巴黎上空的魔影。历届政府变得日益关注公众舆论，倾向于把自己的警察部门承包给那些有犯罪前科的人，从而发现必须找到一位像维多克那样不可或缺之人。很少有哪些政府业务是他未曾染指的。1846 年，因政变失败而被监禁的路易－拿破仑·波拿巴（后来的拿破仑三世），在维多克的建议下逃出了哈姆堡。他逃到伦敦，在那里，受法国政府委派的维多克负责监视他的一举一动。结果，维多克趁机建议他再发动一场政变。1848 年革命之后，直至 1851 年路易－拿破仑成功完成政变，维多克都在担任拉马丹的密探。拉马丹本人对这位前罪犯赞誉有加，称他“仅凭维多克一人襄助即可掌控局势”。

这些故事及其他一些传说的真实情况，已不大可能跟各种谣言和误传区分开。在一座像巴黎这样巨大而变化莫测的城市，各届政府如走马灯般换来换去，寒来暑往，许多街区消失殆尽，历史学家只能跟拾荒者一样筛选那些可疑的资料。大部分文件早已不见，可能很多文件已被毁坏。1857 年，就在维多克死去不到几分钟时间，一群警察冲进了他在沼泽区的房子，搬走了他的文件，没有留下一丝线索来破解最后的谜团：他的死讯见报后，他家中冒出十一个妇女，每人都拿着一份他签名的遗嘱，称其本人是他财产的唯一继承人。

这位老罪犯最终仍是如此的老奸巨猾。在沼泽区，一些人来到圣丹尼斯－杜－圣克莱芒教堂，参加了他的葬礼。但他们心里却在琢磨，棺材里到底放着谁的尸体。这样怀疑无可厚非，因为圣芒代公墓标有“维多克，18 □□”模糊字样的墓穴中，现已证明掩埋的是一位女性的尸体。维多克的最终安息处已不大可能为人所知，所以，人们永远也不可能在其附近建起一座纪念碑甚或一条街，来纪念这位曾经致力于巴黎治安的人物。

第六章

波西米亚的财产

亨利与米米

I

综艺剧院，1849年11月22日，星期四

舞台逐渐暗下，些微的光亮中，人们只能看到她藕白的双手和苍白的面孔。她身边站着一些穿黑衣的人物：他们可能是天使般的送葬者，等着把她弱不禁风的身体抬入坟墓。剧场里鸦雀无声。可以听见煤气灯的嘶嘶燃烧声，以及一千名全神贯注的观众发出的零星低语。接着，一个声音高喊道："啊，我的青春！他们将要把你埋葬！"

舞台上一片黑暗，全场观众开始热烈鼓掌。一部分粗俗的观众抬脚离开，挥舞着他们的帽子和食品包装纸，剧场里弥漫着一股浓郁的陈腐气息。它闻起来有点像外面积满雨水的林荫大道上的雾气，但也有一些更为隐秘的东西：里面夹杂着过了保质期的劣质烟草的呛人味道，当铺里的衣帽架和书架的酸腐味，受潮的草席中混合的尿骚味和薄荷的香气。就像布景师有意安排的某种讽刺性收场，这就是拉丁区的真实味道。

剧院的一位常客僵硬地走上舞台，高声喊道："作者！"他赶忙走上前台，站到男女主演之间，女主角就像刚从洗衣店取回的床单一样白净可人，男主角鲁道夫则扮演了他理想中高雅忧郁的自我形象。正厅后排的一些观众忍不住笑出声来，他们没想到阁楼工作室来的革命者，竟然是个心思细腻的年轻人，所以感到很新鲜。显然，想象跟现实有很大差距……某人定曾把穆杰先生绑架到了裁缝店，他仍在适应那件量身定做的黑夹克，以及那双不透气的鞋子。他手里攥着的手绢无疑是白色的。他的"膝盖"，即他的秃头，看起来别具一格。某位英勇无畏的理发师斗胆打理了他那从未刮过的胡须，看起来整洁有型。没人能看出他那双阴郁的大眼睛里掩藏的恐惧和讽刺，但舞台上的脚灯却捕捉到他的泪水不停地从脸上滑落：这位多愁善感的大师看来泪腺有些问题。

在脚灯的照耀下，他可以看到那些著名评论家的面孔，他们已准备把他加冕为波西米亚的国王。他们在演出前就给他出示了自己对《波西米亚人的生活》的评论，毫不掩饰他们酝酿已久的赞誉："诙谐幽默，妙语连珠。""公众从未如此备受感动……那些一文不名的年轻男女赢得了我们的心。""人们可以肯定这部作品在写之前就已呼之欲出。"

他看到新任总统路易－拿破仑在包厢里露出赞许的笑容，活生生地证明1848年革命（亨利本人曾在里面扮演了一个不太耻辱的小角色）已经成为历史。舞台

上波西米亚人的混乱原型，很难跟枝形吊灯与红地毯掩映下的上流社会区分开。他们都是头上戴着帽子的阴暗人物，就坐在圆形大厅下，那里的镀金小天使早已被煤气灯熏得邋遢不堪。但他非常了解他们：头发稀疏，牙齿松动，脾气古怪，日益堕落。显然，每个人都很清楚，《波西米亚人的生活》就是现实生活的真实写照。

扮演女主角米米的女演员，把手放到他的手中，一起向评论家们行屈膝礼，接着，他的合作者，专业剧作家，也和他一起站到舞台上，观众开始更加热烈地鼓掌。他曾千百次梦想过自己成功的一刻，但真到这一刻他却惊奇地发现自己仍在思考家具问题：一对匹配的椅子，一个有弹簧的床垫，一面够大的穿衣镜。他想着门该如何装满门框，窗玻璃如何不会被一阵风吹落。他心里描画着一座理想的公寓，不会像综艺剧院的舞台那样不搭调，而是备有可以让新来的漂亮仰慕者藏身其间的会客室，还有一间接待室，以便令他的旧相好止步于此。

这种分心是可以理解的。亨利·穆杰（Henry Murger），这个裁缝的儿子，身无分文的三流作家，正在脱离负债累累的苦海，不再做那种“勇敢的冒险家一天到晚追捕着被称作五法郎纸币的猎物”的噩梦。《波西米亚人的生活》取得的佳绩，成了他进入右岸的通行证。他的大多数友人已经原谅了他对波西米亚所作的感伤描述。他们中有些人甚至请求他删去最后那行显然是夹杂了私人情感的文字，“啊，我的青春！他们将要把你埋葬！”但专业剧作家早已把他的小秘密加工成了富含柔情蜜意的奇幻故事。他必须保留一些辛酸和虚度时光的成分。如果说“他们”已经埋葬了他的青春，他则将亲手把它剁碎，并在其坟墓上起舞。

当他们走下舞台时，他握紧了米米的小手，心中期待着下一步的进展。

II

拉丁区，1843—1846 年

那段日子里，站在屋顶俯瞰巴黎，是种难以企及的奢侈。他和一位莱恩来的羞怯的年轻作家合租了一间公寓，从那里可以看到卢森堡花园——若是他的脖子能伸出窗外再远一些，转到左侧，就会看到一片绿色植物。这是他目前为止住过的最棒的公寓。他们把它装饰成 19 世纪 30 年代的“波西米亚”风格：几卷莎士比亚和雨果的作品，一顶佛里吉亚小红帽，一根阿尔及利亚产的水烟袋，扫帚柄上装了一块头骨［一个朋友的兄弟，在一家大医院做实习医生的查理·杜班（Charles Toubin）送的］，窗台花盆箱里种着天竺葵，漂亮可爱，但属非法（据官方统计，花盆落下砸死行人在意外死亡事故中时常位居前列）。为了彻底一览巴黎全景，他们拜访了亨利那些住在丹费尔城堡附近屋顶房中自称“喝水为生”的画家朋友们。每当天气晴好而他们又脏又旧的房间臭不可闻时，这些人就爬到屋顶，坐在流水线和屋脊上给那些烟囱画素描，一边大抽烟袋，喷出的烟雾几乎比下面的壁炉冒出的烟还多。

“喝水为生”者有三人后来死于种种可以总称为“缺钱症”的疾病。当他们中的最后一人在1844年春天被埋葬时，亨利和其他一些人发现，他们站在坟前却拿不出一个苏结账。“没关系，”掘墓人说，“你们可以下次给我。”然后，他对自己的同事说道：“不必在意，这些先生们都是老顾客。”

每个季度房租到期，巴黎都会有一半人拥向街头进行短途搬迁。很少有人自带的家具能装满一辆手推车，也很少有人会过于留恋自己的住处而打算继续居留一年以上。亨利曾多次搬家，几乎总是住在楼梯边，仿佛随时可以搬走。最近他搬到了圣叙尔皮斯教堂附近梅西奥勒旅店四层一个阴暗的小房间，“之所以选它，最佳理由就是它上面没有第五层”。

梅西奥勒旅店装修得极为吝啬，许多人搬进搬出（住进来躲债，借床，只要他们的朋友大度收留就赖在那里喝个烂醉），使得这里很难称之为家。试图寻找更可心工作的打工女孩，有时会过来造访，她们模仿上流社会的样子跟人聊天，使得这里蓬荜生辉。但这会被以公共道德名义突击排查旅馆的警察给打断，他们会把这些女孩送去进行体检，将她们登记为妓女。

尽管枯燥乏味、生活艰难、时常感到焦虑，亨利仍然决定靠手中的笔来谋生。母亲去世后，他那曾靠做裁缝和门卫过活的父亲，表现得就像一个典型的资产阶级，动不动就发怒。对于儿子立志成为法国未来最伟大的诗人这一事业，父亲拒绝提供任何资助。父亲嘲笑亨利穿得破破烂烂，建议他找个家仆这样的工作。正如亨利所写的那样，他被迫“出卖自己的缪斯女神”。他给一家公共浴室用防水纸张印刷的内刊写稿，还给两份儿童杂志写文章，结果发现自己的感伤风格更适合少年读者。他也曾给刊登国际象棋游戏并以押韵的对句作答的《巴拉米德》（*Le Palamède*）写过诗。他还曾用化名“X子爵夫人”给《时尚导报》（*Le Moniteur de la Mode*）的时尚专栏写稿（“这个季节所有人都在穿紫光蓝衣服”）。他甚至还曾给父亲所属行业的机关报《剪裁者》（*Le Coupeur*）写过几篇社论：

> **裁缝的艺术**——多么可叹的表达！一个改进了缝纫技术的人就可以有权骄傲地站在我们的艺术家身旁，在听到戴维、吉罗代或贺瑞斯·韦

尔内的名字时就能宣称：“我，一样，也是个艺术家！……”不，万万不可。他不应该这样讲话，或冒险以为自己的一刀一剪都能令人露出满意的微笑。

二十三岁那年，他发现自己靠写诗成名的美梦，掉进了粪土般的现实中。他最长的一首诗写给了罗杰斯先生，后者的大名遍布巴黎的墙壁和公交车广告。罗杰斯先生喜欢以浪漫诗歌的形式宣传自己的产品，并给每两句诗开价一法郎。亨利的颂诗是以一位假想的伯爵夫人名义写给她的友人，她因镶上了一口用河马牙齿做的假牙而得以再次面对世人，所以要表达对罗杰斯先生的感激之情。这是他到那时为止被人阅读次数最多的作品：

吾之牙齿已脱落，
此乃无比之灾祸。
罗杰斯君胜夫君，
汝能平复吾之心。
（男不爱女爱女神），
汝之圣手抚吾身。
无针无线无绳结，
与汝热吻口相接！

吾之青春本将逝，
郎君拯之以义齿。
罗氏大名永记心，
汝之妙手可回春。
吾将偕君出绮户，
不做无牙之寡妇！

由于缪斯女神不再赋予他写这种打油诗的灵感，他觅到了另一项收入来源。一位托尔斯泰伯爵雇他做秘书，工资虽少，却很稳定。尽管这位年轻人经常卧病在床，无所事事，但托尔斯泰伯爵发现，由于他熟知拉丁区的政治俱乐部和地下新闻，他还是能为沙皇的间谍网络提供极佳的情报。

* * *

即使到了解决终身大事的年龄，他的另一半仍不知在何方。曾在他的椅子上睡了两个晚上的“仙女般穿着天鹅绒”的丹麦女人，向一位共同的朋友抱怨说，他在身体方面没什么奢望（“只能得出一个结论，我是个傻子”）。过于昂贵的“轻浮女人”（“要价两百镑，还不包括治装费”），令他不敢轻谈结婚生子。他一直想找一个愿在“第 13 区”（当时巴黎只有 12 个区）嫁给他的“合法情妇”，却毫无结果。甚至那个最独到的方案，也是徒劳无功：圣埃蒂耶讷迪蒙路女孤儿院的主管，从未接受他那份欢喜之情跃然纸上的领养妻子的申请。

就在此时，1846 年春天，带着一股迷恋和宽慰之情，他发现了一位上天派到圣丹尼斯区的尤物，看来命中注定她会让他心中充满欢乐，口袋里装满金钱。

III

某报社办公室，1846 年

5 月 5 日，星期二，打定主意后不久，亨利便穿越塞纳河，来到右岸地区，出现在全景廊街和证券交易所之间的一条繁华街道上。在维维耶讷路 36 号，手型指示牌上伸出的一根手指，指向一座楼梯上方某处叫做“海盗—撒旦”的地方。

还没走上楼梯，他的心脏就已剧烈地跳动起来。那个星期日，他满心欢喜地返回巴黎，同行的是一帮经常坐 9 路公交车出游的友人。他们刚刚去过塞纳河畔的布吉瓦尔采风，那里有许多女店员和厂房工人在晒久违的阳光，还有许多画家支起画板涂抹风景。

尚夫勒里（Champfleury），那位长着猫咪般胡须的羞怯的年轻作家，带来了他的女友玛丽埃特。他们的波西米亚伙伴亚历山大·沙尼（Alexandre Schanne），也就是被一小撮艺术家朋友和几百名愤怒的邻居所熟知的那位创作了名为《论蓝色对艺术的影响》的交响乐的人，则带来了他的情妇路易塞特。对亨利来说，她是一个典型的“灰姑娘”（女工们之所以得此诨名，是因为她们穿着廉价的灰色工作服）。她扒在马车后面来到这座城市，成了一个卖花女。为了多赚些外快，她傍上了一个性格开朗的年轻人，直到把他们的钱全部花光。她曾勾引已婚的房东来代付一个月房租，后又敲诈他免了她另一个月房租，从而名声大噪。跟厂子里大部分女孩一样，她的手是青色的，那是用于涂抹花瓣的砒霜染成的颜色。那种工作很枯燥，工钱也很少。每个女孩只负责一个环节，她们从未见过那些加工好的花儿装饰在贵妇的桌子和舞会服装上是什么样子，只知道那些贵妇的丈夫经常调戏卖花女。

他们躺在草地上，讨论着那种不用花一分钱就能还清债务的微妙艺术。就在这时，路易塞特厂子里的朋友挽着一位名叫克拉彭的年轻建筑师的胳膊来到那里。亨利从嘴里取出烟管，转头望去。

他像是在做梦。她穿着一件点缀着蓝色圆点的棉质衣服，腰上系着一条丝带，跟她蔚蓝色的双眼极为相配。她的靴子系得很紧，里面穿着白色长袜。她蓬松的衣袖和白色的衣领，是她下班后在烛光下花了几个小时仔细缝制而成。跟所有的卖花女一样，她的皮肤没有一点血色，但那种苍白还不足以掩饰她的伤疤。她的脸上留有天花肆虐过的痕迹。亨利的一位朋友后来把它比作一块蜂蜜蛋糕，因为它虽然香甜可口，表面却布满斑点。

她跟克拉彭先生是在街上偶然结识的（他是这么认为的），那时她正在竭力寻找自己公寓的钥匙。其实，那时的露西尔·卢韦（Lucile Louvet）并没有固定住处。五年前，她离开父亲在圣丹尼斯街开的杂碎店，嫁给同一街区的一个皮匠，某位保罗盖尔先生。他经常打她，为人甚是无趣，令她终日以泪洗面。在那之后，她曾住过拉丁区的阁楼，住过收容穷困妇女的医院，有段时间还住过偏僻街巷的房子，在那里，甚至最普通的卖花女，都能满足当地居民的口味。

她从未笑过。如果她曾有过一丝幽默感，现在也已失去——或者，就像亨利可能说过的那样，她把它放错了地方，或是把它带到了当铺，希望有一天能把它赎回来。但在布吉瓦尔，树叶的浓荫和稀疏的阳光洒在她的脸上，就连艺术家也会被她的魅力所迷住。亨利的眼睛是他身上最大胆的地方，现在开始上下打量她，松开她腰上的丝带，进入她那如同栗色密林般的毛发中。虽然未发一言，她显然表示那种意淫并未冒犯她。

那天晚上，在回巴黎的路上，克拉彭先生不知为何跟其他人分开了，亨利发现自己跟露西尔单独待在了一起。

现在，两天过去了，当他攥着一卷稿纸爬上36号房屋的楼梯时，他仍处于一种“疯狂的陶醉状态”。他走过楼梯平台上的一位老兵，那是负责击退愤怒的读者及欢迎女演员和政客前来行贿的人物。路过走廊，他看到里面的人，一边读校样，一边吃炸薯条。他走进一间大办公室，发现那里就像一座几天前发生过学生动乱的教室。约有二十个神情颓废玩世不恭的年轻人，围着一张铺着绿色台布的桌子或坐或伏。房间另一侧，是一个没有书的书架，墙上有一张插图版世界历史挂图，密密麻麻地印着那些已被人们逐渐淡忘的名字和日期。一位上年纪的高个男人，戴着绿色眼镜，在屋里走来走去，手里拿着一沓稿纸，像林荫大道上某家剧院的演员一样大喊大叫。

“让我瞧一瞧……‘我的台词！’有人听见一名跟政府部门有密切关系的女演员前几天这么说……垃圾！扔到筐里……那是什么？再说一遍。债主们像个娘们？”

“你总是爱不够他们。”

“很好，写下来。现在是两点钟。印刷机那儿却什么都没有！……啊，我忘了……波德莱尔先生是个天才——我们甭想指望他双手沾上墨水……”

《海盗—撒旦》的主编，总是津津乐道他如何在1821年“发现”了巴尔扎克，并指导他如何靠写黄色小说来赚钱。从那以后，圣－埃尔姆（Auguste Lepoitevin Saint-Alme）至少亲手办砸了六七家报纸，但却仍然雄心勃勃地梦想着控制巴黎的新闻出版。他最近的一次冒险——一份名为《撒旦》的黄色报刊——已经接管了那份艺术方面的老版日报《海盗》。他解雇了有固定工资的记者，代之以颇有天赋的自由职业者，那些人每天早晨都在拉丁区溜达，希望看到他们的作品被发表，然后在有暖气的房间里度日。他吝啬地给那些人开价一行字六生丁（“这样他们就不会偷懒了”）。但是，一旦写出十篇文章，从而给某位公众人物的名誉造成无法挽回的损失，他们就可以相互吹捧对方的作品，夸赞他们偶然感起兴趣的某位女演员的演技。圣－埃尔姆称他们为自己的“小白痴”（“阁下，文学界的未来就靠他们了！”他对自己的对手这样说道）。

到那时为止，亨利给《海盗—撒旦》写的稿子中，也包括一些拉丁区生活的奇闻逸事：在那个别扭的地方，略带疯癫气质的年轻人通宵达旦地讨论“超然的哲学问题”，调侃他们的贫穷和饥饿境况及靠给房东画肖像画来付房租。圣－埃尔姆从亨利手中拿过稿子，对着围拢过来的“白痴”写手大声朗读起来。

故事讲的是亨利跟露西尔会面的情形。他称那位女孩为路易丝，称自己为鲁道夫，并把他们相遇的地点换成城心岛的普拉多舞厅。接着，他原封不动地把自己在那个星期天晚上从布吉瓦尔返回巴黎的情景讲述了一遍：

> 他们在圣丹尼斯街一家商店前面停了下来。
> “这就是我住的地方，”她说。
> “我什么时候才能再见到你呢，路易丝，在哪儿见面？”
> “你那儿吧，明天八点。”
> “真的吗？”
> “当然了，”说着话，她把自己的香腮凑向鲁道夫。
> 鲁道夫品尝了一口这洋溢着青春和健康气息的成熟果实。

> 他回到家，就像他们说的那样，“处于一种疯狂的陶醉状态”。
>
> “啊！”他在房间里大步走着，大声叫道：“再也不能这样下去了。我必须写出点诗来。”

圣-埃尔姆狂笑不已，表达他的赞许：亨利的故事与那些可令中年读者开怀一笑的文章不谋而合。那些“小白痴”继续听圣-埃尔姆读下去：

> 收拾好屋子准备迎接他的偶像之后，鲁道夫开始打扮起自己来，他非常后悔以前没给自己买过一件白色的衣服。
>
> “神圣的时刻”到来了，门口传来两下轻微的敲门声。他打开门。来人正是路易丝。
>
> “你瞧，我是言出必行。”
>
> 鲁道夫拉上窗帘，点亮一枝新买的蜡烛。
>
> 女孩摘下帽子，脱掉披肩，把它们放在床上。看到床单白得刺眼，她露出了笑容。实际上，她几乎有些脸红了。
>
> 当她抱怨自己的靴子太紧时，他就屈膝跪在地上，主动帮她放松鞋带。
>
> 突然，灯灭了。
>
> “噢！”鲁道夫说道，“谁把蜡烛给吹灭了？”

那天晚上发生的其他故事，就留给那些“小白痴”去随意想象去了。他们都向亨利表示祝贺，恭喜他又发新作，确立了自己的写作风格。

IV

拉丁区，1846—1847 年

第二天，当他的女主角还在睡觉时，亨利走进一家咖啡馆去读《海盗—撒旦》。他写的故事有幸登在报纸头版的下半部分（通常刊登连载文章）。更重要的是，它长达 274 行。以每行六生丁来算，够付两个星期的房租。如果他能保持这种具有讽刺意味的以苦为乐精神，这笔钱甚至可以让他奢望每天吃上一顿了。

那个短暂的欢乐阶段（亨利后来是这么认为的），只留下两封信件，都是露西尔写的。它们很难被算进 19 世纪伟大的情书之列，但它们至少保持了那种现实主义风格：

既然你还没回来，我准备去看望一下姨妈。我拿了些钱，好打车用。

——路易丝

（注：“姨妈”是当铺的一种委婉说法。）

我准备定做几双靴子。你得弄些钱来，这样后天我就能取回来了。

（一双靴子值二十法郎，或值当时333行文字。）

他太喜欢这些信了，便在他的下一篇《波西米亚人的生活场景》中加以引用：当主人公的友人看到他门口有双亮闪闪的新式女靴时，还以为走错了地方。后来，波西米亚人还下馆子点了龙虾，喝了好几瓶葡萄酒，庆祝鲁道夫和米米的“蜜月”（他已决定将女主人公的名字改为“米米”）。这些人谈论着咖啡的起源（“阿拉伯一头山羊的伟大发现”），米米则起身去取烟袋，给他们倒咖啡，一边自言自语：“老天啊，这些人懂的可真多！”

这种值得怀念的幸福时光只持续了一个月：当他把时尚杂志里介绍的蓝色围巾送给她时，她的嘴角浮现出一丝微笑；有天早上当她还在沉睡时，他上百次地吻她的头发；在那之后，他开始注意到一些情况。露西尔没完没了地穿衣打扮，设计发式，只为在商场招摇过市。她跟那些坐在街角的女人聊天，还把自己的二手塔罗牌摊在他的桌上，像一个研究古代语言的学者一样琢磨它们，而且一到推算出的幸运日，她就会出去逛上几个小时。当他问她干什么去了，她就会说：“结识左邻右舍去啦。”

亨利坐在桌旁，竭力显得大智若愚。露西尔一点不懂如何料理家务，由于她已不再去假花加工厂上班，也就很难满足她对熟食的过度欲望及不时光顾舞厅的要求。但不管怎么说，有露西尔在，他们的物质生活就不会匮乏。虽然没有仔细监视过她，他还是发现有位来自布列塔尼的绅士，以及一个早熟的学生许给她一条羊绒披肩和几件桃木家具。从露西尔自己口中，他得知沙尼可能是出于妒忌，曾称她为“小荡妇”。另一位朋友则显得比较含蓄，他很想知道她的“左邻右舍”到底有多少。有时，当她把头依在他的肩膀上时，他觉得自己从她身上闻到了其他男人的味道。这并没什么好奇怪的，毕竟，那些喜欢阅读他在《海盗—撒旦》上发表的《波西米亚人的生活场景》的人，都会明白这种情况在波西米亚十分常见：“那些飞来飞去的候鸟”，他曾这样写道，“出于一时的兴致，或者更多是出于一种需要，某一天（或更准确地说，某一晚）就会在拉丁区的某座阁楼筑巢搭窝，如果再有一些奇思妙想或丝带来诱惑，她们将会同意多住几天。”

这个小家庭必须得活下去，而圣－埃尔姆先生则在不停地催稿。亨利开始把自己生活中还在淌着热血的各种创伤写进书稿。他把她行为不忠的故事卖给了《海盗—撒旦》。简言之，他成了露西尔·卢韦文学故事中的皮条客。假使“米米”待在家中给他织补袜子，这些故事可能就会枯竭而死。他们可能会很贫穷，但很快乐；或者，更有可能病死在医院里。现实生活对他的写作产生了一种奇妙的影响。在那些貌似欢快的阁楼生活情景背后，他开始描绘出版界此前从未接触过的一个世界——在那里，失意的“艺术家”在忍饥挨饿中维系着脆弱的梦想；外省来的生意人孤独地坐在舞厅中；那些带着父母的钱到巴黎求学的学生，希望在数月无所事事的学校生活之外，找一个集家庭主妇、妓女、玩伴三种角色于一身的人来厮混，然后再回老家找一个处女，把她的肚子搞大。他利用露西尔的“冒险故事”，给拉丁区的黑暗生活添加了一些机智圆滑而又短暂易逝的观念，比如：那些名为《豪华套间中的单身汉生活》之类的非法小册子，登载着廉价医院的广告，让接生婆了解到自己行业的动态，并提供一种“机械束身衣”，保证不显肚子，而且可以通过简便的“流产”手术，免去日后杀婴的麻烦。

当然，他只能在报纸上暗示这种情况，而且把一些细节涉及的名字都进行了浪漫化的虚构处理。在某个场景中，米米厌倦了在阁楼中忍饥挨饿的日子，于是跟着一位子爵私奔了。就在那时，现实生活中的亨利给他的一位朋友写信称：“我的妻子已离家出走，她要嫁给一个想割断我喉咙的大兵，对此我坚决反对。”然而，令他惊讶的是，他发现自己的女主人公成了一个实实在在的人物：“她的面貌并不缺乏某些微妙之处，看起来就像被她碧蓝的眼睛轻轻照亮，但有时那里面也会写满厌倦或恶意。她的眼神里几乎有一种野性的东西，也许相面者能够辨识出其中深藏的自尊或极度的冷漠。”鲁道夫自己也开始对生活中的情况警觉起来：当他的情妇离开他时，或者像流浪猫一样咕噜咕噜地叫着，伸着懒腰重新回来时，他就会打她。没有鸦片的时候，暴力就成了替代性毒品，能让他们在泪水涟涟中重拾旧情，共度良宵，露西尔就像他在报纸上描绘的那样在床上楚楚动人。他用一种无声的语言，描述了他们的争吵，以及自己心中由于嫉妒而遭受的折磨；他仔细刻画着那双撕裂他心脏的芊芊素手，琢磨着为什么米米总能不断回到鲁道夫身边，以及他为何允许她回来。

经过八个月的炼狱生活，他对收支情况算了一下总账：《波西米亚人的生活场景》这六幕剧换来了一百法郎，一些破碎的装饰品，一把破椅子，一张以其出版无望的诗集为抵押的当铺单据，以及饱含愤怒和嫉妒但仍满怀激情的青春。

他们已经说过太多次再见，以致他已记不清到底是谁决定一劳永逸地了结这段姻缘。他们在一种异常冷静的状态下讨论了一整天。亨利将保留那些饰品和那把椅子，露西尔则将保留那座她在某天为了证明自己对文学并非全然无动于衷时买下的“古董”荷马雕像。

他们一起在床上度过了最后一夜。他背对着她，咬着自己的枕头。她可以听出他梦中还在呜咽。第二天早晨，她一直等到他睡醒，然后告诉他，自己没有任何打算，结果发现他很难相信这一点。当他们分开时，他吻了她的手，脸上的泪水沾湿了她的手背。如果他尝试过的话，她可能还曾与他体面地吻别。接着，她打开门，走下了楼梯。

那天晚上，尚夫勒里把他带到一家餐馆。他喝了一瓶她最喜欢的葡萄酒。当他那充满泪水的双眼凝视着杯中甜蜜的红色液体时，他惊奇地发现，她的脸庞早已开始跟那些他曾爱过的人融到了一起。

* * *

十一月下旬的一天，在一个身上生着跳蚤的学者和一个全神贯注地读着一本小说的门卫之间的讲堂木桌旁，她翻开一份《海盗—撒旦》，看到了他新近加到《波西米亚人的生活场景》中的诗作。她猜测那一定是他在他们分手那天写的（其实，那首诗是他三年前写给另一个女人的，不过也非常符合他们那天的情景）。当她离开讲堂时，那首诗已经刻在她的心上。

亲爱的，我已身无分文，也就是说，
我们将不得不把彼此合法地忘记。
我已风光不再，你也不会为此落泪，
米米，你将很快忘掉我们曾经相遇。

可是啊，我们也曾有过幸福的日子——
更不消说那些夜晚。亲爱的，虽然
那段时光并不长久，但诚如人们所言：
最美妙的时刻，通常也最为短暂。

让那些天作之合的情侣分道扬镳，
让我们轻舞飞扬的歌剧落下帷幕。
用不了多久，你就会另结新欢，
舞台上，将会演出你们的新曲目。

* * *

根本就没有什么新曲目。露西尔很快就要年满二十五岁：女人到了这个岁数就被认为青春已逝。她曾在没有暖气的工作室，给那些需要画胸部或下半身的画家当模特，也曾和她的朋友坐在街角拉客，分享她们的红酒，有时也分享她们的嫖客。她变得日益绝望，于是回到旧街区，那里满是煮熟的杂碎味道，还有皮匠用锤子钉鞋掌的声响。在假花加工厂，她推动着橡胶垫，把那些花瓣弄得松软生动。她曾喝下一瓶清洁剂，然后躺下等死。可是，生活就像一位尚未按期拿到租金的房东，拒绝让她离开。

有时，她会想起他们一起住在阁楼上的情景：两人坐在一起，瑟瑟缩缩地吃着最后一顿面包和沙丁鱼。她还回想起自己故意留在他抽屉中的手套。有一次，她在街上偶然碰见沙尼。他告诉她：亨利有了新欢，名叫茱丽叶，亨利很喜欢亲吻她的头发，一次吻上一缕，直到吻个遍。她想，如果她回去，发现他的新欢也在，她就会躺在床上，松开自己的头发，就这样。她用手撩起自己浓密的棕色头发，“幸好他没对我那么做，要不然，我们后半生就不得不待在一起了。”

V

一家医院的顶楼，1848 年

即使在夏天，马札然路也是一派黑暗潮湿的景象；到了冬天，它就像是一座地窖。阳光都被河畔耸立的居民楼和学会大楼的圆屋顶给遮住了。亨利的新房间位于这条路的 70 号公寓，与他日渐衰老的外表十分相配：屋里有把光秃秃的藤椅，还有一面镜子，几乎都照不出人来。还有一张床，比书架宽不了多少。

茱丽叶已离他而去，去寻找下一个罗密欧。面包仍在涨价，饥饿的农民从乡间散乱地涌入巴黎。和往常一样，当人们在当铺门外排队等候时，就会出现关于革命的话题。和他住在同一座公寓的邻居蒲鲁东先生，每天都会有一些蓄着长须、身穿华服、表情严肃的人士前来拜访。

亨利则躺在床上，或者说是平摊在床上，思忖着如何花掉刚从法兰西学院慈善基金会意外得来的五百法郎。就在这时，她敲响了他的房门。

她已不是他先前所熟知的那个露西尔。他侧身将她让进屋。自杀未遂的她看上去可怜至极，仿佛已被消毒液清洗过。她脸上的痘疮，在蜡色的皮肤上显得平整起来。肺结核病使她的蓝眼睛变得更大，并且带上了一种孩子般的天真表情。

“我打扰你了吧。”她说。

她告诉他如何铺床，并让他去买些食物。当他带着一个面包、一瓶酒和一些从河边砍下的尚未干透的木柴回来时，她已倒在床上酣睡过去。

这一次，他们没有争吵。死神是屋子里的第三者，虽然表现得彬彬有礼。她躺在床上，对着一个盆子不停地咳嗽。亨利则忙着给一家时尚杂志写专栏，接着——波西米亚的工人此时则在以自由、空虚和懒惰的名义进行革命——他开始给托尔斯泰伯爵写报告。他把自己的朋友波德莱尔、杜班和尚夫勒里在圣安德烈艺术广场附近贩卖的主张无政府主义的文章寄送出去。有些"狂妄自大的野兽"，那些普罗大众认为饥饿是一种美德、其他人的财产是一种罪恶，关于这方面的情况，他还补充了一些"非官方消息"。与此同时，露西尔则日渐消瘦，离死神越来越近。

靠着杜班的关系，她住进了一家医院。杜班的兄弟，那位实习医生，已经拿到了行医许可证。当他去找亨利时，亨利正好不在。露西尔看到他手上拿着一张卡片，就明白是怎么回事了。后来写"鲁道夫与米米小姐爱情的尾声"时，亨利把沿着河岸到拉皮蒂医院六里地痛苦而又颠簸的车程写了进去。"在巨大的痛苦中，她对漂亮衣服的喜爱——那是女人身上最后死去的部分——丝毫没有减弱。曾有那么两三次，她让马车停在服装店前，凝望着橱窗里的展品。"

住院登记册上写着，"露西尔·卢韦，制花工人，弗朗索瓦·保罗盖尔之妻，巴黎本地人，年约 24 岁"，于 1848 年 3 月 6 日星期一住进拉皮蒂医院。那时正是米米在《海盗—撒旦》亮相两周年。对亨利身为历史学家的声誉说来极为不幸的是，3 月 6 日星期一那天，公交车和出租车司机都在罢工。露西尔不可能坐上出租车，她一定是步行来到医院的。

亨利没有和她一起去。杜班向她保证，她的情人将会在下个星期日即通常探视病人的日子来看她。结果，她却空等了一场。他知道那里有麻风病隔离墙、面色铁青的护士、夜间接连不断的咳嗽和呻吟声。要不了多久，他自己也会住进医院。他留在家中，告诉自己不要怀念往日的情分。他宁可把他们那段珍贵的爱情记忆保存在稿纸上。

* * *

杜班每天都去医院探视，他发现那个女子已神志不清，痛苦不堪，便催促自己的朋友前去看她。

"我连给她买一小束花的钱都没有，"他告诉杜班，"但我知道沃吉拉尔路旁有几处花丛，过几天就会开满紫罗兰。"

"你尽可心里想着她，"杜班说，"但你总得去看望一下。"

当杜班的兄弟告诉他最新的消息时，他正坐在咖啡馆。经过病房时，杜班医生发现她的床是空的，护士告诉他“八号床的病人死了”。亨利赶到那里，站在窗外，擦着眼中的泪水。奇怪的是，他竟然没有任何感想，仿佛他的爱情已经跟随那个点燃它的女人一起死去。那天晚些时候，他去外面买了一顶用来哀悼死者的黑色毡帽。

在拉皮蒂那样繁忙的大医院，难免会出现差错。露西尔其实被挪到了另一张床上。她不停地呼唤着亨利的名字，影响到了其他病人。过了一段时间，有人找到他，把实情告诉了他。这一次，他没等紫罗兰花开就起身向医院赶去。

杜班医生在门口握住了他的手。露西尔在 4 月 8 日死了，没人前来认领尸体。亨利请求见她最后一面，但是医生只能把停在标有“剧院”字样的大楼前的大马车指引给他。

在他的作家头脑中，他看到学生们坐在阶梯坐席，一边给他们的情妇写便条，讲笑话，一边向下凝望那位卖花姑娘毫无生气的尸体。她躺在灯光照耀下的池子里，旁边的外科医生把她的一条神经线解剖出来，切掉左侧的胳膊，展示出她的心脏。有个人爬到了车座上，马车驶向公墓。根本就不会有什么葬礼。那顶帽子只能等到下一个场合再用了。

医生提出陪他走一会儿，但他突然觉得非常想一个人待着。他转过身，沿着来路向圣热内维耶芙山上的烟囱丛林走去。一堆极不相配的思绪缠绕在他的脑子里。他的尾声已经写完一半，现在他思忖着谁能令他把故事继续写下去……一艘运煤船缓慢地朝城心岛和先贤祠灰色圆屋顶的方向驶去。他竖起衣领，抵御着寒冷的雾气。他就这样走着，就像塞纳河和马恩河上涨的河水把河里的泥沙冲到了堤坝上一样，他的脑海中开始涌现出某些故事情节来。

VI

综艺剧院，1849 年 11 月 22 日，星期四

观众走出大理石大厅，穿过综艺剧院的铁门，向等在路边的马车和雨伞走去。当时已是晚上九点。尽管仍在下雨，街上还是人潮涌动，咖啡馆的生意又红火起来。马车上的吊灯和路灯交相辉映，林荫大道上就像有一串夜明珠在沿途飞舞。

波西米亚的国王挽着年轻女主演的胳膊离开了剧场。他想象中的米米穿了一件黑色斗篷。虽然她已卸妆，但对他来说，她仍像雕刻出的一件彩色纪念品。她

看似虚弱，实则充满活力，就像一个大病初愈的少女首次走出家门一样。当她登上出租车，他听到她的裙子发出的沙沙声。他咧开嘴角朝她微笑，一只眼睛流着泪，思忖着能否称她为米米。根据一项古老的剧院传统，作者可以在其剧作的首演之夜与女主人公共度良宵。现在，他跟“米米”之间也不是没有那种可能……

马车转过德鲁沃路街角，车子晃了一下，他感觉到了她那温热的身体。接着，“米米”小心翼翼地挪向车厢另一侧……看来，他还需要再花一点时间才能在这个新世界中找回自己，然后再获取那些必要的装备。蒂列尔（Thuillier）小姐心中的城堡还很坚固，不经过漫长、昂贵的围城阶段是不可能被攻克的。他点着一支雪茄，享受着这一时刻。他早已开始收集续写故事的素材了。在摇下车窗吐出烟雾时，他发现一对恋人站在卖栗子的火盆前，一群扒手正在向人堆围拢过去。他看在眼里，记在了心上。

亨利给车夫付钱时，女演员跟他道了别。他开始往回走，经过剧院和《海盗—撒旦》的办公室，然后过了河，回到圣日耳曼路 9 号一座破旧公寓楼的小房间里。蒂列尔小姐的手套给他的嘴唇带来的刺痛感还未退去。坐在那张被虫子蛀得千疮百孔的桌旁，他曾在那里把露西尔写成不朽，现在又向一位友人写道：“你想象不到自己平生第一次坐在一个香喷喷的女人身旁是什么滋味。”

几天后，《波西米亚人的生活》仍在综艺剧院火热上演，亨利收起了他的风流记忆，“顺水行船”，搬到了诺特达姆德洛雷特路 48 号的一栋豪华公寓。那是一条新修的街道，没有历史包袱，沥青路面十分平整，就建在右岸朝向蒙马特山的荒野中。送葬的人经常从那里抄近路去往公墓。一些自欺欺人的被称作“暗娼”的上流女士，经常乘着马车在不尴不尬的时候光顾这里。一些富有的艺术家也很喜欢这里，他们乐于标榜自己也曾过着波西米亚式生活。

第七章

马维尔

查理·马维尔（Charles Marville，1816—1879）

I

这张照片拍的是巴黎广场后端的一个夏日晨景。此时，城市的噪音和各种气味都还不明显。从光线变化上：光线从东边减弱，建筑物的影子在相机后面，可以判断出当时的时间。相机把大半个广场都收录进来，包括那些干净的大鹅卵石。太阳正在升起，但是除了摄影师和他的助手，广场上没有一个行人。

照片摄于1865年，从拍摄的清晰度来看，很难让人相信它是那个年代的作品。照片的像素很高，不像是当时的技术能够达到的。在晨光熹微中，建筑物虽然着灰带土，但却熠熠生辉，就像是它们还没学会如何面对相机摆姿态一样。

这是一个真正的社区，地面透亮，墙上有些小的裂缝。鹅卵石路上偶见遗落的三三两两的马粪块。拍照者可以从远处拉近镜头，在这些秽物四散变为地上的秽点前，将其拍成高地的造型，独一无二，就像是帆布上的一抹颜料。如果这是等在低矮建筑前几匹小白马的马粪——它们被套上拉车，我们看不太清它们的头，但却足见这些马的耐心——动物学家或许可以据此推断出其饮食情况，推算出它们经过广场的速度，甚至猜出它们的血统和颜色。除此之外，广场上很干净。交叉路口的清洁工们已经来过。就在拍摄这张照片四年前，波德莱尔穿过这个空旷的广场时，想起了一首诗：

……就在此时，清洁工们将那
黑色的暴风雨卷入寂静的天空。

两个窄仄的街道中，向西那条街道的角落，那个白色的影子或许是清洁工们清扫时形成的一团尘雾，或许是某人从摄影师取景的地方跑向圣安德烈艺术广场的影子。

照片中广场的样子，已经成为不复存在的景观的纪念。圣安德烈教堂是巴黎独有的两个完全和周边建筑物分开的教堂之一，在法国大革命期间被卖掉，并作为不受欢迎的建筑而迁址，只留下曾经立足了六百多年的土地。一个哭泣的婴儿被人抱在受洗盘上方，并被命名为阿鲁埃（Françoisois-Marie Arouet，后来他改名伏尔泰），摄影师就在离那里不远的地方支起了三脚架。石造建筑的遗迹尚存，如同某些旧时的火山岩，质地较软的岩石被侵蚀掉，剩余部分便冒了出来。一些墙壁和以前一样，其他墙壁上则装饰了很多来自排字工人的样书上的字母，又像埃及金字塔上周遭遍布的斑痕。一位躺在机械床上的巨大人物雕像，有一米五高，其缩微版可在塞尔庞特路 28 号买到。拉雷路街口的四十生丁澡堂，与远处王子先生路 27 号更高级的桑拿浴房是竞争对手。

尽管照片拍摄时间不详，我们还是可以从照片中拍摄到的广告地址来判断：距离越远，时间越久。1865 年，没人愿到河对面的街上购物。一个人可以站在摄影师的位置，列出一个全面的购物清单。她可以为打破的窗子买到新玻璃，可以买到墙纸和家具，或者为扶手椅买到一块皮子，可以从蒙代先生那里雇到一辆马车，将雨水浇坏的物品拉走。住在日特莱勒克尔路 5 号的罗伯先生可以修理窗棂，住在 24 号的杰利奥特先生则能检查石墨防水板和镀锌屋顶涂料是否需要修补。她还可以买到喷漆的雕刻作品（家具店的橱窗里摆着圣母像），可以从德维涅先生的店铺买到新的瓷质或水晶制品。她可以买点煤，买点酒（同样可以从蒙代先生那里买到），从乳品商店买点奶酪，靠在壁炉旁读一本新书。她根本不需要离开这块福地。

如果玻璃感光底片在浩劫中逃过被毁坏的命运，被藏在一个皮质背包里，压在乱石堆下，历经一个多世纪的沧桑，我们就可以收集到一套有关巴黎在 19 世纪晚期的小型百科全书，用来推测当时的历史场景。它极可能会包含纸质百科全书所未能涵盖的当时的城市的某些信息。如果罗伯先生那幅关于木柴的广告中间部分没有在空中飘起，我们或许永远不会知道当时有些广告语并不是刷在墙上，而是印在防雨布上，像背景幕布一样被悬挂起来。

某些作家甚至在自己的作品中提到了这些无处不在的“瘟疫”一样的广告。波德莱尔的笔记中有一句话：“*Immense nausée des affiches*”（广告泛滥），几乎成了唯一幸存下来的广告泛滥的证明。想象一下，一位诗人反复推敲着用词，踱着步子，数着音节，头脑里不断涌现出不带动词的短句。作为一个十几岁的少年，他走在自己出生的城市的街道上，

……踯躅在人行路上，踌躇着用词，
偶尔也会与梦想了好久的佳句不期而遇。

现在，人行道上铺设了路牙石和排水沟，比如，玻璃器皿储存处前的那条路上就是如此。没有理由再踯躅下去了。波德莱尔的诗歌有一种散文的韵味。这位从小在父亲油漆味的熏陶下长大的艺术爱好者，开始研究摄影作品，甚至咀嚼作品“残忍但惊人的魅力”。摄影师查理·马维尔，通常让同事去参加摄影作品展。我们不知道波德莱尔是否认识这位摄影师，但可以肯定，他了解这位摄影师的作品。马维尔不爱交友，也不愿与人分享摄影技巧。当太阳升起，城市里只能看到摄影师和他的助手时，他感觉最为自在。

当搬运马车离开这里，酒店外的椅子上也坐满人时，摄影师和他的助手便回到圣多米尼克路 27 号的圣日耳曼广场，去拍摄那里广阔的云海，此时天空中的云彩比一座城市的面积还要大上几倍，它的边界一直延伸到郊区以外，直到变得模糊不清。

* * *

当他眼中的云彩像涟漪一样四散开去，他会离开阳台，回到有着紫色和红棕色灯光的工作室里。工作室的窗户装着彩色玻璃，橱柜是深橡木色，墙纸则带有暗色的植物图案。助手小心翼翼地从木框上摘下涂有颜色的玻璃嵌板。在这一工艺中，玻璃上看上去似乎什么也没有。当助手将酸性溶液和硫酸铁倒在上面后，就会出现当时的科学所无法解释的变化：广场上的晨光将一片银白变成现实的颜色。

这种魔力总是让他惊叹不已，就像是邻近的城市发生了大瘟疫，或是遭到气球投下的化学炸弹袭击，城里的人都逃走了，只剩下这最初的、微缩的城市景象。这里有人类留下的痕迹，但却没有人。助手将底片浸入金黄色的氯化物里，以便将基色调深。马维尔看着他俯身站在瓷质水池前，黝黑的头发交错在颧骨上。助手清洗着底片，用氰化钾溶液对其进行修补。这时，文字出现了——这些文字就像早在曝光前就已印在底片上一样：

澡堂；床和扶手椅；葡萄酒商店

他出神地凝望着这个地区，广场如同在一个自有的时区身着便服，虽是一座弃城的一部分，但却保留了内部的完整性。这里有七出八进的墙，墙上有雨水留下的痕迹，还有粉刷过多次的痕迹，房子前半部分明显有陷落的迹象，铺路石东一块西一块，广场上空无一人——面对这样一副混乱景象，他却感觉很愉悦。唯一的交通工具就是那辆搬运马车：或许，在某扇窗户后面，有位女子正在给行李打包。

这幅照片和其他许多幅照片一起，等待装帧好后展出：这四百二十五幅照片讲的都是这座名为“马维尔”的充满魔力的大都市。皇帝看到邋里邋遢的列柱走廊和杂乱不堪的电线杆，定会想起他叔叔拿破仑远征埃及时，那些纪念消失了的神仙的遗迹，被风沙掩埋在沙漠里。他或许在想，自己真正看到的巴黎有多少；关于如何统治和管理这样一座充满秘密的城市，人们又会怎么说。

* * *

太阳光越来越强，工作室里的灯光则越来越弱。助手紧闭百叶窗，确信窗帘拉得严严实实。

当摄影作品在林荫道上还不被人看好时，马维尔在枫丹白露的树林里支起了画架。他为杂志和带插图的故事画报：《保尔和维吉妮》、《塞纳河岸》、《一千零一夜》画一些背景画，再由他的同事画上人物，因为他自己画的人物往往十分拙劣。

他在巴黎很孤独，只身和他的助手出来探险。一天当中的某几个时段更适合工作，由于每个时段都可被不定期地延长，结果每一秒几乎都成了一个时段。

新鲜的咖啡有助于中和铵水和光膜的味道，使人集中精力。这些天，只有身着油迹斑斑的工作服的老派艺术家，才会用酒精振奋精神，镇定他那抖动的手。丝一样顺滑的蛋白纸被平铺在照片印样上，即便是像尘埃的微粒、曝光斑点、隐秘的光束这样细微的缺点，也能显露无遗。

直到最后冲洗环节，照片里景物的颜色都一直是发红的。照片被冲洗、晾干、压制完毕，还上了蜡和乳香。助手把照片放在桌上，后退几步站住，就像是一位画家从画板那里踱回来一样。

马维尔拿起放大镜，从这扇窗子看到那扇窗子，找寻照片上是否有熟悉的污点。检查照片的背景相当费时间……最后，他看到了它们：这些可能会被人误以为是底片的毛病，在这种精确度下（借助放大镜观察）很难说不是底片的问题。一个有点驼背的人，穿着一件灰色长款外套正要进入乳品商店。在澡堂和桑拿房之间的窗子里，一条白色的烟圈被栏杆分成两部分，下面漏出几道光线，或许是某人端着一杯咖啡，从窗子里向外看下面广场上那两个摄影师。照片的背景丰富而凌乱，以至于这些暗淡的大斑点几乎很难被发现。

他坐下来，开始检查整张照片。这时，他看到了一个先前没有注意到的场景：酒馆上方，和整形手术病床上躺着的病人平行的高度，出现了一个用木头支柱支起来的小阳台。一座带有六个窗子和一个烟囱的小屋，倚在一座貌似小别墅建筑的白灰墙上——屋里或许住着从边远村子里搬来的住户。栏杆上支着一个长杆，好让瓦屋顶的天窗一直开着。六箱灌木整齐地排列在花盆里，灌木丛左边有个人正弯腰观赏。旁边或许只是一块抹布，看着却像一个人白发苍苍的脑袋。

他只需拿起画笔在印度墨水和树脂溶液里蘸一蘸，就能去除照片上这个多余的人物形象。有些摄影师就用这种方法去掉脸上或袖子上的斑点。但他喜欢相机把人的形象拍得渺小，就像石头上的泥浆或窗玻璃上的倒影。

照片还在等着晾干。马维尔和助手下午没有出门。他拍摄助手凝视着工作室里的照片的背影。他拍摄他那头浓密的黑发：助手靠在阳台上，背对着烟囱顶管，像头努比亚狮子，或像一只游走在巴黎巷子里的猫。他拍他的特写镜头，细腻得好似透过他的脸庞可以看到成排的建筑：他的额头好似大理石，眉毛好似瘦长的阳台，被暴风雨来临时的天空一样黑的头发所覆盖。这或许是一位诗人的形象：一双杏仁眼，两片倔强唇，如同笼罩在晨光中的广场一样容光焕发。

II

他在塞纳河畔有一间办公室：不是他卧室旁边的那间私人书房，而是有三扇大窗子朝向城市旅馆广场的高级包房，现代巴黎的模范市民就坐在一张大桌子前。这绝对是一个美丽的早晨。他的鞋上没有一个污点，心情十分闲适。没人上班迟到。一份统计表格在几分钟内就会交到他手上。他的办公楼和塞纳河之间隔着一个花园，花园里种着地中海灌木和亚热带花卉。

他几乎使放在房间中央的那张办公桌变得矮小了许多。每当他像今天一样戴上勋章，他的胸部看起来就像一座昂贵的公寓楼。这一点，他完全想象得出，因为他早就看过许多幅关于奥斯曼男爵这个“破坏家”、“挥舞着泥铲的海狸”、“拿破仑三世不朽的追随者”的讽刺画。每次皇帝来这里，他都要曲着身子，缩小两人之间的高度差。

他身后是一张专门雕刻的 1∶5000 的巴黎地图（商店里买不到），镶嵌在带波纹的相框里，挂在快被阳光照到的墙上。当他坐在办公桌后面，这幅地图就变成一块背景板。他经常会转过身，全神贯注地盯着地图。巴黎圣母院就在河对岸，

法国城市规划师奥斯曼男爵（Haussmann，1809—1891）

一眼就能看到。它和相邻建筑物的关系与地图上刚好一样，大小就像他的拇指肚一样。长方形的卢浮宫和杜伊勒里宫，也就是从他的食指到小指的距离。

他俯视城市旅馆广场，看到车辆加速穿过广场。他了解交通情况，交叉路口有排烟口和补水槽，各类阀门安装在各处，广场上还铺着星星符号——现在巴黎已有二十一处这样的广场。

自从城内还是一片沼泽以来，多亏了他，巴黎部分地区第一次见到蓝天。现在，道路和露天场所占到巴黎总面积的百分之二十；要是算上布伦（即滨海市洛涅）和文斯的树林，这个数字会是百分之三十。每一平方米土地就有六平方米建筑面积。巴黎的郊区也和市区融为一体，现在郊区的面积已比 1860 年时扩大了一倍。

最近一段时间，一直有人请他重新规划罗马。乔治－欧仁·奥斯曼这个阿尔萨斯新教徒，从不把讽刺人的话放在心上。巴黎大主教称赞他的话，他却铭记在心，实际上，他更愿看到这些褒扬他的话被刻在柱子上。

> 你的工作助了我一臂之力。大体上来说，走在沐浴着阳光的大道上的人们的行为举止，和他们走在狭窄、曲折、阴暗的街道上完全不同。让乞丐住的陋舍享受到空气、阳光和水，这不仅能改善他们的身体健康，还有助于提倡清洁、干净的生活习惯，进而提高其道德素养。

这样的便利条件，还使得像奥斯曼男爵这样的大忙人，能在一个小时内体面地出现在巴黎的任何地方。也就是说，他可以不耽误履行公职，不耽误观看歌剧里的萨里耶小姐（穿得像他的女儿）和滑稽歌剧里玛丽－赫兹的表演，同时尽到父亲和丈夫的义务。他为有家室、有工作的情人们创造了一座城市。

他作为一种高压力量，作为一位经验丰富、勇气十足的男人，被召进来。他知道，政权的奠基人不在对敌的街垒里，而在委员会的会议桌旁。皇帝希望了解市政委员会能否同心同德（照他的旨意办事），那样的话，他宁愿不解散这个委员会。奥斯曼男爵不想跟个小中产阶级一样造预算。那种颇具家长式作风、前怕狼后怕虎的行政长官的统治时代已经过去。像巴黎这样伟大的城市，必须展现出她的魅力和奢华。巴黎是一位要用数百万法郎来供奉的情妇，还要有与之相配的居住设施：花坛、亭台、垃圾箱、广告栏、街道应有的设施。仅仅对巴黎做些小改动，是无法满足她这些需要的。

就在当月晚些时候，他童年时生活过的地方就会被毁掉。

经常有人问他，他是怎样在保证城市正常运行的同时，对它进行的重建。他告诉人们，十三年前他刚刚接任塞纳河省长时，他就对自己的会计师和工程设计者们说：

> 二十四个小时并不像许多人想象的那样短暂。如果你有副好身体，反应敏捷，思路开阔，记忆力强，尤其是对睡眠时间要求不多，那么，从早晨六点到深夜十二点这段时间里，你可以干许多事。别忘了我们有好多星期天，一年就有五十二天。

自从他在1853年上任以来，先后已有三位会计师总管在岗位上劳累而死。

他望着下面的广场，看到一排出租马车和一个骑兵小分队。皇帝马上就该来视察照片的拍摄情况。在维多利亚大街和圣马丁大街交汇处，他的马车要走一段未修整过的柏油路，这可能会耽搁他三分多钟。七年前，路易·拿破仑兜里带着一张地图来到巴黎北站，在这张地图上，有许多还未开工建设的道路，被他根据紧急程度，分别用蓝色、红色、黄色和绿色铅笔进行了标示。现在，这些道路几乎全部建成或计划开工建设，男爵添加了很多自己的想法，对原计划进行了拓展。当时的城心岛有两万多人像老鼠一样生活，现在则建起了政府规划的楼房，附带还盖起了太平间。一条水渠把德韦斯河的水流从百公里开外的地方引进来，巴黎人从此无须再喝从塞纳河里抽上来的脏水，或是虽然过滤过但也是从祖先尸体旁流过的水。

他把委员会结束后会谈的情况告诉了皇帝，因为皇帝愿意听到他的"蒸汽压路机"与大臣和公职人员们相处愉快。

> "奥斯曼，你早就该是位公爵了。"
> "什么公爵？"
> "噢，我不知道，德韦斯公爵。"
> "那我的权力也不够大。"
> "是吗？那当什么权力大？王子……？"
> "不，应该封我引水渠公爵（aqueduc，双关语），这个头衔在贵族头衔里才是独一无二、闻所未闻！"

有人说，这位皇帝从不开怀大笑，但当他听到"引水渠"公爵这个说法时，他还是畅快地笑了起来。

不管什么事，只要能将他和皇帝联系在一起，对巴黎来说都是好事。那年，就在他女儿出嫁前三天，她为皇帝生了一个孩子。她的婚姻也是皇帝所赐。皇帝陛下本想给他女儿一些嫁妆，但被男爵拒绝了，他不想让任何人指责他贪污。

* * *

他在一面能照着全身的镜子前站好，这面镜子从他的秃头一直照到他擦得锃亮的鞋子。每当满满的日程里仅有奢侈的几分钟闲暇时，他便会让自己享受回忆的快乐。他想起了那个已经长成一个男子汉的男孩，被怀疑有着与年龄不相称的哮喘病；想起他那位于博容街区的家，每天早上总是那个穿靴子的人等着他；想起走路去拉丁区听那些讲座；想起他当时面对的是那样让人沮丧的景色，就像拱形的老圣马克桥一样对他简直是种侮辱；想起拉丁区排放的所有污水都汇流在一起，当他走过那个泥泞的广场后脚上靴子的遭遇。

然而，所有这些不堪回首的往事，都将随着地图版本的更新而消失殆尽。圣米歇尔大道让那些拥挤不堪的街道消失了，新建的圣安德烈大道将取代圣安德烈艺术广场。在圣米歇尔大道那些建筑的尽头，可以看到一个喷泉——咆哮着的撒旦（男爵嫌撒旦不够大，不是他喜欢的那种）被身上长着一对防水斗篷一样美丽的翅膀的圣米歇尔踩在脚下——他把这个场景看成自己在向过去复仇。

当他带着皇帝来到拉丁区新的大门前，就像他先前预料到的那样，皇帝望了望成排的整齐划一的公寓，目光落在河对岸圣礼拜堂的尖顶上。皇帝转过身，脸上挂着微笑说道：

"现在我明白过去你为何如此热中于对称的布局了，你是在构建风景啊！"

他听到下面广场上传来嗒嗒的马蹄声和护卫队军刀的响声。皇帝将要看到那幅照片了，或许这次皇帝不会再嘲笑他"对称性欠佳"。皇帝经常说起伦敦，提到那里的交通和骑兵的往来。但正如奥斯曼提醒的那样，"巴黎人比伦敦人更为苛刻"。他承认，为了毁掉皇帝最珍爱的建筑师西多夫的狗屁设计，他实际上把大街拓宽了三倍，这一点人们都看在眼里。他或许是一个高压分子，但他明白什么才是美。一件绘画作品必须有吸引人注意的焦点和自己的结构。这就是为什么现在当人们站在塞瓦斯托波尔大道中央时，从这端能看到巴黎东站，从那端能看到商业法院的圆顶（就像是点在另一端的句号）——除非塞纳河上飘起蒙蒙细雾，笼罩街道，使景色变得模糊，将马车和路人变成一队灰白色的幽灵。

* * *

他打开了双扇门，迎接拿破仑三世陛下的到来。

皇帝的身材一如其在监狱中那般矮小。他虽然住在宫殿里，但看上去似乎他只要得到一点警示，就能躲入一个狭小的空间。有关他那矮小身材的故事，要求人们给予他尊重。没人会要求奥斯曼男爵为他的陛下而死，但他已准备好牺牲自己的名誉。他几乎天天都会受到自由主义和社会党人士的诟病——这些人忘记了现在穷人有了更好的病床和体面的坟墓；他也受到了波西米亚人的腹诽——这些人忘记了他所做的一切；还有来自与他社会地位相当的人们的批评——这些人发现搬家实在太不方便，在全世界最美丽的城市里，房价太高了。

桌子上摆着按照地理位置排列的一排带相框的照片。

这比经常跟建筑师们吵架要强很多。（皇帝说话简短精辟，就像圣人说话一样。）他曾让许多摄影师拍过照片，但这位名叫马维尔的摄影师还是头一次听说。

男爵介绍说：不清楚到底是马维尔自己的主意，还是历史学委员会的主意，他已成为卢浮宫的官方摄影师。他给皇帝和法老拍照，拍摄伊特鲁斯坎风格的花瓶，拍摄损毁前和重建后的中世纪大教堂，拍摄发掘和抢救出的旧时工艺品。马维尔受委任拍摄巴黎将要被毁坏并被遗忘的部分。这种做法就像是把考古学的研究顺序颠倒了过来一样：先是废墟，然后是城市将废墟掩盖。马维尔已经拿到了规划图的复印件，然后他便去在每个选定地点支起自己的三脚架。

男爵说到这里时，皇帝转过头，揶揄地笑了：知道了规划图（正如他们的对手指出的那样）就会使那些投机商在市政府征地前先买下那块地，之后获取高额补偿金。但马维尔是位艺术家，而不是商人——从照片上就能明显看出这一点。

他们站在桌子前面，审视着那些将要消失的地方。他们看到浪费了的空间，与周围建筑缺乏统一的地方，堆积着垃圾、充斥着小偷的角落。他们感受到偏僻地点的静默和古老的习俗。有时，照片上会有些斑点，或许是墙上留下的枪洞；底片上会有划痕，就像战场上零零碎碎的浮云。但大多数照片都非常清晰，没有瑕疵。

他们在一张照片前停了下来，尽管这张照片看上去并没有什么吸引人的地方。照片拍的是广场的后半部分，看上去住了很多人，但同时又有点荒凉。男爵认出右手边的房屋是他的前任朗比托总监遗留下来的问题，不高兴地咕哝了几句。他指的是坐落于街角和圣安德烈艺术大道的那所房子。摄影师拍下了拂晓时分拉丁区熹微的晨光。晨光笼罩着 22 号建筑的外立面，阴影处显得愈发暗淡。那些遮挡着的窗户，暗示房子里有不为人知的秘密。

那座建筑装的是木质窗帘而不是百叶窗，窗帘从窗户护栏处垂落下来，说明当时天气暖和，没有刮风。在灰泥上开槽以模仿昂贵的石灰石建筑、在每扇窗子底部都装上铁栏杆和比马路镶边石还窄的外伸的铁架子——这些都是朗比托总监在 19 世纪 40 年代采用的经济手法。奥斯曼男爵想起自己还是学生时，这个地区从圣马克广场转向，没有特定的形状；22 号是家书店，书店前还有个水坑。这张照片是那样形象，以至于他连想都没想，就朝下瞄了一眼他的靴子。

只有去过那里上千次的人才会知道隔壁尽是书。单是 22 号那家就号称有上万卷“杂书”，即不成套的书籍。这是一家可以让任何一个人的人生都变得神秘的书店。它曾和《人民图书馆》的出版商共用一座大楼。《人民图书馆》是关于古物的系列丛书，包括夏尔丹所著《东印度史》和沙努特所著《波拿巴在埃及和叙利亚的战事》。正是在这里，象形文字破解者的哥哥尚波利永 – 菲雅克先生出版了他的考古学专著。

这个街区几乎没有发生什么变化。从 22 号建筑的某个窗户向外望去，波德莱尔首次看到了巴黎的景色。当时他才七岁，父亲去世了，母亲依然沉浸在父亲过世的痛苦中。他给母亲写信，回忆他们在圣安德烈艺术广场共同度过的时光：“走很远很远的路，而友善无终。我记得夜晚的塞纳河两岸愁思满结。但对我来说，这些却是记忆中的好日子…… 你是我唯一的拥有。”

沿着桌子向里看，很偶然的，就在高悬着的厨房用火炉和花园家具的广告下面，写着“那个别具一格的广告和指示牌厂商还在圣安德烈艺术大道 22 号”，22 号也出现在另一张照片里。让诗人心烦意乱的其中某些广告，一定来自他从小生活的 22 号楼。在这四百二十五张照片中，像这样的巧合并不值得大惊小怪。如果奥斯曼男爵发现巴黎建筑的墙上写着这样的语句，也仅仅是因为墙面的价值也是这所城市收入的来源之一，其中有些语句还是他外在权力的象征：“家具专卖”、“停业征用”、“拆迁办公室”。

* * *

他们透过相框玻璃端详着这些照片，看照片所花的时间比预期的要更久。皇帝并不打算将这四百二十五幅照片挨个儿检视一遍，但是他在这张照片上停留了许久，似乎想要尽力将一些执拗的想法融入其中。男爵调整了一两次姿势。由于石造建筑的遮挡，他无法看到那个处在夹缝中的区域的全景，他开始想象起那里的情景。他想象自己就站在拆迁现场，辨认出这幅画面的中心位置——如果说这混乱的场面还有一个中心的话——那已经扭曲的曾经用在阳台上的金属。他注意到圣安德烈大道尽头奥德翁剧院的柱子建得整齐而漂亮，开始想象皇帝的赞赏。

男爵把手指伸到照片下，想把这张照片放平，然后接着看下一张，皇帝伸手拦住了他——皇帝似乎想起了什么事情。皇帝有时会问一些稀奇古怪的问题，或许是想知道产生有关现象的根源，抑或仅仅出于精力不集中，总之让人很难琢磨他缘何会提出那些怪问题。皇帝想知道人们都去了哪里。(马维尔本人不在这里,所以无法询问他本人。但除了这些照片,他还派了个人过来。)为什么大白天这些街道却空无一人?这个区域是不是已经被人遗弃了大半?

答案很明显。街上空无一人,是因为只要任何物体在移动,就都会消失,像烟囱里冒出的烟、转过街角的马车车轮、一只飞落在石头上的鸟。所有这些移动的东西,都在长久的曝光过程中消失了。古老的技术也会有一些不尽完善的地方,这种情况的发生正是技术不完善的表现:坐在那儿拍照的人,即使身上发痒也不许动,保持微笑一直到脸部僵硬,头要始终固定在某个状态……

第一张室外拍摄到的与人类形象有关的照片是达盖尔(Daguerre)1838年在自己工作室的房顶拍到的:圣殿大道上的男人。但在1838年,银版照相法最短的曝光时间是十五分钟。1865年,曝光时间已被缩短到一眨眼的工夫。1850年,古斯塔夫·勒格雷(Gustave Le Gray)拍摄夏天的景色用了四十秒钟。1853年,皇帝的专人摄影师迪斯雷利(Disdéri)像魔术师挥舞手中的魔术棒一样,快速拿下镜头前的棉垫,"我要数到二,底片就会曝光过度"。尽管他拍摄的那些孩子、马匹、鸭子和开屏的孔雀照片都十分逼真,但他还是很难吸引皇帝的注意力。十二年后,马维尔有些照片中的狗,四脚坚实地踩在人行道上,画面非常清晰。

因为是大清早,所以街上没人——即使在巴黎市中心,除了奥斯曼男爵安的那三万两千盏燃气灯,人们在工作日还是会遵循日出而作日落而息的习惯。几匹马踩着自己的影子,实际时辰其实要比照片上看上去的晚一些。这里仍旧只有一个"商务区",就在新剧院附近。那些昂贵的新公寓是与奥斯曼男爵女婿过往甚密的一位先生投资的,里面只住着银行家和高级妓女。每个进来的人都来自西部广袤的地区。大部分巴黎人都选择去离家不远的地方工作——隔一条街去上班,去同一个公寓的邻居家上班,或去阁楼下面的商店上班。

奥斯曼男爵的秘书们仅花片刻工夫,便可给出这些统计数据:在一天的交通高峰时段,在最繁忙的卡皮辛、意大利、普瓦索涅尔及圣丹尼斯大街上,每分钟双向通过的车辆不超过七辆。在里沃利大街和香榭丽舍,每二十秒钟会有一辆车通过。就在摄影师右面的肩膀后面,新的圣马可桥上,只有盲人、失聪者、跛足者、注意力不集中或(对前进或后退)犹豫不决的人,才会有交通安全之虞。1860年,波德莱尔在创作"致一位路人"时,已经在忍受提前进入老龄的煎熬:

> 街道上让人震耳欲聋的喧嚣在我耳边咆哮……

他偶然间看到的那位女子,眼睛"飞快地转动"、"带着活泼的神气",她"提起裙子的镶边，那些扇形皱褶轻轻摇动”。她身着丧服，但在穿过马路时，仍能保持尊贵的形象。

灵光仅一现，
然后，
便是无尽的黑暗！
我能不能
在永恒开始前，
再见你一面？

一个世纪之后，路人和诗人可能在等待绿灯时，有机会聊上几句。或许他们在人行道旁的咖啡馆小坐了一会儿，或许他们在匆忙的人流中站在那里不曾移动。一位配备高速相机的摄影师，或许抓拍到了他们亲吻的镜头……

奥斯曼男爵没有回答皇帝提出的问题。皇帝或许想到了伦敦——那是他为了了解街道的使用寿命最后去过的一个地方，也正是在那里，他形成了偏爱“广场”和柏油路的嗜好，这一嗜好真是又费钱又难让道路的使用寿命长久，令人生厌。

“再给我一年时间，”男爵说，“我会让那座广场变成皮卡迪利广场。”

皇帝该去贡比涅了，因为皇后在那里的森林里骑马。离开之前，皇帝提到维多利亚大道的柏油路伸出来的一块路面尚待修整。男爵趁机提起要建沥青路面，铺设木砖路、花岗岩和斑岩的路面，他正在研究一种新型的粘合力强的皮质马蹄掌……皇帝像往常一样对男爵的幽默表示了欣赏。他期待着看到最新的照片——希望到那时，那些狗皮膏药似的租户的房子早已被清理干净，一切都彻底沐浴在阳光底下。

III

在一个变化速度快得几乎可以用一眨眼工夫来形容的城市，城市的规划者和摄影师们必须了解，他们的有些时间和精力会白白浪费掉而毫无成果。

特洛卡代罗宫是设计圣米歇尔广场喷泉的建筑师为1878年世界博览会而建，它那尖耸入云的高塔下，有三个房间属于巴黎市。一千幅镶嵌着照片的木质相框，铰接在木柱上，可供人们像翻阅报纸一样浏览。这一展览在入场介绍里被称作“街道整修——老街和新街照片展”。那些照片生动形象，看照片的人就像是在通过一个无瑕疵的镜头观看拍摄的场景；这些照片与其他拍摄宽阔街道的照片，无边的铁栅栏围起的阳台的照片，雾霭中与周围景观有点格格不入的历史遗迹的照片一起供人观赏。

马维尔没有参加这次摄影展，这次展览的官方报道中也未发现他的名字，这样一来，展览的级别就被限定在普通级别上："巴黎市除了众多行政分支机构，还有许多值得拍摄的地方。"那篇报道对于自己关于加洗照片时使用银盐和金色调的技术"迟早都会被淘汰"的说法表示后悔，并提示说，事实证明，照片可以作为法院辩论中征地争议的证据使用。

圣安德烈艺术广场的照片没有参加展出。奥斯曼男爵早已不在城市酒店办公（为了安抚自由主义反对派，他在 1870 年被迫辞职），皇帝去英国避难，地图上用有颜色的铅笔标注的一些待建街道的建设也无限期地停了下来。圣安德烈大道的建设不了了之。马维尔本人也不知所踪，他的生意全都转让出去。马维尔做的最后一件事，是给历史典籍委员会邮寄了一张他拍摄取代旧街的新街照片的发票。一个和他助手同名的摄影师于 1878 年去世，人们认为马维尔也在同一时期去世，去世地点不详。

尽管人们通过幸存下来的底片，可以推测出马维尔的某些摄影技术，但是他的想法仍不为人所知。随着时间流逝，马维尔的照片上出现了绿色的锈迹。由于

缺乏相关的书信和谈话记录，没人知道马维尔本人对巴黎现代化怎么看。他的照片可能是他的情人给他画的肖像画，或是从地方典籍里找到的肖像画——从那些典籍中唯一可以知道的是，这位摄影师对光影和真实细节有着非同一般的热爱。

* * *

很长一段时间，都没有类似照片可以拿来和（马维尔拍摄的）圣安德烈艺术广场的照片相比较，直到 1898 年，另一位摄影师在同一地点架起了三脚架。这位名叫欧仁·阿杰（Eugène Atget）的摄影师，做过船上服务员，当过演员。现在，他用自己笨重的风箱相机和玻璃底片，拍摄这座城市的照片，作为“给艺术家的资料”卖给出版商。

三十三年过去了，玻璃器皿存储处消失不见，让路给不会成为林荫大道的街道，但是蒙代在当地仍是个知名牌子。这家人从阿尔卑斯山区搬来，他们的葡萄酒小店有一个别致的名字：“阿尔卑斯咖啡馆”。一辆在四轮平板车上装着好多大桶的运货马车停在咖啡馆前。站在广场上，隔着马屁股向里望，可以看到咖啡馆里的顾客正在进餐。这张照片里的马匹，至少比马维尔拍摄的照片里的马匹高两手掌。整形外科病床上卧着的病人，已被一张宣传河对面四里开外的普瓦索涅尔大道一家钢琴店的巨幅广告所替代。阳台依然是从石造建筑向外伸出，上面的栏杆似乎也和以前一样，但是阳台上的遮雨棚和窗户都不见了。不管是在现实中还是在照片上，光线都比以前暗淡，从阳台上望去，没有人住的迹象。

时光荏苒，想要弄清这些细节越来越难。在一张 1907 年发行的明信片上，这一场景几乎完全被环形沉箱吊到广场上的铁架所遮挡——这里将是去往圣米歇尔地铁站的入口。透过大梁，可以瞥见有一幅杜弗埃尔连锁百货公司的广告挂在咖啡馆上方那面墙上。人们在那家百货公司，可以按照“巴黎和外省七百家连锁店的统一价”买到各类商品，付现金、刷信用卡都行。一张明信片上的照片拍下 1910 年 1 月该广场被塞纳河一米五深的洪水淹没时的情景，那张照片正好清楚地拍到了写在咖啡馆遮雨棚上的话：“相约在地铁里”。

1949 年，小阳台在伯吉斯·梅雷迪斯改编的西姆农的小说《埃菲尔铁塔上的男人》一书中闪现过。梅格丽特的死党追逐发疯的罪犯，从蒙马特到圣安德烈艺术广场，一路上令人不可思议地在烟囱之间跳来跳去。汤恩掉到阳台上，他打开窗子，逃走了。

1967 年出版的有关波德莱尔巴黎的家的书里，有一张黑白照片中出现了阳台

相约在地铁里（Maurice Branger, 1910）

下面的小宫堡咖啡馆，阳台被雪铁龙汽车挡住了一半，但是对照马维尔一个世纪前拍的那张照片，一眼就能辨认出。这张照片一定是由凯鲁亚克这个来到巴黎寻找祖先、寻求爱和酒精启迪的人，经常光顾小宫堡咖啡馆时拍摄的。咖啡馆上面的墙壁是白的，没有任何东西。但很快，墙上就会布满涂鸦，这种现象出现在20

世纪 70 年代，比广告换得更快。

这个阳台仍然能在因特网上一些模模糊糊的照片里看到：对于一个恰巧看到它的人来说，它似乎成为可以激发某人转瞬即逝的欲望的一些秘密场所之一。有些照片拍的是咖啡馆右面，圣安德烈艺术大道街角的那座建筑。奥斯曼男爵在任时期，当这座建筑周围的建筑物都将要变成一片碎石堆时，那里的房子在拆迁车的隆隆声中摇晃时，没人会认为波德莱尔童年时住的房子，在一个半世纪后还会矗立在那里。它装的依旧是木质窗帘而不是百叶窗，或许是因为奥斯曼之前的建筑，窗子都挨得太近，木质百叶窗无法完全打开；或许是因为这些建筑和人一样，也有根深蒂固的习惯，眼见大拆除就要来临，再去更改一个小的地方（更改一处别人的建筑风格），根本没有必要。

第八章

退　化

1878 年努美阿动乱

7

正如人们所知，那颗头颅最后一次被人看见，是在巴黎医学院的阁楼里。它不是一件寻常之物，也不是那种容易被放错地方或跟其他东西混淆的物品。跟它的邻居（史前两足动物、黑猩猩、嗜血杀手和历史狂人的遗骨）不同的是，它上面的肉还未腐蚀。它的主干尚未被人从某个不起眼的墓穴挖出，或是被其敌手吃掉。他曾是一名伟大的领袖，把众多弱小的酋邦联合成一个强大的正义联盟，沉重地打击了法国的民族尊严和国家利益。

人们知道的也就这么多：那颗头颅被运到巴黎的海军部大楼。从那里又被送到塞纳河对岸巴黎医学院里布洛卡先生开办的小型博物馆，那里的专家可能进行过论证，认为它有助于人们理解，人类进化过程中偶尔也会出现退化现象。

我们不清楚，当头颅腐烂或不再具有科学价值后，人们会怎样处理。所以，当法国总理罗卡尔同意满足法属殖民地独立运动的要求，并归还其历史上著名领袖的头颅，使之与祖先合葬时，人们开始在那些古老的储藏室里手忙脚乱地查找文件，翻箱倒柜，到处搜寻。

那一年是 1988 年。距那颗头颅抵达巴黎之时，已经过去了一百一十年。当时用来保存头颅的科技手段，随着时代的进步早已被当成一种骗术给淘汰了。跟那颗头颅有些关联的物品，曾在 1878 年和 1889 年的世界博览会上被展出，但头颅本身并未出现，人们可能认为它的标本太珍贵，不适合在那种场面混乱的展会上亮相。展会上有一些木乃伊，一些古代工具和乐器，一尊雨果的粗糙胸像，以及一些武器：石斧、长矛和被盗的来复枪，地理学会的《公报》将其描述为“一个注定灭亡的种族的最后努力，非但未能获得自由，反而束紧了身上的枷锁，加快了自己灭绝的步伐”。不幸的是，没有任何记录提到那颗头颅，那些来自海外领地的谈判者，只能带着一些外交文件和承诺怏怏而去。巴黎一家报纸对老殖民地的政治抱负不太敏感，调侃罗卡尔总理的政府又一次“丢了脑袋”。

6

动乱的消息传到巴黎，比平常晚了许多。电报线被切断，通往西德尼的驿道（天气好的情况下只要五天）也被中断。政府收到消息前，第一批遇难者的名单已经登在了《费加罗报》上。该报的一名读者在经历了第一波麻烦后，刚从努美阿逃出，并把相关消息夹在邮包里从桑德维奇群岛寄了出来。名单上的遇害者分为定居者、公务员、警察、新释放的囚犯、流放充军者，以及被教化的当地土著。都算起来，一共有一百三十六人。这段简短的描述，令巴黎的读者认为，那个安定的殖民地，一定经历了一场可怕的灾难：遇难者中有士兵和警察，但也有一个电报员，一个园丁，一个筑路工程师，一个在宾馆当服务员的流放充军者，还有两户人家的小孩也被那些野人杀害。

虽然报道中否认该种情况构成战争的理由，但努美阿本身已经受到威胁。这座新喀里多尼亚的首都面积约和巴黎相当，人口却不足四千，几乎全是欧洲人。依照一般标准来看，其防御工事非常原始。这些工事是法国和阿尔及利亚流放充军者建起来的，他们来自迪科半岛上的流放地，那里正是港口的北岸。防御港口的有枪垛，有银链般环绕全岛的白色珊瑚礁，还有一些令水手们头痛不已的小型海角和沼泽密布的海湾。但要从内陆发起攻击，就会很难防御。可以俯瞰全城的山峰四围全是树林。一旦瞭望塔上负责放哨和发送旗语的人被杀死吃掉，那些卡纳克土著战士就只能退到腹地，回到干霾笼罩的洪堡山。一旦战端开启，只需一小队武装士兵或一个赶着两百头绵羊的巴斯克人，就能轻而易举地截断南部岛屿，尽管一些探险家曾报告称，有些土著可以帮忙，他们好奇心很强，而且只在一些特殊场合才会吃人肉。

事情从一开始就很明显：那些殖民者很想誓死捍卫他们的农场，但是防御物资严重不足。总督下令把那些刑事犯和政治犯都武装起来，这虽然令人感到有些疑虑，但还是执行了。6月19日，一个殖民者因为拒绝交还一名土著妇女而被杀害。这种部落起义的最初迹象，令所有人都敏锐地意识到自己的脆弱和共同利益之所在。那些戴着镣铐被运到努美阿的剽悍罪犯，那些曾密谋颠覆法国的无政府主义者，那些力图抗击法国侵略、为阿尔及利亚的自由而战的斗士，表现得都很优异，虽然也有一小撮无政府主义者继续践行自己的主张。“红衣圣女”路易丝·米歇尔，

路易丝·米歇尔（Louise Michel，1830—1905），巴黎公社女领导人

教给卡纳克族人如何切断电报线，当卡纳克人的森林被点燃，一些打算乘坐独木舟穿越太平洋逃走的野蛮人跑来跟她道别，她把自己在巴黎的街垒战中戴的那条大名鼎鼎的红围巾，送给了他们。

除了这种预料之内的投敌行为，那些流放充军者表现出良好的纪律和大无畏精神。他们在法国的战斗经历派上了很好的用场。努美阿人看到森林中腾起的浓烟越来越远，他们的顾忌也就越来越少。那些士兵和流放者组成的联队，冒着卡纳克部族的石块和长矛前进，把那些土著人当成野猪加以猎杀，并在他们的土地撒上盐。有些部族投降了，接着就被驱逐到边境地区的北部岛屿。他们的妻子被献给敌对部落。1878年6月到9月，一千五百名卡纳克人被射杀、烧死或活活饿死。这次动乱至少也带来了一些好处。11月17日的《费加罗报》上，发表了总督致海军部长的一封信：

> 那些流放充军者态度甚佳，由于他们熟知当地情况，从而为此次远征提供了极有价值的服务。鉴于他们的特殊贡献，我想请求赦免下面这些人的全部罪行。（接下来是三名流放充军者的名字。）

从客观角度来看，这种情况预示着殖民地前景不错。不久，殖民者就会更加专注于国际市场上黄金和镍的价格，而非从事黑暗腹地的探险活动。那些活过最初四年流放生活的刑事犯和政治犯，后来被那里的人们所接纳。努美阿的新市区，“拉丁区”，即将成为一个欣欣向荣的社区，某种程度上比它的名字更加进步。

尽管如此，暴动还是不期而至。土著人口一直得到仔细研究，并已成为不断扩大的科学知识的一部分。大自然把岛上的居民分成一些不同的地理区域，各自赋予它们特有的色彩：山区是黑色（原始部落），峡谷和平原是古铜色，中心区是黄色，海滨地区是红褐色，城镇里住的则是些混血儿。有位卡纳克人曾被带到巴黎，根据人种学标准，他的智力比较迟钝。这种现象虽然令人生疑，但当人们发现他只能进行十个手指以内的计数时，难免会把其族人看做一个次等种族。后来，当殖民地的不同地区同时爆发动乱，当此前互相敌对的部落在黑人领袖阿塔伊（Ataï）的率领下联合起来时，法国人对此深感不安。阿塔伊有效地发起了一场民族解放运动。他的某些言论跟“无套裤汉”那套自以为是的主张惊人的相似。他还承诺要将自己的财产用篱笆圈住，并表示，“如果有一天看到自家的山药长出地面，而且走出去吃掉殖民者的牲畜”，他就会尊重殖民者的土地权利。

法国人运到努美阿的断头台专用刀片，正是约一个世纪前将路易十六和玛丽－安托瓦内特斩首的那一件。然而，在这次行动中，它根本没有派上用场。法国人出价两百法郎悬赏阿塔伊的头颅。结果，一个邻近的部落背叛了他，包围了他的营地。经过一场血战，虽然他表现出野兽般的勇猛，但还是被人用长矛刺死，然后被切下脑袋。这场动乱如此血腥，以致很少有人对他的可怕结局感到遗憾。殖民者曾提出将土著居民完全灭绝。在当时的气氛下，人们很难说那颗送到海军部的头颅到底是一件人类学标本，还是一件战利品。

5

新喀里多尼亚发生的屠杀事件，登在了《费加罗报》不太显眼的版面，前面尽是些国内政治和社会杂闻、最新展演信息、连载文章、常见错别字列表，以及天气预报。世界那头发生的屠戮蛮族居民的事件，对巴黎人几乎没有什么吸引力。当地人的主要兴趣是那些流放充军者的表现。伦敦《泰晤士报》则不断刊登一些信件，控诉法国政府如何残酷地对待自己的公民。从岛上划船逃出珊瑚礁继而投奔英国海军的政治犯，发表了他们遭受酷刑和监禁的痛苦记录。法国政府成功地镇压了卡纳克动乱，反而证明了其殖民实验的正当性。

大规模流放措施的背后，是一个虽然简单却很机灵的想法：那些妄图把光明之城变成蛮族灯塔的人，应该被送去填充新的殖民地。他们一旦远离巴黎那些满是鹅卵石的峡谷，开始在热带天堂被迫进行耕作，就会因其接触到大自然而变得文明起来。接着，在这个新近被文明开化的国度，他们将会帮助当地土著也文明开化起来。

这是一个漫长而艰苦的过程。对那些流放者来说，这一过程恰恰违背了原来的初衷。他们会在开往布列斯特和奥莱龙岛的囚船上待好几个月，食物是用公共木槽盛着的豆子，没有餐具。接着，他们会被押上开往努美阿的破旧军舰，锁在炮台甲板上的金属笼子里（每个流放者和他的吊床所占空间不足一立方米），每天准许放风半小时。那些来自阿拉伯的流放者所吃的食物是猪肉和葡萄酒，后来几乎不会走路。在告别欧洲海岸四个月后，他们终于看到了新喀里多尼亚的幽幽青山，远远望去就像一种死灰色。

一千五百名流放者被送到迪科半岛和怒岛上的罪犯定居点，在那里，一些虐待狂开始为自己深陷无聊的地狱而疯狂报复，指引他们的是贪欲和对异域风土的奇思妙想。其他三千人——那些被判终身流放的罪犯——各自领到一间茅草屋和一小块土地。他们被严禁制造或收取任何工具。他们要用自己的十指去挖那些比灯丝大不了多少的萝卜。如果有人胆敢唱歌，砍柴，或试图彼此传授经验，他们的棚屋就会被踏平，菜园也会被捣毁。他们被迫整日无所事事，便开始把自己的社会主义理想改成一些比较实际的念想。一个人可能会由于出卖别人的阴谋或举报他人无意中的评论而改善自己的待遇。他可能会被赏给一瓶苦艾酒，醉上一整天，忘掉飞逝的白昼，然后在星光灿烂之际，躺在自己吐得一塌糊涂的“酒塘”中，心满意足地睡去。

正因如此，1878 年的卡纳克人动乱，给这个年轻的殖民地带来了活力，尽管他们已经忘掉了欧洲的生活方式，但却对未来充满了新的希望。

4

七年前，《费加罗报》办公室，被一些不情愿的殖民者弄得一团糟（“还没到中午他们就已半醉”）。该报对整个事件进行了全程报道。报纸主编被迫躲到蔚蓝海岸，等到事情平息下来，他呼吁政府彻底清除社会主义者，主张用科学手段“切除过去二十年来不断腐蚀巴黎的坏疽”。

巴黎的动乱及其后续影响，给那些返祖现象提供了无可辩驳的证据。在那些冲向凡尔赛接待中心的“野兽”中，确实有不少驼背和跛子。有些人额头扁平，下巴突出，相貌凶残，令人讨厌。有些妇女则光着膀子，站在人群唾弃可及之处，她们皮肤黝黑，发出一股古怪的臭气。此前人们从未见过如此明显的退化现象。可能是千百年来悄无声息的酒精中毒和歇斯底里的政治生活，在现代世界唤起了他们身上的某些原始痕迹。

那些被送到新喀里多尼亚的人并不是最坏的。审判 1871 年巴黎公社运动的支持者前，许多人就已受到法律严惩：他们在蒙索公园（一个曾是护士照看童车在枝繁叶茂的悬铃树下休憩的地方）被关了好几天，路人可以听到里面传出叭叭的枪声。在卢森堡花园，士兵们借用了灌木林和人工景观湖。俘虏们在火车站和兵营外排起长队。有人曾俯身观看协和广场大桥，发现第二道拱门中有一股红色的水流。当风从东北方吹来，肖蒙山丘公园的硝烟味也飘到了城中。

在一条人声嘈杂的林荫道上，一个双手肮脏不堪的人，被一名士兵用刺刀挑起。有些衣冠楚楚的妇女，催促那名士兵“把那名鼠辈的脑袋砍下来”。每六个巴黎人中就有一人坐下来给政府写信，举报那些破坏分子的姓名、住址和详细罪行。那份所谓的“精选名单”，大约除去了两万五千名巴黎人，从而恢复了此前资产阶级从乡间返回城里时的人口水平。

此时正是《泰晤士报》控诉法国野蛮行径的大好时机。事情发生后，毫无指望有哪个头脑冷静的人会总结反思一下。1871年暮春时节，巴黎已然成为一座上演着疯狂演出的舞台。塞巴斯托波尔大道上出现了一座哥特式教堂，里面却是一家用众多木梁支撑起的百货商店。杜伊勒里宫的中央大钟指针停在八点五十分，宫殿的椽子上铺设的瓦片，看上去就像网中捕获的鱼。在空中三十米高处，壁炉架上放着一个瓷花瓶，鸟儿从旁飞过，那里的镜中就会有一片飞影一闪而过。

为了帮助外来的游客，巴黎人印制了一些特殊的导游手册，还为那些给人印象最为深刻的纪念碑制作了明信片：财政部上方的熟铁护栏，旺多姆广场上的空心金属柱，里尔城女神的无头残品雕像。在巴黎市政厅，无政府主义者把自己的火焰倾注到了一幅用墨水和融化的金属调制的画板上。从广场上望去，它就像一艘正在下沉的帆船，桅杆已经折断，舷窗满是窟窿。朝向河畔的那一侧，则被涂上一道道淡紫色和灰色的颜料，提醒人们那是现代艺术中的最新成果。

《巴黎名胜古迹导览》(1871年6月出版)，则格外推荐游客去参观贝尔－拉雪兹公墓。公墓所在的山丘，曾被巴黎公社末期的无政府主义者占领，用以阻击从东面推进的政府部队。那座在一片墓碑中鹤立鸡群的小金字塔里，存有一些鸡骨头和几瓶葡萄酒。无政府主义者主办的《巴黎自由报》摊在地上，仿佛有人在野餐后把它丢弃在了那里。到处都是尚未使用的汽油燃烧瓶。政府部队从蒙马特

贝尔·拉雪兹公墓的“公社之墙”

高地发射出许多炮弹，给那片墓地造成了巨大的破坏。

尽管那片公墓路径错综复杂，而且墓碑可被用作盾牌，但却极少有人得幸逃脱。他们被包围起来，当政府部队重新夺回巴黎城时，一度被置之不理，然后就被慢慢地逐个猎杀。俯瞰该地，在公墓一个僻静的角落，有一道满是枪眼的褐色长墙。那里的松软土壤中埋葬着数百名死者的尸体。人们可以看到有些尸体的胳膊和大腿暴露在黄土外，还有一颗被子弹打烂的头颅，或是被下面腐烂膨胀的尸体顶出了地面，或是出于报复，被人有意放在了土丘之上。

3

就在法国军队从无政府主义者手中夺回巴黎的那个“流血星期”，人们已经很难对初春早些日子发生的那些事情留下清晰的回忆。那时，巴黎已不再是任何国家的首都，它只代表它自己。

当时还没有《费加罗报》来报道事件的经过，并传达政府的立场。相反，倒是有十来份歇斯底里的小报，上面尽是些淫秽粗俗的文字。巴黎似乎充满了新闻记者，好像要刻意报复二十年来的帝国新闻检查制度一样，他们在自己的专栏中写满了“操”和“他妈的”等字样。

奇怪的是，虽然经历了两个月的极端民主政治，却很少传出什么新闻。公交车恢复运营，道路重新被定期清扫，狗儿追逐着鸽子，路上的行人跟往常一样在新桥遇到久违的老友。在这座曾是法国首都的城市，1871 年仿佛已不复存在。根据革命者的年历，那一年是革历 79 年，时钟正在倒转，走向崭新的明天。法国军队被普鲁士军队击败后，巴黎被围，人们的正常生活全被打乱，一些根本不存在的团体，突然发现自己成为公众关注的焦点。

此类虚体中，有一个人名叫里昂·比古（Léon Bigot）。革历 79 年花月十日（1871 年 4 月 29 日星期日），当街面上看起来比较安全时，他离开自己位于博马舍大道的公寓，朝巴士底广场方向走去。他有千万个理由感到前途光明。他没有被普鲁士军队的炮弹炸成碎片，也没有因敌军围困而饿死城中。直到最近，他还在卢浮宫大酒店做翻译。作为一家拥有电报室、蒸汽机运转的升降楼梯及闻名遐迩的美食的豪华宾馆，卢浮宫大酒店已被巴黎公社的城防主管征用。不过，用不了多久，比古先生就能回去工作。许多游客都想一睹轰炸过的城市，希望描画那些废墟的模样，聆听那些疯狂的无政府主义者的故事，所以比古先生随时都在关注事态进展。

他在报摊上买了一份《巴黎自由报》，报纸只有一个正反页，版心尺寸为 45×60 厘米，每个版面各有六个专栏。走在路中央，他突然停了下来，不觉间尿湿了自己的裤子：在报上按字母顺序登载的黑名单中，他看到了自己的名字“BIGOT, LÉON”，夹在一个木匠和老师的姓名之间，上面还有他的工作（“卢浮宫酒店专属译员”），他的申请时间（1868 年 6 月），以及他的住址（博马舍大道 89 号）。

这份报纸刚刚创办，但却已被证明办得极为成功。该报主编（身材矮小却有一个巨大的驼背，是巴黎公社公共服务委员会委员）曾给连载小说作家欧仁·苏当过秘书。他自己的文学功底，加上刚从公安部解禁的一批文件，使他办的这份报纸有望跟《巴黎秘史》一样名噪一时。

> 我们应该公开所有曾请求担当法兰西帝国间谍的人的姓名和地址。

报上每天都会登出一份人名和地址清单，虽然没有欧仁·苏那种连载小说的高超叙事技巧，但却显示出其独有的悬疑和能量。偶尔它也会刊载一些申请书，从而给那份名单别添了一些滋味：

> “我了解各行各业的人，知道他们的观点，晓得如何从各个方向监视目标。此外，我还兼具毅力、勇敢和服从的优良品质。”
>
> ——北方铁路公司雇用的一名警卫，家住蒙马特区民族路 8 号

那些志愿担任间谍的人来自社会各界：杂货商，面包师，政府职员，退役士兵和水兵，学生，作家和画家。还有一位油漆工，一位助理摄影师，一位律师和一个小丑。甚至还有一些保险推销员，一位女裁缝，以及里摩日附近的沙斯农前任市长。根据《巴黎自由报》的说法，这些“密探”都是一路货，他们心里充满欲望和仇恨，想干一些狡猾而残忍的勾当。“他们不配得到怜悯。”

故事的结局，自然要靠读者自己去想象或主动去探索发现。比如，比古先生后来有没有回到自己位于博马舍大道 89 号的寓所？他有没有试着离开巴黎，或是花上一笔钱买断自己所在街区所有报摊上的《巴黎自由报》？他有没有像其他一些读者（尤其是那些后来名字见报的人）那样，带着一张大额银行支票去造访《巴黎自由报》的办公室？

> 那些恶棍以为他们不会暴露出来……
> 我们应该继续揭发他们，一个也不放过。

看来，只有一位造访过《巴黎自由报》办公室的人，发现主编先生对他表示了怜悯：

> 有个人跑到我这里来请求照顾。他的悔过之心如此诚挚，又如此明显，我们相信，他是出于真心。他名叫福歇，住在圣曼迪区格兰德路20号。

《巴黎自由报》的最后一期（1871 年 5 月 24 日）题为“拿起武器”。它呼吁所有读者采取一切方式来捍卫巴黎公社，以防自己的民族国家再次沦入帝国主义者的黑暗独裁统治之下。

2

透过层层沉积的历史去回溯一场灾难的起源，已是越来越难。1871 年巴黎公社运动的支持者在城中燃起大火，有太多的文件都消失不见。当巴黎向普鲁士投降继而被围时，太多有文化的人士都弃城而去，他们本有可能留下关于巴黎公社的可靠记载。即使报上所列名单中某些人的死因可以从其后来的缺席情况推知，也无法知悉他们到底是死于大火，还是被士兵射杀，或是被其邻居私刑处死。

两百万巴黎人曾经有过同样费解的梦想。他们前往投票箱，投票赞成一个由那些理想主义者组成的政府。与此同时，在大门外，这块充满魔力的围城周边的山丘上，普鲁士人正在评估自己的新领地。普鲁士制图师正在绘制比以往任何一个本地人所见到的地图都要精确的立体地图。他们采用航空摄影学技术，核对了各种来源的数据。他们对该地区的居民地产和动产进行详细分类，格外关注那些富人之家。

公社从一开始就注定要失败。如果它曾构筑起更有利的防御工事，而且运气不错的话，也许会在迷宫般的街巷中坚持下来，直到通过某种外交途径达成妥协。但是，它那过于简单的防御思维、空洞的愿望，以及最要命的一点，即在睡梦中残酷地把人惊醒，使得公社运动受到致命的危害。

巴黎人看到他们的征服者沿着大街行进，毕竟，那些街道就是设计给军队凯旋用的。虽然《费加罗报》宣称他们的“爱国主义情绪受到伤害”，“民众普遍感到愤愤不平”，但他们还是允许普鲁士人在巴黎到处观光，其间没有响过一枪。然而，普鲁士人极为谨慎，包括在着装方面都很注意。他们使用的是银色的长号和蓝白相间的旗帜，马具和武器擦得锃亮。他们靠恭维和优雅赢得了巴黎之战。当地人看到那些身材高大的小伙子穿着干净整洁的制服，坐骑膘肥体壮，志得意满。他们看到那些亮闪闪的枪炮晃得巴黎上空的太阳如同跳舞一般，从而产生了极为震撼的印象。

决定性的一幕并非发生在1870年9月4日的色当战场，而是发生在1871年3月1日的协和广场。

凯旋的队伍经过香榭丽舍，来到被黑纱笼罩着的斯特拉斯堡雕像前。广场上早已挤满了人，马匹移动时，在人群中形成一股股漩涡，继而把游行队伍分成互不相连的群组。一些表情严峻的人聚集到俾斯麦和他的马匹周围。他们来自东部郊区，或许只为看个热闹。那位日耳曼大官从马上向下望去，胡子下面似乎有一丝笑意。有人发出嘘声，有那么一会儿，人群安静下来。俾斯麦用他那带着手套的手向一个人示意，俯身扶着他的手枪皮套，然后问那位“法国先生”可否赏光为他点着雪茄。那人不情愿地划着了火柴，一股烟雾升上天空，接着，游行队伍向里沃利街走去。随后不久，一群愤怒的民众，洗劫了一家不顾民族大义仍然开业的咖啡馆。

1

围城期间，巴黎人无疑耗尽了他们的勇气和活力。在吃了一百三十二天狗食之后，他们的身体状况严重欠佳。他们此时只有一个最简单的愿望：有饭吃，活下去。他们已经缩小了自己的胃口和大脑（医学研究证明了这一点）。看到建筑物在硝烟中轰然崩塌，他们表现出惊人的淡定。丹费尔街酒吧里的男子，途经卢森堡花园放学回家的女孩，格雷内尔公交车站的马匹，对此一无所知——随着一声轰鸣，天花板坠落下来（所有炮弹都落到了左岸）。所有其他人都成了旁观者，收集着普鲁士人的弹壳和石雕的残片。

面临饥饿和高端武器的威胁，巴黎城陷入盲信和恐慌中。传言说，俾斯麦小姐外出购物时被劫为人质；普鲁士人准备回家过圣诞节；成千上万头绵羊，正在通过连通巴黎和外省的渠道，源源不断地涌入城中。

一些头戴大礼帽的人，梦想着消灭不可胜数的人类。一群妓女计划在圣丹尼斯平原游荡，向普鲁士军队传播梅毒和天花。一些科学家想乘坐热气球，带着大锅，飞到普鲁士阵线上空，对着他们的呼吸道洒下化学毒物。还有人突发奇想，准备把机关枪改装成可以演奏瓦格纳曲子的乐器，然后作为求和的物品带到普鲁士人面前大开杀戒。甚至有人幻想，从空中向普鲁士人扔下一把十里宽的大锤……

色当战役的消息登上了《费加罗报》：“法兰西人！我们的祖国遭逢巨大的不幸。英勇抗击三天后，四十万人被俘。巴黎已处于防御状态！”此后不久，多达六万名寓居巴黎的人被捕。那些地下茔窟开始被用作长期住所，科学家们向政府呼吁：

> 我们正在遭受高智商蛮族的入侵，必须借助文明世界的科学知识来保卫我们！

巴黎人撤下了卢浮宫的油画，并从克鲁尼博物馆把那些珍贵的考古学标本转藏到先贤祠的地窖。人们发现，巴黎煤气公司的一个职员，竟然是一名普鲁士军官。在蒙马特一带的街区，人们展开了炸药搜索行动。然后传来消息，称普鲁士军队已抵达兰斯，接着是埃佩尔奈，再下来就是特鲁瓦。那些惊慌失措的人被公开指责为卖国贼。据报道，皮卡迪和阿登一带的市镇，已从地图上被抹掉。

《费加罗报》提醒巴黎人勿忘1793年的布里多尼游击队，那些人生活在交通不便的森林中，善用草木做伪装，靠着斧头和长矛对法国大革命的士兵发起攻击。

> 国难当头，面临外敌入侵的每个市镇和村庄都应以此为鉴，全力以赴！

法国国防部下令，将巴黎周边的每一片森林、林地和灌木丛都烧成灰烬，“以防敌军在它们的掩护下，逼近法国人的防御工事”。

法国人的防御工事包括一条公路，一行树木，然后是一道可以通向城墙的土坡，每隔一段距离就有一座堡垒。接着是一道矮墙和护墙掩映下的人行道，俯瞰着一道四十米宽的壕沟。斜坡上还挖了一条狭窄的通道，可以掩护部队移动。这样一来，人们就能在敌我双方都察觉不到的情况下绕着巴黎行走。壕沟外则是无人掩护的草坡地带。

9月15日，矮墙上的士兵率先注意到敌军的前进队伍。德朗西、勒布尔热和邦迪森林一带，燃起了警示敌情的烟柱。当地农民燃起自家草垛，以防其田间收获之物落入敌军之手。但是，那些种植卷心菜、甜菜、土豆和萝卜以供城中居民消费的大片菜地却不易摧毁。有人想出一个点子，就是向所有的偏远农村传话，那些村里的居民还跟中世纪那样贫穷落后，以为那座伟大的巴黎城离他们有千里之遥。在处境危急之时，巴黎的补给区总是率先受害。由于离首都太近，它们的发展受到极大的限制。近来，人类学家研究了巴黎郊外那些人迹罕至的偏远地区，结果发现，“那里居住的人群，仍然保留着西米里人入侵前法国史前文化的遗迹”。

尽管那里的公路仍很原始，并缺乏现代通信手段，消息还是以惊人的速度传遍了那些乡村。从一些闻所未闻的村庄里，涌出众多村民，推着独轮车，挎着篮子，扛着锄头和木叉，拉着古老的架子车，载着孩子、老人和腿脚不便的人，都赶来帮忙。这些勤勉的人们暂时搁下自家活计，他们平时很难填饱肚子，此时则干劲十足，一天之中，他们挖出的蔬菜足够巴黎人吃上一个季度。他们一直干到夕阳将自己瘦弱的身影拉长在田里，口中不时发出喜悦的呜咽——根据《费加罗报》上某位目击者的描述："他们欣喜欲狂，激动之情溢于言表。""这些愚昧的可怜虫，怎知如此不幸的日子，竟然是盛宴和庆祝的一天！"

第九章

左拉夫人

亚历山德兰

第一部分

1

他们搭乘电梯上塔，因为他们已不像从前那样年富力强，何况晚上还有好多路要走。说是电梯，不如说是过山车，把他们带到二层平台，每人又各花一法郎，进入液压升降梯。亚历山德兰感到胃里一阵翻江倒海，眼看着平地上的人们变成她丈夫小说里的一幕——像蚂蚁一样云集在小山上，之后，逐渐看不清楚，只剩下一些黑点和灰点。天空厚云层叠，让她想起曾让埃米尔颇为不安的有关埃菲尔铁塔影响天气、会将雷电暴雨带到巴黎的报道来。

他们越过北边的住宅区往自己住处所在的东方眺望。六里外的一块窗玻璃将阳光反射到埃菲尔铁塔上。左面是巨大的圣拉扎尔火车站，前面掩映着的鲜绿色可能是玛德莲娜大教堂的铜屋顶。他的出版商埃米尔、埃米尔的女婿埃德蒙·德·龚古尔和一位批评家，都在努力寻找地标建筑，希望以此为参照，找到

埃菲尔铁塔

自己的住处。最令人惊喜的是，巴黎东北部的山顶上，有一个大广场，广场上矗立着一尊佛像。广场下面是蒙马特高地和古得多的棚户区，她听说那里是些脏乱差的地方，那些房子就跟穆罕默德居住的城市似的，一个个宛如明亮的白色立方体，散落在绵延的山坡上，好像要在山脚下找到博斯普鲁斯海峡一样。

人们很难从纠缠在一起的线团中找出一条线的来龙去脉。这座城市似乎是一批使用二维图形的建筑师你追我赶比着赛设计的。仿佛随着城市高度的逐年提升，各种事物的重要性也发生了改变。巴黎圣母院成为废墟上的一个小玩具，圣叙尔皮斯教堂胡椒瓶状的塔楼则成为一个重要的地标。高大建筑的阴影笼罩着城市的地貌，令巴蒂尼奥勒路暗无天日，把塞纳河变成一条青紫色的纹路。电梯里的人最终都安静下来。当巴黎的郊野乡村进入视野，他们全都感到——在她看来——有点怅然若失。眼前的景象令人极为感伤。仿佛地上涌现出一个巨大的湖泊，然后蔓延开来，最终却凝固成一片灰色的杂物。

电梯颤抖着停了下来。他们走出电梯，来到扶手旁。从那个高度望去，根本看不到任何生命的迹象。下面没有任何东西是动弹的，没有任何声响可以传到他们所在的平台。她曾满怀期待，希望看到自己出生并生活了五十年的城市如同一座普通建筑的平面图一样展现在眼前，但现在的景象看上去却像是，自己这么多年来一直生活在一个陌生的地方。

他们乘坐电梯下到第二层平台，从那里望去，巴黎显得比刚才更容易辨认。他们已在俄罗斯餐厅预订了位置，该餐厅因其位于铁塔东北角的酒窖而闻名遐迩。他们点好菜，欣赏起外面的风景。她点了很多菜，鼓动埃米尔也多点些，至少能点些她想吃的东西。近三个月来，他严格控制自己的饮食，拒绝摄入任何酒精饮料（骑自行车时例外），让她惊讶不已。他体重减了二十八斤，而她则由于某个早已遗忘的原因胖了十二斤。她点了鱼子酱、巴特维尼亚菜、蒸乳猪，可能还跟他们一起喝了些伏特加和香贝坦红葡萄酒，然后是伊甘酒庄的特酿，再往后则不拘什么都来者不拒。

他们谈起在荣军院的茅草小亭中进行表演的爪哇舞者。龚古尔发现她们“肥嘟嘟的黄色肌肤……有些惹人生厌”（“惹人生厌”是他最喜欢用的词汇之一）。九年前，她曾奚落他在《勾栏女艾丽莎》中描写妓院的场景不够自然（男士们则认为她的视角极为可笑），从那以后，龚古尔一有时机就会证明自己对女人十分在行。当然，他有点嫉妒她的丈夫，因为埃米尔·左拉远远超出了自己的同时代人，而且他对她有些恐惧，因为她曾是个洗衣女工。她望着埃米尔，仿佛是在给他提示。“她们的脂肪是有些松软，”他说，“欧洲人的体质则没有这种情况。”然后，他捏着自己的鼻子上下左右地摇动，仿佛那是用弹性橡胶做成的一般。对于这种事情，他总是比龚古尔了解更多的科学背景。

用餐时，天色渐渐黑了下来。他们再向外看，只能看到自己在玻璃上的倒影。他们吃了松鸡（她想比较一下自己和厨师的手艺），接着品尝了熊掌（出于好奇），波兰威化饼，拿破仑浓汤，俄式茶壶沏的茶（埃米尔一个人就能喝一壶），以及镶着金丝滤嘴的香烟。然后，他们沿着三百四十五级木质楼梯走下去，那些数字光听起来就够累人的。龚古尔说他感觉就像一只爬在铁甲舰缆绳上的蚂蚁。她则恍惚记起了埃米尔某部小说中的场景。

与白天相比，战神广场的人群显得更加嘈杂，也更加难闻。街上和走廊里都是洪水般的观光客。他们尽力保持不被冲散，然后找寻着凯尔路。那条街上有某位法国建筑师设计的尖塔和阿拉伯凸肚窗，据说比开罗当下的任何一条街道都要正宗。他们打量着那里的非洲人，那些人也打量着他们。接着，他们来到一家埃及咖啡馆，观看肚皮舞表演。据说那种表演让成千上万名前去观看的巴黎人都产生了反感。

她挨着埃米尔作品出版商的妻子玛格丽特·夏庞蒂埃（Marguerite Charpentier）坐下，讨论着舞者的行头：淡紫色的紧身胸衣，非常靠下的腰带，绷得很紧的裙子，以及可以衬托出其肚脐非凡跃动的一条黄色薄纱。有段时间玛格丽特处境艰难，她在旺多姆广场一带长大，总是那么温文尔雅。她会讲三门外语，从来不用去工作，但她丈夫有些风流成性（她先于玛格丽特知道这一点），这让这两个女人走得更近了。埃米尔则一直对妻子忠贞不渝，但对许多人的妻子而言，自己丈夫的忠诚不过意味着他不去包养情妇，而且她曾无意中听见朱莉亚·多代（Julia Daudet）的丈夫说，如果茱莉亚允许他像任何一个殉道者酒厂的酒吧女招待那样给她提供服务，他将会成为“众多忠臣中最忠心耿耿的一个”。

“我弄不明白，”当他们观看头顶水罐的叙利亚舞者进行表演时，龚古尔说道，“当一个人跟摩尔女人睡觉时，其身体动作几乎难以察觉。如果你要求她们来点情趣，跟欧洲女人那样颠鸾倒凤地摇摆身体，她们就会抱怨你是在让她们跟狗儿一样做爱！”他们都同意，如果舞者全身赤裸着进行表演，将会更有情趣。因为那样的话，他们就能观察到她身体各个部位的动作。

看过马刀舞和伊斯兰胡旋舞，他们沿着工艺品街走去，买了些粘蜜饯，边走边吃。他们跟咖啡店的伙计寒暄着，在一家突尼斯人开的咖啡馆坐下，点了一杯椰枣白兰地。天色已晚，街上仍是熙来攘往。赶着毛驴的埃及人看起来非常欢快。红灯笼映红了人们的脸庞，每个人都有几分醉意。一群男子凝望着一座闺房精雕细琢的窗户。街道尽头，妇女们一边排队等着上厕所，一边高声讲话。整个展会就像一个巨大的百货商店，所有人都在纵情娱乐，寻找自己想要的东西。

用来举办展会的内线铁路在机械馆附近有一座小型车站。他们可以从那儿去往荣军院，那里更容易找到出租车。他们来到一座木塔下，等候下一班列车。埃米尔取出笔记本，草草记下观察到的一些情况。玛格丽特问亚历山德兰这班列车是否会出现在他新近创作的小说《人面兽心》中。她无从得知，因为她通常很少亲身研究这类问题，这次尤其如此。

火车徐徐驶入车站，冒出的蒸汽弥漫成一片云彩。上车前，他们回望了一眼战神广场，夜色苍茫，只能看到很有限的一些景物。在那座巨型金属结构顶端不对外开放的楼座中，两架投影器正在把它们的强大光柱射入城市上空。展会的主人似乎要在屋顶的海洋中搜寻某种东西，找寻只有某位小说家才能发现的秘密。

2

巴黎到勒阿弗尔的主要铁路线，正好经过他们的花园一角。梅塘离巴黎市中心只有不到两小时车程——从圣拉扎尔车站下车，沿塞纳河步行一小段就到。1878年，当巴黎人还极少在该区拥有房产时，他们花了九千法郎买下一座小房子，埃米尔称之为“兔笼”。当然，他们仍然保留着在巴黎的公寓，一方面便于工作，另一方面也是由于她喜欢城市生活。花费了两万法郎后，“兔笼”成了一座适合这位天才安居的住所。原来窗狭门窄的小屋，夹在两座高塔间，宛如一个错被两名壮硕的宪兵押去见警务专员的受害者。

那座巨大的方形塔楼崛起之时，他正在写一部小说，讲的是某位洗衣女工的女儿如何变成一位高级妓女的故事。为了纪念这位女主人公，塔楼被命名为“娜娜塔”。那座于1886年建成的六边形塔楼，则被命名为“七月革命塔”。正是在那里，在台球室的上层，她缝好了自己的宽松内衣。她坐在成堆的亚麻布中间，穿针引线，缝制花边，不时瞧一眼窗外笼罩在河畔雾气中的树木，心中盘算着仆人和工匠的薪酬，埃米尔则坐在房子另一侧，专心写作。

最初两年里，他的母亲跟他们住在一起，那种情况比晚上玩不了静默式多米诺骨牌游戏还要糟。自从她在1880年秋天去世后，他们变得比以往更加忙碌。他们取得了房屋附近的几块土地与河中一座小岛。他们仿照1878年巴黎博览会上的展品样式，在岛上建了一座挪威式小屋。他们买来童年时从未拥有的东西，做梦都不曾拥有的东西。在房子的原有部分，她设计了一间厨房，铺着蓝色地砖，放置着各种型号的铜质平底锅，中间摆着一张白色木质餐桌，还安装了一道滑动门。埃米尔有一些特制的装着彩色玻璃的窗户，还收藏了一些古董，足以让雨果羡慕不已。古董中包括一具石棺，一张曾令福楼拜欣喜若狂的中世纪睡床。他还有一盏制作得像蜡烛的煤气灯，一种最新款的管风琴，下面有脚踏充气装置，音栓可以发出“天籁之音”。黄昏时分，他会演奏几曲。至于这种活动能否减缓或加重他的抑郁症，她不得而知。他们有一匹马、一头奶牛、一窝兔子、一群鸽子、一群小鸡、几条狗、几只猫，各个都有自己的名字。等到这座房子最终可以开门延客时，他们的朋友都感到惊讶不已。

她希望玛格丽特、茱莉亚和所有人都不再为她没有孩子而遗憾。她和埃米尔很久以前就放弃了生育孩子的念头。正如埃米尔所说，他的小说作品就是他们的孩子，他的全部精力都花在了写《卢贡－马卡尔家族》上，再有四部小说就能将它完成了。有时，她会回想起丹费尔街上的育婴堂。那时她自己也是一个孤儿，一个卖花姑娘，二十来岁，养着一个婴儿，几乎想不起孩子的父亲是谁。她记得曾看到她们给自己小孩的帽子上系了一张白纸（女孩用白纸标示），上面写着她的名字卡洛琳，她的编号和出生日期。她看到她们把孩子抱到楼上的大宿舍，宿舍门上刻着，“我的父母遗弃了我，但上帝将会照顾我”。当卡洛琳应该年满十八岁时，她告诉埃米尔自己有一个失散很久的女儿。于是他们前去育婴堂查找记录，结果发现小孩早在1859年就已夭折，去世时距她离开育婴堂只有十二天。

搬到梅塘后，她还以为自己会怀念城市生活。她的确怀念他们的那些探索行动——巴黎北郊的血汗工厂，林荫大道各家剧院后台的更衣室，中央市场的夜间探险，凌晨时分在街角品尝的美味蔬菜汤，至今她还保留着烹调秘方。她会怀念他们位于沃吉拉尔街奥德翁附近的小公寓，怀念他们彻夜讨论文学话题及饕餮般不停地进食。她期待着给他们距离圣拉扎尔广场只有一小段路程的、位于布鲁塞尔路的新公寓配置一些家具。但到最后，尽管总是不太满意，她还是告诉自己，住到梅塘就意味着彻底告别过去。她发现自己很有组织才能。她热爱乡间生活，喜欢在河上泛舟，乐于看到自己的老朋友在那里也能感到身心放松，尤其是塞尚，他刚从失败中走出，准备另谋出路。他似乎很喜欢梅塘，经常在河边走得靴子上全是泥巴，尽管当时已经有一星期不曾下雨。

她甚至喜欢上了家务管理工作。她自己做过卖花女和洗衣女工，有过长时间做活的经历，晓得如何跟家里的仆人打交道。她知道怎样训练她们、何时将其辞退。她的贴身女仆兼家庭裁缝贞娜（Jeanne Rozerot），就是一个极为成功的案例。一看到这位身材高挑的女孩——略带羞怯，但很文雅，身穿一条时髦而又耐穿的高领长裙——她就知道自己将会乐于教她各种本事。贞娜很小就失去了母亲，后被送入女修道院。她可能差一点就被亚历山德兰当女儿给领养。虽然她看上去十分脆弱，但干起活来非常卖力，而且尽管女主人有些专横，她却总是一副快乐的样子。

亚历山德兰向埃米尔介绍了她的优点，当她宣布自己有意带着贞娜一起去鲁瓦扬，好让这位年轻女士帮他们打理暑期各种杂务时，他表示不反对（他几乎肯定不会反对，因为去度假是他的主意）。这次度假距上次在埃菲尔铁塔聚餐还不到九个月。不过，一想起假日过后贞娜不干了说是有点“个人情况”（出于世故，她也没问），她仍感到有些失落，毕竟自己在她身上花了那么多精力。不时有重要客人来访，而两位帮佣却不太会察言观色，令她感到梅塘的生活有点乱头绪。

3

1891年9月9日，他们启程前往比利牛斯山。这个季节去登山，已然较晚，但他心意已决。他说，挣扎着写完《崩溃》之后，非常需要出去度个假。在收拾行李的空当，她停下来给自己的外甥写了封信：

> 你可能会猜想：我们将要去哪儿？当然是我最不想去的地方。这就是我的人生故事：从来得不到自己想要的，或是在自己不想要的时候，却偏偏又得到了。

他们乘火车去了卢尔德，在那里看到有些跛子扔掉拐杖，跌倒在人群中；还有一些肺病患者被浸在水中。他们还看到一些可以提供高寒水疗的市镇，以及比利牛斯山参差不齐的山峦。他们穿越国界赶到圣塞巴斯蒂安，当地却下起了大雨，于是，他们一如既往地感到，自己来错了地方。

在比亚里茨的海滨，他们住进格兰德酒店。她意识到他们看起来很不般配，这在那个时代是常有的事，她感到有些难过，虽然自己对此心知肚明，但大多数时候还是比较难过。埃米尔的模样越来越像马奈二十年前给他画的画像。他那骄傲的嘴角几乎成了一种恶作剧。他穿着一身法兰绒西服，摆出一副志得意满的姿势。历年来的拍照——她自己从未完全掌握这项技术——已经使他习惯于随时随地配合外界的镜头。他对度假似乎十分在行，甚至在九月底也是如此。他的样子几乎可以用清瘦来形容。这当然要归功于骑自行车运动，但也得益于他戒掉了他们共有的暴饮暴食习惯。

他收起报纸，从甲板状阳台的椅子上站起身，准备出去散会儿步。她注意到他面色略带红晕。她晚些时候可能会问起这种情况，他则可能答称那是长时间工作所致的“神经紊乱”症状。

他出门之后，她拿起了那份报纸。报上有一篇关于犹太人的长篇社论。现在恰好是他们在法国大革命期间获得解放的一百周年，但作者写道，“现在的情况已经迥然不同”。有几篇文章谈到了与德国“即将交战”的情况，指出法国公民将被允许进入阿尔萨斯－洛林地区，而无须出示护照。男仆和印刷工人都在罢工，咖啡馆伙计组成的联盟，也在强调自己拥有戴假发的权利：巴黎的每一名店伙计现在都留起了小胡子，以示团结一心。一位身无分文的奥地利裁缝被装到箱子里运到博览会上，成为“咖啡馆音乐会一景”，并将被作为“人类包裹”在欧洲各地巡展。

这些消息不太可能刺激埃米尔的情绪，或是让他面部充血。报上没有一条消息是关于他的，也没有任何关于他的文坛对手的报道。事实上，报上的新闻一如假日期间那样索然无味。公主和王子的活动得到殷勤的报道；一位高级妓女写信否认花边新闻里关于她的婚姻的恶毒谣言，指责她们“公报私仇”；外省发生了各种各样的犯罪事件；万军林荫大道新近铺设的电车轨道引发多起事故；海峡地带上空有雨，巴黎则是多云天气。

第三版和封底都是老样子。即使坐在阳台的椅子上，头上盘旋着海鸥，而且可以听到大西洋的微风中传来白颊鸟拍打翅膀的声音，仍易让人误以为自己身在巴黎。歌剧院正在上演《罗英格林》，沙特莱剧院在演《灰姑娘》，贝尔格雷游乐园在演《自私自利的小丑》，新兴剧院则在演《电话女郎》。埃菲尔铁塔将在11月2日进入冬季封闭期，但在第二层平台的餐厅，每晚仍将举办各种音乐会。

她接着读下去，一直读到广告版，有卖假牙的广告，有卖生发剂的广告，还有卖肥皂的广告——到处都是肥皂广告，就连那些严肃的新闻报道中也不例外，只不过被编辑在评论中妙手伪装了一下而已：“伊克索拉牌香皂那浓郁而持久的芳香，可使肌肤如丝般光滑，白嫩动人。”班克街3号的巴尔蒂尼夫人，每天都会开设关于如何永葆青春的课程。埃米尔不需要此类课程，虽然她们也给绅士们专门授课。也许是报上的“私人来信”栏目，给他的小说创作带来了灵感。

她不太会讲故事——她从未试过把无穷多的细枝末节凑到一起写进某部小说里——但她发现那些电报式的简讯跟头版社论一样前后连贯。某些简讯表明生活按部就班地快乐，有些简讯则令人悲伤，虽然很难说清为什么。她在想，这些简讯的目标读者能否读到它们，而且一想到某位丈夫或妻子的秘密已被登报，所有人都能看到它们，她就感到其中充满了讽刺意味。

Diane. Écriv. proj. fer. t. m. pos. ... Dés. v. voir. Amit.

2^{43} imp vs vr vs svz pquoi att avc imp esp btot att depuis merc ts ls jrs mme hre écvz.

C^{21}. Gw xoaowg qsg zwubsg hcapsbh gcig hsg msil goqvs eis xs h'owas sh h'owasfow hcixcifg.①

A. B. 70. Faisan bien arrivé superbe 25. Duval.

她想，迪瓦勒一家必定十分欢迎那只“超级”雉鸡，并乐于品尝它的味道，还会配上牡蛎和牛肉汤。她和埃米尔回到梅塘后经常吃这道菜，但把雉鸡换成了鹌鹑。它令她想起他们很快就要回家了。她浏览了一下封底广告，除了一位荷兰出版商发布的“各种极为珍奇动人的摄影作品”，其余全是针对女性顾客的广告。有在卢浮宫大商场销售的地毯，还有莎玛丽丹百货公司即将展出的新款冬季时装。这是他们共同的爱好之一——在大型百货公司尽情购物，一起研究《女士乐园》里的角色，贪婪地积累资料，渴望知晓地下室和阁楼中正在发生的一切。他就像个小孩，沉溺于女性的贴身内衣，看到体态丰满的模特就面红耳赤，跟他小说里的男性角色一样“心中暗喜，面色绯红”。她喜欢自己缝制外套和裙子，但得给新聘的女仆买衣服。

那天，埃米尔写了一封信。随后，他们就离开了格兰德酒店，仿佛有什么事情打断了他们的休假。他看起来非常乐于回去，但也有点舍不得离开。这是他们俩第一次出国。或许他对假期的匆匆结束感到遗憾。不久，等到他的系列小说作品完成后，他们就会有更多时间度假，也可以更多地享受生活。

4

那封信于 11 月 10 日星期二才被送到，距离他们到家已经过去了四十天。她的邮包通常都很普通：家人通信、募捐信及家中食品、衣物和活计的账单。不过，她也拆阅他的通信，告诉他如何答复那些约稿或请求外文版权的人士。她还给那些拖欠他稿费的杂志编辑写信，那些杂志可能时常经费不济。有时她觉得世界上最不能捍卫埃米尔·左拉财产和名誉的人就是她丈夫本人。例如，有一次他把《娜

---

① 实为“Si jamais ces lignes tombent sous tes yeux, sache que je t'aime et t'aimerai toujours”，意为“如果你看到这几行文字，就会知道我永远爱你”。最后一行法文意为“附注：超级雉鸡已平安送达迪瓦勒家”。

娜》的手稿送给一位新闻记者，那位记者竟然很快便以一万两千法郎的价格把它卖给一位美国收藏家！

这封信是写给她的，收信人是埃米尔·左拉夫人。她想不出是谁的笔迹，信没署名。内容很短，像货物清单一样简洁。她很快就读完了它："贞娜·霍泽罗小姐……圣拉扎尔街 66 号……已跟你丈夫生了两个孩子。"

* * *

那天晚些时候，电报局的职员接到一则可怕的闲话，它半是祝贺，半是哀悼，是一条绝佳的流言飞语。埃米尔·左拉先生希望给巴黎的朋友亨利·赛阿尔先生（Henry Céard，私下称为迪瓦勒先生）发一份加急电报：

> 我妻子正在抓狂。我害怕会出事。可否请你去圣拉扎尔街采取点必要行动？请见谅。

* * *

在他们共同生活的二十六年里，她经常能够察觉出他心中谋划的秘密。她知道，一个故事几乎可以在任何地方开始。它可能开端于某次乘火车进行短途旅行，车厢里有一位女性，攥着一个小小的包裹。车窗中映出她的面孔，闪现出过去和现在的一幕幕情景，就像走马灯一样：火车道旁的房子，河中的一次泛舟，一闪而过的电线杆，以及巴黎北郊冒出的煤烟。

接着是城中瓦灰色的秋夜：在车站和海鲜屋之间的圣拉扎尔街上，一群人躲在屋檐下避雨；另一些人则穿着黑色正装，打着伞，走在没头没尾的送葬队伍中。

一位穿着一袭黑衣的女士在人行道上停下来，仰望着一扇被煤烟熏得邋遢不堪的窗子。窗子后面的情景颇具玛丽·卡萨特[①]的风格：一位年轻的母亲正在哄自己的两个孩子上床睡觉。那位身穿黑衣的女士爬上楼梯，步伐就像收房租的人一样坚定。外面，圣拉扎尔广场上的夜空，把街道染成暗红色。轨道尽头传来电车调头的声响，就像被关在锻铁打造的笼子里的巨兽的吼声，恐怖而沉闷。

圣拉扎尔街与布朗什路在车站东南角几米远的地方交汇在一起。此次上演的是《人面兽心》的开场戏：在六楼的一个房间，可以望见铁路线消失在巴蒂格涅隧道中，楼下不时传来钢琴声。她很奇怪，为何自己对剧中某位男角色如此熟悉。

---

① Mary Cassatt，1844—1926，以其对妇女和儿童颇具洞察力的刻画而闻名，是活跃于 19 世纪法国先锋派艺术领域为数不多的美国画家之一。

“承认吧，你睡过她，否则，老天作证，我要把你劈成两半！”

他真敢把她杀掉。她从他的眼神里可以清楚地看出这一点。在她跌倒的一瞬间，她看到那把刀子就放在桌子上……她开始屈服于一种怯懦的感觉，一种自暴自弃的欲望，一种一了百了的念头……

“好吧，我承认真有此事。现在让我走吧。”

接下来发生的事情十分丑陋。他招供出的悔过之词，就像一个可怕的魔鬼撕扯着他的脸。他从未想到自己会如此颜面扫地。他抓住她的头发，向一根桌角不停地撞去。当她挣扎时，他就拽着她的头发，把她拖到房间的另一侧，将她的头往椅子上磕。每次她试图站起来，他就饱以老拳，把她打趴在地。桌子被推倒，险些撞翻炉子。梳妆台的一角，沾上了她的几缕头发，还有一片血迹……

楼下的音乐仍在继续，中间还夹杂着一些年轻人高声谈笑的声响。

* * *

收到那封信几天之后，一位家具商来到梅塘。卧室的墙壁和门窗都被装上了护垫，以防那些很难被替代的仆人被里面的尖叫声吓跑。

5

她曾去过圣拉扎尔街66号，打破了门锁，结果发现屋里是空的。她发现那个房间充满了另一个人的生活痕迹：自家缝制的窗帘，花瓶中插着鲜花，桌子上摆着盘子和餐具，屋里还飘溢着母乳的甜香。她还发现了两张帆布小床，一定是从莎玛丽丹百货公司买的。房间里有两幅镶了镜框的照片：一张是左拉在布洛涅森林公园骑自行车，一张是他站在海滩上的某个地方。她不知道是谁拍的这些照片。屋里有一个写字台，她很轻易地就给打开了，里面有很多书信，足以写一部小说。她把那些信件读了一遍，接着就把它们全都给烧了。

她可能在房间里待了几分钟，也可能待了一个多小时。她从那里出来后，路过了她出生的16号房屋。由于附近就是车站，这里总是十分拥挤。这里也是购买新鲜海产品的最佳场所。她走过车站，穿过鲜鱼市场，但是那个房间里的气味仍然在她身上挥之不去。

在她决定下一步怎么做之前，他们都待在家里。她去了厨房，过去几年那里一直被弃置不用。根据菜谱，她需要可以在几分钟内烤熟一只全羊的炉火，虽然其中唯一的肉类是鱼肉。她还需要一瓶油，一个番茄，一瓣蒜，一把胡椒粉。所有人一定都已知道这件事——尤其是那些男人，玛格丽特和朱莉亚可能也知道了，她们各自都有三个亲生孩子。

每天下午四点钟，她都会沏上一壶茶，配着一盘点心，而且必须吃完。

* * *

九个月后，1892 年，他们一起出去度假，去普罗旺斯和意大利待了七个星期。他发表了自己系列小说中的最后一部，给这项长达二十五年的创作画上了句号。主人公是一位男性，帕斯卡尔博士，由于“忘记了生活的乐趣”，试图通过爱上自己的侄女来弥补已经逝去的时光：“他那寂寥的激情到头来一无所获，结果却写成了好几本书。”他在扉页上写道：“谨以此书纪念我的母亲和我亲爱的妻子。”由于她不再跟那些新闻记者一同就餐，不再告诉他们该怎么写评论，结果这部小说反响平平。

不过，她还是参加了在布洛涅森林公园小岛上举行的庆祝午餐。两百名与会者在湖边济济一堂，坐在一顶巨大的帐篷里，吃着鳟鱼、核桃芦笋炖牛肉、鹧鸪肉冻和各种甜点，以庆祝《卢贡－马卡尔家族》的完成，以及这位大师即将在名人堂得到荣升。据新闻报道，当夏庞蒂埃在他的演讲中提到埃米尔·左拉夫人时，“她强忍住了泪水”。

六个星期后，她参加了亲朋好友间的一次聚餐活动，这种活动的主要目的通常是让所有人看到彼此老成了什么样子。聚餐地在龚古尔家中，同席的还有多代一家，以及其他一些朋友。男人们讨论着自己职业上的难处，相互询问对方能从报社拿到多少报酬。她和朱莉亚坐在角落里，谈论着自己在梅塘的生活。埃米尔坐在房间的另一头，稍显焦虑，竭力想听到她说的话。每隔一会儿，他都会问上一句，“我的小可人儿，一切都还好吗？”

> “……接着，他在花园里走来走去，等着两点钟的时候报纸会送上门来。他几乎不发一言，只有我适时地走过去，照看一下奶牛，虽然我对此事一无所知。那是园艺女工该干的活。然后，他就去楼上看报纸，一会儿就打起盹来……”

他们的餐桌就在窗边，可以看到天上有一片乌云。看来肯定是要下雨。为了活跃气氛，她讲了一则趣事：埃米尔小的时候特别怕打雷，一听到雷声，他的母亲就不得不把他带到地下室，还要裹上毯子。直到现在，每当外面电闪雷鸣，他们还得坐在洗衣房下面的台球室里，把所有的窗帘都拉上，并把所有的灯都打开，害得她不得不戴上墨镜，而他则会掏出手绢，把自己的眼睛蒙起来。想到左拉本人对雷电怕得要命，就像圣经里描述的某些惧怕天神的罪人……这一幕着实好笑，因为他的小说里尽是些科学和理性的东西。

她知道，等到他们回到家，龚古尔就会把这些全都写进他的日记。等到日后人们研究这位著名小说家的作品时，他的生活将再无秘密可言。

第二部分

6

1895 年秋天，巴黎笼罩在一片愁云惨雾中。绵绵细雨最终停下时，林荫道上的树木仍然滴着雨水。人行道又湿又滑，埃菲尔铁塔的顶端隐没在浓雾中。

在意大利，太阳在这个季节很晚才会落下。蔚蓝色的天空，看上去就像童年时期某个难以企及的完美回忆。每天，她都会穿上夏季服装，下午的时候，则会找一个有荫凉和冷饮的地方，舒舒服服地消磨时光。

她每天都给他写信（发信地址是那不勒斯的罗亚尔酒店和罗马的格兰德酒店），因为她离开后，他一直居无定所。三十年来，他们从未分开超过两天。她告诉自己的外甥女埃莉娜，说她爱上了意大利："这里有许多旁人只能从历史书上看到的东西——当你走在这些名胜古迹之间，将会是多么的有趣！"她学了一点意大利语，足以外出购物；她还用意大利文写了一些感谢信；但那里的人都很好客，只要愿意，她随时都可以讲法语。

她受到法国驻梵蒂冈大使的接待，她的活动日程在《费加罗报》的社会新闻栏目被报道，跟那些王子和公主的报道放在同一版面。曾在《论坛报》上发表过埃米尔几部小说的埃德瓦多·贝托莱利（Edoardo Bertolelli）伯爵，坚持每天都来看她。她比伯爵大十四岁，但他却称她为"耀眼的阳光"。她和伯爵进餐时，会在腰间系一束紫罗兰。伯爵带着她去猎狐，她还参观了西斯廷教堂、鲍格才家族和美第奇家族别墅、古罗马城镇广场及地下坟墓。十一月中旬的一天夜里，她感觉到了撼动罗马的地震。伯爵对她大献殷勤，甚至为她请来画师，给她画像。她欣然接受，并穿上了丝质长裙，发间插上几根羽毛，一只手还捧着伯爵送给她的花束。

有时，她一个人待在酒店时，就会想起那座育婴堂，还有帽子上系着白色纸片的婴儿。她想着那位独自带着两个小孩的姑娘，孩子的父亲几乎从不去看他们，而且他害怕自己的妻子弃他而去。跟过去一样，她开始面对这种无可回避的局面。他被获准每天下午跟他们一起喝茶，但这种生活对六岁的丹尼斯和四岁的雅克来说非常奇怪。她也偶尔去看他们，像个祖母一样，但她早就比埃米尔更了解他们。她可能跟他讲过如何对待孩子，以及他们之间有多么大的差异。在罗马，她给他们买了一些礼物，期待着再次和他们一起去杜伊勒里宫散步。如果丹尼斯问起“那位太太”有什么消息，他就会说“那位太太”会给他们每个人都送上她的吻。

“用心照顾你身边的人吧，”她对他说，“尽你所能多给他们一些笑脸。”（有些事情在信中要更容易解释。）

> 你说你想看到我开心的样子。你比任何人都更了解我，但要想看到我开心的样子，你对我了解得仍然不够。我知道，我对我们的幸福晚年的梦想已经不抱希望。现在我唯一的乐趣就是帮你，帮助所有我爱的人。这是我给自己安排的任务，我会一直做下去。

7

第二年她又去了一趟意大利，并在1897年再次造访该地。但那一年她提前结束了度假。他需要她在巴黎陪在他身边，因为，他如何能够一个人面对暴风雨？厨房下水管道被破坏，花园的墙上被人涂上粪便，有些士兵向他们的房子投掷石块，孩子们骑自行车时被人泼了一桶脏水。此时，距他就德雷福斯事件发表致总统的公开信已过去了六个月，巴黎的墙上到处都写满了“我控诉！”（J'Accuse!）他因诽谤罪被判入狱，被迫逃往英国避难。

L'AURORE
Littéraire, Artistique, Sociale
J'Accuse...!
LETTRE AU PRÉSIDENT DE LA RÉPUBLIQUE
Par ÉMILE ZOLA

她陪他去了巴黎北站，用一张报纸裹着他的睡衣。他的情绪十分激动，但她却坚持留在家中。总得有人跟那些新闻记者、律师和政客们对话。至少，总有一些情况值得报道。在他起程之后，她给自己的朋友布鲁诺夫人写了封信，布鲁诺先生近来每天都陪埃米尔去法庭：

> 我家门口就有几个密探，对面宾馆中应该还有更多，梅塘也有一些，更有一些龌龊小报的记者在帮着他们进行监视。我

要是打个喷嚏或咳嗽一声，第二天的报纸上准会登出来。

他们知道仆人何时入睡，也知道我何时入睡。有人在墙外写上了一些可耻的东西，还给我和仆人们发来恐吓信。但我毫不畏惧，我要让所有看到我的人都猜不到我正处于危险中。

她拆阅了左拉的所有来信，将其各自归类：声援的，恐吓的，后者没必要让他看到。流亡生活本身就够难受的，所以她把那些无益的细节都给尽数略去。

有些匿名信则是写给她的：

夫人：

从现在起，你要在一周内还不滚蛋，我们就会想办法绕过你的仆人，狂干你的肥肚皮，直到把你干死。既然你的龌龊老公已经躲到外面，我们就要毫不留情地打击他的家人！

让犹太人和所有支持他们的人都去死吧，都死绝吧！

每读过一封信，她都会标上收信日期，然后将其存档，以备留给后人。

她有些担心左拉，他住在上诺伍德的女王酒店，一句英语也不说。她嘱咐他要勇敢面对，把自己开创的事业坚持下去。“他最近的来信让我感到悲伤，”她对布鲁诺夫人说，“倒不是担心他健康有问题，而是他看起来已心灰意冷。所以，我得骑上我的高头战马，去给我的英雄打气。这对他非常有益，因为从今天的信中可以看出，他的精神状态开始恢复正常了。”

1898年秋，她终于去英国跟他会合了。但她只在那里待了五个星期。离开巴黎后，她几乎什么也帮不了他。德雷福斯上尉仍被流放在恶魔岛，埃米尔仍身背逃犯之名。

上诺伍德远比不上罗马。几乎每道菜里都有土豆。鱼肉中因为没有放油或盐，吃起来跟湿木头没什么分别。面包店橱窗里的糕饼如此油腻，以致人们看上一眼都会犯病。她很快就回到巴黎，正好赶上给孩子们买圣诞礼物，并去找大夫看自己的肺气肿，以及弥补左拉耽误的工作。有那么多信等着她回，还有那么多人要拜访。“我必须同时扮演你和我自己”，她对他说。

* * *

风波最终过去之后，左拉回到了法国，他和妻子之间若即若离的婚姻又继续维持下去。左拉夫人仍然难以释怀，同住在一个屋檐下，整座房屋仿佛变得又小又暗。夫妻间的文学论战和不知疲倦的共同研究已经结束，但左拉现在看起来快

左拉、贞娜和他们的两个孩子在花园里

活多了，因为他又可以纵情于自己的嗜好了。他曾说过，只有当人们把某件东西拍摄下来，才可以宣称自己真正见过它们，照片可以显示全部细节，仅凭印象则难免会有疏漏。他发明了一种延时装置，可以自己给自己拍照。她曾看过他拍的一幅照片：左拉和家人坐在一起，在梅塘附近租住的房子后花园喝茶——埃米尔正在倒茶——照片上孩子们的母亲表情抑郁，不像往日那样俊俏可人，仿佛正在思索自己为何不能像别人那样正常地生活。

由于左拉至少拥有八架相机，以及各种型号的配套设施，装在箱子里分量很重，得靠亚历山德兰帮忙才能把它们运到战神广场。接连好些天，他们都会去博览会参观。他想记录下所有细节。自 1889 年以来，他们首次爬上埃菲尔铁塔的第三层平台俯瞰全城。阳光灿烂，一个崭新的世纪开始了，巴黎已经换上新装，准备迎接新的开端。

他拍下了巴黎的屋顶建筑，并绕着平台依次拍摄，直到可以拼齐城市的全貌，囊括了东城的工业区和西城的林荫大道和花园。当他们看到拼合完毕的照片时，发现图中的景象既宏大又连贯，一如他那伟大的系列小说作品。它绝不是左拉夫人第一次看到的裹尸布般杂乱的屋顶景象，而是 19 世纪集体创作的一幅巨作，而她丈夫就是这片人工海洋中最亮的灯塔之一。

8

晚上醒来，他们感到头疼、胸口疼，以为一定是吃错了东西。他对她说："我们早上就会好起来的。"之后，两人都睡去了，对于她来说，似乎她能看到他躺在那里，但却无法帮他做任何事。

她在讷伊的诊所里醒来。三天后才有足够的力气跟人来到房子里。她直接走到一层的房间里，跪在地上，啜泣着，抱着那具尸体，和他一起待了一个小时。她还在诊所里时，即使仍很虚弱，但她想到了贞娜，她让出版商去找霍泽罗小姐，告诉她这个可怕的消息，以便她和孩子们都能和他进行最后的道别。

凶手一直没有抓到。他的死被说成是一个可怕的意外和全国人民的灾难，但是两个女人都知道，一定是有人在探照灯扫射城市其他地方时，摸着黑爬上屋顶，堵死了烟囱，之后又在清晨时分把烟囱打开了。

他的敌人并没有得逞。庞大的、静默的人群跟着灵车，一直从布鲁塞尔大街走到蒙马特公墓。士兵们在送葬队伍经过时敬礼致意。葬礼的每个细节都由她亲手设计。这是巴黎自雨果的葬礼以来最为壮观的公共事件。遗憾的是，她身体太弱，无法参加。但她知道，在墓地一侧的某个地方站着两个孩子和一位有可能被人误认为是寡妇的年轻女子，他们的照片将和她的照片一起陪他入葬。

* * *

她卖掉了一些画和古董，还卖掉了梅塘那块地。她要保证贞娜拥有她所需要的东西(因为他之前没有进行必要的财产安排)，保证丹尼斯和雅克能够努力工作，不靠他们慈爱的妈妈过活。在孩子的父亲最后安息的地方，他们商量着该如何为他着装，如何摆放那些设备和鲜花。

她每年仍会去趟意大利，但她真正的位置是在巴黎。他们在梅塘的房子已经变成一块圣地。每年十月份的第一个星期天，文学界的领袖人物都会前往那座车站，然后步行来到左拉故居，表达他们的敬意。1904 年，左拉去世两年之后，数百名人士参加了他的纪念活动。可惜，孩子们未能一睹先父的哀荣。年幼的雅克染上了肺结核，正在诺曼底一家诊所接受治疗。左拉夫人自己也在那里进行检查。她提醒雅克的母亲要给他准备足够的食物，正餐之间给他提供足量的牛奶和鸡蛋。几天后，当左拉的孩子们全都回到家中，她又给贞娜写了封信：

> 我们亲爱的大英雄得到的礼遇着实庄重。我们可爱的孩子的父亲将会流芳百世。有一天，孩子们将会发现，他把毕生心血都献给了自己的

事业，直到生命终结。我希望他们明白这一点，并身体力行地维护左拉的英名。你要时时给他们加以指导，教给他们众多东西——不幸的是，比起我来，你能教的很少，因为你没我更了解他，毕竟我曾在他身边生活了三十八年。

他的突然去世，对我们俩都是个沉重打击。在我们的磨难生活里，孩子们的善意对我而言是一种极大的幸福。我觉得，这种善意来自于他，从而使我更加珍爱他们，比我原来所能想象的还要多。

第十章

地铁里的马塞尔

马塞尔·普鲁斯特

* 意义非凡的地铁 *

1900 年 7 月 19 日，星期四，在午后热得让人透不过气的热浪中，一百多个各种年龄、各种形貌体征的人，站在万军林荫大道一个小阁子间前，这个阁子间刚刚出现还没两天。有些人敏锐地意识到了他们在历史中的地位，不时地看着手中的手表。其他人之所以出现在那里，不过是因为刚好路过，于是顺便加入人群，或是只为瞧个究竟：为什么有这么多人都想上同一个厕所？

一点钟的时候，光洁的门旋开了，一股刺鼻的松脂味冲入巴黎市上空。人群通过玻璃罩盖，嘁嘁喳喳地涌上木制台阶。从台阶上走下来，有一个装有照明装置的小亭子，人们可以在这里兑换纸币。旁边有一个柜台，一位漂亮的女士正在售票，带着一脸诚挚的微笑。人们发现那里有一种惬意的凉爽，这使得他们很高兴。有人叫道："我都可以在这底下度假了。"每个人都会心一笑。

他们买过车票，票是长方形，票面是紫色或冰淇淋色，背面图案是一座教堂或一座发电站；匆匆走下另一层台阶，这时一阵类似北极一样的凉风扑面而来，紧紧攫住每个人的喉咙。尽管很冷，但强烈的用作木材防腐剂的杂酚油的气味，还是深深地刺激着每一个人。随着眼睛瞳孔放大，在电灯照出的像水族馆一样的光线下，他们看到一条沥青铺成的步道伸向远处的黑暗中。步道两侧，有水泥铺成的沟槽，沟槽底部是闪着亮光的铁轨。这时从幽暗中走出一些人，他们穿着黑制服，制服上有红色的镶边，脖领上绣着一个"M"字，这些人嚷嚷着："任何人都不许靠近铁轨，否则会有生命危险！"在这样的劝说下，人群稍稍往后退了一点，这时，三列木制车厢停在人们面前，车厢是陶瓷色，在电灯下熠熠闪光。

持二等票的乘客坐上了第一节车厢，这节车厢上装备着西屋公司生产的马达；然后是一等乘客享用的红色真皮坐席；再然后是一等和二等乘客混坐的坐席。每样东西都是那般干净和整洁。锃亮的红蓝色巴黎市徽，装饰在漆了油漆的车厢板壁上。列车前部有两个人站在玻璃面后面，活像博物馆里栩栩如生的两尊塑像，他们一人握着操纵杆，一人握着制动器。另一辆列车五分钟后就会到达，但是人群已经迫不及待，纷纷涌上这列列车。女士们对那些镶有凹槽的木制陈设和抛光的车顶喜爱不已。男士们则迅速占据车厢的各个座位，以便殷勤地将其献给车上的各位女士。

在前面那节车厢，一名铁路员工试图让自己的声音盖过喧闹的人群："一百二十五马力，乘以二，就是二百五十马力！六百伏特的持续电流！五千伏

1900—1904 年 Hector Guimard 设计的 Abbesses 地铁站

特三相电流！由奎伊德拉佩工厂生产！”火车开始移动，进入隧道时，乘客们看到巨大的电火花在黑暗中闪耀，就像精灵一样的海豚伴随着一艘航船。

“凉风只是相对于地面上的热气，”那名员工说道，“小姐们不用担心会感冒。”许多双眼睛都是全神贯注，似乎在关心着什么目标。“一会儿会拐一个大弯，然后我们就拐到香榭丽舍那条线上去了。”说着话，他打开车厢门，走入另一节车厢。

很难想象列车的速度有多快，只能看到一些昏暗灯光下的洞口一闪而过。有位乘客念着折叠的纸上的一些字，就像在诵读一段祷文：“梅约门－奥布里加多－艾托瓦耶－阿尔玛－马博夫站。”“第一站应当停在奥布里加多站……”几分钟后，另一个暗色灯光下的洞口掠过车窗，列车似乎在减速。一个年轻人说他看到了站牌，上面的字好像比“奥布里加多”短，也许有可能是“阿尔玛”或“艾托瓦耶”站。“不可能是奥布里加多站，哪儿有那么快，”旁边有人说，“我们不可能一眨眼就到那儿了。”

一团东西从对面疾驰而过，上面涂有色彩，还有响声〔按：那应是另一列列车〕。我们所述的列车慢慢停下，前面是华光闪耀的站台，人群一拥而上。车窗外有人喊着车站名，车内一个身着短服的女孩尖叫起来：“这是香榭丽舍！”“从梅约门才走了八分钟，”她的邻座说道。“是啊，这根本就不叫时间。”一位年轻妇女说道。“这真是太快了，”她旁边一名男子转过身，“世界上可没有比这个更快的了，小姐！”

又上来了二十个人，车内已经很满了，但没有一个人下去，车内的温度倒是升高到刚刚合适。列车员又来了。一个手持报纸的旅客问他：“我们好像错过了好多站，都不知道哪个是哪个。”“一共十八站，”那名列车员说道，“八个已经开通，有十个将在 9 月 1 日前开通。下一站是大皇宫！”

现在大家可以想见那条路线：从香榭丽舍站往下走，过协和广场站，再到杜伊勒里花园站，这一路上都让人觉得神奇。在大皇宫站，乘客们已经上不来车了，他们必须等下一班车。车然后来到了卢浮宫——真是快得难以想象，再然后是沙特莱站和市政厅站，列车只停半分钟。有一个还黑着的站一闪而过，估计是圣保罗站，然后车轮发出一阵刺耳的响声，阳光重又照满车厢，就像置身一片神奇的幻境，人们重又看到巴士底广场上那缓慢移动的车流。

当列车动了一下并重新隐没在隧道中时，一位看上去很体面的女士摇晃了一下，忍不住笑出声来。里昂火车站—勒伊站—国民站—樊尚门站。“终点站到了，所有乘客都请下车！”

人群缓缓涌出列车，每个人的脸上都洋溢着满意的色彩。他们将上面印有“出站时置入箱内”字样的车票，放入一个木制的收集箱里；已经空置的列车则慢慢滑行，消失在一座巨大的圆形站房后面。人们爬上台阶，走出玻璃罩的通顶，发现他们已经到了郊区，四周是一片低矮的旧房，树上落满灰尘，经受着热风的灼烤。人群驻足街边，互相你看看我我看看你，最后异口同声地说：“还是回地铁吧！”

等到他们从柜台后面的笑脸处买好票，火车已经返回，正停在另一侧站台上，等着在二十七分钟内把人们送回巴黎的另一边。每个人都表示，从现在起，一有可能，他们就会坐地铁。

* 令人艳羡的便捷 *

马塞尔・普鲁斯特以前是一个活跃于社交场合的人，偶尔为报纸写一些风格俊雅的文章，同时也是一个风雅艺术品的珍藏者。他经常长时间地坐在一间充满鸢尾花香气的房间里，仿佛是尊斯芬克斯塑像，尽管街上洗衣房和栗子树花粉的味道经常飘进来，但他还是敞着窗户和门，门开着是省得人敲，一边想着在其他“居室”里看到的景象：被毁弃的卢桑威尔勒潘的塔楼，香榭丽舍大街上格子间闪闪发光的白墙，妈妈浴室顶上开的天窗，从墙上的镜子里看，就像是可以折射彩云的天池。从厨房到居室的危险的日子已经过去了很长时间，那时不得不在这两者间往来穿梭，时刻都得提防跌跤和绊倒。在一些较好的公寓里，水已盛好在盛器里：一只精巧的拉手套在一个镀镍青铜和象牙的手柄上，一拉那水就被抽空了，一股水流冲出来，然后那水又可以注满，一次可以盛两公升，新鲜的水积存在靠墙的一个水箱里。

这里是公寓中唯一可以听到外面声音的房间。在别的不管什么地方，声音可能都会被认为是分神的东西，但在这里，它却使普鲁斯特陷入一种半醒半睡充满遐思的愉快境界中。缭绕着的汽车声变成一种单一旋律，使他自然地想起了这样的声音：“起来啊，到乡间去，来一顿烧烤！”汽油的烟雾从街上升腾起来，让人联想起柳树下的荫蔽，以及淙淙的小溪与轻柔来往的潘哈德・勒瓦索尔小轿车唱着二重唱。

房间收拾得就像他在里兹饭店的餐桌，非常整洁，不管是日用还是为特殊场合而用。他每天二十四小时才吃一顿饭，餐食尽量保持一致：一份炸鸡翅，两个奶油鸡蛋，三个法式面包（总是来自同一家面包店），一盘炸土豆条，一些葡萄，一杯咖啡，还有一瓶啤酒，然后，过上九到十个小时，再来一大满杯维希水。他很少会为另外什么事而出入他的居室。当不得不有的一段难走旅程结束时，剩下的事情就都可以交由一些英国机械来完成。（这些时日里，几乎所有的家庭必须用品都是英国造：歌剧院广场上的麦普尔公司和卡普奇内大街上的李普提公司是做现代家具行当的，雷明顿公司制造打字机，爱奥里恩公司则制作当时风靡一时的自动钢琴。）

巴黎地铁开通那天，他正在威尼斯，倚坐在大运河的一条刚朵拉上，小船划向妈妈所在的达涅利旅馆，他妈妈正站在旅馆窗前。当他返回时，他又住到他父母在巴黎的一所新公寓，库尔赛耶街45号的一所房子里，这里离巴黎市中心比较远，即便是在艾托瓦耶至安弗尔之间的地铁于1902年10月开通后，这里仍离巴黎市中心有相当长一段距离。1903年8月，当八十四位乘客被困在库隆内车站，当时一列失火的火车堵在隧道里，乘客们为了要回十五生丁的车票退款拒绝下车，结果全部窒息或踩踏而死，成为第一批地铁乘客的殉难者，普鲁斯特正打算前往埃维昂，同妈妈会合，然后再一起乘索道去看高山冰湖，对他来说这是一件很勇敢的事。1906年，爸爸妈妈相继去世，他又搬到豪斯曼大街102号的一座新公寓里，这里很吵，灰气冲天，也显得太新，但这里是唯一一座靠近妈妈生前所钟爱的市场的公寓。“我不能搬到妈妈生前不认识的房子里住。”这里离圣拉扎尔地铁站不到三百米，该站刚刚投入使用两年。

如果没有邻家电器工人、管线工和铺设地毯工人的敲击声，他可以听到街上地铁A、B线施工的挖掘声，这些施工由南北公司负责。

南北公司为巴黎都市铁路公司提供工程，就像麦普尔公司为巴黎左岸百货公司提供服务，或者像里兹饭店为不归家的人提供住所一样。该公司使用的是汤姆逊机车，机车顶上有一个支架，簇拥着一根空中电线，作为电力来源。一等车厢是亮黄和亮红色，二等车厢是海蓝和电光蓝。在圣拉扎尔站的各个连接通道里，乘客就像进入一个魔法世界，在这里交通反倒成为一种口实或掩饰，每个装潢的细节都体现出一种对品味的追求：墙上镶着车站名，用工精巧的洗手间入口用熟铁和瓷砖做成。圣拉扎尔站的售票厅更是有名，那里有多彩的圆柱，还有镶了彩砖的隆起的穹顶，让人想起著名的丰特浮洛教堂。

1906年，三十五岁的他在文学上还没有取得引人注目的成就，但已明白现代生活的一些法则，即他周围离他很近的一些事显得很陌生，而离他很远的另外一些事，即便那些事是在指南手册或绘画中看到的，却让他感到很熟悉，就像老朋友那样，你不必亲身在他跟前，你们已是永远的友人。巴黎的地铁，其颤动甚至连屋顶的蜘蛛都能感受得到，可能也一直是威尔斯的幻想。加之由于身体原因难以离开家门，这就解释了为什么当巴黎很少有人还没坐过地铁，而且每天坐地铁在巴黎可以跑更多里程时，普鲁斯特却从未光顾过巴黎地铁。据我们所知，他的作品中甚至都没有提到过这个名字，和他亲近的朋友们也没有提起过。八月份，他本想去拉雪兹神甫公墓参加舅舅的葬礼，结果在圣拉扎尔火车站喘了两个小时，他只好用喝咖啡的办法来缓解、来刺激恢复他那患哮喘病的肺部，最后，他还是回家了。九月，出于对像“佩罗斯－吉雷克”（Perros-Guirec）和“普洛埃梅勒”（Ploërmel）这样奇怪音节相对应的异域风情的好奇，他去了布列塔尼。但是旅程停顿在凡尔赛，他在著名的金鱼池旅馆租了一间房子。十二月份他写信给一位老朋友时，他还在那里：

> 我已在凡尔赛待了四个月，可我当真在凡尔赛吗？我常常想：是否我居住的地方——它被密闭地封隔、被电灯点亮——是不同于凡尔赛的什么地方吗？在这个地方，我从未见过一片枯萎的树叶飘落在一股孤寂的泉水上。

那年，他原本计划去诺曼底。他已研究那些导游手册和地名书籍多时，并翻出朋友的通信查询相关住宿信息。他已答应自己，一找到理想的房子，他就到特鲁维尔附近某个地方度个安静的假期，那里将会有各种放松静养的活动，他可以坐上带顶篷的汽车四处走走。但是，去特鲁维尔的计划又落空了，只留下对一些未曾发生的事情近乎完美的回忆。

> 要舒适，要干燥，**不能在树林里**……最好有电用，房子要相当新，不能有灰尘（**房子风格新一点**正好便于我呼吸），也不能有潮气。我要求有一间主人的卧室，两个佣人的房间，一间餐室和一个厨房。浴室并非一定不可或缺，尽管希望它非常舒适。客厅可有可无。但是希望有尽可能多的洗手间。

* 神奇的电话 *

第二年夏天（1907 年），令他和佣人们都吃惊的是，他到了海峡边上的旅游度假地卡堡。之所以选择这里，是因为他曾跟着妈妈在这里度过了很多难忘的时光，但不可否认的是，这里有家大饭店同样适应他的需求。他从他位于顶层的一套房间里给朋友写信说："我已在床上躺了一年。"接着，他粗粗算了一下，又纠正道："这一年，我总共下过五次床。"

这句话稍微有点夸张。这年三月，他曾访问过一位吃牡蛎肉中毒的巴黎朋友。四月，他曾到自家阳台上透透新鲜空气，他的邻居正在装修厕所，不断发出噪声（"她老在换坐便器，我猜她是想换个新的、更大的，谁不想要更好的呢。"）。他曾出席过三个夜晚的活动，光顾过一家报馆以讨论他的稿子。这样算来，加上他去卡堡度假，他应该一共离开过床七次。

对于在巴黎的更远一点的旅途，他只需从楼上走到街上打个电话，他的私人司机就会在那里等他。但他总是两头都找不着地方，经常在出发的地方和要去的地方都走丢。两年前（那时妈妈还活着，她侧耳听着地板的咚咚声，盼着儿子的到来），他下了出租车，走进电梯，差点触犯法律，因为他闯入了法国土地信贷银行总事务长的房间，后者的房子正好位于他妈妈房间的楼上：

> 我没动脑子就坐电梯上了四楼。然后我想回去往下走，但怎么也回不到一楼。我只好坐电梯再回到四楼，从那里我再往下走，结果又走错了楼层，我差点闯入杜夏尔先生的屋子。

有一次，他坐电梯走到街上，想往右拐到圣奥古斯丁拜占庭大教堂，然而他往右拐了又拐，直到看见巴黎春天百货的圆顶，这时他已转了一个三角形，绕了约二里路，突然发现离自己出门的地方已经很近，可是他又找不着自家门，结果他在那里找了三圈。

有了电话，这一切变得简单多了。同卡堡的联系并不总是畅通，省际交换业务经常晚九点就结束。但在巴黎，他的朋友却可以要到他的神奇号码：29205，并对着他的公寓门房通话（门房可以将信带到楼上），有时甚至可以和马塞尔通话，就像人在跟前一样，只要这个时候电话通了，并且他从床上或他的房间里听到了铃声，铃声反复的声响有点刺耳，以至于他更想听到摇铃声。有时电话里三两个人通话的声音就像一出小戏剧，每当这个时候，他就会把这段对话转录下来，取悦他的朋友：

> 有人从门房那里急匆匆地走来，说你要跟我说话。我跑到电话那里，"喂，喂？"（没人出声。）我又打回去……仍然没人应。我要刚才打来的号码56565。电话员说：占线呢。——我接着要，电话员又说占线呢。正在这时，又从你那儿来了一个电话："德克鲁瓦塞先生想知道您今晚是

> 否……”在那样的时候，我猜是你指示秘书告知你有更重要的约会，所以改变了时间。不管怎样，接下来就是静默，打电话的那个人挂上了机（他没把话说完）。我又再拨，接线员给了我一个错误的号码。如此循环，不断重复。

正在这时，神秘的女接线员搭话了，正是她们平时将遥远的心灵串联在一起，而她们的语言也常常是简短和充满寓言式的精确（她们的报酬按通话次数多少计算），她终于忍不住发出一长串神谕启示，其语言长度超过以往：“先生，德克鲁瓦塞先生已经挂断了电话，我想他是为了避免打扰。您可以在早晨两点钟的时候再给他打电话，不过，我恐怕那个时候也是在浪费他的时间。”

* * *

尽管他有时还是要亲身下到地铁里，可是他的话语却是更多地经由铜导线在地下的巴黎频密传递；他写的便条，也传遍了巴黎九百里长通风管道网的地铁线。即便单纯从科学意义上来解释，也不会削减电话的神奇之处。如果他为此写本小说，他一定会灌注大量笔墨在与它有关的事情上：平常闹出的误会；爱开玩笑的朋友假装是另一个人在打电话；完全是陌生人的声音突然闯进他的房间。看不到一个人的脸，有时一个人的声音就会发生变化，甚至一个人的某些性格这时也会突然显露出来。有一次他自己就被误当成一位妇人。有了电话，他写的信越来越长，写信的次数也越来越多，有关琐事却越来越少。“你经常把一些本可在电话里说的事写成信给我。”他这样抱怨他的一位朋友。

有时，他的女佣也不得不拿起笔和纸：

> 普鲁斯特先生要求我给公主夫人打一个电话，可是这个电话我老也打不通，因为对方没人接；于是我就自作主张把这个电话的内容写了下来，因为普鲁斯特先生非常着急，他急于知道，是否公主夫人吃的一块蛋奶酥让她感觉不舒服。

恼怒的电话用户有时投书报纸，抱怨电话使用效率低下。与他们不同，他倒是总能表现出对这项发明中神奇之处的尊重，对错号和延误总是表现得很有耐心。为此他还专门给《费加罗报》写了一篇文章：

> 我们把我们的抱怨填满《费加罗报》的栏目，指责这项神奇发明带来的变革还不够迅速，因为有时好几分钟过去了，我们想见的那个无形

的人、我们想要跟他说句话的那个朋友，还是见不到……我们就像童话世界里的人物，巫师答应让他见到他的新娘，虽然心中被魔幻的希望之光所点亮，手指间抚弄着书页、泪水在眼眶中打转、手里捧着鲜花、距她只有咫尺之遥，结果却发现她在一个十分遥远的地方。

每一次只闻其声、不见其人的会话，都会使他联想到永恒的别离。那句日常生活中最常见的温柔的致意语："听到你的声音太好了"，让他有种感伤的焦虑。多年前，妈妈曾责备他不爱用电话。有时他会听到她的声音（有点刺耳和异样）从他的记忆中升起，仿佛那声音是从地底下的电线中传到他身边来的：

请接受你由于过去对电话的不敬所丛生的歉意！请接受你曾藐视它、嘲讽它和拒绝它而应对这个恩公产生的悔意！噢，倾听我小狼对我的声音吧，也请倾听我对我小狼的声音！

* 不可或缺的化学家 *

每一项现代的便利，都隐含着它的设计理念和完美的形式。电源开关希望它永远都在够得着的地方，汽车希望它永远不会坏，电话希望它永远不断线。但当一项发明出现故障，它可能会意想不到地连带引出一些新的好处，而要是它还像原来广告词中所说的那样正常的话，这些好处就永远不会出现了。

享受在自己家中的剧院！
歌剧，轻喜剧，各类剧目，新公演剧目等。均适用于
剧院播放器，巨人路易街23号，电话101—03。每月只需60法郎
便可使三个人日日享受真实演出。
提出要求即可试听。

最初，这种剧院播放器曾令他失望不已。一出《佩利亚与梅丽桑德》的现场演出，当他接听到时，就像一件珍贵的物品被邮差弄残了一样。《田园交响曲》的播放，就像放给贝多芬本人一样，没有声音。瓦格纳的《纽伦堡的名歌手》充满间断，就像是波德莱尔在评价瓦格纳作品中显示的一种超文学语言的断语："在音乐中，就像在文学写作中一样，总有一些沟壑需要听众用想象力去填补。"可是，如果没有那些间隔，远距离的演出就会失去它的效能：他的思绪就不会被强迫着

跑到乐池那里，想象着那里演奏着各种乐器，音乐家们则不知身在何方。

有时头脑自己也会被弄得变成一架有问题的机器。他居住的地方有几位药剂师，常常工作到深夜——一些五颜六色的玻璃器皿在煤气灯下闪着光，一位勤勉的药剂师穿着白大褂，负责分发一些精确测量出的神物，一些只有现代科技才能提供的东西。药物，只有这些东西才能帮他睡眠（巴比妥、瓦乐里安、曲砜那，甚至海洛因，他曾把这些药物给妈妈），另外一些药物是帮他醒神的，像咖啡因、硝酸戊酯和纯肾上腺素。在某些药物发生作用的半睡眠状态下，当街上的无轨电车声和人声盖过百货商场的声音传到他的耳边时，那声音有点朦胧和变形，接线员开始在他的脑际将接线插头无规则地插入接孔，于是往日里一些熟悉的记忆开始涌起，地板的声音也开始泛起，钟表滴答作响，一群人合用线的电话交谈开始响起，他们喋喋不休，或者轻声说起一些没人听得到的声音。

有些药物他会竭力避免。就拿可卡因的有形效果，与健康食品和最近一次理发的效果相比，他说："时间有一列特别快车驶往未老先衰之途，而在返程轨道上，虽然路轨平行，但行驶速度可以一样快。"药剂师分派的其他药物，则可使他从人生的一个终点走向另一个终点，使他进入一个可以回转的人生旅途，这一点是他后来发现的——当房门和家具重又回到其惯常位置上时，他惊异于自己还躺在巴黎第 9 区二楼一个公寓里的床上。

* * *

在他隔音的幽寂房间中，他度过了一年又一年。他坐在枕头和背心围成的一个小巢里，写着给朋友的长信、或是给女佣的便条。当他花时间写作一些文章和评论时，巴黎已经成为一个巨大的都市。

1908 年，他开始创作他的"有关巴黎的小说"，这时他还担心动笔太晚，此时巴黎已有五十七公里的地铁线和九十六座车站。巴黎的扩张已经变成生活中如此平常的一件事，以至于报纸都不屑于再去报道哪条新地铁线的开通。最初的地铁已经变成旧忆。卧铺车厢中使用的涂了防腐油的榉木，被换成硬栎木，因为有人觉得前者会让人呼吸困难。1909 年，拉雪兹神甫公墓站的自动扶梯开始使用，每秒速度三十厘米，这使得旧式扶梯简直令人难以忍受。接着，成百部其他电梯也投入使用。现在从很深的地下爬上来，并不比降下去更难。灯光改进了很多，现在在地下通道里阅读也成为可能。过去难以忍受同车人身上气味的乘客，现在可以往一个投币口投入十生丁，然后从一个小口下面拽出一小块方巾，再拉一拉把手，就可接住里面流出的一些香甜露或依兰油。那里还有称体重的器械，上面写着“知道你的体重——了解你自己”；此外还有一些令人愉悦的画作，就像一个小小的博物馆、而且是在时时更新：一头奶牛正在把奶送交巧克力的制作人，一只鳕鱼正在把鱼肝献给一位贫血症患者，一只混血狗正在倾听留声机。

一度有人担心，巴黎人会在对时间的纠缠中变成没有头脑的羊群，但是现在看来，这种担心并未变成现实。地铁加快了他们的生活节奏，以其毋庸置疑的高效满足了他们对生活的渴望。在音乐厅（他有时会坐在包厢里，以免嗅到座位下面浓重的烟草味），可以听到赞美地铁的歌曲：朗德利的“地铁里的年轻夫人”，德拉南的“我驿站的隧道”。每天早上，工人和职员们都可以在床上多躺几分钟，因为他们从巴黎的四面八方都可以乘地铁，对此他们感到十分高兴。在距地铁一号线开通不到十年后，很难想象没有地铁的巴黎会是什么样子。无论是对游客还是对归家的本地人来说，它都已变成一种无形但又可以无穷受用的财富，也许有一天，我们可以把这一时刻称为“普鲁斯特时刻”。

一位耐心的化学技师大概可以配制出如下一些神奇药剂：汗渍活化剂；污水处理剂；各种工业润滑剂和清洁剂；从一个散发器械上喷出的廉价香水；从灌木中及通过人工加热提取出的碳氢化合物和羧酸，还有能盖过其他一切气味的缬草酸，后者当然是在瓦乐里安药物中经常出现的。有时令他惊奇的是，当给他注射完可以使他进入梦幻境界的瓦乐里安后，那气味充盈房间，与一种香水混合在一起，竟使得来探望他的一些访客，又冲回巴黎的大街上。

* 天空中的飞行器 *

又一个十年过去了，他的鸿篇巨制已临近尾声。《追忆似水年华》中描述的世界，已在法国北部坑坑洼洼的土地上消失；可是这篇小说自身，连同它那随处可见的晦涩、完美无瑕的句式系统，以及令人迷惑的制造效果的方式，就像乘坐飞机和相对论学说那样，属于一个崭新的世界。

小说作者已经习惯于一种空间维度，在这里，时针的移动难以察觉，但却是在移动。当他在里兹饭店用餐，他穿的是同一件白色硬领上衣。他的鞋是老英格兰牌，他的用餐外套是“威尼斯狂欢节”牌。他的小胡须经由给他父亲理发的匠师精心修饰，有点不合时宜，但却修理得非常精致，这极大地激发了侍者为他服务的热情。停在外面的他的汽车是旧型号的雷诺车，他拒绝让他的司机把它换成一辆更现代的车。除了在餐桌上见到一些军人，以及听人谈论缺少煤炭之外，当时的战争似乎很少能影响到里兹饭店。

就在一年前，当防空警报响起来，他还同其他一些食客爬上阳台，观看从1916年1月以来首次飞临巴黎上空的德国飞机。从勒布尔歇射出的探照灯，照亮了空中飞机的格斗，他看到天上的繁星和飞机交织在一起，忽而升聚，忽而分离，像极了格列柯油画《伯爵的葬礼》中那死亡来临前的苍穹的情景。他曾在德国的哥达飞机正在往下扔炸弹时，幸运地从黑暗中走回家。有天晚上，女佣发现他的帽檐上有一小块金属弹片，便问："哎呀，先生，您没坐您的车回家啊！""没有，为什么要坐？这样不是挺好的吗？"

1918年1月30日这天，他感到很想去听一场音乐，便接受了拉罗什福柯伯爵夫人的邀请，去她位于米里尤路的家里欣赏一场鲍罗丁第二弦乐四重奏的私人演出。那天晚上快结束时，他离开了伯爵夫人家，这时警报声又响了起来。此时已是夜里十一点半。有一中队的哥达飞机，借着异常晴朗的天空，飞越法国在贡比涅北部的防御阵地，在巴黎东北近郊丢起了炸弹。他的老司机这时恰好不在，而他上了岁数的新司机则怎么也发动不着那辆雷诺老爷车。由于鲍罗丁凄美而庄严的夜曲依然萦绕在他耳际，也是由于他不想回去再告别第二回，他就站在他的汽车边，司机还在鼓弄着那架引擎。不一会儿，人们便跑得没了踪影，纷纷躲到就近的地铁站里，而离这里最近的地铁站也要有约四百米远。

在击中了郊区的目标后，哥达飞机们又飞临巴黎上空。有些爆炸声清晰可闻，甚至都可以叫得出炸弹落在哪个区。最后，汽车的发动机终于喘息着引着了。他爬进座位，汽车沿着米里尤街慢慢地驶走了。

他们穿过蒙索街，正沿着梅西讷大街往前走，这时汽车又颤抖起来，最终还是停住了。他们距离地铁站仍然很近，或是在库尔塞勒站，或是在米罗梅斯尼伊站，都有足够时间下去躲避，可是，一方面司机忙于修理引擎，另一方面马塞尔自己又一点不在乎空袭，在先前几次空袭中，他甚至不知道躲到他楼内的地下室去，而且他也不知道怎么走到那里，因为那里的空气那么潮湿，而且满是泥土。

救火车穿梭在大街上。他想象着巴黎人在黑暗中挤在一起，就像基督徒在地下墓道里，他也想象着他的朋友们提到的另外一些事：在地铁里面的黑夜中，当炸弹在头顶上落下时，一些男女毫不避讳地想象着他们彼此的愉悦。他曾在小说最后一卷中写下这样一个相关的段落：

> 一些庞贝人，当从天而降的地狱之火如雨点般落向他们时，遁入地铁的地下通道，他们知道在那里不会孤独；那里的黑暗像一种新元素辐

> 射着每样东西，它避免了繁文缛节的欢愉的第一阶段，直接通向人们相互抚慰的世界，而这样一个经过，通常要经过很长时间才能达到。

他曾下定决心，有朝一日，不管白天还是晚上，他要亲身见证一下这样一种“神秘的仪式”。

六、七条街外，在通向圣拉扎尔车站的方向，他听到一阵刺耳的炸弹滑音声，接着就是窗户爆裂声、建筑物倒地声。他在车边等待着。司机还在无助地转动着手柄修着车。那声音就像音乐中的升咪和升拉之间的音调，由金属声模仿着，而他就像倾听着美丽的夜曲，仿佛那场演出始终没有结束，而他只需要静静地倾听。鲍罗丁曾将第二乐章写得如同预见到电话的出现一样，其中包含一些间隔和有序的间断，那大提琴仿佛渐远的音籁，接着便是继续的行进。那声音是有些遗憾，但继而是给它的补偿，有一些微微颤抖的平静，就像一个人出人意料地能在一个危险和幽禁的境地里呼吸。炸弹的鸣响，就像是交响乐的伴奏，提醒人们灾难正在被克服。它也是一种知识的庆祝仪式，因为他的终生巨著就要按时完成了。

汽车的发动机响了起来。不一会儿，他们就到了豪斯曼大街 102 号他的家外面。他爬出汽车。一枚炸弹就在五百米外的雅典街处爆炸了。他想把司机领进住宅，客厅里有张床可以让他过夜。但是那个司机仿佛在鸣响声中什么也没听见，他说：“我要回格利内尔。警报发错了，没什么掉在巴黎上啊。”

第二天，他躺在床上读着报纸，报上说：昨天警报响起时，有上千人跑出来想躲到地铁里，却发现地铁站上了锁。因此，警察总监发出指令，从现在开始，以后每逢空袭，晚上每座地铁站都必须开放。

* * *

1922 年春天，在他有生之年出版了小说最后一卷《索多姆和戈摩尔之二》。他知道，读者们需要时间来适应他的新语风：可能一开始，小说会使他们感到不适应和摸不着头脑。他曾说过，他写这部小说可不是为了让人们“从一个车站到另一个车站”就把它读完。然而，他的读者们毕竟是在跟着时代走，他们明显地渴望新的现代进步和发明。他至为高兴的是，出乎他的预料，从小说出版之日起，巴黎的人们就在公交车、电车甚至是地铁上，阅读他的《追忆似水年华》，他们是那样忘我、甚至没有注意到邻人，他们埋头阅读，以致当他们看完一段话，他们本该下车的车站已经错过，他们只好走到站台另一侧，等着下一班返回的列车，把他们带回终点。

第十一章

圣母院的方程式

△

巴黎有这样一小群人，他们是一些灵异人士，勇于探索，他们每天的任务就是在神秘的曲折幽径中游走，完成某种神圣的旅程；他们每天关在门里，门道里气味异常，门下灯光幽暗，在他们邻居眼里，他们这些人和他们所做的事完全是一个秘密。然而，正是对这样一群人来说，一场难以形容却又影响广泛的变革到来了，其时约在第一次世界大战前后。

他们古时候的技能，仅限于一些口传身教的遗训，而且是最基本的，因此，他们现在并不能提供一些确凿的真实依凭。如果他们想将他们的知识转化为一些当下流行说法或科学凭证，他们也就是能列举出一些不足为奇、而且也是太过明显的现象：例如，一些光线照在建筑物上，每天在不同时刻会有不同的变化；鸟儿的筑巢习惯在不同的时间会发生某种变化；当巴黎人在街上行走或者抬头仰望天空看看天气会有什么变化时，他们的人体几何会发生某种细微变化，等等。他们也许会暗示某种比成千上万名士兵或平民死亡更具毁灭性的事。但是可能没人会相信他们，只有在现代科学进展到两个领域的知识相互启发、两者可以相互理解的地步，一个那种灵异的探索者（这正是本篇故事的主题）才会站出来，警示他同时代的人们。到了这时，世界已经又一次走到灾难的边缘，尽管古代知识这时是以一种出人意料的方式验证了它的价值，但是人类却从来不曾好好利用过其中蕴藏的智慧。

对其余人来说，只有那些经历过战争生死考验的幸存者，才会对实际发生的变化略有所感。巴黎像中世纪的城堡一样从战火中幸存下来，仅仅略微受了些皮外伤，如塔楼上有些刻痕或吊桥变弯。然而恰恰是这座城市近乎完美的保存，却警示了人们这样一个事实，即法国的首都正在消失，如同旧世界一样，它正在被一个近乎完美的她自己的复制所代替。

在普通人眼里，如果有一个事件可以有力地揭示这样一种变化，那就是 1919 年 1 月至 1920 年 1 月召开的巴黎和会，它使整个巴黎成为一个外国高贵人士炫目的展示会。来自东西方各处的代表团，在这里划分着世界地图，分享着战利品。在这里，很多人的希望被践踏、被涂抹，在镶嵌大理石的楼层间，它们被锃亮的外交皮靴踩在脚下。一些大国的首脑，如克雷孟梭、威尔逊、乔治及奥兰多，在一些富丽堂皇的旅馆里举行盛大会谈，在这里，“日落之下充满着灿烂的光辉，黎明时分这里还布满窃窃私语，人们在地上拖着脚绕来绕去，忽而房门紧闭，忽而铃声乍起"[①]，而其他代表团，由于它们的国家是来自那些只有学者们才知道的国度，它们的团员只好谄媚于饭店服务员或侍者，只因这些服务员和侍者能够接近那些强权国家的餐桌或床卧，而且，当这些官员将他们国家的礼宾服脱置在那落满灰尘的廉价旅馆的被罩上时，他们发现自己已被置于欧洲历史的注脚中。

即便是一片持续和平的幻象，人们也很少通过努力使它得到延续。最近崛起的独裁势力，试图使他们在对邻国人民屠杀中所获取的利益得到确认。其他一些暴政势力，在对后世寄予希望的同时，则起劲地鼓吹着他们野心余火的燃起，同时也在悄悄地谋划着日后屠杀和欺骗世人的阴谋。德国人被迫住进金鱼池旅馆，他们是被强行入住的，在那里他们被迫自己给自己提行李，他们的代表团看到了罗斯柴尔德金融帝国[②]的影响力究竟有多大，并深信战争是由犹太人及其支持的共济会[③]员们一手导演和策划的，美国则扮演了支持所有这些势力同他们做对的救世主的角色。

尽管命运大相径庭，胜利者和战败者却极其相似地参与到一个共同的无意识的预谋中，即恢复昔日的荣光，他们的表现就像是欧洲的首都从未退去光环和奢华一样。在美琪大饭店的舞厅中，尽管室外的走道上覆盖着冰雪，但在这里却上演着英国代表团极尽奢华的舞会，"在这里可以发现最新式的跳舞花样，包括爵士和犹豫步的华尔兹"。决定千百万人命运的政策，就是在这样一些场合被决定。那些被赋予行使理性思考权威、并且是精准而纯洁地行使这种权威的人们，不停地翻阅着晚宴上的菜单，就像是在翻阅条约文本一样。他们无心地搅动着对面不知名的其他外国同伴，结果一同陷入一场无意识的疯狂中。许多经历了这场令人惊异的疯狂空耗场景的人，他们当中有许多人露宿街头，为御寒和食物而乞讨，必定会认同西塞罗的话："这个世界上的智慧少得何其可怜啊！"[④]

然而，即便是那些胜利者，也在一片狂喜中奇怪地保持静默。正如这次会议的亲历者和见证人 E. J. 狄龙博士观察到的，"青年男士和漂亮女士脸上的笑容透

---

① E. J. Dillon, *The Inside Story of the Peace Conference*, New York and London, 1920.

② 罗斯柴尔德金融集团，即 Rothschild 家族所控制的宗族性国际垄断财团，系犹太人的血宗来源，20 世纪前为西方世界最大的跨国金融集团之一，一战中支持协约国集团反对以德国为首的同盟国集团。——译注

③ 英文为"Freemasons"或"Freemasonry"，由西方秘密民间结社组织而成的大型民间社团运动，在西方国家（尤其是在英美）的社会文化活动中有广泛影响。——译注

④ 原话为"Quam parva sapientia regitur mundus!"，本书作者将其译为"With how little wisdom is the world governed!"（照译应为："驾驭这个世界的智慧何其少之啊！"）——译注

着冷意，就像是冬天冰上的光泽。死亡的阴影笼罩着各个文明和时代遗留下来的制度和器物，这些制度和器物正在一个共同的熔炉中熔化消解。”在不到两小时车程外的地方，就是一些黑色群众，他们的四肢陷在深翻的耕犁过的土地里，这是一幅令人深感惊恐的来自中世纪的画面，它昭示人们，特别是那些赶赴巴黎和会的人，这个世界并没有发生什么变化，统治权既可以延续繁华，也可以走向衰败，而且尽管有许许多多其他事，这个世界却似乎总是能找出办法来，防止人们从人世间的万千劫难中减少哪怕是些许的成分。

▽

当各国代表团从巴黎和会上回到他们的祖国或是他们的流亡地时，很奇怪的是，他们却留下了一种半真实的氛围，在这里面，一些荒唐的事情在滥觞。它就像是从塞纳河中升起的一片腐败气味，飘过国民议会大厦那些刻有阴痕的圆柱，飘过那象征权势的连廊。议会里正像以往那样辩论，但是现在，真理已经披上了极难辨认的伪装。于是就有这样一个故事：一小群共和派议员，由于受到“波尔达维亚”国人民因受压迫而进行呼吁的感动，采取了反对资本主义压迫者的行动，甚至弹劾了当时的外交部长，但直到这时才突然发现，“波尔达维亚”是虚拟的，向议员们发出呈请呼吁的信件，虽然签署者是“波尔达维亚国防委员会”的“朗内格齐·斯当朵夫”和“拉米达夫”，实则是由“法兰西行动”运动这一极右翼组织的成员书写的。只有到这个时候，人们才意识到，原来“拉米达夫”是“法兰西行动运动的朋友”的缩写，“朗内格齐·斯当朵夫”这一听起来像外国人名的发音，则包含着“并不存在”这一字词。[①]

智慧的放射粒子总是被无知的愁云所环绕。有极少数人（他们是一些极神秘的人，其中一个人对世界事务的干预是本章的主题）意识到，世界战争及其政治后果是转移人们的视线。或者毋宁说，他认为欧洲的毁坏，尽管是以一种迄今为止含混不清的名义完成的，但却仅仅是一种副产品，这种副产品是人们的头脑陷入混乱的后果。导致一切战争终结的大战，只不过是一个最新原理的体现：“狂暴的暴风雨和雷暴见证的，是易燃物质和非易燃物质之间的碰撞，是万能溶液和

---

① “Lamidaëff”对应“*L'Ami d'A.F.*”（*A.F.* 为 Action Française），“Lineczi Stantoff”对应“*l'inexistant*”。——译注

不易溶物质体之间的遭遇”，用平常话来说就是，这个时候发生了突变——自然界中现实物质的构成发生了改变，它所带来的新构造，有可能不祥地脱离文明人的控制。

毫无疑问，当一个变化在一个特定城市里发生时，这其中肯定蕴涵着一些不小的意义，这个城市就是巴黎，她自远古的黑暗时代结束以来，就一直是智慧的避难所。即便在战争以前，那里热闹的实验室和讲堂就是一些神奇的地方，人们在这里探索新的未曾存在的财富。在消失了一个多世纪之后，人们又见到了圣物——耶稣基督用过的圣水海绵，它是从圣礼拜堂遗失的，当时，在法国大革命中，无套裤汉们发起向愚昧挑战的圣战，破坏了那座圣殿，而此前，在1241年，这个圣物是路易九世花了不菲的价格，从君士坦丁堡的皇帝鲍杜安二世那里购得的。据一些热爱这座城市的人说，他们认为这一时期真是这个城市的黄金年代，巴黎就像一个埋有无尽宝藏的宝库，一些古代不知名的文书的手稿，一些消失的地名和大陆的地图，一些价值连城的珍稀遗物，在这里随处可见，随便在一个街边市场就能以极低的价格买到。他们记得有过一个时代，在那个时代里，任何一件事都可以让人相信，但其内容又是那样地令人难以置信。荣军院里每天都有一些装着木制假肢的退伍老兵试图说服游客，让他们等着（有时这一等就是几个小时）看一个长着木头脑袋的伤残人，他刚才还在这儿，可能去刮胡子了，一会儿就回来。在国家图书馆，图书馆员经常被一些假读者纠缠着，说是要去花园里看克莉奥佩特拉的木乃伊，据说，这具木乃伊先前被拿破仑收藏在图书馆的文物保存架子中，可是这具木乃伊散发着香气，逐渐从架子中飘散出来，于是人们就把它从地下室里挪出来，在1870年的一个雨夜埋在图书馆内庭的地下。

最麻烦的是，后来人们怀疑这具木乃伊是否真就是那位绝代美人的化身，人们也不再把不假思索的真情投注在它身上。1911年8月，达芬奇的旷世杰作《蒙娜丽莎》，法国人称为《乔孔达夫人》，突然从卢浮宫中消失。翻天覆地的搜寻，只找出它的画框，而这时一个意大利木匠正带着它坐在回家的公交车上，他做了一个玻璃盒子把它放在里面，说是要使其免落无政府主义者和恐怖分子之手。她在一个阁楼上整整待了两年，无奈地朝着她的劫掠者微笑着，倒是也分享着他的壁炉的余温。当这个木匠要把她卖给乌菲齐博物馆时，她终于归还到了法国。但与此同时，也有谣言盛传，一位美国收藏家正在制作偷来画藏的高精仿制品，然后再假装把原画归还给满怀感激的各博物馆。现代指纹技术证明了它的价值，图像显示可以照出原画中的每个裂纹和褶皱，即便如此，还是没人能确信重新找到的蒙娜丽莎画像就是原来的画作。好像是，人们辨别真伪的手段越加丰富，人们

《蒙娜丽莎》

对那些赝品的怀疑也就越深。即便那就是达芬奇的原作，人们又能以什么标准来判断那在时间上无限永恒的美呢？因为最近独立艺术家沙龙中发生了一件事：一些有着长期艺术经验的人士，却尊敬起一幅名为《亚得里亚海的日落》的画，而这幅画的作者则是蒙马特“狡兔酒吧”里一头名叫“露露”的驴子。

现实自身也陷入了衰颓，在黑暗中，那些闪亮的精神，像居里夫人和普恩加莱等，成为一些宗教崇拜的对象，只有他们才真正懂得那被模糊了界限的世界通行的法则。而另外一些人，数学公式对他们来说可能仅仅是一些没有意义的符号，却渴望得到某种从神意的奇幻中来的哪怕是老式的确实感。每天都有几百名信众，排队等候在欧巴克街圣母显灵圣牌教堂周围，在这里，圣母玛利亚会使每个年轻的信众都获得一面刻有她圣像的圣牌，这种圣像被复制了许多次，以致每个要求它的人都会获得，而且每一面之间都同样神圣。可惜的是，这种像章的假冒市场也异常发达，以致那些金光灿灿、代表世间万物真理的有形偶像，也被亵渎得充满疑问。

怀疑论者也许会讥笑这是一些“迷信”行为，可是人们又怎会想到，一些发生在光天化日之下、发生在众目睽睽之间的事情，反倒成了问题而需要人们区分它的真假呢？环法自行车赛，这一象征着祖国统一及始于巴黎又止于巴黎的伟大赛事，被认为最不可能发生具有腐蚀性的不名誉事件。它看上去仅仅象征着人们的意志比拼和最初等的机械技术。可是，就连见证了其事实的那些人，也不敢相信自己的眼睛。人们发现：一些选手坐上火车，然后借着暮色在一些偏僻的火车站又溜走了；有些人为了减轻负担，让其双胞胎帮着作弊。1904年，四名率先抵达终点的运动员被证明造假，当然他们事后都声称自己是无辜的，冠军最终属于亨利·科尔内，这名运动员年仅二十岁，后来他的名字逐渐淹没在历史中，人们只知道他的绰号“里格罗”（“讽刺家”）。有一些相信环法大赛是真的人，看到了自行车运动员冲入巴黎的情景：他们的轮胎是瘪的，有的干脆赤足走入，有的把变形的自行车钢架套在自己的脖子上，这些人确实是相信，但是他们也仅仅是把环法赛事看成一部蹩脚的小说，一部为了追名逐利或者说有利可图的作品：这部作品被一些杂志记者渲染出来，他们每年七月都做这件事，人们经常看到他们坐在蒙日龙咖啡馆里，一边喝着咖啡，一边写着阿尔卑斯山麓赛事的传奇经历，好向上面交差。

♄

在这个不真实到处蔓延的时代，一些来自蒙马特和蒙帕纳斯[①]的艺术家被称为“超现实主义者”，他们略显狂躁，但是他们只不过是当时这种现实忠实的写实者。在这种氛围下，一些孜孜不倦地研究古代科技神话的探求者，连同他们的研究，也就成为人们怀疑的对象，进而陷入信任危机。然而，就连一项保守估计也说，一战后巴黎的炼金术士有一万人之多。由于这么多的工业和制造业活动在两次世界大战之间都迁出了巴黎，因此可以说，这一期间，炼金术活动成了巴黎最主要的工业之一。

人们可以在一些幽僻而又“古奥”的书店里发现炼金师们，这些书店常常带有一些从古代埃及神学里来的名字；他们常常显得有些羞涩内敛，有时又对外人充满敌意，他们常常围坐在一些巨大的铜制圆盘旁。有时他们又出现在一些大学实验室里，他们在那里充当助手，或是在那里参加一些有关专业问题的公共研讨会。他们这些人大都很瘦，脸上长满络腮胡子，带有一丝焦虑的神色，说起话来非常缓慢。许多延续旧有传统的炼金家，仍然把很多个长长的夜晚花费在国家图书馆里、或是在巴黎大学的圣热娜维弗图书馆里。他们随身带着法语转译拉丁文词典，用它们辨识着那里来自中世纪的文献版本，这些版本未经勘校。他们有着忧伤的眼神，这种眼神往往在一些癫狂者身上能看到。如果没有间或发生的有害气体爆炸或是有毒液体溢出，他们也许会被描绘为“有益无害的人”。一位不走运的资深炼金师，尽管在其年轻同行中很有名，有一次还是遇到了这样一件事：他偶尔发现了一本据称是帕拉塞尔苏斯[②]所写的书，版本古色古香，很有说服力，结果呢，这本书里译错了一个字，有一段话劝诫他的学生说，要炼解和萃取原来的金属材料需要在一个小炉子里放上四十年（而不是应该的四十“天”）。接下来一步就是从中提取一种长生药、或是称为万物灵丹的药品，可是多年后，当他凝视着那些烧焦的物体，这些他从幼年起就孜孜以求、费尽心血的东西，他突然产生了一种哲学家极为悲悯的心理，无比虔诚地觉得：使人永生的时间过程似乎太长了一点，恐怕要超过一个人可能的寿命。

---

① 蒙帕纳斯即 Montparnasse，是巴黎的一个区，与蒙马特一起同为艺术家聚居较多的地区。——译注

② 指生活于中世纪末期的著名神秘科学学者 Paracelsus。——译注

这样的人当然是越来越少。炼金术已经进入一个令人惊异的新时代，在这个时代，新旧两类炼金师之间的差异，就像小店主和数学家之间的差异那样大，前者掐指计算着每天的收入，后者则煌煌计算验证着他的理论。对不熟悉科学的人来讲，这似乎有些讽刺意味和不好理解：就是这样一个古老的专业门类，怎会在12世纪经历过一次复兴呢？可是，对于那些稍有专业知识背景的人来说，就不难理解：炼金术活动取得的成就，还是有相当的科学依据和重要性的。几个世纪中，炼金术活动都保持了实验的科学精神，只是在最近，它才被化学这门真正的科学超越。炼金师们描述了几种元素。他们发现了锑、锡、硫酸、烧碱、医药里的好几种化合物、白兰地，以及陶瓷的秘密。正是在尿液中搜寻所谓"点金石"[①]的过程中，一位炼金师发现了磷，由于能发光，这种物质又叫"带火使者"。很多受过良好科学教育的人都知道，正是炼金师们确定了气态物质的存在，而且是他们发展

圣母院

① 含有一些矿物质成分，在人体代谢过程中形成，据说可以产生一些重要的医学疗效，或是在与其他物质成分起化学反应后形成具有重要价值的新物质，因此在被称为"点金石"的同时、又常被同"长生药"联系在一起，在西方有所谓"哲人石"（"philosopher's stone"）之称。——译注

了有关物质的分子理论。很多其他发现可以肯定已经遗失，或是连同一些现在看不懂的象形文字符号的知识正在消失，而这些发现，正是记录在这些难懂的文字符号中。

就在本篇故事开始的那个夜晚，一位炼金士，人们只知道他有一个华丽的化名，这个化名有可能是他的出版商给他起的，他正试图解读某种神秘图案文字当中的一个，这种图案文字过去常被误解为是有关某种原始装饰的内容。这是一位上了年岁的男子，身材高大，脸上有种贵族气质，他静静地站在巴黎圣母院西侧大门前沉思默想。那些雕刻的人像从三个著名的巨大拱门前俯瞰着他，虽然它们的眼睛中并不会有真正的眼神，可是它们那里却充满了神秘的静谧和慈祥。如果不是他那专注得像在思索什么的神情，人们恐怕会误以为他是哪个失眠症患者协会的成员。整个中世纪期间，巴黎的炼金师们每个周六（即祭奠土星农神的日子）都会聚到这座教堂，崇奉这个“我们的巴黎之女”[①]。炼金师们汇聚的广场，早在这座教堂兴建以前很久，就被当成一个圣地。正是在这里，公元464年，尤瑟·潘德拉根之子亚瑟王[②]曾祈求圣母玛利亚，后者赐予他传说中貂皮斗篷的保护，使他最终战胜了来自罗马的统治者弗洛洛。这还是有关这个遗址较近历史中的事件。考古发掘表明，广场下还有一些不知是什么教徒的圣坛，可以肯定地说，早在高卢－罗马人建立神庙之前，这个岛上就已经有为其所取代的更早的祭神建筑，只是它们的名字已为历史所淹没。如今，如果有人出示实物证明巴黎圣母院还是一些异教徒信仰及比基督教早得多的智灵的承载体，那么，那些每个星期天来这里顶礼膜拜的人，恐怕多数人都会大吃一惊。

游客渐稀，夕阳西下，西门的群雕涂抹上一层深深的阴痕。那些雕刻的细节，通常是看不到的，这一刻都在金色的余晖中闪现出来。现在有理由想象当初拆掉脚手架的情景，那时天国群神的雕像如放射出万道霞光，这些色彩都是炼金家们从他们的熬罐中熬制出来的。

现在从另一个时代看着这番辉煌景象的那个人，是极少数了解他所要看的东西的人们中的一个。他不仅知道那些相互冲突的信仰和谐完美地构成一体，正是它们带来了这座伟大建筑的成型，他还了解她的现代史，后者往往是那些只对过去感兴趣的人所不太关心的，因为他们认为这段历史太近了。大约九十年前，建筑师杜克正沉浸在早期哥特建筑的神秘艺术中。他请教过考古学家，求助过图书

---

① “Our Lady of Paris”，巴黎圣母院的另一个名字，是英文对法文称呼的转译。——译注

② 相传两人均为罗马时代晚期统治不列颠地区的君主。他们均曾避难或到过法国。——译注

馆员帮他查阅大量原始档案，以证明这座教堂最初的样子。他曾追寻那些在法国大革命中被偷走，或是后来被拐带到凡尔赛宫去的塑像。法兰西科学院的常任院士们，曾讥笑他试图恢复早于文艺复兴之前的艺术作品，但对杜克来说，13 世纪并非茫无所知的初生婴童时代；它只不过是一个被忘却的世界，在那里，一些特殊的智慧失掉了。比如说，就像一位炼金士一样，他注意到，这座伟大建筑的塔楼和门洞并不对称，它完美地呈现一体的结构，是一些精妙的力量和不平衡的组合。他并未把这些不对称看成粗俗蒙昧的标志，相反，他意识到，他有可能是面对着一些不寻常和难以言状的事物。他认为，哥特建筑是一种有着它自己词汇和语法的语言。出于发自内心的信仰，而这一信仰与那些精确文字的所谓"学术"成果无关，他"虔诚地投入"研究那逝去的时代中旷古的美中。由于他是受着爱的感召和激励，那些常任院士们的讥讽只不过变成一种对他的鞭策。他把回击无知的院士，变成一个真实信仰者的快乐：他在《论十九世纪哥特式建筑的风格》一书中写道："人们禁不住要问，那位常任院士看到的唯一一扇有色玻璃窗，恐怕是在巴黎小亭子间或是公厕里人们所常见到的那种吧。"

作为哥特式建筑奥秘的探索者和鉴赏者，杜克拒绝"改进"任何早期该种教堂的遗存。他宁愿接受一些有残缺的建筑雕塑，也不愿它们呈现出所谓"修复的样子"。虽然很多排查整理工作并未完成，但他至少使疑问保留了下来，可以促成进一步的研究工作。对于那些知道原来的巴黎圣母院处在怎样一种堪破、潦草状态的人来说，他的工作有些过于简单化和不可理解，但也只是它的样子不为他们所接受。杜克想使巴黎圣母院再回复到 13 世纪以前那种状态。对于那天晚上站在教堂门口就像阅读一部天书一样的这个人来说，当时就像是一个建筑学家在使用一部被时间遗忘的机器，他轻轻摆弄着这台机器，尽管被文明抛弃，但出于巧合或是有意设计，他又找到了这台机器部分的零件，又使它重新焕发了生命。

♁

为了说明什么使得上述这个人有别于巴黎圣母院的其他崇拜者，以及为什么我们关注他本人，有必要先说明一下受这座伟大教堂激励起来的更为常见的古奥好奇心是什么。巴黎和会结束十多年，巴黎仍是世人关注的一个中心。每一年，即便在三十年代的大萧条中，单是美国就有数十万人来到巴黎，饱览胜景，或是探寻这样一个问题：一个喧嚣任性的民族何以能够创造出这样一座美丽的城市？

几乎所有人，只要他们在巴黎待上一天，都一定会去光顾那座圣母院。

许多并不特别信仰宗教的游客，都是雨果的畅销小说《巴黎圣母院》的热心读者。在走过了相信是驼背卡西莫多、吉卜赛女孩艾丝美拉达和神父弗洛罗曾经走过的遗迹之后，他们又开始注视那些刻着古代文字的石头，搜寻那些有色玻璃窗上的神秘宗教影像。他们发现了一些在用拉丁文镌刻的葬礼铭文上非基督徒的神秘启示，还有一些教会的比他们的年龄早不了多少的器物陈设。当他们爬上塔楼，他们看到了那个让人毛骨悚然的字眼“ΑΝΑΓΚΗ”（命运），这个字神秘地镌刻在墙上，正是雨果小说开头所描绘的；然后他们失望地看到，墙上每个角落都乱刻乱划涂鸦般地浸满了这个神秘的字眼。

有一些对这个字做过专门研究的人，会比没有做过这项研究的一般游客感到得意，因为他们发现，正是这座教堂由中厅和配室组成的结构，构成了那个在古埃及象形符号中代表命运（或生命）的“Ankh”字。由于雨果小说中那个魔鬼般的教士曾经——在这点上他倒是正确地——说明圣母院是“一个神秘科学的集大成者”，这些游客也效法这位教士，寻找西面大门左侧门洞上方的那只乌鸦，“为的是计算出那只乌鸦俯视的角度，以便找到教堂中某个神秘的地点，那里正藏着那颗神秘的魔法石。”①这个传说曾经记载在1640年哥比诺·德蒙路易桑的《巴黎圣母院大主教堂巨门神秘像符号及数字详解》一书里。如果旅行中的朝觐者们再多做一点研究，他们就会发现，那只跟炼金术有关的乌鸦，象征的是一种把某种物质变成腐殖质的过程，以及某种特殊物质留下的残存，这是一个将某种金属或炼金师的灵魂加以磨炼和熔铸的过程，而那只乌鸦实际上则是一个死者的头颅。（这个头骨所处的地点及它关注的对象，最好留给个别人的私人兴趣，因为随时占据这个地点的游客不会欢迎这种举动，而且他们总是有表达自己不满的手段。）

看起来有点奇怪的是，除了少数炼金术士，几乎从来没人关注和寻求了解那些最显著的不解之谜。在距地面广场六十米高的南配塔楼的顶层上，有一尊人物雕塑，独处在奇形怪状的各种怪兽雕塑中。它倾身对着扶栏方向，眼睛透过圣母院大殿的屋顶，直冲向马莱街区，或者（由于这些人物雕塑的视力经常是斜睨的，就像鸟儿的眼睛）是通过它的眼角，在看一些并没有特别意义的花坛。这个人物的长发和胡须，它的弗利吉亚②式配帽，它的实验做工间的长衣，特别是它蹙起的眉头，都显示它是巴黎圣母院的一位炼金师。它的石脸上带着一种惊异的表情，

① 雨果《巴黎圣母院》第四章第五节。

② 中东地区古国，位于小亚细亚地区。——译注

就像一种畏惧和绝望，仿佛他要被他从坩埚里调制出的东西吞掉似的。

这尊雕塑的眼神看似茫无所知，实则并非如此。1831年，就在雨果小说出版前夕，位于塞纳河边和圣母院教堂之间的大主教座殿，在一次骚乱中被毁。原本被这座座殿环绕的一座中世纪教堂，也在这次骚乱中被毁，它比巴黎圣母院的大部分建筑都要早，当时它的珍宝都被丢入塞纳河。后来它的砖石瓦砾被清除，原地只留下一些花坛。如果那个古代的教堂当真含有什么点金魔石，它就应该是在塞纳河上大主教桥下的某个地方，或者更可能是，塞纳河北面的某个地方甚或是某个垃圾填埋场的下边。与此同时，塔楼上那位炼金术士仍然紧皱眉头，沉思默想着那无价却已然是消失了的珍宝。

这些事情和其他更多事情，刚才那位神秘的光顾者都是知晓的。他知道，建造圣母院的无名建筑师，以及为这座教堂的建筑作出贡献的石器协会了不起的工匠们，都将这座教堂建筑过程中那些神秘的古代技术，镌刻在谁也找不到的地方；而且，更可能的是，他们已经把他们的知识转译和镌刻在那些较之一些织物载体和手稿更为历时长久的建筑本身当中，而它们的教会主人，甚至还要将它们的非基督教的教义意义当成秘密保存。如果一个一本正经的严肃学者要反对杜克之流将那么多的石雕像摆放在那里、或者重新塑造它们，也许这位站在大门前的绅士会反驳说，没有一位现代建筑学者，能够仅凭其头脑中的想象，就把一种科学的准确性和单纯的信仰结合在一起，从而创造出那样一种神秘的综合体。

尽管这位年长的绅士没有任何其他吸引人的举动，但任何碰巧离开这座教堂的人见到他，都会注意到他脸上有种如同那个圣母院炼金师石像一样的表情。但若他们要刻意寻找他那惊惶不安的表情的原因，他们也找不出什么，或许还会猜测他可能是某位经常光顾巴黎宗教遗迹、平时略显忧郁而找不到归宿的灵魂之一。当一些游客继续在广场上环视由以色列王或犹太人国王组成的雕像长廊，以及手拿导游手册、辨认左上方大门里那些柱廊上的黄道十二宫图像、或十二个月的劳作图像时，这位绅士却径直看着他前面的一排方型浮雕。这些方型浮雕掩映在一些小圆拱下，那些小圆拱则在一些神灵圣士雕刻的脚下。这些方型浮雕是在一些浅浮雕上雕出的，显示的是一些相当模糊的场景。同那些位居其上的较大雕像相比，它们并不起眼，也很少有人会去看上它们一眼。

太阳正落到巴黎警察总局大楼的后面，日落的阴影掠过大教堂灰白的表面。那位先生背过身，慢慢地穿过广场。北面塔楼的钟声响起，报着时讯，一些飞鸽嘁嘁喳喳飞离教堂黑色的窗楞，这些窗楞就像教堂的下眼睫一样。那位先生头也不回地朝河边走去，消失在巴黎右岸。

就在那位先生离开广场的当口，一个一直等在不远处的男子走过来，站到了刚才那位先生站过的地方。他那名贵的旅行箱，他的柯达相机，他的专为旅行特制的风衣，他从乞讨者那里引来的兴趣，都证明他是一位富有的旅行者。他把行李箱搁在地上，把相机支在一个三脚架上。他调好旋钮，镜头对准刚才说的那些浮雕，此时镜头调得几乎和那些浮雕一样高，然后他开始一张接一张地把那些浮雕拍下来。一群人停下来看他拍照，随着相机旋转角度，他们都惊异于那些被照下来的浮雕细节，随着每一下闪光灯的响声，那些浮雕都被照得历历在目、清楚至极。

那些图案与圣经故事并没有什么直接牵连。在一幅图画上，一个手持盾牌和梭镖的男子正在试图保护一座营垒，使它免遭一股烈焰的侵害，那股烈焰是从该幅画像的左上角伸出来的。接着在另一幅画面上，一个身着长裙的男子正冲入一座禁地，那里杂乱不堪、一片狼藉。在名为“审判门”的中央大门的另一侧，有一群保存完好的人物浮雕，他们似乎是在提前预示和感受未来时间的效果，又像是在慨叹欷歔施加给被残害者的野蛮行径，后面那个人的雕像露出一种痛苦悲愤的表情，他坐在地上，双手被截，满身伤痕。

很难相信这些充满深刻蕴涵的浮雕，会属于原有的教堂建筑，因为它们的内容组合实在是太特殊了；可是也没有任何迹象显示，它们是在现代某个时候重修的。最左边“圣母门”的门洞上方，有一组浮雕，展示了一个带翅膀的人物，它的右臂高高抬起，做出了一种攻击人的神情。这组浮雕中，多数都充满了云彩，那些浮云从一些葫芦状或漏斗状容器中冒出，从地上升起，有些样子还十分难看。有一个小小的精灵，躯干像人，头却是一种爬行动物的头(可能是一种“火蛇精”)，正从云端跌落下来，而且是头冲下。彩云里布满了六角星，仿佛里面含着宇宙似的，尽管没人分辨得清这到底属于哪个星座。

照完最后一幅浮雕画，那位摄影师收起三角支架，把相机放入行李箱。然后他走过广场，顺着刚才那位年长先生的方向一直走下去。太阳隐没在广场远端的建筑后面。它那美丽的光辉已让位于街边昏黄的路灯，这些路灯沿着塞纳河一字排开，那些浮雕的细节重又隐没在黑暗中。西岱岛上的煤气灯已经燃起，几颗星星在夜空中眨着眼睛。

☉

巴黎圣母院的起源可能已经“淹没在历史的黑夜中”，旅游手册上常爱这么说，但是，比起生活在它的阴影下的无数来来往往的个体，它的大部分历史还是比较容易找寻到的。

巴黎这时已不再是欧陆最大的城市，甚至连伦敦的一半都没有。它的八十个街区，都像一些村庄一样，每个人都知道另外的人在干什么。那里富有活力和有效率的办公机构，会让拿破仑感到高兴。住宅区的名字写在小区入口处，而且有越来越详细的电话号码总簿。酒店客人入住时要填写厚厚一沓“表格”，一些特别的警察会定期将其收集到一起，进行编排索引。尽管如此，还是有一个人，他隐没姓名，用化名逃过了层层信息检查的关卡，就像一个幽灵穿越了一阵弹雨。

现在已不可能弄清，究竟是从什么时间起，外国间谍开始跟踪刚才那位在巴黎圣母院进行观察的先生。那场跟踪持续了多长时间，也已无据可考。可以确知的是，1937 年，德国纳粹秘密情报机关“阿布维尔”① 正在做着这件事，那位先生的住址和时常造访之地都被掌握，但其身份却不清楚。后来跟踪渐少，随着欧洲各国加紧备战，秘密间谍活动也变得越来越难。又过了几年，当纳粹军队开始走下坡路，来自美国的“战略行动处”又开始恢复上述调查活动，并且是作为一项紧急行动。与此同时，巴黎的书商和拍卖商注意到，对炼金术手稿的需求突然走俏，隐姓埋名的收藏家们支付美元，以“金价”收藏这种东西。

从纳粹举行某种侦察活动的特殊性质来看，再从 1925 年他们试图以炼金术制成的黄金充填纳粹党金库的可笑尝试来看，他们在巴黎的行动基地应当是在蒙莫朗西路 51 号，埃尔维西亚酒店，这里属于“阿布维尔”的侦探。这里被介绍给德国游客入住，它占据了巴黎最古老的一座石头建筑，它在此前被称为“尼古拉·弗拉梅尔公寓”。做手稿生意的富商弗拉梅尔在 1407 年建造了这座公寓，他是为一些穷人建造的这座房子，他自己从未在那里住过；尽管后来他有那方面的声誉，但他实际上从未成为一个真正的炼金艺术家。但这并未能阻止一些黄金的疯狂追逐者破坏这栋房子，一些所谓的点金石追寻者捣毁了房子的一半。贪欲蒙住了这些人的眼睛，他们忽视了炼金术最基本的信条：科学家必须有一颗真诚善良的心。显然，他们也忽视了那里墙上刻着的一句话：

---

① 纳粹德国秘密军事情报机关“Abwehr”的简称。——译注

永不满足的人终将一无所获。

正是在这里，人们可以想象，那个拿着相机拍照的人正在不停地分析着那些碎片，这是他能找到的那些信息的线索。接下来就是他收集到的这样一些片段，不一定完整，但已足以反映他调查的一些脉络：

- 一些未经冲洗的胶卷，包括关于巴黎圣母院西侧正门的一些胶片。
- 一本1925年出版的有关哥特式建筑的书，《教堂建筑的奥秘》；一本当代印刷的图册，《浮雕人物图册》，该书作者被错写成尼古拉·弗拉梅尔。
- 一本带插图的有关圣母院的《信众手册》，里面附有一份巴黎圣母院教堂折叠式地图。
- 一本记有一些地址的笔记本，上面包括这样一些单位：一个叫"圣心"的机构（罗舍舒瓦尔路59号），巴黎燃气公司的各办公室（圣若尔日街区28号），各种学术机构和药品公司的实验室等，它们分布在塞纳河两岸。
- 一本去往法国西南部的《贝德克尔旅行指南》，是关于"从卢瓦尔地区到西班牙边境"的路线的。

那里还有一打旧剪报，上面有铅笔标出的重点，剪自《尽知一切》，那是一本流行杂志，在街头任何一个报亭都可以轻易找到。

有一篇日期为1905年9月的文章，似乎与我们说到的内容更有关联，至少是比初看起来更有关联，因此值得仔细一读。这是一篇对"阿尔丰斯·约贝尔博士"的采访，这个人自称是位炼金师。那里有一张照片，照片上是一位中老年模样的人，坐在火炉边。文章的标题是："约贝尔博士在他的炼金实验室里持续做新实验。"另有其他一些图片，"在一位化剂师的监督指导下冶炼一些金属"，以及一大堆看起来像是动物粪堆之类的东西，眼看着就快要将巴黎证交所给淹没了：这里显示的是，"全世界的黄金都在这里流通"，都堆积在这里。图片上这位先生，有些地方像站在巴黎圣母院门前的那位先生，但是既然这张照片在三十年后的1937年才见到，而且当这张照片在1905年拍摄时他已上了年纪，因此，两人具有相似之处很是让人意外。

约贝尔博士显然有一种无害他人的幽默感，而且人们可以感觉出，采访者在采访之后对受访者讲的话没有任何怀疑。（当然，国外间谍的观感只能被猜测，尽管他所做的标记还是表明了他在对待这件事情上的某种倾向。）这次采访大都是关于博士的一位朋友，这位朋友用炼金术制作出相当数量的黄金，然后将其带到了巴黎铸币局。（这位“朋友”极可能就是博士本人。）

> “在铸币局，他们问他是如何弄到这么多黄金的，他不经意地答道是他自己做出来的……您知道这个时候他们怎么说？”
>
> “不可能。”
>
> “他们说——我这里说的绝对是他们的原话——‘你应该不知道怎么做出这种东西。’”

这里应该指出，约贝尔博士并非第一个携带这种自制黄金样品造访孔蒂路这座盛气凌人的豪华宫殿的炼金师。早在1854年，即出现第一次严肃声称在实验室里[①]制造出人造黄金之前七十年，一位名叫西奥多·蒂费罗的前实验室助理，就试图说服巴黎制币局负责贵金属鉴定的勒沃尔先生，允许他在室内进行一些试验。前两次试验都没成功。然而蒂费罗相信，只要他把那些硝酸溶液或硝酸固体熔到沸点，那些金子就必然会迸溅到地板上。第三次试验需要彻夜烧制，当蒂费罗第二天早上赶到制币局时，那里的人告诉他：试管已经爆裂。只有很小几块金质碎片呈现在玻璃片上。看到实验结果没有达到预期成果，勒沃尔先生很是失望，他说：“你已经看到了，确实没有足够数量的黄金。”

很久以后，铸币局的领导们似乎对这件事有了更加开明的想法。20世纪30年代初，化学界发生了许多具有重要意义的变化，他们指定著名物理学家安德雷·埃尔布罗内担任法国铸币局的技术专家。这项任命，在逃过了德国“阿布维尔”军事侦察机构的注意后，似乎对未来的文明世界也有重大意义。

1905年这篇采访文章的其余部分，是关于约贝尔博士炼金活动的意义，其中不乏警示意味。在被法国当局拒绝后，他却收到了西班牙的盛情邀请，那里的黄金市场活动不受严格管制。尽管如此，博士的用心却在其他方面。他曾指出，如果这项发明的秘密能向世界公布，使每个拥有加热炉和试管的人都可以用有关的金属材料制成黄金，那么这将会“对我们现有的机构产生一些震动性效果，社会问题就会加速解决，旧世界就会土崩瓦解”。

这些话足以使那位采访者明白，约贝尔博士是一位危险的社会主义者。他的怀疑是有道理的，因为约贝尔同情皮埃尔·居里，皮埃尔·居里被认为持有颠覆

① 长冈半太郎，1924年于东京大学。

性观点，而且尽管他在研究磁力学及放射学方面起到了先驱者的作用，他的地位却从未被科学界的当权者们所承认。

这一切对于一位真正的炼金师来说毫不奇怪。就像寻求长生药一样，对于制造黄金的寻求，也仅仅是在取得伟大成就道路上的一个阶段；每位炼金术家都明白，如果一个人为某种个人利益所驱使，他将永远也到不了那个阶段。那篇采访文章使得外国间谍发生兴趣，大可作为炼金术在现代的现代化形式的证明。另一个例证是，约贝尔的一位同事，在实验室里雇用了一位化学工程师，还出版了一本关于“如何成为炼金师”的专著，这本书很容易变成一本化学教材。[①] 从约贝尔的观点来看，如果炼金师们都是现代化学家的学生，那么科学家们应该可以从古代科学中学到许多东西。为了验证他的观点，他引用15世纪一位炼金师僧侣巴斯里乌斯·瓦伦蒂努斯的例子，后者描述了俗称“万有水银”的催化剂的作用，认为这种物质就具有后来居里发现的镭的某种属性。后来那位外国间谍或是他的上司，用粗铅笔在这段话旁，重重地打上了记号：

> 我们的汞可以在夜晚发光……它具有如此消解性的元素，以至于在它存在的环境下，没有其他任何东西可以存留，因为它能摧毁所有有机物质。此外，“万有水银”具有一种消解所有金属的功能，只要这些金属跟它接触，就能将它们迅速带入熔点。

从现今已经成为常识的知识来说，如果仔细分析这些信息的片段，它有可能鼓励纳粹重新去搜寻和探索所谓的点金石。但自那以后，在他们狂傲自大的眼中，炼金术不过是些赚取赢利的小把戏，他们错过了一个黄金机会，这个送上门的机会，本有可能使他们获得对1918年失败作出最可怕、最持久报复的利器。

事实上，本篇故事所讲述的会面，正是发生在“阿布维尔”进行调查的同一时间，1937年年初，这表明那位长者有可能知道他在被跟踪调查，并且他在同一时间便逃跑了。会见一结束，他就消失了，接着他唯一有据可查的出现是多年后在西班牙。这使得一些人推测，这位长者和约贝尔博士其实是同一个人，但在找到其他确凿的证据前，这仅仅是种推测。

---

① 弗朗索瓦·约立维－卡斯泰洛，《如何成为炼金师——论炼金理论和炼金术》（巴黎，1897年）。

☿

那天晚上，埃尔布罗内教授离开巴黎市制币局，朝新桥方向走去，以便回到他在圣若尔日路 49 号的实验室里。当他通过那高耸入云、气势恢宏、凌驾西堤岛之上的中世纪宏伟教堂塔楼前的景观时，他并没有意识到，在这座哥特式教堂、那位他有时在铸币局碰到的炼金师，以及他自己的核粒子研究之间会有什么关联。然而，事情还真就在他身上发生了：有好几种有趣的、在他看来可谓是神奇的巧合，就在炼金术和最近物理化学领域里的发现同时发生了。

某些寻金者明显有些低能，即便是他们令人吃惊地了解一些现代科学知识，他们也分不清妄想与实际科学实验成果之间的区别。他们使用的方法涉及很少的尝试，但却包含大量错误。比如说，黄金颗粒几乎总是会出现在一些金属原料中。他们似乎特别关心这样一种想法：某种在实验室完成的物质分子转化会影响人类的未来，某些被误导的实验已经改变了现实世界的本质。小而言之，这是在迫使相对论走向它的极限。

使埃尔布罗内教授感到吃惊的，并不是刚才那种虚幻想法，而是好几位学者都坚持那种虚幻想法这一事实，这几位学者对其他人的著作一无所知。几位科学怪人编织的阴谋当然不值一提，因而他被迫承认，不管它的基础有多不牢固，炼金术仍是一门活着的科学。

事实上，埃尔布罗内对一些跨学科的科幻探索的同情，远胜过那些法兰西学院教授敢于公开承认的。他知道：居里夫妇就是从炼金术中获得了启发，一些研究物质原子结构的同行，也是在炼金术中获得了灵感。他或许还知道：曾宣称炼金术是“种神经病”的牛津大学化学家弗雷德里克·索迪，现在则在公开场合向大家推荐说，炼金术是一种未经开发的、可以给人们带来一些实用启示的宝藏。索迪教授曾做过一项有关金属转换的专门研究。他精心阅读一些炼金术读本，开始怀疑在某个遥远的过去，一种衰落的文明曾经发明过一项技术，这项技术基于某些并未曾经过认真研究、甚至还有可能是偶然得来的分子加工程序。在索迪看来，这项技术已经在炼金术传承的过程中留下了烙印。更有意义的是，正是在发现炼金术的重要性后，索迪和他的合作者卢瑟福吃惊地发现，具有放射线的钍元素可以自然转换成另一种元素。据说索迪这个时候叫了出来：“卢瑟福，这就是物质的蜕变提炼！”对此卢瑟福答道：“看在麦克的面上，索迪，别管它叫蜕变提炼，他们会把文明当成炼金师砍掉脑袋的。”

那天晚上，当埃尔布罗内教授走到实验室，门房管理员告诉他，刚刚有位上年纪的绅士找过他，给他留了张字条。埃尔布罗内认出了落款者就是在市铸币局作自我介绍的炼金师，这个人还对他的有关钋元素研究的著作表现出强烈的、虽然还不太成熟的兴趣。在他的留言中，他要求埃尔布罗内在巴黎燃气公司的实验室见他，那里是公司总部所在地，离他在圣若尔日街区的住处只有几个临街的房子那么远。埃尔布罗内告诉他的年轻助手雅克·贝尔日尔这件事，两个人就出发了，他们觉得这一定是一项有趣的业余活动。

这件事情中的有些细节已经遗失，多半是由于六年后，埃尔布罗内作为抵抗运动成员被捕：他被关入布痕瓦尔德集中营，1944 年 3 月死于肺炎。在生命的最后几个月，他把他的才华和精力都用在了在明信片上用隐语书写，当时还允许犯人将这种明信片发给家人。与埃尔布罗内本人唯一有联系的同那位约见者见面的记述，是一些实验数据报告，这些数据被放在一个密闭的信封里，于 1940 年春天纳粹军队进入巴黎前数周，被提交给法兰西科学院。因而，有关这一事件的主要信息来源，便是埃尔布罗内的研究助手在 1960 年发表的有关研究报告。

根据这份报告，1937 年 6 月晚上来约见的那位炼金师，是《教堂建筑的奥秘与伟大艺术杰作神秘科学符号详解》一书的作者。这本书出版于 1926 年，作者名是化名“浮尔卡涅利”（Fulcanelli）。这本书只印了五百册，现在它已是以黄金价

“浮尔卡涅利”

格来计算。这本书震惊了整个巴黎的炼金界，掀起阵阵涟漪。这是一本研究精深但并非没有瑕疵的研究巨著，它涉及宗教界的炼金符号和哥特时期的一些民用建筑。它特别参考了巴黎圣母院的建筑艺术，以及瓦伦蒂努斯、德蒙路易桑和雨果等人的著作。这本书的魅力源于它优美的辞藻、它对圣母院雕绘的精心描述，还来源于一种异乎寻常的怀疑主义与信仰相融合。浮尔卡涅利坚持认为，阅读伪炼金术家时，“不仅要有所保留，而且要有完全的保留”，此外他还坚决捍卫了他的理论中一些真正的科学依据：

> 我们的科学是具体、真实和精确的，就像光学、几何学和机械学一样；它的成果应当像化学一样是可见的。热情和信仰是一些催化剂和宝贵的辅助工具，但是它们必须服从逻辑和理性，并要位居实际的实验之下。

当浮尔卡涅利设法同埃尔布罗内教授取得联系时，他的书已不再代表他最近的思考。1926 年时，他还沉浸在一个中世纪过后的炼金学家的精思妙想中。1937 年他又回到其最初想法，特别是他在书中描绘的“一种真正引人入胜的四方形小浮雕”上，这些浮雕正是圣母院左侧前门处的那些浮雕。

这本书持久吸引人的地方，后来被证明还是有关浮尔卡涅利身世的不解之谜，这一不解之谜令后世八十年内数以千计的方士、术士及阴谋家们，在探寻他的谜底时都无功而返。① 一个更有意义的问题是——埃尔布罗内教授一定也问过他自己：一个炼金师究竟可以在一家燃气公司做什么？他在书中提到那么多旅行，表明他既不缺钱，也不需要一份固定工作。但当埃尔布罗内和他的助手走入圣若尔日街区时，他们抬头望着巴黎煤气公司那令人惊异的大楼，突然意识到，这是一个适合炼金家从事其活动的理想场所。这栋名为帕伊瓦饭店的建筑，始建于 1840 年，那时这个街区到处都可看到珍奇古玩店、甘作情妇的高级贵妇、自诩隐士的富有艺术品收藏人。一位因其寓意深刻的动物图景而著名的雕塑家，在这栋建筑

---

① “浮尔卡涅利”一名可能源于古希腊罗马神话中冶炼之神伏尔甘和太阳神赫利俄斯的一种组合。这种用字组合方式的猜测现在看来并无定论：吕西安·法勒、“核线”（fil nucléal）、“后尾”（le cul final）是曾经有过的猜测。这本书于 1957 年再版，这位大师的一名年轻弟子欧仁·康赛里耶写了篇序言。康赛里耶属于“太阳城之友”社团。这个社团里有两个人住在皮加勒街区，那里离埃尔布罗内在罗舍舒瓦尔路 59 号的实验室不远：一个是苏伊士运河建造者费迪南·德·雷赛布的儿子、酷爱苦艾酒的画家香槟，一个是为罗纳－普朗制药公司工作的人。这个地址被列在一本外国独身男子在巴黎住留的秘密手册里，具体地址是在一个叫“圣心”的男性妓院里。“阿布维尔”的侦探显然对此有所知晓，而人们也自然可以想象，他对此采取了什么样的侦察措施。

的前庭，塑造了很多精美的人物雕塑。其中有一尊看起来像赫耳墨斯神，手里拿着他的采石工具。由于受到百年来的烟熏侵蚀，这栋建筑黑乎乎的，在暮霭中显得有点阴森；紧闭的窗户中透出一些黄色的微光，表明这栋建筑里有比生产煤气更有趣的事情。

事实上，浮尔卡涅利在燃气公司上班，可能是完全出于一些实用目的。正如美军战略事务处战后发现的，放射性元素被进口到法国，目的是制造打火机和煤气灯纱罩，而非用于某种特殊能量的燃料堆。这样一来，煤气公司也就变成唯一可使浮尔卡涅利这样的人获得索迪和卢瑟福观察到的物质转换的地方，他缺乏正式学术职位，只能以不引人注目的方式获得这种元素。

会见在这座建筑后面的一间实验室进行。来访的两位科学家身着便服，炼金师穿着一件实验室长衣。他有一个奇异的故事要讲：这件事要是少了他所掌握的核物理学知识就会显得荒诞不经，这里面特别包括，他们在高压液氢里放入铋并使后者气化，结果发现了放射性物质（即在氘里发现了这种物质）。这表明，这位炼金师是皮埃尔·居里的朋友，对这一领域的问题了解得非常清楚。他的话语带有金属音色，十分精确，语调中稍有一些不耐烦和焦虑，这同他那旧式的礼貌用语形成鲜明对比。

"您的实验马上就要成功，就像您同时代的另外几位同行一样。请恕我直言，您和您的同事已经开始的工作，正在孕育极大的风险。它们不仅会对您产生危险，还会威胁整个人类。"

助手贝尔日尔的脸上掠过一丝嘲讽的微笑，炼金师毫不在意，或者根本就未理会。他继续说道：

"释放核能量比您想象的要容易，人工制成的放射性物质可以在数年内污染整个地球。我或许可以补充一点，正如炼金家们多年来知道的，完全可以从几克金属中提取一些爆炸物质，就是这么一点点物质，可以摧毁无数城市。"

贝尔日尔已经是居里夫人的学生，不过关于核物理科学发展那不可知的世界，他还有很长的路要走，尽管如此，他可能是感到在学堂里被老师教导的日子结束了，当炼金师像老师一样举起手指时，他插口说道：

"我知道你要说什么，那并没什么意思。炼金师不了解原子结构，他们对电的使用漠不关心，他们没有技术手段去探测放射性物质。但我必须告诉您，尽管我无法向您提供证据，很多极端纯一的物质，只要它们有特殊的几何结构，就能释放出原子能的力量，即便是没有电力的使用和真空技术的应用，也是可以的。"

他停顿了一下，仿佛是要让那个自行研制的核反应器的概念慢慢消解。他的脸上有一种奇怪的淡然表情，这种表情或许也是一种轻度的神经质表情。两位科学家谁都没说什么。贝尔日尔看了看那身着实验室服装假充内行的庸医，仿佛是在观察某种倏忽即逝的、优美的、不易再看到的实验结果。那位男士的话语已经在他的脑海中引发了一连串链式反应。尽管这些话现在看来有些荒诞无稽，但是第二年，奥托·哈恩和弗里茨·施特拉斯曼就在柏林发现了核裂变现象，几乎没人想到核能量会有如此巨大的破坏力，直到 1942 年，费米的位于芝加哥大学橄榄球场的地下原子能反应堆进入关键时刻，人们才意识到：遥远的炼金师的“几何级增长”的炸弹，与这种现象之间存在着联系。

大楼内某个地方的一扇门关上了。埃尔布罗内和贝尔日尔相互递了个眼色，仿佛是要他们自己确信，客观物质世界仍是真正有效的力量，而未经证实的事情仅仅是发挥思想概念的意义而已。

“我想您错了，”炼金师继续说道，仿佛是要使他的话语变得更有效果些，“我真的认为，过去可能存在着某种文明，他们知道原子能的秘密，但是他们却被这种能量的不当使用给毁灭了，而且”——他的眼中闪出某种光——“有一些技术片段已经保留了下来。”

贝尔日尔决计要使炼金师停下来，防止他进入空幻的魔幻世界。在他看来，一个人如同一架未经校准的加速器，如果他的头脑像这样一种状态去工作，那他的头脑歪打正着、冒出一些奇异怪诞的想法也是有可能的。他礼貌地问道：“先生，您自己是否曾在这一领域做过研究？”

炼金师笑了起来，像是回想起了遥远的过去。“您是想让我告诉您四千年哲学和我个人工作的简史吗？（贝尔日尔勉强表示歉意地耸耸肩）即便这是真的，您也正在要求我将一些无法用语言表达的东西用语言说出来。”

“所以，”贝尔日尔说，“如果我没理解错的话，我们是在讨论关于点金石吗……”

“还有黄金生产，是吗？……那些只是一些专门的应用，”炼金师挥了挥手，“关键问题不是这些金属的提炼转化，而是在于这些实验的行为人自身的问题。”他的目光直指两位科学家中较为年轻的那位。“有一件事我想请您稍作考虑：炼金师从来都对科学实验中一些道德和宗教问题不是漠不关心，而你们这些现代科学家们，只是 18 世纪物理学的儿子，那时的科学仅仅是少数贵族的消遣，或是有钱人放浪形骸的东西。”

谈话随着这番冷静的布道式言辞戛然而止。毫无疑问，炼金师觉得他说的已经够多的，任何企图解释他是如何得出这一结论的尝试，恐怕都会使两位科学家感到为难和难于理解，或使他们不知所措。他把他们引到实验室门口，让他们自行找到回家的路。

两位科学家回头去看那座建筑物，窗户中没再闪出光亮，他们再也没有见到过那位炼金师。

巴黎解放后，包括英国和美国的谍报人员，没有人能说得清，为什么一位对哥特式建筑有学术兴趣、为一家煤气公司雇用的巴黎炼金师，可以在这样早的一个时间对核物理科学知识有如此精确的了解。直到第二年八月，爱因斯坦才给罗斯福总统写了那封有名的信，警告“由于约里奥 [- 居里] 在法国以及费米和西拉德等人在美国的工作”，正在出现一种毁灭性的炸弹武器。

1937 年，唯一警告核科学研究危险性的另一个人是索迪，他实际上是一位自我教育成为炼金学信奉者的人，他在公开场合发表演讲：将来有可能出现令人难以想象的破坏威力巨大的武器。浮尔卡涅利缺乏索迪教授的资源和专业背景，但他具有一生从事炼金学实验的经验。从他自身的实验和观察来看，他懂得金属“析出”的过程，这一作用在中世纪被炼金家们称为“重水”现象，他还知道“析出方式”和“非析出方式”之间的区别，这些方式都需要累以年计而非日计的积累。与索迪教授不同，他知道炼金师的秘密不可以用语言来表达，反倒是可以转化为浪漫诗歌的语汇。

有如此多晦暗的、具有象征性的人类灾难，被注记在过去已成为禁忌的历史中，像瘟疫、大屠杀和宗教战争，以至于很难让人把一些可视的记录同一些确凿的证据联系起来。往往要过许久才能看出，一些最富启发性的谚语，揭示了事件的真实性。圣母院西侧大门上方的浮雕已经存在了约七个世纪，在那里成千上万的游人都可以（至今仍可以）见到它，但是，直到新一轮的威胁成为一种现实，这些浮雕不过是一些陈年古董，它们只能充当无以计数的游客拍照留念的背景。

在巴黎新建的郊区中，虽然贫富分化日益加剧，但就巴黎大部分人口而言，他们仍是依据财富多少，排列有序地生活在社会上。一个裁缝、一个诗人、一个银行家、一个算命先生、一个核物理学家，都有可能踩着同一块楼梯地毯，他们就这样每天生活着，有时就一些无趣的话题随便聊上两句，诸如突然变化的天气、院子里的鸽群，以及地下老是莫名响动的管道（指地铁——译注）。巴黎的街区是一所巨大的学校，那里充斥着各种生意和特殊技艺。有时一些特殊的碰撞，就像事隔千年刚才我们所说的两种科学的汇聚，并非不可能，而且这一事件在巴黎的历史上从未被人提起过，一点也不让人奇怪。

贝尔日尔和埃尔布罗内可能留意也可能没有留意那位炼金师对现代科学那种非道德性的指摘，但是他们一定仔细掂量了他从技术角度所作的暗示。这两位科学家在1940年提交的研究报告，最终在1948年被启封，表明作者对在氘和铀—238中进行的自行链式反应进行了计算。[①] 尽管这一报告并不像某些人宣称的那样，代表圣若尔日街的实验室已经接近制作出世界上第一个氢弹装置，但它们确实表明法国人在研究核弹方面取得了令人惊奇的进展。

这只能使得浮尔卡涅利的行为对于我们来说变得更加离奇。他警告了不久就会向世界释放的灾难性力量，但是，由于已经解释了什么是核反应堆，他实际上把贝尔日尔和埃尔布罗内带入了核裂变的边缘。

巴黎和会已经表明，道义在国际政治中只是一种奄奄一息的力量。现在已难以想象，曾有一位化技师向路易十五呈献了一种“永不自熄之火”，它可以摧毁整座城市，这使得王室不得不自掏腰包，让人去掉其发明所可能留下的所有痕迹，因为它太可怕了；现在也不可能想象：一位工程师向路易十六呈献一种曲柄连发机枪，它可以杀死整连士兵，结果它被皇帝怒斥为“人类的敌人”而被否决。

当美国战略情报处的谍报人员随同盟军到达欧洲时，他们就像四下猎奇的生意人一样，在这块大陆上到处搜寻。官方的说法是，他们正在寻找失踪的美军士兵，但其真实目的却是，猎踪那些核科学家，想方设法不使纳粹生产的核裂变物质落入苏联之手。有些密探人员前往有可能落入法国之手控制的德国城市，另外一些人则在搜寻浮尔卡涅利及埃尔布罗内的一位助手，一个叫埃里克·艾德瓦尔·达特的印裔法国人，他对炼金术稍有涉猎，对粒子加速器较有了解。但是浮尔卡涅利杳无踪迹，达特则被法方反谍报机构在北非给枪杀了。

在巴黎，行动的主要目标变成法兰西学院，以及弗雷德利克·约里奥－居里的实验室。人们认为，居里夫妇的这位女婿是名虔诚的共产党员。他曾在解放巴黎的战役中向德军坦克扔过燃烧弹。据说他在战时获得了数吨之多的铀矿物质，而且说来有些让人吃惊和愕然，法国科学家就是在这样艰苦的条件下获得了在这一研究领域如此大的进展。最近关于“法国核试验”的一份解密文件提到，约里奥－居里可能是安全问题上的一种威胁：

① 见《科学院研究周报》，1948年5月24日（第226期，第1655—1656页）。——译注

> 一项可靠的材料表明，传言说，法国科学家已经掌握了有关核爆炸的数据和推算公式，而且他们已表明愿意出售这些数据和材料。出于某种政治原因，他们很不情愿将这些技术出卖给盟国或是他们自己的政府……他们愿将这项发明卖给那些小国之一。[①]

如果能够知道约里奥－居里是否曾同他岳父的一位朋友、即那位炼金师讨论过有关核技术问题，那倒是十分有趣。也许浮尔卡涅利像约里奥－居里及其他法国科学家一样认为，既然这种核技术很快就要被几个大国知晓，倒不如将这项技术尽可能广地传播开去。当然，如果是那样，那位炼金师不管在哪里都可以见到那令人惊异的场景，这幅场景他曾在中世纪群雕中看到过，与中世纪的炼狱神话有关，恐怖至极。他将会看到——这一次可是白纸黑字实实在在——倾倒的殿宇、被毁坏的浮雕上枯槁的脸，还有高耸的蘑菇云，里面含有无数个“太阳”。恐怕就连他自己都会觉得，这一切无法让人相信。

① 希尔比·斯金纳中校致 W. R. 舒乐上校，1946 年 2 月 18 日。国家档案和文献局，分类编号 RG 226，第 210 条目，第 431 盒，第 2 夹。

第十二章

对巴黎的一次微型旅行

1940 年 6 月 22 日

在飞机上，即便是一个陪护的士兵愿意透露他们要去的目的地，也几乎是不可能，因为马达声会淹没一切谈话声。在夏日清晨透明的阳光中，他把柏林刻画成一个软木塑成的模型，从空中看，柏林就会变成这般大小；与此同时，格鲁内瓦尔德郊区森林的松树，就像一片绿海，沉浸在无底的峡谷中。飞机前冲又下沉，他想着早晨没来得及吃早饭是多么幸运。一阵突然的调整显示飞机已经拉平，颠簸过去了。在地平线上，如果那里有窗子的话，他会看到杜塞尔多夫的国王大道，他能辨认出那里的街区，正是在那里，他同米米娜告别，离开时她泪眼婆娑。两名党卫军戴着臂章，如果他了解这些符号，他就会知道他们的身份。他只是轻轻地吻别了她，仿佛当着外人面他不好意思似的。他已记不清，是他在他们分别时心里这样想，还是他真的说了一句："专制体制下，什么事都有可能。"

飞机上没有座椅，机舱两侧有两长排木质坐席，他想这可能是为伞兵准备的。他顺着人们的面庞朝机舱望去。他看到阳光从驾驶舱的窗户上透进来，随后他的视线就被一些装有食品的篮子和一些装有果汁的盒子挡住了，这些食品是从斯塔根机场装上来的。他默默地想着：难道军队里头有一种不为人知的传统，庆祝胜利时还要召见一位雕刻家，一边共进晚餐，一边为他们雕刻，以纪念这一时刻？电话是在早上六点钟响起的，当时房间里很静，电话铃声响得很突然，很难让人预见它会宣布一项光荣使命。自从他被要求把所有的工作精力都献身于未来的柏林，他就把自己看成一个"自由的"工具，只是这次例外，看起来不那么自由；他已习惯于在他的工作间中见证那些体量巨大的作品，而且件件如此，在那些雕塑作品上凝聚的是同样巨大的成功与失败，不分彼此，胜利与灾难同在。这时唯一能告诉他到底发生了什么的好友施皮尔，不在城里。他只能从电话里听到这样的声音："布里克尔先生，我们是盖世太保（他能肯定他们说的确实是秘密警察）。兹命令你进行一段短途旅行。一小时后车到你家门口。"

轰鸣的飞机引擎声冲进他的耳朵，颠簸着他的四肢。他半睡半醒地这样大约过了一个小时。这段时间，要是边境还在他们一定越过了边境。早晨应该阳光明媚，而从驾驶舱照进的光线很是昏黄，表明他们不是在朝东或南飞。从两名士兵的举止装束也看不出什么，从飞机的隆隆声中透出的只言片语也什么都说明不了。对那两个人来说，他就像是不存在一样。他知道这次"无伴侣"的飞行一定同某件事有关，而这件事一定有重大意义，有想象不出的重要性。当人们不再受约束于所谓现代艺术家的蒙昧主义时，人们的激情就会被激发出来，这时，艺术家们的“能量”就会得到释放，他们的创作就会获得广阔的新空间。飞机下方，有成群结队的人群，有绵延无际的车队，这些汽车上都盖着草搭的顶棚，以防德国斯图卡式轰炸机的俯冲。(他了解这些是从朋友的电话通话中，而非自己的电台广播，后者并不那么靠得住。) 成百上千名巴黎人都在第39路公交车前排队，然后前往沃日拉尔站，再从那里乘火车赶到波尔多。政府各部大院里燃起了火堆，巴黎警察总部大楼里的押运专车堆满了各种警察档案，在人群中穿梭。卢浮宫已被悄悄清空，他在想，维纳斯神像或许已在布列塔尼海边呼吸着海风，或是在奥弗涅山区的城堡中，同其他杂物一起拥挤在潮湿的阶厅中。

两个多小时过去了，飞机开始侧倾，沿着风和云组成的阶梯隆隆下降。周围的热气让人难以忍受，正是这一点让他感到愤怒：这种不祥的不舒适感，恰好违背了元首的诺言，元首曾许诺他的艺术家们不会住在格子间，也不会遭受物质匮乏的窘迫。

1940年6月21日，上午十一点半，比利时的布吕利－德佩什

他把这个地方称作“狼谷”(沃尔夫斯施鲁赫特)。森林边有一些令人愉快的散步小道，一直延伸到村庄后，原先的村民已被迁走。这令他想起上奥地利的林茨区。在教堂居室搭起的临时会议室里，墙上挂着法国东北部及低地国家地区的地图，房间里满是皮革味和男子刮须后的香水味。他住在“狼谷”已快三个星期。那天早上，军队将领们都同意，他们取得了历史上所有时代最伟大的胜利；从那时起，那张巴黎地图就一直摊开着，他喋喋不休地谈论着巴黎和这场胜利，除此之外，他不再关心任何事情。

多年来，他一直都在盼望着这一刻。他曾派遣建筑师和城市规划师前往这座城市进行考察和记下他们考察的结果，但他自己却把访问这座城市一直留作一种夙愿。早年时代他曾满怀热情，仔细研读这座城市的街景，并一直珍藏着这座城市中每一座建筑和古迹的蓝图。他自己学会的要比那些教条的老师们教会的多得多，那些老师只在乎文凭，他们觉得这个十七岁青年人获得的文凭才是他艺术成就的最高证明。每项细节都留在他的记忆中，他对这座城市太熟悉了，当他要作最后的准备接近这座城市时，他喜悦地发现，当初那些记忆还是那样鲜活和确切。

他觉得他比大多数巴黎居民还要了解这座城市，或许他不用向导就可以游览这座城市。《贝德克尔》旅行指南对他来说没什么用。他自己组成了一个小小的旅行团：吉斯勒、布里克尔和施皮尔；他的驾驶员、司机和秘书；摄像师弗伦茨、

摄影师霍夫曼和新闻部主任迪特里希；凯特尔将军，及其随行助手博登沙茨将军，元首的保健医生，以及三名随护。他从前的贴身军机要员施培戴尔将会在机场加入他们一行。他们将要乘坐秃鹰式飞机，然后改乘奔驰六轮式敞篷车。他将亲自带领这一行旅行团，这对他们也是一堂有益的教育课。一想到那些无聊的导游册和解说、工作人员，他就气得浑身发抖，那些穿蓝制服的人只会说些无关痛痒的陈词滥调，只关心一些繁文缛节式的规章制度——不许碰那件器物，不许跳到那个贵重地板上，不许进入围栏内……

六周前，他让所有人都大吃一惊，因为他说他要同他的艺术家们一起前往巴黎，而且他说他六周后就将这样做。这使他感到极大的自豪和满足，尽管由于他愚蠢的战争行为而造成大量人群和犹太人南逃，但他毕竟现在要对那被他视为伟大"文化民族"的人民进行史无前例的致敬了。

他知道，巴黎人仍把他看成像油漆工或理发师学徒那样水准的艺术家，但这是由于他们还没有真正看到，他是巴黎艺术真正的捍卫者。时间将会改变那一切。如果是丘吉尔到巴黎来，势必会在这座城市的每个街角都引起冲突和战争，这座世界上最美丽的城市之一就将从地图上抹去，因为那个嗜酒者、喜欢战争的战地记者[①]策划了一个阴谋，这个阴谋无比愚蠢，他的政府都怯惧得不敢说服他放弃它。豪斯曼男爵曾留意到这一点，尽管他明显另有想法，即有一天一支现代化的军队会进入巴黎，这支军队几个小时内就会占据巴黎的各个要地。显然，一座存在两千年的城市难免会没有瑕疵，但是任何先前君王们完成的作品，都是作为光辉典范的无价之宝：一位医师可以研究一种癌症的病变，从中学到必要的经验，但是，如果一座城市被毁于一旦、变成灰烬，他该怎么办呢？

那天早上十点钟，他的手指开始沿着地图上笔直的大道摸索。当他抬起头，墙上的指针已快指到中午。

1940年6月22日，下午两点，布吕利－德佩什

对阿诺·布里克尔来说，这是一种难以掩饰的喜悦，他都有点陶醉了。飞机飞向地面，接近跑道的一刹那又突然拉起，就像是只受伤的天鹅一样降落在陶匹茨齐[②]机场。一位不说话的二等兵驾着一辆指挥车，把他带到森林和池沼的风景

① 这里指丘吉尔，他在布尔战争时做过战地记者。——译注

② 原文为 Teupitzsee。——译注

区中，那里的居民不是躲了起来就是被赶走了。在一间农舍的餐桌上，他甚至还看见了一顿没有吃完的饭，这间农舍是被遗弃掉的。他听到了牲畜叫，看见一头牛躺在地上快要哽死。他对要去的地方一无所知，直到他坐的车驶过一个交叉路口，这里有一个新近竖起的指路牌，指向“布吕利－德佩什”，即便到这时他也还是感到一头雾水。

指挥车在一座小教堂前停了下来，一些木制围栏上标着“O.T.”①。一小群堆着微笑的军官上前向他问候。他认出了建筑师吉斯勒，还有他的朋友。他的朋友咧开嘴，露出像学校孩童般的笑容。

“你一定被吓僵了，”施皮尔说。（这一定是一种看法，而非提问。）

布里克尔突然感到了他的焦虑的分量。他看着施皮尔，想起自己是如何眉心放大、嘴巴僵硬的来了。“你为什么不找人告诉我一下？我只好把米米娜丢在家里。她吓坏了……怎么回事？”

施皮尔故作姿态地停顿了一下：“你现在在比利时，这里是总部！你肯定没想到，对吧？”

一位副官走过来，领着他们往房舍内部走去；刚到门口，他便看见“他”站在那里，还是穿着平常那身简单的衣服，身体奇怪地有点像芭蕾舞的身形，手像耍蛇人一样光滑。他的脑海里闪过一个念头：也许希特勒本人就是这个精心策划的恶作剧的一部分。他握了握布里克尔的手，就像是一位父亲在欢迎一个孩子。那双蓝眼睛十分犀利，仿佛从三万个人里都可以把一个人找出来，“元首直接看着我”，他的眼睛直直地落在布里克尔脸上。元首握着他的手，慢慢地点着头，仿佛在说他没看错，布里克尔先生配得上这项任务。然后，他碰了碰他的手臂，把他引到一旁。

“我很抱歉这项任务执行得这么匆忙。每件事情的进展都在我设想的范围内，毫无例外。下一阶段这就开始。”

他说话的样子，就像一名演员在向同事假装盛情，或是三心二意地虚与委蛇。“我迷上了巴黎，现在它的大门已开。你知道，我一向有一个夙愿，就是带着我的艺术家们参观这座艺术之都。也许可以安排一个胜利的入城式，但我不想让法国人民在失败后再添伤口。”

布里克尔想着他在巴黎的那些同事，点了点头。

“我必须要考虑未来，”元首接着说，“巴黎是其他城市的标准。它会激励我们

---

① “托德组织”（Organization Todt，简称“O. T.”），纳粹德国负责工程建设的主要部门。——译注

重新考虑如何重建我们自己的主要城市。作为一个老巴黎，你可以设计一个初稿，规划中应当包括这座城市所有的建筑制高点。”

一项紧急消息被送达元首，接见暂告一个段落。布里克尔被留在招待宾客的客房里。他盥洗完毕，去森林里散了一小会儿步，直到这时他才想起要给柏林那边打个电话。一想起过了这么多年终于可以重返巴黎，他的心中止不住一阵激动；但他知道，这次旅行就像在病房里重访一位老朋友。等到散步回来，他被告知，元首不想让人看到是同一些民间人士在访问一座被占据的城市，因此他必须换上一身军装。他戴上一顶副官的军帽，穿了一身伪装服，套在他的灰西装外。这些装束很合身，但却让他看起来变小了。

他给米米娜打了电话，告诉她没事，然后他就坐在桌旁，在房间里草拟巴黎名胜的名单，这张名单要转交给元首的助手。六点钟，他离开房间，穿着借来的服装，从客室前往就餐。一路上，碰到的士兵都向他敬礼，他感到这是一种很奇妙的经历。他踏入餐厅，由于他身着军官服但举止却像个平民，元首的餐桌边传来一阵大笑。

晚餐由身着白制服的士兵来照顾。凡是不想像元首那样全吃素的人，都可以享受到肉食，但是饮品只有水和果汁。夜幕降临，响起了打雷声，于是他们很快就睡了。风雨过后，只听见外面一台发电机的嗡嗡声，还有哨兵的马靴声。

* * *

一名副官来叫醒他时，他实际上还没睡着，这时是早上三点钟。他穿上衣服，走入黑夜。一小时后，他又回到了空中，他使劲回忆着他所经历的路线，但他想到的却是1927年他刚到巴黎的日子。那时女房东带他去巴贝斯百货商店买一个双人床（女房东坚持这么做）。在四色艺术厅①，一个漂亮的黑人女子拉着他谈起了尼采。他想起了他在让蒂伊的小工作室，如果坐地铁，二十五分钟就能到蒙帕拿斯咖啡馆，那里有菜园和鸡舍，门口蹲着一只杂毛狗。

秃鹰飞机里有靠窗的舒适座椅。阳光照向大地时，他朝下望去，只能看到羊群和牛群。逃难的人群已经向南去了，现在已看不到那逶迤蜿蜒的队伍，连同夹杂其间的各种推车、行李。他听到周围愉快的交谈声，他很奇怪，为什么只有他觉得他们正在去完成一项危险的使命。

① 即 Bal des Quat’z Arts，巴黎的一个艺术和声色场所。

1940 年 6 月 23 日，星期日，巴黎

五点四十五分——笼罩巴黎城区好几天的烟云终于散去了，据说这些烟雾曾刮到过英国南海岸。它的来去据说都没有明确的解释，但它却伴随了巴黎城市的整个生活。这座城市似乎不经意间正在准备一场巨大而隆重的典礼。沿着香榭丽舍大街，低低的晨霭在拢起，两名哨兵在无名战士墓前若隐若现，除了卐字旗和灰色的鸽群，看不见其他东西在飘动。

在这座城市约二十里外，即拉法耶特街远端，一辆汽车从勒布尔热方向驶来。接着又出现一辆，再然后是三辆，组成了一个五辆轿车的小车队。皮革敞篷向后合拢着，这些汽车咕噜噜地驶过那些鹅卵石铺成的路面，车上的人一起一伏，他们的头有节奏地摇动着。

这是一条长长的近郊大街，看上去像是一条不平凡的大道，不知通向何种尽头。街道两边建筑的回响，加重了汽车发动机的声音。这些建筑仿佛都是空的，窗户要么被封，要么涂了蓝漆。其中一辆车上站着一个人，手持摄像机。早晨的轻雾依然匍匐在地面上，城市仅仅现出一个轮廓，但现在可以保证，这是一个有利于摄影的好天气。

他们每通过一个路口，立正的命令就会响起。在第二辆车里，元首坐在司机旁边，这辆车里还有布里克尔、吉斯勒和施皮尔，他们坐在后排的高座上。元首一直沉默着，从机场出来就是如此，布里克尔环顾四周，看见元首紧绷着脸，缩在灰色的外套中。他仿佛是被这里的奇幻景观所震惊。布里克尔想，这恐怕是一种信号，表明元首有一种高度的敏感性，表明他有一种永远正确的能力，将主要精力永远集中在本质问题上，对其他问题则漠不关心。

停火还没有真正生效。任何时候，一个狙击手都可以从巴黎市上千孔窗户内，扣动自动武器的扳机。之所以选择现在这条路线，也许是由于在巴黎的其他部分，很难找到像现在这条路那样不用经过巴黎市的主要风景点就能很快到达市中心。驶过约六里多地的街区，大歌剧院的后尖顶才突然从路旁各个屋顶上方露出。

这让布里克尔很是吃惊，因为这不是他事先设计好的路线；他想，在布吕利－德佩什时，元首一定研究了他提交的文件，但最后把它扔到了一边。车队从建筑物后面接近了巴黎歌剧院，这里位于两个不是主要街区的中央，他们沿着东边侧翼开过去，仿佛是小心翼翼、生怕惊动它似的。转弯进入空旷的广场，他们看见有两名德国军官等在台阶上。元首跳下车，快步走入这座建筑。

里面所有的灯都在开着。金色的灯光在大理石和金色饰物上摇曳，照到地面

上，仿佛走在经不起踩踏的冰面上一样。一位白发的引导员，将他们带上那气势恢弘的大厅楼梯。

这时，刚才还蜷缩在车内座位上的元首已经换了一个人：元首实际上是在激动地战栗。"太完美了，绝对杰出匀称的比例！"他喊道，一边挥着手臂，就像一名指挥家。"还这样华美、壮观！"引导员静静地站在一旁，脸上带着无表情的僵持，就像是一个马上就要心脏病发作的人。

元首接着说："你们可以想象，穿着舞衣的女士们从这阶梯上翩翩而下，两旁都是身着军服的军人们的队列。——施皮尔先生，我们在柏林也必须建造这样的建筑！"走到楼梯顶端，他转过身，开始向仍在爬楼梯的人们讲话："忘却那'美好时代'[①]的风雅，那折中主义的建筑，还有巴洛克式的奢华，你仍然可以找到有其自身杰出特色的剧院。"他解释说："建筑本身的重要性，体现在它优美的结构比例上。"

他们进入观众席，一边等着，一边看着引导员打开大幕开关，唤醒舞台上的神话世界。元首转了一个圆圈，想要看清整个舞台，然后对着空旷的座椅喊起来："这是世界上最美好的剧院！"

他领着路，以他一贯快节奏的步伐，就像在新闻纪录片中通常看到的那样。引导员在他后面吃力地跟着。他们看了化妆间、排练厅，在这里，令布里克尔吃惊的是，元首回忆起了印象派大师德加的画作。有好几分钟，他们站在舞台上，彼此间交谈着，或是倾听着元首的鸿篇大论。他好像知道歌剧院最隐秘的细节。他们让布里克尔告诉引导员，他们想看看这里最高规格的来宾接待室。布里克尔一开始很难用准确的法语把这个问题讲出来，当他终于找到恰当的词汇时，引导员一脸茫然地说，这里没有这样的地方。但是元首十分相信他对这座剧院的了解，他略略有些不耐烦，坚持说他想看他确信存在的这个房间。那位引导员终于想了起来，这座剧院的确曾有一间皇家接待室，但在随后的整修过程中它被去掉了。

元首大声说道："现在你们可以知道我对这里有多了解了吧！"然后他又补充道，脸上露着有感染力的笑容："先生们，你们看看真实的民主是什么样子！一个民主共和国甚至不给他的总统一个专有房间的待遇！"

他们离开歌剧院时，元首命令一个随护人员交给引导员一张五十马克的钞票。引导员礼貌地拒绝了。元首又要布里克尔把钱交给他，那位引导员再次拒绝了，

---

① 即"Belle Époque"，在欧洲现代文化史上指从19世纪70年代到第一次世界大战之前那段发展时期，此间欧洲文化取得了相当巨大的成就，法国在其中占有较为突出的地位。——译注

舞蹈（*La Danse*）

说他只是在做他的工作。

歌剧院建筑外面，有一尊雕塑家卡尔波的著名作品，“舞蹈”，它在法兰西第二帝国时期曾遭到资产阶级们的反对，这尊雕塑引起了元首的关注，他看了好长一会儿。上面是一些强健的仙女围着手持手鼓进行演奏的酒神跳跃、舞动。尽管上面有很多黑色的污垢，这些痕迹使得它们看上去都像是一些刀斧手行凶后还要面露微笑的受难者，但是，珍珠般的雕塑牙齿还是清晰可见。元首对其称赞有加，视如天才之作：这是一种聪颖智慧和优雅天赋的典范之作，外国人应当在德国也看到这样的建筑。

这样说着，他们回到了车上，离开歌剧院广场，从被弃之关张的和平咖啡馆前拐向右边。

早上六点十分——卡普西奈大街上有一些名贵品商店，但是现在就连橱窗里的一些模特也不见了。他们的下一站是玛德莲娜教堂，他们依然是从后面靠近这座教堂。车还没停稳，一名随从便跳下车，拉开车门。元首先于其他人走在教堂前面的通道上，他几乎是小跑着踏上了台阶，当他突然停下来仰望上方的三角形顶饰，后面的人猝不及防，险些撞到他背上。他看到了一幕"审判"的雕塑场景，这座雕塑将拿破仑对他的大军的纪念植入一个宗教殿堂中。他发现这座建筑有点故弄玄虚和俗套，这令他有点失望，不过这座建筑坐落的位置却极好，正好可以望到河对面的国民议会大厦。然后他们驱车前往皇家路，从那里进入协和广场，在这里，司机被要求绕着方尖碑慢慢行驶。

元首站在车上，一只手搭在镀铬的挡风玻璃框上，注视着他观察的目标。方尖碑太小了，各个方形侧面都过于纤细，这使得它在城里很难占据一个突出位置。然而，方尖碑的透视景观，却是非常突出，它使得人们一览无余，可以看到城市的各处景观。两名宪兵，身着短披肩斗篷，站在路边护栏前，相机拍下了这一场景，作为人类生活的一种见证，它将被交给新闻界，表明这里一切正常。报纸评论会说："清晨，元首访问了巴黎，令人惊喜！"在一条主路口，一道黑影快速通过路面。元首朝那个方向看了一眼，只见一个男子头戴黑帽，身穿黑袍，低着头，像是在看地下的坑洼不平一样，又像是在通过道路时怕被人看见一样，很是滑稽可笑。汽车通过时，摄像机将他纳入了影框。这或许是法国这座都城瞬息而过的一段日常生活画面：一位教士快速隐没在人群中，就像是一个黑甲虫逃回它的洞里。

接着，看到街道两旁气势如虹的建筑和它们交响诗般的韵律感，再加上他们这个小团队此时此刻的情绪，还有仿佛预计到在随后的新闻电影中他们的国家典礼般的行进会配上相应的画面，元首命令在这一著名的大街路口稍作停息。然后慢慢地，他们开始了沿着香榭丽舍大街的长长的行进路线，一直通向凯旋门。车上乘客的头左右摇摆，看着路边街景，辨认着他们在图册和明信片上看到过的那些著名景观：荣军院的穹顶、它前面的亚历山大桥、大皇宫、小皇宫、远处的埃菲尔铁塔、圆点广场的喷泉（没有水），富格酒店空无人迹的庭园。影院的海报仍在张贴着，上面有两部美国电影《横冲直撞》和《浮生若梦》的广告，这两部电影自从大逃亡后就从没上演过。大道尽头，一排窗户突然亮起了太阳光，接着，在他们通过底下时，太阳光又突然变暗。他们已经到达了凯旋门。凯旋门本身就是一块巨大的磁铁，吸引着他们穿行其下，这里曾是获胜班师的队伍每次必经的地方，

凯旋门

只是他们是从另一个方向、从相反方向走来。

这里已不是布里克尔曾经认得的那个巴黎。尽管还不是尽善尽美，但它已被认为是未来柏林的中轴线，这里已被当成未来柏林的翻版。摄影师一直在不停地拍照，直到镜头容纳不下凯旋门那庞大的身躯为止。元首1916年时画了一张画：《巨大的拱门》，当时他正躺在病房里，这张画大得足以容纳下凯旋门这座庞大的建筑。通向凯旋门的大道应当比香榭丽舍大街还要宽二十一米，而且它不应该受两边的居民区、资产阶级的居住区干扰，这些居住区太琐碎，太不够气势，这是希托夫[①]改造星形广场后的结果。布里克尔试图从元首的眼里揣度他所想象的每一件事——一座城市的极大光辉应当永远存在，不管有没有人群在注视它。

他们停在了星形广场。凯旋门上有的地方搭着脚手架，但是元首还是能够读到拿破仑时期的某些铭文，好像这些铭文他从前就从心里知道。他背手而立，向

① Jacques Ignace Hittorff, 1792—1867，德裔法籍建筑规划师，香榭丽舍大街的规划设计者。——译注

下行方向看着香榭丽舍大街，一直看到方尖碑和卢浮宫那边。布里克尔从元首的脸上看到了他此前注意过的一种表情，那是元首审察柏林市规划模型时的表情，他弯下腰俯瞰着整个视野。那是一种孩子特别专注的兴奋表情，当他特别想要一样东西时，他的脸上就会发僵，他想着这件东西，心无旁骛。离开的时间到了——这时已是六点半——元首几乎已不忍离去。

早上六点三十五分——有许多条道路从星形广场放射开去，尽管有许多军事指挥官和巴黎的专家在场，在又绕着凯旋门转了一圈后，仿佛这个小旅行团不知该朝哪边走了，他们没有在雨果大街或克莱贝尔大街处再转回来，相反他们选择了福煦大街，一直走到第一个路口，在这里他们有点犹豫不决，最终他们向左拐进了彭加勒大街。元首这时显得对旅行失去了兴致：毫无疑问，他是在检阅他从前曾经知晓的那些景观，品味那种气氛和阳光落在建筑物上的效果，而那些知名建筑物仅仅是他在抽象意义上所知晓的。

时间不久，他们已经站在夏悠宫的庭园中，从这里可以望到河对面的埃菲尔铁塔。摄像师几乎是跪在元首脚前，以便将他的头和埃菲尔铁塔的塔尖放在同一高度。与此同时，一名照相师也在拍着照片，要向全世界证明希特勒到过巴黎：布里克尔、施皮尔和元首站在一起，在庭院中他们背后是小小的埃菲尔铁塔，这张照片就像是在幕布的道具中照的一样。新闻纪录片中的解说员会这样说："埃菲尔铁塔前的一幕场景！"说得有点像在向人展示度假后的相册。"元首左侧站着施皮尔教授。"解说员会继续这样说。施皮尔教授像是强忍笑意，或者说是在尽量不流露出什么特殊表情。而那位站在元首右边拱肩缩背、一脸苦笑、饰帽不整的假副官，最好连提也不要提。

九天前，发现埃菲尔铁塔的电梯坏了后，一些德国士兵爬了一千六百六十五级台阶，把一面卍字旗挂到塔顶，可是，风太强了，把它吹成了碎片，而代替它的一面小旗子，在晨雾中又看不太清。在电影的下一段胶片中，元首将身躯从埃菲尔铁塔转过去，他朝夏悠宫的方向看了一眼，是朝上看的，看的是夏悠宫上镌刻的一段镀金铭文，字太小，有点看不清：

那些经过我的人一定要弄明白，

究竟我是意味着坟茔还是财富，究竟我是张口讲话还是保持沉默……

——朋友，请你不要毫无目的地进到这里。

太阳已经升起，透过薄雾照射进来。河边供人散步的大道和下面的栈桥码头一片空寂，显得很是怪异和令人不安。看不到驳船通过河面，也听不到城中的声音，除了这座城市广阔空间中低低的沉吟。这是此时此刻元首状态的一种反映，他是那样沉静，以致面对现实，他能思索景观学和建筑学方面的问题，仿佛这不是一个真实的世界。他变得出奇的絮叨。他喋喋不休地谈论那些建筑师的天才，说他们完美地将埃菲尔铁塔与夏悠宫和战神广场结合在一起。他称赞铁塔的精巧与它令人印象深刻的直立挺拔。这是巴黎市唯一真正的杰作，因为它代表了巴黎自身的性格。所有其他建筑其实都可以在其他城市里找到。由于布里克尔已经告诉过他，所以他知道，这座建筑是为世博会建造的，但它超越了它本来的目的：它是一个时代的报晓鸟，这是一个工程师和艺术家手牵手的新时代，在此之前，科技创造的现代辉煌建筑的架构，是那个时代的人做梦也想象不到的。它开启了新古典主义的新时代，这个时代由钢筋和混凝土铸就而成。

他们跨过耶拿桥，驱车通过埃菲尔铁塔脚下，到达战神广场的另一端，在这里他们瞻仰了军事学院齐整的外观，回望了刚才他们站立的夏悠宫那宽广的前庭广场。重新回到车上时，元首望了最后一眼埃菲尔铁塔，像是要告别似的。天气渐渐暖和起来，副官帮着元首取掉风衣，换上一件没有皮带的白外衣。这使他看上去像是一位化学家，或是实验室里的化验员。

沿着图尔维尔大街往前走，当荣军院的金色屋顶渐渐显露出来，人们清楚地意识到，这次访问的顶点到来了，这一时刻一定对元首有着重要意义，因为其中有太丰富的情绪掺杂在里面。他是作为一名征服者来到这里，就像他此前的布吕歇尔和俾斯麦一样，但他也是拿破仑的一名羡慕者，后者是可以与他并驾齐驱的人物，同样是“世界历史精神”的代表者。但当车队短暂途经沃邦广场时，他恰好看到了曼金将军的塑像，这座塑像傲然屹立。正是这位曼金将军率领他复仇的军队于1919年占领了莱茵兰。元首的脸瞬间阴沉下来，现在，他又成了德国国耻的复仇者和德国民族骄傲的捍卫者。他对身后车上的士兵说：

“把它炸掉，我们不能带着这样沉重的记忆去面对将来。”

听到这句话，布里克尔不禁想起了一位伟大领袖的伤心往事：即便在这样一个充满幽怀情调的特殊时刻，他还是忘不了要从艺术世界里摆脱出来，重新进入残酷的现实政治与战争的世界。

在荣军院大堂的内部，他们站在地下宫室环形的游廊中，凝视着下面拿破仑的陵墓，陵墓用褐红色的花岗岩塑成。在这次访问中还是第一次，全体人员都陷入了沉寂，大家都沉浸在一种莫名的气氛中；里面的灯光比平时要暗，大概是因为陵墓四周垒起的沙袋都快比窗户还要高，这是在巴黎宣布为不设防城市前垒的，

荣军院

也是为了躲避德国空军的袭扰。纪念拿破仑那些著名胜利的军旗已经有些破旧，它们从两旁的柱廊上垂下来。巴黎的征服者注视着他前辈那五十吨重的棺椁，低下了头，帽子放在了胸前。

布里克尔与离元首近在咫尺，可以听到元首的呼吸声，他见证了一段正在形成中的历史，这种感觉令他彻骨震颤。然后他听到了一句话，这句话标志着两位历史上的大人物在无限时空中的相会，元首转过身，朝着吉斯勒说道："你也应该建我的墓。"他说这番话时，人们只看到他的嘴唇在动，他是轻声说这话的。然后，他高声说起他的一项规划，说大厅顶部的绘画应该改成上苍穹宇的天国。还说从这里应该有一个类似罗马万神殿的天窗，雨和宇宙的阳光从这里洒向地上那不朽的石棺。石棺上会刻上这样一个名字："阿道夫·希特勒"。

元首选择这样一个庄严的时刻，宣布了一项"馈赠法国的礼物"：拿破仑之子莱希斯塔德公爵的遗骸，会从维也纳被护送回巴黎，埋葬在荣军院他父亲的墓旁。这将标志着他对法国人民及其光荣历史的另一项尊敬。

早上七点十五分——阳光照彻塞纳河，他们经过波旁宫，转向东去。一座钟楼上敲响了七点一刻。各个地方的看门人开始出现在门前，用抹布或扫把清扫着门前台阶。狗儿们离开主人的公寓，正在清晨中寻找它们的去处。在圣日耳曼大街，它们停住脚步，这里有德国使馆，元首正在里面讲话，他指示，要重修这座建筑。然后，这些狗儿快速通过拉丁区狭窄的街道，穿过圣叙尔皮斯教堂前面，还有卢森堡宫及奥德翁剧院前的希腊廊柱。两名警察看到它们跑到了圣米歇尔大街，出现在苏弗洛路。那天早些时候，一个电话叫醒了巴黎市警察局局长，他已习惯了新上司一时心血来潮的新念头。第五分区的警察大队告诉他，今天早晨先贤祠的看门员被一群拿着冲锋枪的德国士兵给吵醒，他们要他打开先贤祠所有的大铁门，时间在七点整。

大约七点半，元首脚步轻快地走进了这座陵墓，不久，他的脸上却出现了一些阴沉之色。他被那些雕像弄得有些反感（他称这些雕像是"癌瘤"），他也被这个地方的阴冷弄得有些不快，这使他觉得个人受到了一些羞辱："上帝啊！"他怒斥道，"这根本不值得称为什么先贤祠，它哪能跟罗马的众神殿相比！"布里克尔熟悉元首关于建筑和雕塑的观点，但他还是第一次听到他对某个具体作品的观点。根据元首的看法，如果一件雕塑破坏或扭曲了人体的自然形态，它就是侮辱了上帝。他一定在想先贤祠中的唱诗厅，以及这里西卡尔为当年的国民公会[①]制作的纪念雕塑，这组雕塑的布局略显激动和躁动，上面有一些历尽艰辛、饱经风雨的战士，以及一行特殊的格言“不自由毋宁死”[②]。在元首看来，一个真正的艺术家，是不用艺术来表达个人的观点和感受的；他不应当有什么特殊政治倾向。他们不应该像犹太人，只专注于把事情弄得有形有状，而效果却是琐碎无味和可笑。艺术和建筑是人类双手劳动的成果，就像制作一双靴子，只是一双靴子经过一两年的穿磨与磕碰后会被扔进垃圾堆，真正的艺术则会流芳百世。

在这一公开场合，仿佛有一种个人情绪充斥了布里克尔，使他对元首有一种感念之情。他意识到，一方面元首在鼓励“他的艺术家们”相信，他们是他前往巴黎的向导，另一方面他实际上也是在显示，这座城市应该变成什么样子，以及让他们准备好不畏前途艰辛的任务。当他们驶离先贤祠时，元首转过身，看着他的“副官”布里克尔在座位上一颠一颠，狡黠一笑，像在安慰他那不太得体的形象似的说：“没有一位真正的艺术家是一个士兵……”然后他说想看一看布里克尔曾经生活的那个区，在那里年轻的布里克尔开启了他那追求艺术的传奇年代。“我也夙爱巴黎，像你一样，如果不是命运把我卷入政治，我也会在这里学习，因为我在一战前全部的希望都在艺术上。”

由于巴黎这一部分并无明显的地标性建筑，元首的建议看来是可以被允许的。他们驱车沿着蒙帕纳斯大街行驶，看到了著名的咖啡馆“丁香园”，还有卡尔波的“四大洲”喷泉雕像，正是这种恢宏气象，肯定了元首对他的作品的高度评价。然后他们又退回圣米歇尔大街，从这里快速向河边驶去。还有这样多的东西要看，时间却不等人，何况，他们离要离开这座城市的归路已经很远了。

在圣米歇尔广场，元首向给他敬礼的两名警察还礼。他们向西堤岛驶去，沿着不见人迹的河边码头来到圣母院。在这里，巴黎至少还保留着一些神秘的魅力。巴黎警察局的山墙一溜向左延伸过去，就像一块大大的幕布，教堂哥特式的塔楼在灰暗的光线中升起，整个景象就像一出浪漫戏剧中的布景。汽车通过这里并没有停下。他们看到了巴黎高等法院大楼，以及那个圣礼拜堂，但是这些并没有引起元首的兴趣，相反他注意到了街道另一边的一个建筑穹顶，他问布里克尔：“那是商会大楼的楼顶吗？”布里克尔摇了摇头：“好像不是，那应该是巴黎科学研究所大楼的楼顶。”但当他们与那座建筑的入口处于同一水平线时，元首猛一回头，

① 这里指法国大革命时期。——译注

② 原文为“VIVRE LIBRE OU MOURIR”。——译注

对布里克尔说："你看看那上面写的是什么？……商会大楼！"他的语调中带着一种莫大的快意。

早上七点五十分——他们穿过阿尔孔勒桥，到了巴黎市政厅；又经过卡纳瓦莱博物馆，以及犹太人区那些关门闭户的橱窗前，来到了孚日广场。街边的树木遮蔽了那些奶油色或粉红色的建筑前脸，元首看起来已是心满意足地不想再看这些了。喊喳碎语的鸟雀，茂密树荫遮蔽的花园，里面充斥着保姆奶妈和殷实富裕的孩童，还有那矫揉造作、过于华饰的房屋拱廊，这一切都让这里散发着令人难以忍受的资产阶级心满意足的空气。他不再变得生气勃勃，直到他们重又回到里沃利路他都显得毫无精神。这里是他心目中的柏林应该有的皇大之气：无尽的联排房屋，前面有统一划整的共同门脸，分毫不差的庞大建筑设计，以及一个伟大帝国首都令人震慑的欢愉和宁静氛围。

右手边是通向中央市场的暗旧街道。即便在这里，城市还是显得相当萧条。这里没有带着泥土的蔬菜阻塞道路，没有货商用粗鄙的语言叫卖，也闻不到咖啡味和烟丝味。但就在这时，在早晨寂静的空旷中，传来一声报贩的喊声。它听起来就像是古代一种濒危的遗迹。发出声音的人从侧面一条路上走出来，边走边发出唱歌一样的喊声："早报！早报！"看到一列车队走来，他便跑过来，边跑边挥舞着一张报纸，他是朝第一辆车跑来，喊着喊着，他的声音突然卡在了喉咙里。当他看到对方那凝望着他的蓝眼睛时，他顿时惊得目瞪口呆，撒腿就往回跑，一摞报纸洒落便道。过了一小会儿，一群菜市场上的妇女站在路边大声讲着话，她们就像中央市场上的所有妇女一样，不重仪表，对什么都满不在乎。声音最大和最胖的妇女看着车队沿着街道开过来，注视了一小会儿后，她突然挥起手臂，指向希特勒说道："那是他——哎哟，那是他！"说完，她们费力地挪动着身躯，四散奔逃。

卢浮宫那巨大的、标志性的建筑外形映入众人眼帘，元首说道："我从不怀疑，这座建筑是建筑史上最伟大的天才之作，看它多么雄伟！"不多一会儿，他又被旺多姆广场深深地吸引住，在这里，尽管有一些无政府主义者的野蛮主义痕迹，但仍难掩掉过去那位拿破仑皇帝的光荣历史。

不久，他们又回到了巴黎歌剧院，在元首的坚持下，他们还是要看看在充足的阳光下，这座伟大建筑的样子。没有停歇，他们又赶往绍塞当坦路和克里希路，在一个广场处向右拐，沿着途经红磨坊的街道继续行驶。星期日的早晨一如往常般寂静，他们到达了皮加勒广场，但在这里他们没有观摩任何贴着巴黎唇膏的妇

卢浮宫

女，据说，这里风尘女子的唇膏，是从巴黎的地沟油里提炼出来的。

汽车快速换挡，车队疾速驶上斜坡，穿过一些狭窄的街巷，来到圣心大教堂外面。他们走到小广场边缘，背向教堂，俯瞰着整个巴黎的城市景观。前来教堂的人进进出出。有些人已经认出了希特勒，但却假装没有看见。他倾向扶栏，寻找着城市中那符合豪斯曼伟大规划的城市轨迹线。在那个高点上，巴黎的优美，被一些居屋、工厂和其他实用建筑给冲淡了，每座建筑都隐没在遥远和晨雾中。巴黎就像是一幅印象派画作，一幅模糊的水彩画，他们在近处看到的清晰的建筑物，就像是一些在深海中漂浮的小小浮标。

布里克尔看出他有一丝失望。这是希特勒平生仅有的一次造访这座城市，为此他已热切地准备了很多年、盼望了很多年。访问持续了两个半小时，其间他没有吃过东西，没有进过一家私人房屋，没有同一个巴黎人说过话，甚至也没上过一次洗手间。时不时地他们也会说上一两句，施皮尔还是像以往那样的谄媚和俏皮，他开玩笑地称元首是“总厨师长”。此时此刻，布里克尔看到希特勒在仔细搜寻被塞纳河截成两片的那片土地，那片直至一片褐色山丘前的空间，他的眼睛仿佛有一些微微的熠光，还有一些濡湿。“我终生的理想就是亲眼得偿见到巴黎，”元首说，“我现在感到很高兴，无法用语言形容，这个理想实现了。”但他还是不忘这次访问的目的之一，他对他的艺术家们（吉斯勒、布里克尔和施皮尔）说道："对你们来说，艰难的时期就要开始了，因为你们要建造那些具有里程碑意义的建筑和伟大的城市，你们要努力工作，加紧实施，使它们配得上你们的荣誉。"然后他转向他的秘书："不许任何事情阻挠他们的工作。"

他们站在游人栏杆处，待了好长一段时间。最后，好像是不忍离去，元首抬头望了望身后那纯白的巨大顶塔建筑，说了句"精彩"，然后就转身朝汽车走去。

* * *

十点钟，秃鹰飞机从勒布尔热机场起飞。元首指示飞行员绕巴黎城市数周。他们看到阳光照耀着塞纳河那铁蓝色的曲线。城市中的每一座建筑都可以辨认出来，它们之间的相互位置也看得一清二楚：河中的岛屿、巴黎圣母院、埃菲尔铁塔、荣军院等。

巴黎最后一次隐没在夏日的雾霭中。现在，只有森林和土地出现在飞机的舷窗中。元首用拳头敲击着身边的扶手："这真是一次旅行的经验！"参观这座传奇城市的满足感，已经抵消了他的些许失望（他本以为这座城市应当比他实际看到的更加雄伟壮观），他所看到的一些明显缺点，反倒在一定程度上增强了他对这座城市的高度评价，并使他在审视柏林城的建设规划时能有一种新的眼光。只有一点点不太合元首胃口的评论出自吉斯勒之口，他告诉元首，其实他还没有真正看到巴黎的全貌，一座没有人民的城市怎能称作一座城市呢。他应当在1937年世界博览会时来参观这座城市，那时这里人流不息，车船不止。元首点了点头表示同意，"我当然可以想见那种情景。"

回到"狼谷"，元首在森林中一边散步，一边把他的想法告诉吉斯勒、布里克尔和施皮尔。巴黎给他留下的印迹依然十分强烈，他作出一个决定，这项决定显示，即便这座城市空无一人，巴黎仍对任何见过它的人具有强大的影响力。他之前时常想到过一种可能性，那就是将这座城市废止，但是他现在决定，不能将它消除或摧毁——因为，正如那天晚上他在指挥所里告诉施皮尔的，"当我们完成柏林的规划建设后，巴黎不过是它的一个影子，除此之外什么也不是，既然这样我们为什么要摧毁它呢？"

当布里克尔教授在1971年开始回忆他人生中的一些重要事件时，他发现，他对这次小小旅行的印象，比他早年在蒙巴纳斯的岁月记忆还要深刻。那些历史性建筑从眼前一闪而过的旅行，还有新闻纪录电影里将他和元首照在一起的图片，都要比他自己的任何个人经历来得真切可靠。正如他告诉朋友们的那样，他对他能见证希特勒的一个侧面而感到机会难得，这一点极少有人能身临其境——他见到的是一个暂时从文件堆、或者说文山会海里解脱出来的希特勒，也是一个从战争的狂想里解脱出来的希特勒。甚至当那些他在元首指示下制作的具有纪念性的雕塑和浮雕变成一片瓦砾堆时，他还记得巴黎的建筑如何完美无瑕地保留了欧洲文明的延续性，那时巴黎已经解放，再也不会遭受颠沛流离和丧失家园之苦。他将他的记忆视为一项秘密财富，这笔“财富”穿越了整个困难年代，正如1945年柏林成为一片废墟施皮尔和他告别时笑着预言的那样：“就连狗也不会再从你手里接受食物了。”

第十三章

占　领

1942 年冬赛宫

I

据说，生活在城里的孩子，会比生活在其他地方的孩子更早成熟。他们每天都会听到或看到几乎不同的事，即便他们养成了一些无所谓的精神，也尽量做到不太引人注目，他们的日常生活和信仰还是会经常受到打击。每天坐公交车，就可能突然变成一桩危险的事情；每天往返家里和学校之间的曲折路途，也可能变成一些令人烦恼的危险街区。整个街区都可以碰到像一条恶狗、一个和善的乞丐、一顶地窖的窗户、墙上复杂的涂鸦这样的事情，或是孩子的旅程中可能会遇上的无数精灵古怪之一。孩子的父母们也许会抱怨“日复一日，没啥新鲜的”，可是孩子们却觉得，城市每天都在变化，即使有些事情不变，可是它们看上去却是每天都和另一天不同。父母们并不是每天都在日新月异变化的城市生活的权威。有些事情他们没有注意到或者说不愿注意，因为就连那些最富有同情心的父母，也不想重演或再现孩童时代的恐怖记忆。

在那些艰苦的岁月里，巴黎发生了太多不寻常的事情，以至于巴黎的孩子们一定会比平日里长大得更快。然而，他们却只能以一种方式长大。数据统计显示，青少年群体实际上变得身材更矮体重更轻。学校里曾发过一种粉色的维他命药丸和一种富含蛋白质的所谓“贝当饼干”，但是孩子们的健康并没什么起色，母亲们几乎什么也不能做，除了把一些常年生的甘蓝当成似乎是更好吃的东西，或是在喝的豆粥里今天放一把豆子，明天加一些花生。

由于长时间生活在饥饿状态下，孩子们往往对城市中的诡谲事件和任何转变都变得更加灵敏。通常情况下，他们都会对城市中一些微小的困苦不屑一顾，很快就把生活中的这些事情给忘掉，可是，当饥饿来临时，他们的空腹就会使他们把不满发泄到哪怕是一些很小的不便上。大街上过去经常卖陀螺玩具和糖果的小售货亭，现在卖的全是些像自行车修补工具或辞书一类无聊的东西。几乎是一夜之间，围绕着儿童需要发展起来的经济便垮了下来。邮票和玩具汽车的价钱，蹿升得令人难以忍受，许多玩具商店都关门了，他们的主人也逃走了。有太多令人不快的条例和禁令，使人很难相信，一向以喜欢孩子著称的贝当元帅，是否了解巴黎的真相，是否知道孩子们在受苦。大皇宫的水池已经干涸，一名小男孩过去常来这里玩用沙丁鱼罐筒或别的圆筒做成的小船，现在不得不一路走到杜伊勒里宫花园那么远，而那里的湖面又太大了，不适合玩那么小的船。有些孩子来到公园里，却发现他们爱爬的树被砍倒了，木材被用来当柴烧。定量配给给孩子们造成的影响是如此之大，以至于没有统计数字能够说清它们给孩子们带来了多么大的灾难。鞋子穿破后，他们不得不穿上一些极不舒服的木制鞋底，上面刻着“笨木鞋”字号，这使得他们没法跑动。要制作一些玩具娃娃，必须使用孩子们穿过的旧衣裳，一些大的玩具娃娃则需要他们身上穿的新衣裳。

以前从不担心食物的孩子们，突然发现他们的甜食变得难吃起来，就像是有人在故意捉弄他们。商店橱窗里摆放着漂亮的蛋糕和塔形水果堆，可是它们前面却放着一个标签“模拟展出”，也就是说，它们不是真的。每样事情都不再是原来那样。城里出现了一些新的广告牌标示，贴得到处都是，上面的字看不出是什么意思，或者像是拼错了，或者像是跟别的字混淆起来，像什么“大巴黎”或“士兵影院”等。有些字拼起来太长，以至于不得不用很小的字来适应那块告示。告示是德国人贴的，人们暗中都喊他们“德国鬼子”，认为这群德国鬼子是一切恶事的源泉，不过有时也会认为英国人或犹太人是坏事的源泉。[1] 最糟的是，父母们几乎总是心情很糟，因为他们不拘干什么事都要排队，或是因为他们连烟都没得抽。

对那些岁数稍大的兄长和姊姐们来说，生活似乎更加艰苦，因为他们很清楚战争前的情形是什么样子。刚到入学年龄的孩子，发现一些新事物很是让人激动。家住荣军院边上的一个孩子，看到一位将军的塑像被硝酸甘油炸药炸毁，一些石片飞落隔壁人家的院子里。有些孩子喜欢看从天空中扫过的探照灯的光柱，喜欢看红色的灯光从远处的空中降落（那应当是飞机降落），他们还特别喜欢模仿战斗机的声音。由于时钟被迫拨快一小时（以与德国时间保持一致），孩子们必须人手一个火把去上学；每天早上街道上就会出现一连串火把造型，灯光在那里翩翩起舞，使他们感到就像进入了童话世界。过生日通常都以失望告终，但是许多孩子都会得到小豚鼠，在这之前是不许他们养宠物的。有些人甚至在浴缸里养起了兔子，他们从公园里拔来青草喂养它们。贝尔维尔居民区的一个女孩认识一位妇女，她养的兔子把她的食品代餐券给咬坏了，这位妇女说，至少想到可以把兔子杀了扔到锅里跟萝卜青菜一块煮熟大吃一顿，感觉并不太糟。

* * *

尽管多数父母一个劲地抱怨说生活变得越来越艰难，可是这一次，直到两年后，许多孩子，特别是那些生活在这个城市里特定区域的孩子，才开始感到事情的确是变得不是一般的坏。

这年春上的一天，在成千上万户巴黎家庭中，无线电收音机被断了电并被没

① 这个词原文作“the Boches”。——译注

收，自行车也不骑就放在那儿，车上挂着锁，因为到处都是贼。电话打不通，不许使用电话亭或是去咖啡馆，人们只好写信联系他们的乡下亲戚，为的是让他们送点吃的来，可是当他们写信时，只能用事先已经写好字的信封信纸："×××家庭一切安好"；"×××受伤×××阵亡×××被监禁"；"×××需要食物×××需要送钱"等，但是又不许他们去买邮票粘在信封上。对一些家庭来说，星期日要多无聊有多无聊，因为不许他们去公园、游乐场或游泳场，甚至连菜市场也不能去，也不能去博物馆；就连有亲戚朋友住院，他们也不能去探望（尽管他们还得上学）。他们也不能去剧院或电影院，这意味着他们无法看到夏尔·特莱内[①]演唱"这就是巴黎的浪漫"。

想不出来要做什么事，除了读书，可是有时想要读书都很难。有个小男孩名叫若尔日，家住第3区，有一次，他必须把他借的所有书都还回市政厅图书馆。图书馆员是布舍尔小姐，她看到他抱着那么多书，就问他：

"你很喜欢看书，是不是？"

若尔日点了点头。

"我猜你还想接着看书，是不是？"

"是的，"若尔日说，"可是现在不让我看了。"

这时，她悄悄地对他说：

"下午五点半你再来一趟，你在外头等着我。"

到了五点半，布舍尔小姐推着自行车从市政厅门口走出来，她告诉若尔日坐在自行车后。他们沿着布列塔尼街骑到了特伦娜街。十分钟后，他们停在了卡纳瓦雷巴黎历史博物馆前，布舍尔小姐住在这里，她父亲是这座博物馆的馆长。她把若尔日带进博物馆，告诉他图书馆在哪儿，并跟他说他可以想什么时候来就什么时候来，在这儿读他喜欢读的书，而这也正是随后他所做的，直到他跟着他的家人被迫离开巴黎。

若尔日知道，这是布舍尔小姐给他提供的一种特殊方便。他也知道她十分勇敢，因为在她拿自行车驮着他时，他身上还戴着一个黄星标志。在学校里，他的老师们告诉每一个孩子，不要对身边戴着黄星标志的孩子另眼看待，而他的绝大多数同学都为他们佩戴这种黄星标志而感到难过。可是外面墙上还贴着他们的照片，报上也登着他们的照片，这些照片上的孩子很像他，他经常对着镜子看他是否有照片中人们那样讨厌的鼻子和傻傻的耳朵。

---

① 即 Charles Trenet，号称法国"国民歌王"。——译注

父母们必须用他们的衣装代购券去买那些黄星标示，年纪稍大的姐姐们经常抱怨那些黄星让人不舒服，配不上她们的任何衣服。有些邻居家的人不再跟他们讲话，甚至在公开场合对他们恶言相向。一个孩子的婶婶哭着回到家，当她打开头上的围巾，上面还残留着没有擦净的肥皂泡沫，因为理发店为顾客洗头的女人，拒绝为她把头发冲洗干净。他们没有食物吃，不是吃不到好的，是根本就没有，有时他们的妈妈只能在下午三点到四点这一规定时间去排队，而到这个时候所有吃的东西早就卖完了。

这时是 1942 年夏天。对某些人来说，这是他们在巴黎度过的最后一个夏天；对那些幸存者来说，他们有时会想，他们是否还生活在同一座城市里。

II

这年七月，就在庆祝完攻占巴士底狱日后两天，一些孩子突然发现他们置身在这座城市里他们以前从未去过的地方，至少是他们自己一个人从未去过。

纳特站在街上，那些绿白相间、有着一副亲切面孔的公交车，一辆接一辆地排队等候在街上。他面前是条小街，走到头就是塞纳河。尽管看不到它，但他知道那是塞纳河，因为那里没有房屋建筑，只有一些空地。他看到一只海鸥慵懒地从那里滑翔而过。

他像小偷一样裹紧上衣，来不及停下来扣紧扣子，并不是因为他冷，而是因为他要把里面的毛衣遮盖起来。他仍然记得刚才妈妈把手放在他背上的感觉，当时妈妈还推了他一把催他快走；他朝着塞纳河方向走去。走到街道尽头，他看也不看就向右转。这里是格勒内尔码头，也是这里的地铁站名。

强劲的河道风，吹得他的眼睛有些干疼。他停下脚步，想回到跟其他人一样的地方去。风中夹裹着橡胶和金属的很大声响，发出刺耳的长音。他抬头望去，一些绿色的车厢高高翘起，都快与海鸥平行了。这就是所谓的“空中地铁”。之所以叫这个名字，是因为在那段铁路上，地铁凌驾空中，仿佛它是这条线路上完全不同的一段地铁，又仿佛它突然冲出轨道、直入空中似的。

木制台阶从街道中间延伸上来。街道被路轨的路基圈围着，就像是罩上了一层地下室的屋顶。他爬上一个金属外皮的小室内站厅。他这时仍然十分干渴，他还能闻到自己裤子里散发出的尿液味。马路对面，一位清扫工正在打扫街道，他停下来看着他爬上台阶。台阶上方顶端，有位身穿工作制服的妇人，面无表情。

她坐在写有“出口”两个字的标志下，就像是为公共卫生间看守小房间一样，只不过模样看上去更加粗鄙。两个警察从一个“乘客禁止入内”的牌子底下走出来。那位妇女又被称为“车票穿孔机”，因为她负责在车票上穿一个孔，而这位叫纳特的小伙子是没有票的，他走的时候妈妈没有给他兜里装一分钱。他听到哐啷当的铁轨声和金属滑动声，火车就要来了。

* * *

妇女们喊叫着：“好渴啊！好渴啊！我们的孩子都渴坏了！”她们从水泥墙那边拥挤过来，相互抓着胳膊，身体歪斜，都快挤到街上去了，每个人都睁大眼睛，半边脸露在眼罩或围巾下，眼睛里露出的都是步兵行进在队列里的眼神。她们身后是一个被围闭的巨大场地，里面的人挤在一起，发出嗡嗡声，散发着臭气和细菌清除剂味。这时有人喊了一声：“杂品店开门了！”

一些妇女冲出人群，呱嗒作响跑过街道。她们一面跑，一面掏着衣兜或肩上的背包。她们想买一些瓶装水，一边计算着要买的水果或饼干的数量与体积，还想买一些巴纳尼亚牌可可粉，作为她们万一能买到牛奶的备用品。一列警察围成一个排队等候区：允许人们买一些水，同时让其他人等在靠近门口的一排水泥柱边，他们头顶上方肮脏的镶嵌拱门上，有一排用红字写出的名称：“冬赛馆”①。

安娜就和她的妈妈站在入口附近。现在——就像她从前天起就做的一样——她把所有衣裳都穿在身上，站起来寻找逃脱的机会，因为眼前这个凭空而来的机会实在是太难得了，容不得放弃和浪费。她的头发梳成三股叉型，仿佛她要去执行什么任务似的。她感到妈妈侧向推了她一把，但很快又把她拉住，但似乎只是为了更使劲地把她推出去。她抓住前面妇女的裙角，跟着前面妇女的后脚跟，以便让前面的妇女知道她在她们后面跟着，这些妇女都在忙于盖章，跑来跑去。

两名警察站在公交车旁。她走过他们，前面就是街道，她感到一股沁人心脾的空气流入胸中，这时一个警察发话了，让她回到她原来所在的地方，她说道：“我不在那里，我是来找我的家人的。”

她没有回头看，担心警察不相信她；她也没有往前跑，虽然她心里很想这么做，可是她的木鞋使她没法这样做，真要跑起来，她将不得不停下来捡木鞋，或是被迫把鞋丢在大街上。

---

① 缩写为“VEL’ D’ HIV”，“冬季赛道场馆”的简称，为巴黎市内西部一比赛场馆，这里于 1942 年夏季发生了一起著名事件，即巴黎警察在纳粹的唆使下，在这里拘禁大批犹太人的孩子，后来这些孩子被大量遣送到奥斯维辛集中营，很多人被害。——译注

* * *

成千上万只手每天都会推开这个门把，同地铁里其他任何东西都不一样，它早就给磨得透明发亮。纳特越过栅栏，走到对面站台，如果那个“穿孔机”不叫住他，他就不打算停下来。那位妇女先是盯着他看了几秒钟，什么也没说，然后有些不太高兴地说了句“过去吧”。

一趟列车驶来，没下来几个人。他没有走到最后一节车厢，按规定他应该进入那节车厢才对。他扳起金属车门把，迫使车厢门打开，他的动作就像是参孙或一位驯狮员。他只能用双手打开车厢门，这使他的外衣里面露了出来。一上车，他就转身拉上车厢门，尽量靠车厢门站了一会儿，然后他合上外衣，坐了下来。

他看到下车的人们都急匆匆地朝站台后走去。黑色的架梁一闪而过，车窗上是一些人的脸，他们在回头看他，或是径直看着窗外。他也从车窗上看到了自己的脸和眼睛，就像是一些黑洞。车厢里没人再讲话。列车开始加速，但加速幅度很小，因为离下一站距离并不远。人们的脸开始变得模糊，轨道下面就是街道，马路上的公交车顶是白色的，上面顶着气罐，警察们三五成群地站在那里，再然后就可以看到成行的树木和宽阔的塞纳河面，公交车开到这里就不走了。他看到埃菲尔铁塔慢慢地转过去，开始向右侧移动过去。

一个男子站起身，朝车门走去。车门外闪过一排窗户，那里有一个摆满植物的阳台，可以看到一个大房间，里面有枝形灯，还有一张台桌。这些窗户离得很近，如果这时列车停下来，他就可以爬进去。列车刚一到站时，他所在的车厢还在动，因为他坐的不是最后一节车厢。接着，列车尖叫着停了下来。他看见墙上写着站名“帕西”。

这里就是所谓的“空中地铁”终点。阳光从河上射来，可是地铁顶棚却把阳光从空中给隔开了。很快，列车就要重新进入地下。纳特在心里默念着：“夏乐宫站，布瓦谢尔站，星形广场站。”他努力不去多想“星形”标志，此时他正穿着一件缝有星形标志的内线衣，那个标志正贴在他的前胸上方。

* * *

安娜始终没有回头看。当她看见一座桥及上面用红字写的标记时，她已知道自己该去哪儿，她知道怎样坐地铁。然而，就在这时，她却突然回头望去。

一个男子手持扫把，头顶的帽子上有一个小的船形标志，他直直地看着她。他点了点下巴，把头指向隔街对面的地铁站。她穿过马路时一直看着他，看他是否想要做什么，可他只是持续地点着头，指给她地铁站入口的台阶在哪里。

她兜里还有五法郎硬币，就是上面有那个元帅[①]头像的那种。只要不上最后一节车厢，她在地铁上就应当比较安全。她把硬币放在柜台上，女售票员给了她一张票，找回四枚硬币，她把它们都装进口袋。如果有人问起，她就会说她是替她妈妈去买东西，尽管她并不知道要去哪里，因为她们家里什么人也没有了。但是她的妈妈会在地铁里找到她。她沿着“通向星形广场方向”的标志往前走，所有线路都会在那里交汇。她现在所在的站就是通向星形广场的，但离那儿很远，在城市的另一方向。

* * *

赛道终点标记的横架底下，掌声和呼喊声四起，然后渐渐停息。在镀锌钢灯罩中发出的光的照耀下，可以看出“瑞斯莱”和“弗斯考”[②]的广告名称，在那下面是一些虔诚的摇动中的手臂。这时高音喇叭里传来一些名字和只言片语，声音非常粗糙难听，很快就消失得无影无踪，淹没在尘土和噪音的混合物中；不管是谁在那里对着麦克风讲话，他都无一例外地不知道自己在讲什么。噪音和尘土是那样厚，一点也听不清人们在喊什么或尖叫什么，他们的声音都被其他声音所遮盖，或是没在其他东西中，根本不被人注意。这里就像是汹涌的潮哮，就像是人们通常在火车站里的人流中看到的那样，除了一片乱换穿衣服、随便四处伸开的四肢、奄奄一息的人，以及什么东西躺倒在水泥地上，什么也看不见。一名妇女把她的头磕在地板上足有一分钟，直到一个警察走过来把她推醒。

有些人躺在坡度很陡的赛道上，这个地方很危险，因为它离看台最高处至少有二十四米，偶尔会有人从上面跳下来。有些家庭仍被安排在一些小的露营场地上，这些场地仅仅是被一些行李包和衣物区别开，他们并不想换地，因为不断有新人涌来。一些人被发现嘴里插着煤气管死在屋里。巴黎十四区的一名妇女，刚刚把她的孩子扔出看台窗户，然后她自己也跳了下去。一个年轻男子看见她这样做，她们都死了，不过也有人说这件事发生在贝尔维尔，当那个妇女跳下来时，消防队员还试图用消防毯接住她。

在转运孩子的公交车上，所有临窗的座位都被那些孩子们占满了，他们很想知道，这些车要把他们带到哪里去。在第 10 区，警察敲开阿布朗齐克女士的房门，发现她正抱着她六岁大的儿子，他们让她收拾好东西走，一小时后就能回来……但当她急匆匆地来到楼下，嘴里说着“上帝啊救救我吧”时，门房已走出她的屋

① 应当是指贝当。——译注

② 两者即 RIZLA 和 PHOSCAO 公司，分别是著名的卷烟公司和饮品公司。——译注

门，把门给锁死了，而她的房间里还挂着“那位”元帅的像，她把相框放在一个橱衣柜上，元帅身着乡间休闲服装，牵着猎狗。

他们所有人都对传言不曾经意，几乎没人注意共产党人散发的传单，直到最后他们才知晓这些。有些人收到了一封“气递邮件”①，如果电话线没被掐断，有些人还会幸运地接到一个电话，告知他们的小孩有可能被带走。他们坐在那里整夜讨论：也许要被带走的仅仅是一些成年男子，也许仅仅包括一些移民家庭；带着幼小孩童的家庭和有父亲成为战俘的家庭，应该会平安无事。有个人的父亲被一个陌生人从地铁里拉出车厢，自称是他多年没见的老朋友，这次见到他实在是太高兴了；然后当他要重新回到车厢时，那人却说他是警察密探，那天晚上他不能回家过夜。

污浊不堪的圆形赛道场馆里，挤满了来自各个社区的人们，但却没有一堵墙相隔，谣言引起阵阵骚动，人们四处走动，惊惶不安。看台后面的一个庭院中，经常有面包从窗户中扔下来，那是芬莱医生街一间工厂的窗户，那个工厂是为雪铁龙公司生产汽车传动挡的，好心的邻人们天天看到一些大巴车上孩子们那可怜的脸，又闻到一些难闻的气味，经常带着食物来到这里。

安娜的妈妈看着眼前疯狂的场景：人群拥来撞去，有时门口又塞满人流。她的女儿已经逃走了，说不定现在正在街上等着她。她看到一个男孩从出口溜了出去，从此再没见过。一想到她可能和女儿天隔永别，她就痛不欲生。她在人缝中穿行，观望着出口；她甚至径直走到一个警察面前去求他，她想他一定也有自己的母亲，但是他却一声不吭。直到最后她出离愤怒，那个警察才冲她叫道：“再不回到你原来的地方，我就把你单独关起来！”他说这话的样子，就像冬赛馆里隔墙有耳似的。这时，她冲他嚷道：

“让我走吧！多一个少一个受害者，对你又有什么关系？”

那个警察耸了耸肩，轻声说道：“回到那儿去。”然后他转身走开，她看到他帽子下剪短的头发，他瘦削的肩，他似乎已不再理她，于是她便走到了街上。

一些妇女站在自家门前。她走向她们，但当她们看出她要跟她们讲话，她们就退到了墙后。她说：“让我进去吧，我得躲起来。”有一个妇女似乎比她还要害怕：“不，不！你还是走吧。你可千万别留在这儿。”

她嗅到了风吹过她衣服上的气味，她想，自己再次被抓进那个地狱般的场内，

---

① 原文为 a “*pneumatique*”，指当时巴黎等城市中存在的一种特殊邮递系统，它采取管道传输，以气动为传输动力，可含信件、电报等种类。——译注

恐怕只是时间问题，她将永远也找不到她的女儿了。正在这时，她忽然看到街道排水沟的沟沿上搭着一件外套长袖似的东西，里面似乎还包裹着什么东西，水从排水沟里流出来，一个头戴巴黎市政帽、满身污垢的男子，轻快地用扫帚把横流的污水扫回排水沟。她径直走向他，当她经过他时，她开口说道："跟我走吧！"他一直跟着她，直到走到一个地铁站入口。

走下地铁站台阶尽头，她回头望了望，想着他一定是冲她笑了笑，他抬起胳膊简单向她摇了摇手，仿佛是在同她说再见，然后他就转身而去，继续回去干他的活。

这时，另一辆公交车绕过塞纳河尽头的拐角开了过来，行李箱堆在后面的平台上，孩子们的脸紧紧地贴在接送他们的公交车的车窗玻璃上。

* * *

这事只能发生在星形广场而不是其他地方：这个地铁站只有一条地铁线通过，但却有两个站台。车厢门从一侧打开，让里面的乘客全部出去，然后再打开另一侧车厢门，让等在这里的乘客再上车。每个下车的乘客都被整个车厢的宽度给隔开，他们见不到上车的乘客。纳特沿着站台朝前走，透过车厢玻璃，可以看到一些德国士兵似乎在等着上车，他们肩上背着冲锋枪，脖子上挂着防毒面具，这样他们就可以把手腾出来，来拎他们的行囊和在街上购买的一些物品；这时看不到一个警察，这一点无疑对纳特来说更为重要。

他继续朝站台尽头走去，一面金属牌上写着“隧道禁止通行——危险”，然后他就跟很多人一样，走出了车站围栏。这些天来，地铁电梯总是不好，电灯也总是忽明忽暗。他在爬出站台阶时走得非常慢，跟周围上年岁的人一样。这时他感到胃里一阵疼痛，这才意识到还没吃东西，可奇怪的是他却并不感到饿。

在升降电梯的顶端，他停在一个柱子后面，这里通常是一些人小便的地方，他把手伸到怀里，用力拽了拽身上的毛衣，揪下那个黄星，攥在手里，然后丢入口袋。周围到处都是人，他们都知道他们要到哪里去，这从他们的眼神里就可以看得出来，他在地铁线路图前站了很长时间，顺着那些彩色线路标线看着，为了看得更清楚些，他还看了另一块线路图标志板，那上面有各个站的名称，只是这些站有很多都是关闭的。他特别看了上面的一条蓝线，这条线是从星形广场站出发，开往巴黎东北角。他看到那里有贝尔维尔站，有孔巴站和佩勒波尔站等，这时他想起了他同学中的一个好朋友，埃尔波德，他属于不用戴那个黄星的人，而且他的父母一向对他都很好。

车站里的人越来越多，有时一不小心，走着的人就会撞到前面站着的人身上。安娜的妈妈已经从格莱内尔码头车站的站台上汇入了前行的人流，当她看到她的女儿安娜，她感到十分幸运，甚至是惊喜——安娜刚下车不久，静静地、耐心地等在那儿，而在车站的那个部分，居然有那么多的线路从旁穿插而过、汇聚在那里。纳特转过身，离开地铁线路图，他看到一个小女孩被她妈妈紧紧抱着，她的身子贴在妈妈的裙摆上，他犹豫了一下是否应该走过去跟她们说点什么，但他最后还是走过了她们，汇入了走向通往国家广场站的指路牌的人群。

那天晚上他站在了埃尔波德家门前的石阶上，他在后面的日子里常常想起这一刻，那时他已穿越封锁区，从格勒诺布尔进入南方自由区，不过这已是几个月后的事情了。

* * *

就在那一天和随后来到的日月中，整个巴黎的市民都发现，这个城市里出现了一些新的景象。给人的感觉就像是他们从未在这座城市生活过一样。皮亚路 51 号朗穆雷家发现，他家隔壁的车库顶上多出了一个小房子，小房子里居然可以住十个人，如果他们背靠背挨墙挤下的话。圣安多内郊区街 181 号切尔尼克家的门房，打开了这家女主人五楼的一个房间，女主人年岁已老，他们以前从没想过要进这个房间（现在他们也利用起了这个房间，以隐藏那些犹太人的孩子）。在罗济耶路，上班的人们发现这里比往常静得出奇，一个男孩被他妈妈放在一个盛垃圾的桶里，当他被抱到邻居家的屋子里时，他身上还盖有盛厨房残余物的袋子，然后他再从这里被转移到拉马克街的集中救助点。有些犹太人家搬到一些不引人注目的楼梯间或阁楼上，有些人搬到了邻居家一些小墙阁里，他们就像是搬到了特别遥远的地方，而实际上他们就在离自家几步路远的地方。

当所有此前没有想到的地方都被用来隐藏或躲藏时，仿佛这座城市正在发掘它此前忽略的一些秘密宝藏，用来寄宿一股新的人流，虽然实际上巴黎的人口要比一两天前少了一万三千多人。

就在气味熏天的冬赛馆被清空，那里的人们被用汽车送到巴黎东北郊的德朗西，再从那里被送到继续往东的一个地方时，侥幸留在巴黎的人们却如惊弓之鸟，他们东躲西藏，不论是在自己家还是在另外躲藏的地方，他们在一个地方也睡不到两个晚上。安娜和她妈妈像被追踪的猎物一样生活了两年，直到她们被捕，这一次她们被遣送到一个人们不知道的地方，孩子们在游戏中称这个地方为“皮奇普依（Pitchi Poï）”。因为落难的犹太人家庭没人敢现身，她们只好靠别人的食品券过活，依赖邻人接济，挨一日算一日。

像往常一样，门房必须绞尽脑汁，想法解决那些未曾预见的问题。他们像被告知的那样断水、断气、断电，可是，有时警察也会命令这些门房照顾一些宠物。社区居民楼的底层，一些很精致的小房舍，一夜之间就变成臭气熏天、拥挤不堪的动物家园。猫只被随意放养——报上警告说，一种致命的病毒从寄生虫身上传给这些猫，然后又传给人——但当这些动物的主人显然不会再归来时，那些狗、兔子、豚鼠、甚至那些会叫的笼鸟，都成了人们的盘中餐，以接济缺少的食品，由于生活显然会变得更加不易，所以这些都变成一些必然会发生的事情。

城市重又回到惯常状态，可是，有关逮捕、自杀、被遗弃的小孩独自生活在家中的种种奇怪经历，连同冬赛馆中发出的阵阵恶臭，都一同汇入了那些恼人的传说，这些恼人的传说毒化了这座城市的空气，使之充斥种种不祥的神秘，没人愿去解决。

有些逃脱掉的孩子又见到了他们的父母：有人设计把他们带到由法国以色列人总会开办的一些救济中心，然后再用火车将他们拉到德朗西。有些孩童被迫取了新名，然后被送到法国其他地方同新的父母住在一起。随着局势变得越来越骇人和不可想象，许多孩子变得像大人一样成熟。他们的父母竭力祛除孩童时代的恐怖，他们的孩子却在信中竭力安慰他们，并使用了一些密码，像“天气很坏”，或“太阳出来了”等。他们尽力想着他们的父母愿意听的一切事情，但要安慰他们的父母并不容易，由于他们并不在身边，任何安慰话都显得苍白无力。

第十四章

圣日耳曼德佩区的恋人

格莱柯与戴维斯

黑白胶卷，35毫米。

静默；没有题目。

渐入：

1. 玛德莲娜广场

广场上呈现出鹅卵石。

从**朱丽叶**的视野看过去：

淡褐色、没有生气的人们，夹着包，急匆匆奔向自己的营生。一两辆汽车驶过；可以看到很多骑自行车的人；一位穿长裤的青年女子蹬着脚踏人力包车。这里最好没有鸽群出现。

中等长镜头：**夏洛特**从罗雅尔路稀疏的人群中走了出来，她的身形摇曳在镜头中。她肩挎背包穿过广场，好像知道她要朝哪边走。阳光透过她白色的连衣裙；她的头发在微风中飘拂；她显得年轻而快乐。

镜头拉回，转换焦距：**夏洛特**已经离镜头很近了，但还有一点点距离要走。

一辆黑色的雪铁龙驶入广场，从她左后侧方向靠近她。一声刹车的尖叫声。三个穿风衣、戴礼帽的男子抓住**夏洛特**，把她塞入汽车。

夏洛特失声尖叫。

汽车开动。朱丽叶跑入镜头，她使劲追赶着汽车。

朱丽叶边敲打着汽车门边喊："那是我姐姐！那是我姐姐！"

近镜头：退却的车窗上，夏洛特的脸朝后望着，惊恐的眼睛瞪得大大的。

焦距转换回来：黑色轿车加速驶离，转往协和广场方向。

近景：近前的一些鹅卵石。

2. 汽车里

两个男子坐在前面，两个男子坐在后面，夏洛特被夹在当中。朱丽叶坐在一个盖世太保军官的膝盖上。

朱丽叶装出一脸痴笑："我已经很久没有坐过汽车了！"

盖世太保军官用力搡了她一下，她的脸上露出痛苦和惊吓的神情。

3. 玛德莲娜广场

黑色雪铁龙加速驶离；路上的行人继续忙着自己的事。汽车从背景中越来越难以辨认。

这时小号奏响，一声长音，然后是主旋律——跳动，但稍显粗鲁，却又有一丝悲凉；它听起来就像是在一个空旷的房间里奏响似的。接着字幕打出，片名快速横贯整个荧屏：**圣日耳曼德佩区的恋人**……

4. 片头部分：左岸和近郊

镜头渐出：**朱丽叶**的脸，紧紧凝视着车窗外。她乌黑的刘海和她垂直的长发，表明她还是个孩子，可是她的表情却像个大人。

片头字幕显现的同时，街景投射到车窗上，掠过朱丽叶的脸。小号继续奏响，随之出现一些低音和敲击乐器的声响。

请记住：这时应该是在一条真实的道路上拍摄，其时是1943年8月，当时是在通往弗雷讷的路上（他们首先驶往福煦大道，但这条路太短，而且拍起来镜头也过于熟悉）。影片实际要覆盖下面所有道路，从协和广场再穿过塞纳河，到达圣日耳曼大街和拉斯帕伊大街，再到达当费尔广场（那辆汽车全速开行）；街路两旁是空旷的商店和咖啡馆的街窗。

画面渐入两次巴黎郊区那日渐废弃的场景——颓墙；稀稀落落、孤苦伶仃的树木；一切都空空如也……连太阳光都打不起精神。孩子们在废墟中玩耍。

号声止住。一片沉寂。

四秒钟的黑屏。

5. 福煦大街84号一间办公室

打字机声。

一部打字机，旁边还有一个苹果，一并放在桌上。

一个身穿军装的**女子**在打字，头发梳成一个发髻。**一名士兵**站在门旁。**朱丽叶**坐在角落里。装饰考究的壁炉，第二帝国时期的穿衣镜；还有看上去极不协调的一些军事指挥部的随军用品。

朱丽叶低头看了一眼夹在自己两腿当中的那个包（正是她姐姐在前面片头那一幕中挎过的那个包）。她抬起头；打字员看到她像是在找什么，就隔着桌子把那个苹果推给了她，然后又继续忙着打字。

朱丽叶偷偷看了一眼那个包里装有什么东西：一叠卷起的纸张，然后她又赶紧抬起头。她举起手，像是要说什么。

朱丽叶说道："女士，我肚子疼……"

打字员冲那个士兵点了点头，示意了一下一个木制门口。

打字员对朱丽叶说："别锁门，时间也别太长。"

6. 洗手间

装饰艺术瓷砖；彩色玻璃显示一位漂亮女子置身在花园的花丛中。两级抛光的木制踏阶，将人引向卫生间的座位。

朱丽叶打开那个包，取出那些纸，然后冲起厕所，她挽起袖子，将那些纸尽可能深地塞入马桶，然后她又冲厕所。这时是很响的抽水马桶声。

近景照那些纸（就见一些手写的人名与地址名单一闪而过），这些纸在水中旋转着消失了。

7. 办公室

那名**士兵**走到门口，打开洗手间门。**朱丽叶**从厕所里走出来，接着坐在墙角里。那名女打字员已经消失了。

近景镜头对准时钟（十一点零五）。好像有什么人跌倒的声音，不时有几声喊叫声传来。

朱丽叶（坐着）和那个**士兵**（站着），两人中间有一道橡木板镶饰的墙。

近镜头对准朱丽叶腿中间的那个包，里面已是空的。

镜头显示时钟（下午两点半）。

银幕静默三秒钟。

这时镶有金属的步道上传来沉重的皮靴声。空间中回荡着这种回声。

8. 弗雷讷

回声，持续的金属回声。

弗雷讷监狱的砖墙和铁丝网，画面由缓慢的移动镜头拍摄。

9. 讯问室

一只指尖带血的手，手上套着一只塑料手套。

朱丽叶——镜头指向她后面——穿上裙子和毛衣。

女勤务兵站在一旁，军装外套着一件白色外套，她摘掉手套。她走到一个架子旁，拿起一块浴巾递给朱丽叶，还有一块叠起来的毯子，一块擦脸的毛巾。

10. 淋浴间

朱丽叶冲着淋浴，镜头照在她的后背上。她的黑发一直垂落到腰间。画面的光线十分粗暴，一点也让人想不起跟身体有关的内容。有妇女的嚷叫声，听不太清。

近镜头：带着黑色条纹的水流，流进了下水道的孔里。

朱丽叶站在淋浴下，此时镜头漫无目标，朱丽叶的身影站在如雨帘一样的淋浴水后。只听见流水的哗哗声……

11. 牢房中

朱丽叶和四个放浪不羁、假装见过大场面的妓女被关在一起。房间里有简易床，简易马桶。高高的房间的窗户上是不透明的玻璃，以及一些铁丝网。

妓女甲：“……他妈的他骂我恶婊子，临走还他妈的不给钱，还说他妈的下周他还要和他的朋友再回来。”

妓女乙：朝朱丽叶那边点了点头，像是在说，“嘘，她还是个孩子。”

妓女甲：“得了，她很快就会知道是怎么回事了——谁知道她是不是都已经知道了呢……”

妓女丁，搜了搜朱丽叶身上：“小胖东西……”

妓女丙，哑着嗓子：“这个小胖东西的鼻子还挺大，一定有油水。”

妓女甲："哼！我看她头发里藏不了什么东西……要是他们像对待我一样地对待她的话……"

妓女丁，急于想知道的样子："他们把你怎么样？"

混杂的说话声在持续着。这时响起即兴的爵士乐小号声，在随后的画面中断续出现，其间还穿插着一些过去画面的闪回。

近镜头：朱丽叶把头埋在膝头的毯子上，眼泪顺着睫毛大滴大滴滑落下来。她开始梳理毯子边上松出的毛线，把它们摆放在身边床上。

12. 童年时代的家：塞纳河街漂亮的公寓，该公寓位于圣日耳曼德佩区

童年时代的**朱丽叶**：穿着短裤和衬衫、背心、长筒袜，齐肩发。她的爸爸和妈妈在相互吵嚷。**格莱科先生**（科西嘉人，比他妻子年长三十岁）重重打在**格莱科太太**的脸上。她发出一声痛苦的尖叫，倒在地板上。

小**朱丽叶**无声地注视着这一切。在她父母眼里，她似乎并不存在。

格莱科先生吼道："滚出去，给我滚出去！"

接着就听门砰的一声。然后是乒乓地摔东西声，以及无尽的吵嚷声，这些声音再转接到牢狱里的声音。

13. 牢狱

妓女们懒洋洋地或溜达、或打盹、或在整理修饰打扮自己。

朱丽叶将她的简易床拉到一个窗户跟前，站到床上，伸长脖子想透过那片玻璃看出去，那块玻璃早已斑驳无光。

慢镜头——边缘虚影、中央清晰——一只白色的**绵羊**被牵到羊圈外，周围草木茂盛。那只绵羊似乎在抬起头、一次两次地望一望监狱方向。（银幕呈现出阳光的亮色，几分钟后又变为黑色。）那只羊似乎在快乐地嚼着草。持续八秒钟。

镜头切到：朱丽叶的毯子，有很多松开的线。她把这些线缠到一起，还给她的头发做了一些纸卷筒。

近镜头：**朱丽叶**把那些纸卷筒戴在头发上。

被戴上牵绳的**羔羊**，细细地嚼着青草。光线渐暗。

朱丽叶躺在床上，头上戴着纸卷筒。

黑屏。

14. 儿时的家，塞纳河街

客厅高处的窗户敞开着。城市中传来的声音就像是在一个封闭的庭院中听到的一样；微弱的呼吸声。镜头扫过同一层楼另外一些窗户，那些窗户正好在这一户人家对面，接着，镜头从六楼上对准下方很远的庭院中。

朱丽叶是个很小的小女孩。她走到门外窄窄的沿廊上，这条沿廊环绕整个六楼一周。她踮起脚，爬到第二层台阶上，姿势就像一个芭蕾舞演员。她的眼睫毛都碰到了墙上。她开始绕着沿廊缓缓前行。

接下来的镜头是透过朱丽叶的眼睛显示出来的：她看到了邻居的窗户里面，接下来是墙和下水管，然后她再爬经下一扇窗户。

——在一个陈设简单的家庭居室内：一个男子和他的妻子相互对望着，他们默默地隔桌对坐，吃着饭。

——然后是墙。

——德国军官的军服挂在椅背上；凌乱的床脚上搭着女人的衣服。

——墙。

——一个小男孩抱着一只玩具熊，他直望着镜头。他抱着玩具熊朝镜头走来。

——墙和下水管。

——一间装满行李箱和柳条箱的房间。

——镜头显示**朱丽叶**穿着长筒袜的脚和下面离得挺远的庭院。呼吸声持续。

——一名妇女膝盖上放只猫，背后上方挂着一幅猫的画像。她抬起头，茫然地望着镜头，仿佛是在看一个人仅仅是从一楼走过。

——墙。

——一个年长的男子坐在窗边，低头修着钟表。

——墙。

——一只手从屋里伸出来，一把将朱丽叶拽进去，一巴掌打在她脸上。

格莱科太太说道：“你再那样走，我就打断你的腿！”

黑屏。

15. 审讯室

光秃的墙面。桌子后面坐着一个矮个子**男人**，他穿着休闲服，系着碎花领带，面前放着一些文卷公文；**朱丽叶**坐在一个木制椅子上。

那个男人指着那叠文件说：“你的档案乱七八糟，你的真名是什么？”

朱丽叶：“格莱科·朱丽叶。”

那个**男人**说道：“你撒谎。这些文件是假的。你真名叫什么？”

朱丽叶答道：“我的真名？朱丽叶呀……你的真名叫什么？”

近镜头：那个男人的脸，他的眼睛眯成一条缝，向镜头凑过来。

黑屏。

16. 监牢

朱丽叶坐在简易床上，膝盖顶着脸颊。她的脸肿得很厉害。（这一镜头应当持续十分钟，但减少到十五秒钟，中间还伴有间隔。）

17. 弗雷讷

从路边看到监狱的墙，就像是在第 8 幕中一样，但却是固定不动的。鸦鸟的叫声。五秒钟。

黑屏，渐变为浅灰色。城市的喧嚷，麻雀叽叽喳喳的叫声。

18. 福煦大街

朱丽叶坐在那里，手扶膝盖，这次她是坐在一个长条座位上，身穿外套。她抬起头来望着。

福煦大街上那些高屋大舍都呈现出奶油色，高树沐浴在早晨和煦的阳光中。朱丽叶，穿着与启幕时一样，站起身，朝大街方向走去。爵士乐小号奏起。路上行人都朝她看。（不使用镜头中多余的人。）

（**音乐**：这时的音乐不应当打断画面，却仿佛是在陪着朱丽叶在街上走：比如说使用迈尔斯·戴维斯演奏的《皆如是》[1]那样的音乐：有很多长调，略有孤独感。如果可能的话，完全用同期声录制这段音乐，一点不剪辑，随性演奏。）

19. 水晶旅馆，圣日耳曼德佩区的后面

生活当中的自然声响。

给足黑黢黢的旅馆前门一个全景：脏兮兮的半截门窗帘；破陋的窗户；外面放着一些卫生清洁用的洗涤桶。

镜头快速转换：**朱丽叶**走入镜头。她站在外面，朝旅馆棕黑色的门洞望了望。

20. 水晶旅馆，门里

朱丽叶爬上台阶（铁栏杆、棕色地毯、凸起雕花的天鹅绒壁纸）。旅馆主人（身着长袖衫、钉扣的背心）出现在楼梯底下。

旅馆老板："你要去哪儿？"

朱丽叶，刚要上楼梯，又下来，说："我是来取我的东西。"

旅馆老板消失了一会儿，回来时拿着一个变形磨损的箱子，一把丢在门厅的地毯上："喏，就在这儿……"

朱丽叶说："总共就这么些？"

旅馆老板："嗨！'总共就这么些'……你以为她是谁呀？……不信去典当铺试试看。"

朱丽叶直瞪着旅馆老板。

旅馆老板："我是谁啊，济世圣母啊？你走了连房钱还没付呢。"

朱丽叶跪在地毯上，打开箱子。

近镜头：箱子里飞出无数小飞蛾；隐隐约约还能看见一件衣服的残片。

21. 圣日耳曼德佩区周围的街道

长镜头：镜头跟随**朱丽叶**，她提着手提箱。圣博努瓦街，沿着圣日耳曼大道往

---

① Miles Davis，1926—1991，美国著名黑人爵士乐手和音乐家，"Générique"（《皆如是》）是其凄美曲风的代表作。——译注

左拐，经过教堂和一个小公园。人们兴致勃勃地说着话。三个德国士兵经过，他们都很年轻，脸上露出像在学校里的学生那样的紧张神色，他们穿着简易毛料军装。树干上贴着如下标语：**"告人们书"**，上面还有用黑体印上去的"FFI"[①]字样；**"大家都去战斗！"**和**"胜利就在前面！"**不过，上面打上了红框，里面还标有冯·肖尔蒂茨将军的签名，他威胁要摧毁整个巴黎城。

朱丽叶顺着比西街往左拐，穿过市场当中的货摊，来到塞纳河街的一个拐角处，这里有一栋建筑。

近景：一只断裂的金马头，这是一间马匹屠宰场的标志；旁边是间旅馆。旅馆门旁的一块标志牌上打着广告："提供日房"。

朱丽叶仰着头看了看旅馆，然后走进黢黑黑的旅馆过道。屏幕继续显示旅馆的前脸，持续约四秒钟。

这时银幕中响起巨大的爆炸声，接着是人们的呼喊声。

22. 旅馆房间

朱丽叶打开六楼窗户，走上顶楼。

楼顶的景象。就见一些烟尘从城市的某些地方升起。

这时出现一些背景画面：墙上张贴的宣传品被撕了下来；穿着西装、系着领带的市民手里拿着步枪；到处都是街垒；人们在房门后穿戴着伪装；一面三色旗从巴黎市警察总局上空飘起，从警察总局还堆陈着沙袋的窗户中，正好能够看到巴黎圣母院的塔楼；装甲车沿着里沃利街奔跑；圣米歇尔广场上遍布尸体和瓦砾；冯·肖尔蒂茨将军出现在默里斯厅的楼房里，嘴里叼着一根雪茄，这时人群里的一个妇女把雪茄摁到了他脸上；美国坦克被披上彩带，旁边还有欢呼雀跃的法国女孩。

从楼顶上见到的巴黎市景。

朱丽叶退回房间，倒在床上，眼睛直盯着天花板。

洁白的石膏天花板，还有电灯。礼花和鞭炮声，人们的欢呼声。

天花板隐去，渐变为蓝天白云。

---

① 法国抵抗运动武装力量的简称。——译注

23. 茹埃尔的公寓

中等靠近的镜头：各种衣物堆积如山。

快速转换镜头：一间很大的房间，看上去就像一个被丢弃剧院的道具室。茹埃尔，一个稍显鲁莽的高个小伙子打开房门，他的架势看上去有点夸张。

茹埃尔："我的上帝啊！真是你吗？"

朱丽叶，无力地微笑着："不知道，也许是吧……我能进了吗？"

茹埃尔把她推了进去。他们坐下；他递给她一支香烟。

茹埃尔："你都去哪儿了？都这么长时间了，谁也见不到你！"

朱丽叶："度假，在弗雷讷……（接着她沉默了）他们抓走了我姐姐。还有我妈妈，因为，你知道，我妈妈喜欢冒险……（她耸耸肩，吐出一大口烟。）但她，也就是我妈妈，她老是说她是从吉卜赛人那里把我买来的……"

茹埃尔，用一种同情的不屑审视着朱丽叶："是的，她还从吉卜赛人那里给你买了衣裳。我都看得出来。好吧，现在咱们看看能为你做点什么。（他指了指衣架，还有那成堆的杂物小山。）我们家也是……他们的生意被没收了，现在（他用时髦的16区的流行话说）我掌管家里剩下的财产了！……（他从衣架上拉下一件绿色的罗登尼上衣。）唯一的问题是，这些都是男人的衣服（他皱起了眉头）。它们只适合家里穿，你知道。不过，我们现在都'解放'了，不必太担心这些区分，我们不必太拘泥！……来，我们接着试！"

朱丽叶试了试那件衣服，把它搁在了地上。她又在衣架里和衣堆中找了找，像"模特"一样试了各种衣服：一件咔叽布制服，一件黑色连衣裙，可是她很快又把这件连衣裙给放下了，因为她在镜子里看到它尺寸过长；接着她又试了一件宽大的圆领衫和一件花呢夹克外装，后者也很大，她把它们穿在身上，脸上露出满意的神情。

（旁注：这并非日后岁月中的朱丽叶·格莱科。她看上去更像一个胖胖的、透着稚气的小女孩，而非一个年轻时髦女郎，即便如此，尽管她穿着一堆并不合身的拼凑起来的衣服，可她身上仍然流露出某种气质。）

她的两个女朋友走了进来，同她一起加入了试衣服的行列。她们在随性地、不太顾忌地谈论着男人衣服的话题。（同演员们对谈；画面采用一次性同期录影，剪辑出提问者的问题。）

朱丽叶："我老是不习惯将错就错。"

茹埃尔："你会有惊喜的，亲爱的……"

朱丽叶重又回到衣服堆里。等她再出来时，镜头已对准她的两个女朋友笑盈盈的脸，她们直拍手：

路易莎，一边笑着，一边装出生气的样子："你怎么能穿成这样出去呢！……"

24. 圣日耳曼德佩区广场

两个年龄不甚了了的**女子**，包裹在像葬礼一样用的装束中，拎着手包，看起来颇使人不悦。

朱丽叶和她的两个**朋友**站在一个酒吧前，她们三个都穿着男人的夹克衫，每件衣服的肩膀都很宽松，她们的裤腿还都挽了起来。朱丽叶开始解夹克衫上的扣。

近镜头：一家鞋店外摆着一双要卖的靴子；几双腿经过门外的步道。几双腿依次走过，那双靴子便不见了。

朱丽叶把一双大物件东西扣进她的夹克衫里，三个姑娘潇洒神气地走入圣日耳曼德佩区广场上的人群中。

25. 豪华客厅，巴黎郊区圣日耳曼

诙谐轻松的室内音乐。

一位**穿着高雅的女士**，项戴珠宝，头戴饰帽，高傲而又不失戒备。对面坐着**朱丽叶**：她留着长长的、未曾束起的头发，穿着紧身黑毛线制服，足蹬我们在前一镜头中看到的那双皮靴。

女士问朱丽叶："你以前干这个经验多吗？"

朱丽叶回答说："我做过很多这方面工作。"

女士又问："你以前当过女佣？"

朱丽叶，环视了一下客厅四周，说道："是的……您呢？"

近景：女士脸上露出可怕的神情。

26. 圣日耳曼德佩区周围的街道

一个雨夜；灯光照在人行道上。**朱丽叶**和她的**朋友们**沿着马路走着，一边聊着刚刚看过的电影。镜头跟随着对话，仿佛它也是一个参与者一样。

茹埃尔：“……这是一部标准的资本主义电影。它歌颂的是美国。”

路易莎：“难道一个共产主义者就不能拍一部关于资本主义者的电影？不管怎么说，这都是一部具有象征意味的电影。”

安妮－玛丽：“所以这部电影其实什么都包括！……朗格、威尔斯、雷诺阿……等等，都有象征性。”

茹埃尔：“也许有人要问：象征什么？”

他们走到多菲内街和克里斯蒂讷街的一个拐角，然后他们站在一个酒吧前。

朱丽叶，抬头看了看塑料做的酒吧名，“禁忌”酒吧：“所有那些都是真的……当你们走在雨中，我是说在外面，你们也就像是从人间蒸发了，因为在这个时候电影比你们更真实……”

路易莎，幸灾乐祸地说：“哟，瞧她，这个小东西，她以为她是谁呀，啊？亲爱的。今天下午，她大概就觉得她是个女仆……”

茹埃尔，用一个戏剧般的动作，推开了酒吧门：现在是第二幕演出：他们走进一个讨厌的叫“禁忌”的小酒吧，茹埃尔在这里将会给每个人来一杯烈性鸡尾酒，朱丽叶则觉得她是在塔西提岛[①]……

27.“禁忌”酒吧

酒吧内：一些大块头的男人在喝酒——他们是一些仓库看管员，还有一些身穿带翻毛夹克的送报司机。他们上下打量着刚进来的这几个人。

朱丽叶和**朋友们**走向一个楼梯口，下到地下一层，这里是一个长长的带有拱顶的地下空间，里面摆满了一些小凳子和桌子。灯光从一些阿拉伯样式的灯罩中透出来，照在墙上。他们围着一张桌子坐了下来。

28. 多菲内街

酒吧门口外面的近景。这里看上去比从前干净了许多，也时髦了许多。门牌匾“禁忌”现在是用闪着灯光的霓虹灯制成。一只猫从街上跑过，后面的汽车一个急刹车。穿着入时的人们三三两两地走进这家酒吧。

歌声和爵士乐渐强。

---

① 即 Tahiti 岛，位于法属波利尼西亚。——译注

29. “禁忌”酒吧

长拱形的地下一层：妇女们穿着新式装束，旁边是一些长服革履的男伴。她们看上去好奇、爱打听事儿，也多少有一些担心、怕什么事的样子。她们有一些人对酒吧邻座里的人指指点点，特别是对酒吧紧里头的一群知识分子，那些人中什么人都有，他们沉浸在一种喷云吐雾中。

朱丽叶和**路易莎**站在靠近酒吧入口的地方，她们并没引起来到这里的人们的注意。她们不时地摸一摸那些贵妇人们的裙摆，对着那些名贵的衣服嘲讽地指点着。一个一本正经、戴黑边眼镜的人走进了俱乐部。**朱丽叶**顺手从他的后衣兜里掏出一个笔记本。路易莎又从她的手里接过去，然后念道……

路易莎：“‘禁忌酒吧，多菲内街33号，电话丹东53—28。通宵营业……（喔，瞧瞧！）……酒醉的哲学家，未受过教育的诗人，非洲人，长发小青年……’（面对朱丽叶说：）那肯定是你！我敢打赌，他一定带了摄影师！一定得装成一个野蛮人……你应该去那边跟你那些知识分子朋友坐在一起。你是他们的小红人儿！……”

她俩走到里面一张桌子前，一个黑人正在放唱盘。男人们都注视起朱丽叶，她也回望了他们一眼。她弯下腰，想看清桌子上唱片的名称。

近景：黑色唱片表面是她迷离的脸庞，在那上面反着光。唱片是迈尔斯·戴维斯的——曲调有点漫不经心，像催眠似的（用《蒙骗》这张唱片的音乐）。

鲍里斯·维昂[①]（比真实生活中要高一些，温文尔雅，但又不失一丝轻狂；他俯下身，对朱丽叶说）：“这是迈尔斯·戴维斯的……他正在巴黎参加一个爵士乐节。想去听他的演唱会吗？”

朱丽叶抬起头看了看维昂。

维昂：“你要想去我们就带你去。他正在普莱耶尔音乐厅排练。”

朱丽叶点了点头。

维昂，手放在背后：“她从来不说话！你为什么不说话？（他定睛看着她。）我们带你去那儿只有一个条件：必须让我们听听你的歌声。”

朱丽叶摇了摇头，看起来很是为难：“不。”

维昂：“好吧。你可以用别人的歌来唱。就像是练发声和练口技……（然后他就把她带到了那些喷云吐雾的客人的桌子旁。）你认识喝酒的这些人们，是吧？”

---

① Boris Vian，1920—1959，法国著名文化人，身兼多重身份，号称“法国文艺鬼才”。——译注

(他们都向她打招呼。维昂做了个夸张的动作：)“格莱科小姐正找歌唱呢。”

波伏娃(身穿条纹套衫，头发梳在后面，涂着红指甲油；对萨特说：)“您说格莱科应当成为一个歌唱家。为什么你不给她写首歌呢？”

萨特想了想：“‘白幔街’那首怎么样？这是我为《禁闭》[①]写的，但是(他朝朱丽叶举了举盛伏特加酒的酒杯)，现在我把这首歌献给这位小姐。”

波伏娃：“很好！那是关于一个行刑手的歌曲……再找点有趣的内容……你应该把她想象成站在舞台上。”

萨特，审视着朱丽叶：“‘朱丽叶’，听起来就像是‘小姑娘’的韵脚[②]，啊，对了！‘如果你想象，女孩’——雷蒙·格诺[③]。(他又转向朱丽叶)你听说过格诺吗？”

朱丽叶冲他点了点头：“听过。”

波伏娃，隔着桌子探过身，冲着朱丽叶沉醉般地吟道：“‘你的玫瑰般的脸颊’，‘你的纤细的腰身’……(然后冲向萨特)还有什么？”

萨特兴致勃勃地接道：“‘你那闪光的双足，你那精灵般的双股……’我们可以找科斯马[④]为这首歌配乐。”

所有人都望着**朱丽叶**。使用特效变焦镜头：她突然呈现出一个演员站在麦克风前歌唱的形象——这形象仿佛是从她潜意识的眼睛里呈现出的一样。她直望着镜头，脸上露出带有深色阴影的微笑。配乐已经用心地逐渐演化为更轻柔、更加带有浪漫意味的曲调——《月亮之梦》或再使用《皆如是》的乐曲[⑤]。

接着，桌边的客人们饶有兴味地、快乐地朗诵着格诺那首诗篇中的词句：“她有一个三重下巴，肌肉带着弹性……”“她在捡拾玫瑰花，如同捡拾生活的花朵！”“如果你要它们永远持续下去，你得另想未来，小女孩！”

30. 普莱耶尔音乐厅

普莱耶尔音乐厅残破的艺术装潢的前脸。音乐响起，起初微弱和带有回声，然后慢慢渐大，配合进入下面的画面。

镜头逐渐进入前厅，穿行在白色的柱子当中。

---

① *Huis Clos*，英文译为《无路可出》(*No Exit*)，是萨特的著名戏剧。——译注

② 法文里“小姑娘”(fillette)与“朱丽叶”(Juliette)同韵。——译注

③ Raymond Queneau，1903—1976，法国著名诗人、作家和文化人。——译注

④ Joseph Kosma，1905—1969，著名音乐家。

⑤ 两者皆为迈尔斯·戴维斯的作品。——译注

音乐厅的正厅。远处的舞台上：有一名低音歌手，一位鼓手，还有瘦削的**迈尔斯·戴维斯**（二十三岁）。他穿着一件白衬衫，系着黑领带，西装是特制的紧身亚麻材料。他的小号特别亮眼，在镜头中闪闪发光。

镜头显示观众席，其间疏疏落落地坐着少数观众；**朱丽叶**坐在距第一排有几排的后面一排中，她的手紧紧握在左膝上，用心倾听着音乐。她的穿着很简单，但是一身黑色使她很引人注目，她还擦了比平常要多的睫毛油。

画面逐渐消隐：人们散落在观众席上，这次是显露不同席位上的观众；**朱丽叶**仍像刚才一样坐着。画面渐隐，音乐节奏慢下来，其中还透着尖锐，使人想起片头音乐中的曲调。在这样的配乐中：画面显示朱丽叶的特写，她紧盯着让镜头闪过。

音乐停止。

戴维斯和乐队其他成员在排练间隙进行休息；一位摄影记者为他拍照，一位文字记者飞快地记着笔记。

戴维斯使劲一扭头，对他身边一位音乐人问："喂，那位女孩是谁，黑色长发的那个？"

那个**音乐人**："你是说那边的那个吗？你想找她干吗？"

戴维斯："什么叫找她干吗，我就是想知道她，她在那儿坐了一天了……"

音乐人："你甭想她了，她是跟鲍里斯·维昂还有那群人一块来的。她是'存在主义者'的一个成员……"

戴维斯："我才不管那一套呢。她长得很美。我想认识她。（然后沉默片刻。）我还从没见过像她那样的女子。"

戴维斯用食指向朱丽叶示意，表示他叫她。她慢慢地朝台上走去，慢慢地爬上台阶。他们站着相互看着，脸上露出初识时的笑容。

戴维斯："你喜欢音乐吗？"

朱丽叶："我喜欢音乐吗（使用法语）？（她凑近看着他的小号，手指沿着管壁轻轻地滑行了一下。）就像你看到的……"

戴维斯，换了种语气："那好，你不说英语是吧？你可真酷……咱们随便来首！（他摇了摇手中的小号。）你演奏吗，用什么乐器？"

朱丽叶把嘴撮起来，模仿吹奏一只小号："你教给我……"

戴维斯："这里，你把手指按在这里。"

近镜头：朱丽叶按下气阀，戴维斯也吹响了小号。优美的、金属管声的音乐流淌而出。他的脸上兴致勃勃，而她则禁不住大笑出声。

戴维斯一脸笑意："还行啊！（他冲着另一个音乐家做了个鬼脸）嗨，伙计！

我刚和一个存在主义者演奏了一曲，是二重奏哩！”（然后他转向朱丽叶：）“想去喝杯咖啡吗，噢，是去咖啡馆。”

朱丽叶：“好的，可不是这里头的……（她悄悄牵起他的手，把他拉出排练台。）走……”

那个音乐同伴：“嗨，迈尔斯！”

戴维斯，转过身：“你就好好练练那些变调，伙计！”

31. 塞纳河岸边

近镜头：一只鸽子在鹅卵石间啄食。鸽子飞走了。

镜头渐出——镜头近景照在地上：一个乞丐拄着拐棍，追逐着那只鸽子。镜头显示**朱丽叶**和**戴维斯**的腿和脚：她的系带便鞋、他的闪光皮靴，他们走在塞纳河岸边小道上，沿着艺术桥①方向向上游走。这时能听到他们脚踩在地上的声音。

画面渐出：一座呈斜向角度的桥呈现出来，桥身的一半隐没在柳枝中；朱丽叶和戴维斯紧紧拥抱在一起；戴维斯背向河的方向。

一艘运煤的驳船驶过画面。驳船上，天竺葵花装饰的船舱旁站着一个小姑娘，她看着岸边的那对恋人。

两个人继续沿着岸边走。无声静默的画面。

这时，**戴维斯**开始讲话，他在说着什么。

朱丽叶，眼望脚下（用法语）：“我不喜欢那些人……除了你，（她抬头看着迈尔斯）除了你，你跟他们不同……”

戴维斯：“你不喜欢男性吗？那是你想要说的意思吗？可是，让我来告诉你，我在美国不是‘人’。（他伸出手指示意了一下。）我是个‘黑鬼’！（朱丽叶抚摩着他的手指。）我是个供人享乐的人、伺候人的人……（戴维斯轻拍双手，作出一副民间艺人的样子。）我是个‘汤姆叔叔’——你懂我的意思吧？”

朱丽叶（用法语）：“《汤姆叔叔的小屋》里的汤姆，是的，我懂。”

戴维斯，有点不好意思；继续向前走：“这里有股味道，很特殊，我在别的地方从没闻过。（他用鼻子嗅了嗅，试探着空气中的味道。朱丽叶很好奇，也很好笑。）像咖啡豆的气味……还有椰子味、酸橙味、朗姆酒味，所有这一切的气味都混在一起，就像是古龙香水……唉！这一定是《巴黎春日》，（接着他唱起来）啪、啪、啪、

---

① 巴黎塞纳河上一座人行过河跨桥。——译注

《塞纳河畔》(莫奈，1872)

啪、啪(他打起了拍子)……”

朱丽叶停了下来，拽着他的胳膊，手指了指他的脸：“唉，小号手，你在干什么？……”

戴维斯模仿着小号的吹奏；**朱丽叶**踮起脚尖，吻了吻他的唇。

长镜头：他们继续沿着塞纳河往前走。有几个人从他们身边经过，没人注意他们(这里使用临时演员即可)，只有一个钓鱼的人似乎关心了一下他的钓饵罐。

音乐响起：轻轻的音乐声中，隐约可以辨认出这是《巴黎春日》的曲调。此为随性演奏。

他们来到一组台阶旁，这里通向靠近沙特莱广场附近的街道。戴维斯回望了河流一下，然后紧跑两步追上了朱丽叶。

戴维斯拉着她的手：“你说说，到底什么叫存在主义者？”

朱丽叶高深莫测地笑了一笑。

音乐继续奏响，他们走入了繁忙的街道。

32. 新闻纪录片的片段

（胶片运行速度更快；带有旧新闻片的一些斑点）

白屏，计数时间倒数：7、6、5、4、3……

画外音：起初是温和的，后来变得越来越有嘲讽意味。

解说员的声音：

“圣日耳曼邻区的街区……”

这时画面显示广场和教堂。特写：有些倾斜而又被藤蔓覆盖的围墙。

“这里是巴黎仅存的最古老教堂的遗迹。这里有点像在城市中心的乡村角落。在这里，时间都要过得较为缓慢。”

菲尔斯唐贝尔广场；可以看到几个轮椅；一位年长的妇女在喂鸽子，另外一位妇女在公园的长条凳上织毛衣。

“在这个安静的小广场附近，人们可以参观德拉克洛瓦那改变其所处时代艺术的绘画室。有时，这里好像什么都没有发生过一样……”

镜头显示咖啡馆前的街面。受人尊敬的资产阶级男女们边看报边喝咖啡。

“这里是‘花神’咖啡馆……”

一对少男少女从这里路过：小姑娘穿着一件套头衫，卡碧式时髦裤子，时髦的凉鞋鞋带系到脚踝以上，梳着马尾辫；小男孩穿着一件敞领衬衫，留着小胡须，香烟在嘴角乱晃。镜头让他们在前面过去，很快又跟在他们后面。镜头渐渐转向那个女孩，她撕下巧克力冰淇淋的包装纸，随手扔在了地下。

“我说过什么都没有改变吗？……花神咖啡馆现在已经变成一座圣殿，主教已经变成萨特，还有波伏娃。”

镜头对准咖啡馆的一张桌子，上面是空空的咖啡杯，还有满溢的烟灰缸，除此之外，还有两本书：《第二性》和《恶手》[①]。

（解说继续）“这一教派叫什么名称？存在主义！”

激烈的小号和铙钹声。

书店里：年轻人在选书；旁边还有一些手写的字条贴出来——“你是支持还是反对？”诸如此类。

圣日耳曼俱乐部，楼下舞厅。男子戴着太阳镜，女子身穿腰间开衩短裙。快节奏爵士乐。

---

① 后者是萨特的剧本，又译《脏手》。——译注

近镜：墙上有一些粗糙的涂鸦，模仿的是“收税官”画家卢梭[①]的画作《影响诗人的女神》：画中人物变成萨特，他身着就餐时的正式装束，嘴里含着烟斗，他身边是一长发女子，她看上去很像朱丽叶·格莱科。

“有人说这一讳莫如深的哲学没人听得懂，即使它的信奉者也是如此，还有人说它属于日耳曼系统的哲学；甚至还有人认为，萨特及其信奉者实际是美国生活方式的‘特洛伊木马’。对于后面这一点，似乎没人能够否定。”

这时画面配以更多的热舞场面。

“爵士乐…… 吉特巴舞…… 美国香烟，无一不是如此。”

松弛、欢乐的笑脸，嘴里嚼着口香糖。

“那些美国大兵们来到圣日耳曼俱乐部就像回到了家里！”

特写镜头：一名青年男子头戴扁平帽，脸上有太阳镜，咧嘴哂笑。

“‘存在主义者’一般都戴太阳镜，都生活在地下空间中。他们要去的书店、酒吧，对了，还有他们的‘迪斯科’舞厅，都是在海平面以下几米的地方——这大概都跟他们迷恋原子弹有关，可是这是一种病态迷恋。还有，当然，他们都穿着黑色衣服，不分男女…… 黑色（解说员轻咳一下）是他们最喜欢的颜色……”

画面上有美国黑人在跳舞和欣赏音乐。

镜头一转，萨特出现了：他沿着步道一边走着，一边跟一个极恳切的崇拜者在谈话。

“那位先生是谁？他看起来像个古怪的雕像重返人间，又像是个店员要快速地回到他的店中去。他是谁，你不认识他吗？他就是开辟了这一切天地的那个人——让-保罗·萨特。他就是那些长发青春少年称作‘导师’的那个人！他是《存在与虚无》的作者，他还写了《恶心》与《脏手》——您刚刚在镜头中看到了……”

新闻纪录片的片段：萨特正在一个文学聚会上同波伏娃谈话。

“我曾问过一些受邀进入大师房间的年轻女孩…… 有一个确实的说法是，她在那里也闻到了卡芒贝尔乳酪的香味…… ——大师旁边的乳酪香。”

一本正经的**电影解说员**坐在咖啡馆桌边：他穿着格子西装，戴着黑边眼镜，看着要比实际年龄大似的；服务生取走了他面前的咖啡杯。解说员开始对着电影镜头进行解说：镜头朝街对面照去——车辆和行人从他前面经过，影像模糊［这里用一些虚景］。

---

① Henri Julien Félix Rousseau，法国 19 世纪末 20 世纪初一位很有个性特点的画家，自我作画成才，“税官”画家是他的别名，与他曾经的社会职业有关。——译注

“说起来，这不是我长大所想象的事情，不像法国文学一样…… 对于这种‘哲学’，我所理解的唯一意思是：我们都喜欢做我们想做的事情……好吧，那就……(他从桌上拾起那些书）还有我，我也是一名存在主义者……（他站起身，把那几本书丢到垃圾桶里，紧跟着便走了出去，到了街上。)”

爵士乐声响起。

模糊的窗镜：画面镜头从咖啡馆前滑过，接着又转回来：

33. 花神咖啡馆

（影片回到上次纪录片之前正常的影片画面，画质更好）

萨特、**波伏娃**、**戴维斯**和**朱丽叶**。持续不断的说话声，语速快得有点让人跟不上，压过了其他客人的声音（导演包括在这些客人中），还盖过了男服务生叫座的声音，他们手里舞动着托盘；街上还有摩托车声、汽车喇叭声、警哨声等。

朱丽叶一边听着本桌谈话，一边注意别的桌上人们的谈话，同时还在注意街上的情况。她的沉默和脸上的表情，透露出她对本桌谈话有些心不在焉。

萨特在同**戴维斯**用英语交谈。他说起话来咬文嚼字，口音极为难听。他从来都是烟不离嘴。(没有字幕显示。)

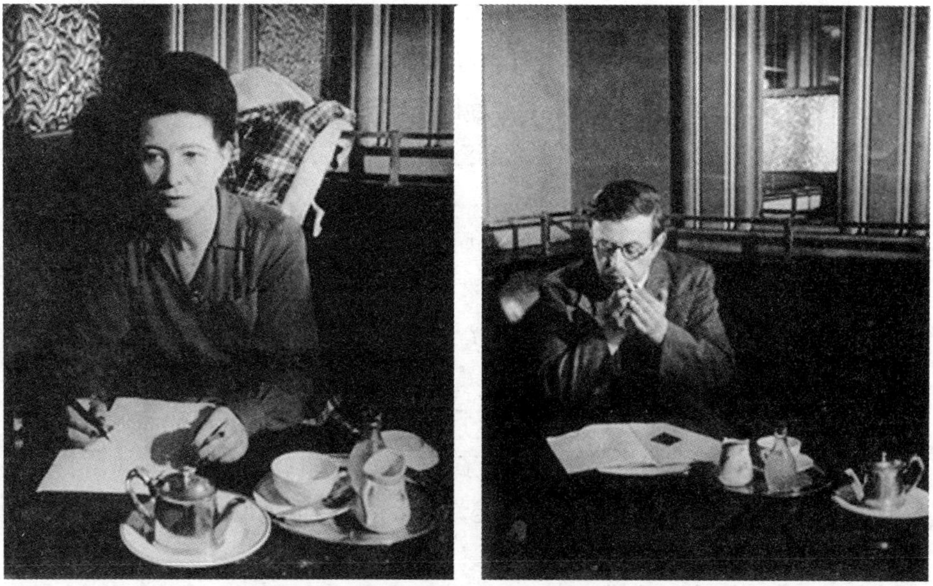

花神咖啡馆里的波伏娃（1945）与萨特（1946）

萨特："…… 由于您的音乐带有一定的政治意味……"

戴维斯："先生，我只是吹奏小号。我吹小号，音乐就跑出来，猫儿对它们感兴趣…… 或者不感兴趣，对我来说都一样。（他的手指轻轻地弹动一下。）政治是我避之不及的东西。"

萨特："从我的观点来说，这是一种政治演出。"

戴维斯，身体往前倾："这只是一种音乐，先生。"

萨特："是的，爵士乐，这是一种对自由的表达。"

戴维斯，收回身体，强作笑容："那是白人们的用语——爵士。白人们总想给任何一件事都贴上标签。不过，它们只是一些节奏，先生。我把这些音节分开，然后我把它们重新组合回去，变成曲调，使用的方式不同，可是我从不墨守成规、走老路……"

萨特："是的，没人会在没有用心倾听的情况下听出曲调。（他掐灭香烟；从香烟盒里弹出另一根。）举例来说：这里有个杯子，杯子在桌子上。"

戴维斯拿起杯子，喝了一口，重又放回桌上："嗯，对。"

萨特："我说'杯子'，那只杯子还像从前一样，什么事也没发生，除了也许它会颤动一下，但颤动幅度也不会大。就如同那个杯子屁大点的声响也不出一样。"

戴维斯："嗨！这就是存在主义，是吧？"

萨特："不，格莱科才是存在主义者，如果你相信那些记者的话。（他笑了笑。）他们称她是'存在主义的女诗人'。"

所有人都看着**朱丽叶**。她正看着一位身穿迪奥服装的妇女从窗前走过，她还牵着一条狗，那只小狗翘起一条腿，对着树撒尿。

萨特继续说："这并不是存在主义。这是一个男人试图同另一个男人讲话……"

戴维斯紧紧凝望着萨特。

萨特："但是，当我说'杯子'这个词时，却有一些事情在发生。那只杯子已经不在黑暗的角落里。它不再……（一边看着波伏娃）消失在世界万物的思想中[用法语]…… 消失在世界的思考中，对吧？…… 当我命名一件事物，这并不是没有意义和影响的，这就像当一个男子使用暴力，比如酷刑（朱丽叶抬起脸），他就会明白，如果他强迫另一个人说出诸如一个人的名字、他的电话号码和他的住处等一些事情时，他这个时候所面对的意义了。（他转向一位服务员）喂，再给我们来瓶酒。（然后，他又转向戴维斯）这就是为什么，我们可以说，作家，某种程度上还有音乐家，可以抽取一些事物的本质。"

戴维斯笑了："是的，我就是'抽取事物的本质'，您说得对，先生。"

萨特："所以，举例来说，在阿拉巴马，对黑人的压迫就不会显现出来，直到有一天有人说'黑人是受压迫的'。"

戴维斯稍微有些仰起头；他看起来有点怀疑："那地方我没去过……"

萨特："噢，再比如说，这个例子也许更好：在司汤达的小说《帕尔马修道院》中——格莱科，你知道《帕尔马修道院》吗？（朱丽叶不置可否地笑了笑）——莫斯卡公爵被一种感觉所折磨，这种感觉难以形容，他的情人和法布雷斯之间也有这种感觉。当他看到后面这一对人坐着马车离他而去时，两个人还肩并肩，他说了一句，'如果他们两个人之间（接着他改用英语说道），如果他们两个人之间用了爱的字眼，那我就完了。'（他喷出一口烟。）所以，当你给一个什么事物命名时，你就有了义务。"

戴维斯的手放在了朱丽叶的手上。

波伏娃笑着冲戴维斯和格莱科说："对，是责任！……你知道他是什么时候、萨特是什么时候谈到作家的责任的吗？"

萨特一饮而尽，嘻嘻地笑着。

波伏娃："那时他受邀去联合国教科文组织[①]主持一个会议。这是该组织的第一次会议，那是在两三年前，在1946年。会议在索邦大学召开。头天晚上，我们去听了场音乐会，是《天方夜谭》的交响乐[②]，同库斯勒[③]和加缪一块去的。萨特，你还记得吗？你还跟加缪夫人一起跳了舞，我们在边上看着，你就像拉着一麻袋煤球似的。萨特醉得很厉害，而他明天早晨还要在那个会上发言，直到这时他还一个字没写。"

戴维斯，抬起一只手指指着萨特："老师也没完成家庭作业！"

波伏娃："对，还有加缪，他也醉了，说'你没问题，没有我的帮助，你也能做出来'，而萨特说'好吧，没有我的帮助，我也能做出来'。"

萨特，伸开手指在桌上划，吃吃地笑着。

波伏娃："这个时候——这一点他已经不记得了——我们就在雷阿勒的维克托餐馆吃了早饭，有洋葱汤、牡蛎和白葡萄酒，然后天才开始亮，我们站在塞纳河的一座桥上，萨特跟我，我们对'人类状况的悲剧'感到如此悲哀——唉，是的！——我们说我们投到河里去算了。但是我们没有，我回家去睡觉了，萨特则去了索邦，

---

① 该组织设于巴黎。——译注

② 里姆斯基·科萨科夫的交响乐组曲。——译注

③ Arthur Koestler，1905—1983，欧洲文化名人，作家。——译注

去讲他的‘作家的责任’去了……”

戴维斯：“真酷，让－保罗。他们知道您说话直率，原来您没做准备呀……”

波伏娃摇了摇头：“不，萨特他实际上已经把每件事都装在了脑子里。”

萨特，斜睨着眼睛，紧绷起嘴唇，看上去很严肃：“我们能做什么呢？我们只能使得我们自己不内疚而已。这就是我在索邦所讲的内容。那时还刚刚解放不久。（服务生又拿来一瓶酒。萨特往各人的杯子里都倒满酒。然后突然对戴维斯说：）你为什么不和格莱科结婚呢？”

戴维斯看着朱丽叶：“责任，先生…… 我爱她太多了，以致使她不开心。”

波伏娃冲朱丽叶笑道：“他爱你太多了，以致使你不开心。”（用法语）

朱丽叶吻了吻戴维斯的额头。

他们相互对望起来。特写：两人都呈侧面的头像。

朱丽叶（对波伏娃说）：“他没想过要和我一块到美国去。”

戴维斯：“真是讨厌，是吧？对，确实很糟糕，对一个黑人来说会非常糟糕。而且对白人妇女来说，如果她和一个黑人在一起，会变得更加更加糟糕。”

萨特：“你可以留在法国，在这里每个人都喜欢你的音乐。”

朱丽叶对萨特和波伏娃说，同时看着戴维斯：“你们没有发现他有点像贾克梅蒂[①]吗？”

戴维斯：“你是说雅可·梅蒂？”

侍者走过来，对他们这一桌上的人说：“对不起打扰各位，请问各位要在这里用晚餐吗？”

波伏娃：“你们要吃晚饭吗？”

戴维斯看着朱丽叶：“不了，我们要去找一座桥，看着河底，然后没准我们就会跳下去…… 真讨厌，我是来演奏音乐的，没想到我却一事无成。”

邻桌**一位顾客**（由导演扮演）合上报纸，起身离去。

朱丽叶把一些白糖倒进一个小纸筒，伸手抓起邻桌一个空烟灰缸，她把两样东西都装进了手提包。她起身抓起戴维斯的手。

萨特对朱丽叶说：“‘如果你想象那就是……’，你还没有忘记吧，格莱科？”

朱丽叶：同戴维斯离开了，她回头望了望，摇了摇头。

镜头摇回：一名信奉“存在主义”的男青年在街上望着垃圾桶，他捡起一本书，翻阅着。他沿街走着，消失了，还读着那本书。

---

① Alberto Giacometti，1901－1966，瑞士超现实主义雕刻家和画家。——译注

34. 路易斯安娜酒店外，塞纳河街

镜头从一层到顶层摇向酒店的全景——百叶窗上、窗台上、阳台栏杆上，都积满灰尘。镜头在顶层上定格一下。

35. 路易斯安娜酒店里面

房间里。**戴维斯**躺在床上；**朱丽叶**盘腿坐在床上，看着他。

静默。

戴维斯：“她叫伊丽娜。她是个好女孩。我关爱她很多。可是，她有点像……她不像你，她没有你那种独立性……我是说，她不是你那种风格……”

朱丽叶，听了后看上去很伤心，但她没有失控；不知她对戴维斯的话听懂了多少：“你不在这里待下去了吗（她手指着地下），在巴黎、在法国？”

戴维斯：“我不知道，也许我会习惯被人以一个正常人看待……让－保罗他是对的，每个人都喜欢我的音乐。可是，那不够好。我每演奏一段，观众们都会欢呼。到了这种程度，我都不知道那是不是我在演奏了……但我要是真回到美国，我敢肯定就再也找不到像你这样的女人了。”

朱丽叶重又钻回床上，她说：“总有一天你会回来的，你要带着你所有的唱片再回来。”

优美、圆润的小号音乐。

接下来的画面伴随着音乐，以音乐为主题推进。（就像第 18 幕，要戴维斯随性演奏——但是不使他在银幕中显露出来。表现一些在第 31 幕中出现的未经剪辑的塞纳河两岸镜头。）

36. 旅馆对面，塞纳河街

（这里是朱丽叶儿时的家的所在地，如前面第 12 幕和第 14 幕所示。）

透过窗户能够看到街对面。电影画面渐淡，阳光照在建筑物前面，从早到晚。

37. 圣日耳曼德佩广场

朱丽叶和**戴维斯**在一起。他搂着她的肩膀——他高高的身材冲着镜头，他的脸呈现出侧面，他吻着朱丽叶。她的脸也呈侧面，她的头向后仰着，她的身体弯曲呈弓，就像一件乐器。（模仿罗伯特·杜瓦诺[①]摄影作品的动作。）圣日耳曼德佩教堂的尖顶呈现在画面背景中。摄影角度显示，他们在川流不息的人群中，就像是在途经广场时停下来亲吻似的。

一辆汽车停在他们身后。一声刹车的尖叫声。

朱丽叶平静地说："好啦，世间总是离散容易再聚难……"

戴维斯钻进出租车。他转过身，透过后面的车窗，盯着朱丽叶（正视镜头），脸上的表情就像是一个人要进监狱前那样。

朱丽叶望着汽车朝波拿巴街驶去，慢慢地消失在车流中。她站在那里待了许久，然后转过身，望着教堂上方的那个尖塔……

38. 圣日耳曼德佩广场

……画面开始呈现色彩。

（剧情最后所有的景象都呈现色彩。）

长焦镜头；用手握的摄像机。保持一定距离，中等程度的渐入：映入眼帘的是广场上的生活景象：人群，汽车，还有自行车。

黑屏。

字幕显示："五年后……"

39. 纽约华尔道夫饭店

宏伟的饭店前脸直冲着公园大道。饭店前有黄色出租车、门童等。

昂贵的饭店地毯；门上镶嵌着锃亮的铜把手，门上的窥视孔。

门开了。

朱丽叶；她的脸上涂满了粉彩，反倒使她胖嘟嘟的青春脸有些相形见绌；她的鼻子化了妆，变尖了；她伸出双手，抱紧他（用英语说道）："迈尔斯，我太高兴

① Robert Doisneau，1912—1994年，法国著名摄影师，代表作有《市政厅前之吻》。——译注

了！……”

戴维斯，神情紧绷，眼睛有些红肿，举止僵硬；他穿着一件运动夹克衫：“我也高兴。”（他紧张地望了望过厅两侧。）“我告诉你什么来着？”（他掠过她朝房间里望了望。）“他们给了你一整套大套间？”（他作捏作态、虚张声势就像个皮条客；然后他又重新看回走廊。）“喔，为你房间服务的来了。”

一个身穿华尔道夫饭店蓝色制服的服务生，推着一辆服务车走过来；看见朱丽叶和戴维斯在一起，有些愣住了。

戴维斯从服务车的冰桶里拿起一瓶酒：“娘的，你干吗呢？”（然后他转向朱丽叶）“我告诉你什么来着，我告诉你一辈子也不要到这个国家来。”（他摇了摇头。不知所措地在那里做着夸张的动作。）“你有钱吗？我现在就需要一点钱！”

朱丽叶有点惊愕，她从包里找出一些美元，递给戴维斯。

戴维斯抓起钱，推开那个男子，径直朝过道走去，然后狠狠地喝了一口酒。

40. 酒店电梯里

电梯里，**戴维斯**周围都是些镜子，他狠狠地盯着自己脚下；突然，他抬起头，满脸泪水。

41. 华尔道夫饭店的音乐厅

朱丽叶站在舞台上——一脸瘦削、黑色的形象，麦克风在她身边。她穿着黑色衣装，头发长直，她有意设计得不像艺人；台上的灯光打在她脸上，营造出某种神秘气氛。她唱了那一整首歌——“如果你想要，小姑娘”——歌声回荡在从乐队伴奏到最后一排观众的整个空间中。（整整持续了三分钟。）她唱出了一个轻柔的再现部，如同冰清的凉，还有一丝柔媚。她脸上的表情正是歌中所需要的那种情感。

（字幕打出：如果你想要，小姑娘……它们就会持续到恒久……那是激情与爱恋的时光……你得着想未来、再想一层，小姑娘……）

在整个歌声回荡的过程中，镜头两次切到**戴维斯**，他站在酒店的大堂中，同酒店管理员在争吵，他被要求离开大堂。

朱丽叶唱完了，淹没在掌声中，她直直地面向镜头。镜头缓缓地从她脸上关闭，她的睫毛颤动着，一副若有所思的神情。

黑屏。

42. 圣日耳曼德佩广场

在这一场景中，片尾字幕出现了。

演职人员都集中在广场上。**朱丽叶**穿着一件紧身迪奥上衣；她的神情仍像她在前面的剧情中那样。**演员们**穿着呢子服，戴着软沿帽，站在她周围，聊着天抽着烟。

慢慢地逐渐响起小号声，就像片头场景中一样。

女化妆师在朱丽叶的脸上敷粉。

导演手拿扩音话筒："各就各位！"

朱丽叶指了指两个男子，走到近前来；她举起双手，朝导演做了个手势。

片尾结束的一幕：一本正经的影评家戴着黑边眼镜，正同另一个影评家交谈：

影评家甲："这不像她初看起来的那个样子！她本是个小女孩……实际上她是一个身上带有缺点的'不良女孩'……"

影评家乙："那你期待的是什么呢？实际上那正是所谓的'现实'东西！……"（两个人诡异地相视而笑。）

导演对着一个手拿记录夹板的人说："把那些白痴跟他们说的话都去掉！……"（他看看四周，一脸绝望）"盖世太保呢?!"（他对身穿呢子服的演员们说）"先生们，你们准备好了吗？……"

演员们扔掉香烟，用他们的大皮靴将烟头踩灭，然后走向黑色雪铁龙汽车。有一个演员走过朱丽叶身边，在她后腰上挠了一下。她转过身，冲着镜头笑了起来。尽管带着化妆，但她这时看起来又快活，又充满自然之气。

影片最后定格在这里。

画面渐渐消失。

就剩下片尾字幕在持续。

第十五章

狡狐之日

戴高乐在巴黎圣母院（1944 年 8 月）

1. 狙击手的枪声

没有人能够忘怀那天他所目睹的一切，尤其是那些亲身经历这一事件的人。光是那天的仪式就足够令人难忘的；而那令人惊恐的事态又的确使人感到奇异，当时它造成了极大的混乱和恐慌，这一切都使人感到有一种神秘事件的氛围。事情仿佛是上帝在昭示，在篇名为“法兰西”的英雄史诗的最后一幕行将结束之际，每条情节的主线在 1944 年 8 月 26 日这一天都集中到巴黎圣母院。英雄的主角，戴高乐，被置于从每个角度都可以看得到的地方。他仿佛同大教堂的尖塔们一样，属于同一视域里的形象。大钟敲响，仿佛是要将每个历史记忆都植入人们的集体意识中去，聚集在那里的一万人的头脑里就像在过电影一样，他们记录着每一个画面或声音的瞬间，为的是他们未来子孙的荣光或幸福；养育他们未来的子孙，此时此刻成为触动他们的一种神圣职责。他们的民族应当生生不息，他们应当聚集在一位伟大领袖身旁，这位伟大领袖的不可战胜，早已在文明世界的世人面前得到证实。

那位伟人的声音曾激励过千家万户，当时他还在流亡的牢狱中，而他的人民则畏缩在黑暗的小屋子里倾听他的讲话，此时此刻，他正在昂首阔步迈入巴黎，就像一个巨人。尽管他的艰辛与苦涩在长达四年寓居伦敦的时间里、在那里的迷雾、在英式食品里得到刻骨铭心的印证，他仍然保持着一位领导人的风采。在凯旋门下，他曾弓身朝那里的无名烈士墓献上一束白玫瑰。他把整个香榭丽舍大街都走了个遍，从站在每棵树和灯柱旁的路人那里都得到欢呼，军官们深陷的、被弹片磨损的脸颊上挂满泪水、一边向将军致以军礼，漂亮的姑娘们向他亲吻，她们从挥舞着手帕和缎带的人群中向他飞奔而去。勒克莱尔将军的坦克隆隆驶来，他们陪伴在将军身边，好似希腊群神的战车。只是偶尔他不得不要求跟随他身后的战友们稍作停留，他们本来是并排走在整个游行队伍的前列的。

在协和广场上，露着微笑的将军们钻进了汽车，他们一路被挥动着手臂的人群夹道欢迎，沿着里沃利路来到了市政厅，在这里戴高乐受到“解放委员会”成员们的欢迎，他被任命为临时政府的首脑。当他站在市政厅阳台上对着人群发表演讲时，拥挤在后面的军官们险些使他在阳台边跌倒。后来将军的一位扈从回忆，他是如何趴在将军的脚上抱着将军的腿，以免使他从阳台边上跌到下面汹涌的人流中。“敌人正在倒下，”将军对着人群说，“但是战斗仍然在我们的国土上持续。即将看到我们历史中最辉煌时刻的我们，一定要证明我们自己无愧于法兰西最可宝贵的东西。”

离开市政厅，戴高乐和他即将入主的政府全体成员穿过塞纳河，在这天下午四点二十分到达巴黎圣母院大教堂，他们来到这里是为了做感恩的弥撒。

接下来发生的就如同历史上很多类似事件一样，凡有成百上千人见证一个历史事件，就会出现成百上千种关于这一事件的不同描述。现在甚至对于当时险些毁掉这个光辉的胜利时刻的嫌犯身份，还存有不同的质疑。解密文件已经公开，但是由于当时的灾难被避免了，而且最终结果向来不曾被怀疑过，所以就连那些最富有坚定意志的研究阴谋计划的理论家，也不再对这个案件感兴趣。

BBC 著名的战地记者罗伯特·里德，那天被安排在一个很好的位置，以便观察这一天的盛况，他刚刚在前一天同美军一起从圣洛[①]赶来。他盘腿坐在地上，挨着大教堂的西门，手里拿着话筒。当时发生的紧急事态一结束，他便跑去找他的录音师。两个人一起快速跑到斯克里布饭店，把录音交给当局检查。那里的人就是否将戴高乐将军险些被刺的消息传给全世界进行了激烈争论。最后他们获得许可，该段录音第二天在 BBC“战争报道”节目中被播出，接着该段节目又被美国广播公司 CBS 和 NBC 所转播。

入迷的听众们听着里德沙哑而激昂的声音，那声音盖过了人群的欢呼声：“将军出现在人民面前。他得到人们的热情欢迎……人们正在朝他欢呼……”突然，一阵枪响，接着是人群恐怖的尖叫声，转播中传出了里德紧张的约克郡口音，以及他的麦克风被混乱的巴黎人群践踏的声音。一段时间的沉默。我们又听到里德略带沙哑和充满魅力的声音。他就像是在讲述约翰·巴坎[②]的一部小说，但他周围骚动不安的声响，足以证实他的报道的真实性：

> 这是我所见到的最动人心魄的场景之一！……子弹从四面射来……将军试图控制从四面涌入教堂的人群。他从教堂里的某个地方走出来，径直走到在我看来正好面对枪林弹雨的地方……他一直向前，毫不退缩，他腰板笔直，一直走到整个教堂中心的连廊，子弹在他周围呼啸。这是我看到的最有勇气的一幕，是作为勇敢化身的光辉典范！周围枪声大作，火星四溅，而他看上去却绝对如有上苍神助一般。

多年以后，里德对这一事件做了更加详尽的记述。这本书由他孙子在 2007

① 法国西北部一城市，属下诺曼底地区。——译注

② John Buchan，1875—1940，英国作家兼政治家，代表作《三十九级台阶》。——译注

年出版。当时狙击手似乎占据了教堂内部的一些高点：上层的游廊、巨大的管风琴后、教堂顶上。有一个站得离里德非常近的人头部被击中，另一些人在试图躲到柱子后或椅子下时受了伤。当时统计的伤亡人员从一百到三百不等。他还记得当时的空气中散发着无烟火药的臭气，中间夹杂着熏香味，眼前是一幅现代战争的“疯狂场景”，然而它却是发生在一座12世纪建造的教堂中。同其他所有人一样，他惊异于眼前看到的场景：戴高乐将军光着头，站在圣坛前，如同上帝遣使他来到人间：“那里弹雨如飞，教堂中碎石乱溅。”“只有上帝知道为什么子弹没有击中他，因为那些东西一直都在飞舞。”

枪击事件刚一结束，就有两个问题被提了出来：这些狙击手究竟是些什么人？戴高乐将军到底是如何躲过这些弹雨的？最后，当和平重返欧洲，解放的英雄们也深陷国内政治的泥沼，第三个也是带有阴险企图的问题被提了出来，尽管只是在私下里：“那些枪手的身份，是否多少同戴高乐的神奇幸免于难有关？”

从那时以来，所有这些问题都没有得到令人满意的回答，特别是得到令每个人都满意的回答。里德自己看到，当时有四个“形貌粗鄙”的枪手被带出巴黎圣母院的大教堂：他们身穿灰色法兰绒裤子，白衬衫，在里德自己看来，他们“非常像德国人”。与此同时，广场对面，一个九岁的小男孩爬上他家四层顶楼的窗户（他父亲是巴黎市警察局的司机），来到由镀锌板搭就的顶棚上。他蜷缩在石围栏后，朝巴黎圣母院方向望去，他发现枪响处是在塔楼的顶上。过了一点时间，他看到“有几名嫌疑人”被拖到广场上。这个名叫米歇尔·巴拉的小男孩，认出这些人是一些“民兵”身份，这是些准军事部队成员，他们在二战时期有的曾成为纳粹盖世太保的帮凶。当他俯身下望并凝视着广场上时，他看到其中有一个人挨了打，他被逮起来时被打得很重，也许还被杀了，周围都是人，他们都在动手。“那一血腥场景至今仍萦绕在我的脑海里”，他后来在1998年这样写道。

即便就是在这些人被逮捕时，仍有散乱的子弹射向人群，也不知道这些枪击是来自还没有被逮捕的德国枪手，还是来自那些过于兴奋、胡乱开枪的抵抗战士。这一点没人能说得清。

巴黎的解放是一段血腥而持久的经历。8月26日戴高乐进入巴黎、沿着香榭丽舍大街行进时，这座城市里仍有很多德国散兵、盖世太保官员、维希准军事人员及其他同纳粹政权合作的人员。那些陷入绝望或做垂死挣扎的人，有的躲入教堂，寻求庇佑或是只求一死，以此来博得其复仇的最后荣光。每一个稍微熟悉一点卡西莫多故事的人都会知道，在巴黎，除了下水道，没有比教堂更好的躲藏地。故事中当有人在感恩节仪式上问他，为什么没有人试图去探索一下大教堂那曲折的弯廊及多彩的客室时，敲钟人这样答道："那里就像是一个地下墓穴！"这次枪击事件过后，倒是进行了详尽的搜查，但据当时著名的美军第二装甲师里的一位中校回忆，当时上到塔楼上负责执行搜查任务的官员，"只发现了一些警察，此外一无所获"。

戴高乐自己在《战争回忆录》中谈到了第三种可能性。他比任何人都清楚，在法西斯主义刚刚退潮的时刻，出现了一种危险的真空时期。他意识到，昨天一起战斗的同志，有可能明天就成为政治上的对手；尽管这时美军还在巴黎，但政变随时都有可能发生。在他写于上个世纪50年代的回忆录中，当他准备重返政坛、重掌权力时，他问自己和他的读者："为什么那时德国士兵或是一名'民兵'成员，会向烟囱开枪，而不是瞄准我？那时我处在完全暴露的位置。"尽管并不是非常明确，但他暗示，那些神秘的枪手有可能是法共成员："我总感觉这一行动是有意所为，其不良用心是一种政治目的，企图在群众当中扩大恐慌，并企图为他们在革命中掌握政权制造口实。"

假若是共产党人想制造恐慌，以此来证明他们是不可或缺的政治力量，他们的打算就完全失败了。发生在巴黎圣母院的枪击，只是巩固了戴高乐作为新生共和国那不可比拟的政治领袖和精神领袖地位。通过他在弹雨中的昂首阔步及在圣坛前的岿然屹立，他已把自己写入法国历史，并昭示着法兰西的未来。有一些试图挤入新体制下仕途的人士认为，戴高乐实际上自编自导了一出针对他自己的政变，但是，任何无中生有或含沙射影的攻击，在这出戏剧的光荣的事实面前都变得沉默缄口，那些尚待解答的问题瞬间都变成只是一些学术兴趣的探讨：那些警察在塔楼上干什么？为什么那些狙击手躲在教堂里都躲过了事先事后的检查？里德和房顶那个小男孩看见的被捕的那些人，究竟是些什么人？还有，为什么随后很快进行的官方调查，却没有在逮捕有关人员方面得到任何线索？

只有那些妒忌戴高乐及其取得的光辉成就的人，才会想到这些问题；只有那些企图与他的成功相匹敌的人，才会想到为什么他会取得成功、可以从他如此娴熟地操作政治的技巧中学到什么，这些表演是如此天衣无缝，就像是事先完全没有计划过一样。

2. 天文台花园

1959年10月15日深夜，一名男子坐在圣日耳曼大街著名的立普啤酒馆里，他看上去颇为惬意，尽管脸上带有一丝微微的紧张，守着一盘没有吃完的做工考究的酸泡菜，和一瓶美味的琼浆白葡萄酒。侍者们围着他的桌子团团转，他们那行动敏捷及小心行事的举止，表明这是位老顾客，并相当受尊重。他举止英俊，虽然都四十多了，但要是他每天都照镜子，哪怕是在刮胡子，他一定会为他在镜子里见到的面容而感到高兴。一到晚上（就像这天晚上一样），他就会表现出一种稍微垂败的气势：他那细窄的黑领带稍微打了点乱结，他的衣领稍微有点打皱，上唇上方也显出了一点早上刚刮完胡子后的短髭——这一切都表明，他刚刚度过了比较多事的一天，这些事比他的形貌重要，但还不至于影响他的外观气质。他是那种也许他自己会称之为拥有内敛气质的人。偶尔眯起的眼睛和他那像孩子般翘起的嘴唇，小说家也许会称其为“敏感”或“表明他有坚强的意志”，使他脱显出某种魅力，这种魅力一直都很好地帮助了他。

立普啤酒馆是他最喜欢的吃东西的地方。这里离参议院约有八百米，离他的住宅也有约八百米，他同妻子及两个儿子住在那里，住宅位于居讷梅尔路，在卢森堡公园比较安静的一侧。尽管他喜欢在左岸的街道上边散步边想事，但这天晚上他还是决定不要步行回家，显然他有些担心自己的安全。他的蓝色标致403汽车停在马路对面，只要接到指令马上就可启动。这时已经接近午夜时分，尽管“花神”和“双偶”这样有名的咖啡馆仍然十分忙碌，但路上的交通和行人已渐稀疏，好像这时已不用担心陷入中国式的交通迷宫中，那里的汽车一辆挨一辆，没完没了，而且相互间挨得很紧，岂不知，对外国旅游者来说，这也是巴黎的景象之一。

他坐在楼下一个靠门口的位置，这里正好笼罩在摇曳而迷离的彩光中，光线从旁边巨大的镜子和瓷砖墙壁上反射出来，上面有一些肥大的树叶和鹦鹉图案，这些图案都奇怪地混杂在它们那生动的色彩中。在他头顶上方，被烟熏的朱庇特画像弯曲着他那褐色的身体，正把箭瞄向看不见的靶子。即使在这样晚的一个时刻，他仍有点想念他的一个前同事，于贝尔·派斯克，希望他能出现在立普啤酒馆。过了一会儿，一个有着派斯克身形的人站在街对面一个门廊里的阴影中等了一会儿，接着便消失了。如果说他刚刚改变主意，也不足为怪。有时，就像刚刚发生的那样，会出现一些怪现象，人们会发现他正同一个靠不住、甚至是有点阴险的人在来往，尽管这个人实际上可能很愚蠢，就像派斯克一样。

十五年已经过去了，那时他在市政厅的阳台上抱住了戴高乐的腿，使戴高乐不致掉到下面去。很自然，当时将军并没有低头去看究竟是谁救了他，倒是他自己后来将这个故事讲了很多遍，每次在具体情节上稍有出入，有些情节甚至连他自己都记不清了。第二天，戴高乐将军曾召见他到战时部；想到这个人在 1943 年时拒绝将他的队伍并入由自己领导的抵抗运动，将军说道——就像一个不耐烦的学校教导处长——“又是你！”将军并没有任命他做政府的“战俘部”部长，反而告诉他，他在未来的新政府中将不担任任何职务。

1946 年戴高乐退出政坛，他的职业生涯开始飞黄腾达起来。他身上那种温和的魅力，为他日后赢得了“狡狐”的美誉。他过去曲折的人生道路：从一个狂热的民族主义分子，变成在维希政府及抵抗运动中同时做一个杰出人士，再到一个被称为“中左派”的机会广泛的阵营中的一员，现在看来更像是一条长期植根于某种坚强信仰的有着非凡经历的路线。他是法国历史上最年轻的内政部长。最近，他出任司法部长，这保证他可以在经验、结识友人、网罗社会联系及在透露各式各色人的档案信息方面积累大量可观的财富，尽管这些人中不包括派斯克。但这并不妨碍派斯克无须任何人帮助自己泄露有关他自己的信息。

在最近的选举中，派斯克丢掉了席位，戴高乐重掌大权。然而，他却被中左翼给拯救了，后者给了他在参议院中的一个席位，派斯克则仍在野。据说派斯克同一些秘密武装组织有关，后者策动了对要将阿尔及利亚出卖给阿拉伯人的“叛国者”的恐怖战争。事实上，派斯克只是他自己政治哲学的一个受害者：“眼睛要总盯在领头羊的屁股上”，他喜欢这样说，“既不看左也不看右”。实际上他把头羊给选错了。他的所谓右翼朋友，在他受到指控企图在国民议会的厕所里安放炸弹时，仿佛置若罔闻，对保护他毫不关心。派斯克自己那笨拙的反击，倒是勉强表明了他“采取那行动”的动机：“我为什么要把那劳什子炸上天，他妈的那是那座建筑里唯一有用的地方。”

他凝视着外面的街上，努力将街道上的黑影同玻璃窗及镜中反射的人影区分开，后者纷纷飞闪而过。从一个角度上，一个人看着是向圣日耳曼德佩广场走，但却可以突然消失，甚至是掉转头来朝相反的方向走。坐在立普啤酒馆临窗的桌边，如果一个妇人从窗边经过，他既可以看到她的前边，也可以看到她的后面，在她经过的整个过程中他都无须把头转一下。而无论从哪一个方向上看，都不见派斯克的踪影。他抬头看了看墙，靠下边是电话和雪茄盒。墙上的挂钟敲响了十二点——已经午夜了。他又等了二十到三十分钟，然后起身走到街上，从兜里摸出汽车钥匙。

十月份的夜晚已经有些寒意。他轻巧地爬上驾驶座，轻轻转动车钥匙，一下就把车打着了。

之所以选择标致 403，经过了精心的考虑，就像一部名车只有恰逢其时才能显出其优雅。这是一部非常适合中左派的名车，对一位一只脚踏足社会主义阵营的反戴高乐的政治人士来说尤其是这样。它最高时速（理论上）128 公里，外观紧凑而稍显一般，这一切都使它流露出一种强劲和可靠的气质；然而这并不妨碍它拥有一种朝气蓬勃的精神，尽管是内敛的。真皮内饰、香烟打火装置、标准的雾灯，都适合未来的国际旅行，并且毋庸为一些物质条件担心。变速杆和方向盘操纵杆合二为一，这使得前排座位上几乎又多出一个座位。尽管有折叠扶手，而且前排座位可以后仰，但是标致 403 仍然大得足够坐下一个中等大小的家庭，它更像是为这样的家庭度假而设计的，而不仅仅是为了相好的两个人。

他驶过广场，转头向东，打开右转向灯，驶进了塞纳河街。

就在这时，据后来在一段时间里唯一一位证人回忆道，一辆黑色小轿车也在这里拐弯，它靠得这样近，以至于把他的车都快挤到马路边上去了。这倒没什么太可奇怪的，但当他将这件事在随后不久告诉记者时，他不得不说这引起了他一定的“警惕”。毕竟，这些日子是多事之秋。他并不是一名十分坚定的“非殖民化”的拥护者——作为司法部长，他甚至呼吁动用军事力量将阿尔及利亚的解放运动镇压下去——但是，作为可能的反戴高乐政党的一员，甚至是作为这个政党的领袖，不管这个政党代表什么，他总是要多少表示出一点支持从阿尔及利亚撤军的政策，而当时在法国，却又有为数众多的人反对从阿撤军，他们对任何暗示支持阿尔及利亚独立的政治家都恨之入骨，恨不得除之而后快。就在三天前，据巴黎新闻社报导，一个支持法属阿尔及利亚政策的刺杀小分队刚刚越过西班牙边境，准备进入法国境内进行刺杀行动。

他沿着塞纳河街慢慢地加速，然后他就拐入了图尔农街。从车上方，他已能看到参议院的建筑楼顶。再向右拐就是居讷梅尔路的拐角处，他的住所就在那里。但当他无意间瞥了一眼后视镜时，他却发现先前见到的那辆车还在离他不远的地方，于是，他放弃了直接回家的念头，拐向左边，就像他后来解释的那样，“打算给自己更多思考时间”。圣米歇尔大道就在前面；车的右侧是卢森堡公园那长长的围栏，左侧是美第奇路上一些安静的书店。

从他自己的记述来看，接下来发生的事情，从头到尾全部加起来不会超过两分钟。在美第奇广场，那辆黑色轿车加速冲了上来，看样子想要将他撞翻到路外。这时他的脑海里没有丝毫犹豫。他把油门一踩到底，标致 403 发出轰鸣，像箭一样沿着大街飞奔。透过后视镜，他看到那辆车落在了后面。在第一个转弯处——在昏暗的灯光下他看到是奥古斯特·孔德街，这条街位于卢森堡公园和天文台之间——他猛地向右一转，将车停在左侧，打开车门，纵身跳过街边的铁围栏，沿着草地向前猛跑几步，然后便匍匐在地。

当他卧倒在湿漉漉的草地上，他听到一阵急促的轮胎摩擦声，接着就是哒哒哒的一阵枪响，枪声是从自动武器里发出来的。如果一个人能从战俘营里逃脱六次，而他这次却在巴黎的一个公园里被打死，那将是一个莫大的讽刺，如此结局真让人心有不甘。1940 年时，他在默兹河流域斯特奈的一场战役中受了伤，担架队不得不把他留在暴露于德军轰炸机扫射和轰炸的空场上。也许是这次经历给了他足够的勇气和镇定，他站起身，快速跑过草地，跳过紧邻天文台大道的横栏。他侧身挤进紧邻大街的 5 号门口的拐角处，然后按响了门铃。与此同时，他听到杀手们的汽车快速驶离，冲进了黑夜中。

这时，整个街区都已被吵醒。警察迅速赶到现场，紧接着记者们也赶到了。电视摄影器械被架设起来，闪光灯不停地闪烁着。事件的严重性一目了然：七个子弹孔嵌在标致 403 的前后车门上。涉身其间的这位参议员表现得相当镇定，但很显然，他受到了强烈的刺激。

此时刚过午夜一点。根据现场了解到的一些具体细节——当时追逐发生在大道上，一辆小轿车上坐着两到三名武装人员——记者们纷纷跑到二十四小时开放的酒吧间，给编辑部打电话，或是快速冲到河对岸，回到他们位于第二区的办公室。他们正好赶上夜班编辑将快讯插入新闻报道中："一起针对参议员的暗杀行动被粉碎。"第二天（即 10 月 17 日），这一标题布满各大报纸的头条。一时间，政治新闻成了有关犯罪的暗杀小说，而执行编辑们在编辑新闻时都有了一份轻松的工作，他们只要如法炮制使用下列新闻标题就可以了：

天文台花园的亡命追击！

夜间亮起的前车灯……那是凶手！

报上附有一些小的地图和示意图，连同一些虚线和箭头标示，标出了参议员越过天文台大道边上的围栏及行凶者逃走时他所在的位置。同时报上还有显示车体上子弹孔的照片，以及有关花园围栏的照片，围栏看上去有一米二高。（参议员显然是那种对任何事都泰然自若的人。）

弗朗索瓦·密特朗先生充分意识到眼前的危险，他一边开车继续往前走，一边盘算着如何甩掉他的跟踪者……他之所以能在预先策划好的谋杀阴谋中得以幸免，全有赖于他在弹火下那大无畏的沉静，他那随机应变的头脑，以及他对拉丁区了如指掌。

天文台花园枪击事件，给整个法国都敲响了警钟。新的保卫措施被启用。同情或支持法国保留阿尔及利亚殖民地的人们，受到警察的光顾，他们有人的家还遭到搜查。边境检查得到加强。温和派的左翼政治家，以及一些评论界人士，甚至警告国家有可能发生法西斯政变，他们要求立即采取有效的对抗措施。国家处在危险中。镇压反对派的行动是如此迅疾和激烈，以致一些右翼人士宣称，这都是出于一些政治动机所采取的行动，企图假借政治形势来为某些政党捞取政治利益，有意诋毁同情由法国统治阿尔及利亚派别的爱国热情。

密特朗参议员自己则表现出了相当令人尊敬的克制。即便在他作为议员生涯的顶峰，他也从未表现出过多的咄咄逼人。他被新闻摄影记者团团围住，还要应接不暇地接受采访。然而，在对媒体的声明中，他用寥寥数语细心地概括了他的立场："由于当前人们的心情很不平静，我并不想再说什么不利于当前形势的话，尽管简单的推理告诉我们，要想解释最近这次袭击行动，我们不得不看到在当前的政治空气中存在一种情绪，这种情绪是由一些极端组织所挑起的。"

对于一个在事业上不断滑落的人来说，这一事件具有突出的转折意义。不久，他就成为反对右翼恐怖主义阵营中最有影响的人物。表达慰问同情乃至支持的信件从法国四面八方飞向这位法国未来的政治家。尽管刺杀行动本身不值得让人高兴，但是，一个真正的政治家知道如何在这种政治纷争中渔得其利。密特朗找到了他真正的归宿。到了这时，戴高乐再也不能忽视他；社会党人的阵营，此前曾因他那摇摆不定的历史而疏远他，此时也热情地欢迎他，因为他是久经沙场的战将，他可以在对阵戴高乐派的长期斗争中冲锋陷阵。

3. 克罗氏

从现实角度讲，在这一时期，只有一个人在追踪恐怖主义者方面值得信任，这个人做着精细的、某些时候还是比较危险的这方面的工作。只有这个人得到政治人物、罪犯及媒体等各方面的尊重，他掌握着足够的公共资源，可以确保进行的相关调查既全面彻底，又公正无偏。

乔治·克罗局长是刑侦大队的负责人，和蔼又谦逊，他发现他的这种很有特色的声誉，有时也会让人陷入尴尬境地。他的形象被放入如此多有关犯罪的杂志里，还净用些“克罗局长对阵华达呢罪犯迪迪”一类的标题，以至于一些人认为他是某个小说里的人物。在发生企图暗杀密特朗参议员的事件前一年，克罗参加了一个关于著名侦探人物“迈格雷”的小说作者西姆农的电视节目，试着解释了在现实的侦探工作中，那些枯燥无味的、很难用激动人心来形容的工作过程，同迈格雷警探所谓的历险有多么不同。但是，由于克罗自己就是“迈格雷”的原型之一，尽管整日都要面对索然无味的铁皮文件柜和塑料座椅，他并没有真的扫大家的兴。

正因克罗对刑事犯罪调查的内在畛域稔熟于心，使得他成为一名非常优秀的警官。他来自遥远的阿维龙省中心地区的一个大家庭。他父亲是位乡村邮递员，曾想让他当老师，但是有一天，一位堂兄带着一个朋友从巴黎赶来，那个朋友为警察部门工作。年轻的克罗聆听着那位朋友讲述一些如谜一样的暗码、术语，而他又能通过一些奇妙的、现在看来则是轻而易举的办法解开那些谜，发现自己找到了真正的职业归宿。

过了很长时间，他才能涉足一些真正的秘密。直到二战前第四年或第五年，他才当上巴黎北部大伽里埃尔区的初级警探。一次，他梦寐以求的一个案件终于落到他的办公桌上。当勒蒙路一个公寓管理员报告，有位旧沙俄时期（流亡）的军官神秘地死去。死者躺在床上，穿着一件骑兵军官的军服。军服的扣子解开，他被严重刺伤致死。一把沾满血迹的马刀藏在橱柜里，刚好和死者的伤口相符。但很奇怪，死者穿的外套上却没有刀伤痕迹。衣服上的金色穗带很整齐，看不出有任何东西刺穿过这件衣服。

那天晚上，克罗仔细回想着那奇怪的一幕，很是兴奋。忽然，一幅模模糊糊的影像浮现在他脑海：这是一起谋杀，凶手企图把它掩盖成一种自然死亡；那个凶手同时想掩盖他的行踪，却不想留下了犯罪的痕迹。或许这件谋杀，虽然发生在当勒蒙路，但却是一件隐晦的植根于原来旧沙俄时期的传奇故事的大结局，那个时代，沙俄正在经历最黑暗的日子。

第二天早上，警察局收到一封信。它是由死者本人在前一天写好发出的。他说是他自己决定要结束自己的生命，此后他给了自己致命的一击，接着他用尽最后一点力气，将马刀放回橱柜，然后他又套上了他那件光荣的军服，为的是让它同自己合葬。面对这一结局，克罗非常失望，但是这件事也给了他一个很有价值的教训：十次有九次，巧妙的推理都是在白白浪费时间。

然后战争就爆发了，克罗先是被关在摩拉维亚的战俘集中营，他在那里为了逃跑而凿出一个地洞，但就在仅差几米时他被抓住了。他又被遣送回法国，为的是让他在那里效力，于是他在战争剩余的时间里就做了巴黎的警察，本来是为了让他铲除抵抗运动，但他在那里却净为那些抵抗运动分子分发假护照，帮助他们逃跑。战后，他又接受了一项梦魇般的任务：逮捕和审问那些曾为纳粹服务的警察，甄别他们是否同纳粹靠得很近，是否同其合作过，并要注意区分哪些人是迫于形势压力、哪些人是出于真心，在这方面，他展现出令人尊敬的决断。

从那时以来，克罗一直掌管着犯罪刑侦大队，他的管理是如此有效，以致任何单纯的福尔摩斯式激情都不足以衡量他的工作取得的成就。他乐于奉献给他所从事的工作，不为日常生活中的任何诱惑所动。不过，他确实会利用闲暇有时去一下蒙马特或是去一些旧货市场逛一逛，希望能有所发现。他假扮成一名艺术收藏爱好者，在那里他发现了大量赝品——多数都是毕加索和郁特里罗[①]的作品。当这些画作堆满走廊时，他就开始把它们挂在墙上，有时还把其中一些送给同事。经过五年的暗中收集和交易，巴黎警察总局大楼的办公室里，已经收藏了世界上最大数量的大师作品的仿制品。在那些艳俗的和为生计而谋取金钱的作品中，无疑也有一些属于无价之宝的真迹，它们本应被送到河对岸的卢浮宫中珍藏。只是由于艺术专家们、甚至连绘画者自己都很难说清两者有什么不同，所以也就没必要去麻烦艺术界，让它们为了这一小点秘密而大费周折。

* * *

当 1959 年 10 月那天晚上天文台公园枪击事件的新闻传到他那里时，克罗内心里那种作为侦探的冲动又跃跃欲试起来。这不仅是一个对国家情势有重要意义的事件，还是一件可以让人在追踪职业杀手中得到满足感的事件，破案过程一定非常刺激，那些凶手必定会用一些奇怪方式掩盖他们的形迹。警车沿着大道疾驰，在一群人前停了下来，那群人正在听一个穿黑大衣的人在讲着什么。那个男子脸色发白，不时颤抖，但是他的讲述很诱人，使得每个人都在倾听。

克罗局长上前问候他的老上级（他认识担任内政部长的参议员），然后他将参议员讲述的情况记了下来。密特朗提供的细节只是一种比较浅显的概略，不过，经验告诉他，该案中有一些特别之处，能将其分解为具体线索。实际上（或许由于天色太晚，或是受害者比较特别），案子稍有偏差和朦胧，仿佛有人故意在误导他们。甚至在他派遣自己的得力助手去调查立普啤酒馆的服务员和附近街区的居

① Maurice Utrillo，1883—1955，法国画家，擅长城市风景画。——译注

民前，他的脑子里就已缠绕了上千个似是而非的问题。

比如，众所周知，法属阿尔及利亚的激进分子计划实施一些精密的武装行动，因为大多数人都是法国军队中的高级军官。那么，他们，或者说他们雇佣的刺客，为什么没有动用一辆能够跟得上速度堪称一般的标致403的汽车？假若情报准确的话，整个行动的时间都被打乱了：三里多路花了至少十分钟。这可能是史上最慢的追车行动。或许参议员在里普啤酒馆附近逗留了一会儿，或许刺客们也在等人——这又是为什么？——然后才将标致403打成筛子。

随着调查进一步深入，此类前后矛盾之处通常能够说明一些问题。即使像密特朗那样沉着冷静的人，也有可能记不清这种突发事件前刚刚发生的事情。除了在时间问题上含糊其辞，他还提到了一个美第奇广场，而那个广场严格说来根本就不存在，至少也是不叫那个名字。这无疑都是些无关紧要的细节，但它们却有可能证明受害人的说辞不太可靠。

法医小组提出了一些新问题。他们把一些金属棒插在参议员的车上，使它看起来像一头受伤的野猪——每个弹孔插一根铁棒。弹孔共有七处，击穿了靠近乘客边的前车门和后车门，轨迹正好形成一条弧形。有一件事情立即变得清晰起来：所有的铁棒都跟车门构成直角，也就是说，子弹射出时，刺客的车根本没有动。

简言之，他所面对的是一群职业杀手，他们非常自信地停下车子，然后射向车内可能平躺在前排座位或是趴在车底的乘客。有一发子弹着实击穿了司机的座

遭到枪击的标致403

椅。这些职业杀手让目标跑到街上，几乎在圣米歇尔大道消失不见，结果再次失手。如果这些人都是冷血杀手，为什么他们不小心翼翼地走到车里，然后检查目标是否躺在附近几米远的地上，或者为何不（不得不说，他们有些愚不可及）站起身，跑过草地，翻过篱笆？

接着就是那七处弹孔的问题。根据法医小组的说法，杀手们使用的是斯特恩式轻机枪，可能是战争时期遗留下来的。纳粹占领法国那四年，人们在地窖和工具房里非法掩藏了许多武器，令那一代人认为非法活动乃是一种争取个人自由的方式。在武器选择问题上，同样令人生疑：斯特恩式轻机枪的稳定性差得出名。但即使如此，一挺斯特恩式轻机枪也能在三秒钟内射出三十发子弹。为什么它只射出了七发？（没有证据表明有别的子弹射偏到汽车之外。）难道这次行动是此前某个不知名的缺乏资金和训练的恐怖组织干的？或者他们只是在发出警告？（但要吓唬一名政客，完全可以采取更容易也更安全的手段啊。）莫非（他忧心忡忡地想到）它是法国情报机构为了影响公众舆论而采取的一种苦肉计？

总而言之，这是一件很吸引人的案子。嫌疑人家里的电话录音带和调查结果说明不了任何问题；来自西班牙的刺杀小组没有生还的迹象；有些目击者曾听到枪声，但却没人真正看到事情的经过。随着日子一天天过去，克罗感到有点不太想继续调查下去了。这件案子越来越像一种案件，即在人们已经无计可施时，却会突然出现一则证据帮助他们破案。他看的越多，越觉得它缺乏吸引力。身为一名警察，克罗已经对这件案子全然丧失了探索的乐趣。10 月 22 日，他把案卷塞进金属橱柜，“咣”的一声用力关上抽屉，墙上的仿毕加索和郁特里罗作品，都在挂钩上摇晃起来。

4. 留局待取

沃吉拉尔街的美第奇邮局，位于参议院的路对面，正好处在风口位置，看起来总是一幅风雨欲来的样子。这或许是由于街道的长度所致，沃吉拉尔街是巴黎最长的街道，成了把西南风导入左岸中心地带的风道。

午饭时间刚过，邮局柜台后面的女士就看到大门被轰然推开，一群男子如暴风骤雨般闯入大楼。这些人中有一名律师，穿着律师袍；另一个人（像是关注的焦点）则看上去傻里傻气，焦躁不安，不像是个大人物；另外还有几名摄像师。一些邮局工作人员以为是在拍电影，赶紧梳头抹粉。

眼前这位相貌猥琐的小个子男人，穿着一件破烂不堪的雨衣，令人怀疑他是否真的列席过国民议会。另一方面，他脸上的假笑，他那探头探脑的样子，很容易让人联想起他潜入议会厕所安放炸弹的样子。他踩灭手里的烟头，走到“留局待取”柜台前，询问有没有寄给罗伯特·派斯克先生的信件。工作人员找出一个信封，放在柜台上。他转过身，就像一个蹩脚的演说家那样说道：“德雷耶－杜尔费律师，好好拿上这封信，我可没有碰过，把它放到你的公文包里，带回去放进保险箱，等法庭的人来检验吧。”

那位律师取过信封，对挤在邮局里的人说：“我要把这封给派斯克先生的信带回去，派斯克先生没有动过它，回头我会把它放到保险箱里，就像派斯克先生刚刚要求的那样，它会待在那里，直到法庭检验科的人来处理。”随后，他对那些紧张不安的工作人员用同样的语调大声讲道：“我，德雷耶－杜尔费律师，请求你们把刚才发生的事情都记下来。”

“遵命，长官，”一位女工结结巴巴地说道，“你想让我把这些话也都记下来吗？”

律师脸上现出一丝极不耐烦的表情。“美女，只要你愿意，你可以把前面的每句话都记下来。”

说完，德雷耶－杜尔费律师走出邮局。那位猥琐的主顾跟着也走了出来，借着他的黑袍挡风，极为迅捷地点着了一根烟。

* * *

派斯克以前曾做过木匠，当过国会议员，还给极右翼分子做过线人，是几个“爱国的”暗杀组织成员，他单枪匹马就破获了刺杀案迷局。两天前，一群记者听说他在朋布街律师事务所发表了一通令人震惊的宣言。密特朗参议员自然否认了全部内容。但是现在，派斯克打出了自己的王牌：案发四十八小时前写完并邮寄给自己的一封信。

在法院法官官布伦瑞克的会议室，信的内容被读给律师及他们的两名主顾。“我要详细交代这次伪造的天文台花园刺杀案始末，根据密特朗先生设计的方案，刺杀行动将于10月15—16日展开……”

根据派斯克信里的说法，密特朗当时带着行动计划去找他，希望以此挽救他们黯淡无光的政治前途。信的内容说明了一切，它以一种将来时的语气，预料到了从立普啤酒馆到天文台花园的每一步经过。派斯克开着他的西姆卡汽车跟在后面，车里坐着一位傻里傻气的快活老农，是在他的农庄干活的伙计。那挺斯特恩式轻机枪是从一个朋友那里借来的。派斯克被迫向法官交代的唯一变故，就是密特朗有几分钟躺在潮湿的草地上，等着刺客开枪。在那几分钟里，先是有一对情侣在树下接吻，接着有一辆出租车停下来落客。绕着街区转了几圈后，西姆卡汽车靠在了标致403旁，接着派斯克听到了黑暗中传来的声音："快开枪啊！你们他妈的还等什么？"其余事情都是按原计划实施的：斯特恩式轻机枪射出子弹，发出巨响；派斯克把车开向蒙帕纳斯大道，停好车，然后步行回到现场，来为密特朗在镜头前的镇静表演锦上添花。

法官放下那封信，抬头看着被惊得一句话也说不出来的律师。第一次，也是唯一一次，密特朗看起来失去了自制力。他面色苍白，嗓音像在呜咽。他能听到敌人在纵声大笑，以及两千六百万选民歇斯底里的笑声。他的政治前途马上就要崩溃。不管派斯克说的是真是假，这种侮辱对于任何一名政客来说都是无法挽回的。

即使到了这个时候，在他人生最黑暗的时刻，"狡狐"仍然记得他从战争中学到的教训。一个从战俘营里逃脱过六次的人，是不会如此轻易地就被击败的。当然，遭到派斯克以私信形式指控他伪造刺杀案是种不幸，而且他已反控派斯克对其诽谤。同样不幸的是，他曾享受过那么多赞美和同情。在派斯克玩过"留局自取"把戏后，他很难再宣称自己完全无辜。不过，还有一种可能的解释，能让人们视为事情的真相……

以下就是密特朗告诉布伦瑞克法官和国民的事件经过版本。他承认自己确实在枪击案发生前与派斯克见过一两面。派斯克来找他，给他透露了一条恐怖消息：他在法属阿尔及利亚有些老朋友，其中一位是他的大债主，现在命令他刺杀密特朗。如果派斯克拒绝的话，他将性命不保。所以，他才跑来乞求密特朗帮他摆脱困境。于是他们就策划了一场假刺杀案，好让派斯克有所交代，并让人以为是旁人干的，与他无关。本着一种基督徒的博爱精神，密特朗同意跟他一起演一场刺杀的假戏。他们最后一次见面是在立普啤酒馆。虽然派斯克并未现身，但其余行动还是按计划实施。只是当派斯克公开指控他全盘操纵这次行动时，密特朗才意识到发生了什么事情：他成了那些妄图毁掉他政治前途的右翼阴谋家的牺牲品。

密特朗的话虽不太令人信服，但却给他赢得了一线希望。报纸对此未置可否。没人会指望政客们遵纪守法，但他们也应该自重，而且善于应变。《震旦报》上刊登了一条略有微词的大字标题："没想到这个蠢货竟然担任过内政部长！"

* * *

布伦瑞克法官尽其所能地把这件坏事往好的方向引。违法者必须受到惩罚，但是不能过多损害法兰西共和国的国际声誉。必须让世人知道，巴黎不是上海，也不是卡萨布兰卡。派斯克和他的助手被控非法持有武器罪，密特朗则因误导克罗局长进行徒劳无功的调查，浪费了他的宝贵时间，最后被判藐视法庭罪。这些指控相对而言都不是什么重罪，而且都有可能随时被撤销。

令人惊讶的是，参议院进行了投票表决，剥夺了密特朗作为参议员所享有的法律豁免权。但是，一旦这件案子进入无边无际而又朦朦胧胧的司法程序后，卷宗经常会被搁置一旁，或经私下谈判予以销案。传记作家和历史学家可以查到的往往只是真相的冰山一角，而且支离破碎，难以辨认，从中只能拼凑出当事人的模糊形象：法国总理德勃雷曾被控擅自下令在阿尔及利亚非法处决人犯；派斯克的律师蒂克西埃－维尼扬古曾为右翼恐怖主义者辩护，后来还参加过总统竞选；蒂克西埃－维尼扬古的竞选活动总管，是一个名叫让－马力·勒潘的臭名昭彰的恶棍。密特朗怀疑这些人策划了旨在颠覆他的行动。他们中没有一个人承认自己参与过这起事件。

派斯克本人后来被迫离开法国，并在日后继续策划了许多类型的暗杀行动，而且，即使他做出了带有诚意的忏悔，也终归毫无价值。1965 年《世界报》上刊登了他的一封信，他在信中出人意料地表示支持密特朗竞选总统，他交代称，虽然密特朗伪造了刺杀事件，但初衷是好的。不过后来他却出尔反尔，宣称密特朗的朋友给了他四万法郎，让他写了那封信。他把此事写进名为《我如何伪造了刺杀密特朗的行动：终极真相》的书中予以出版，这种食言之举后来给他挣来了更多的法郎。

那年冬天，“天文台花园刺杀事件”得出最后结论。在克罗局长的主持下，事件的经过被认定为：密特朗参议员驾驶的标致 403 汽车开到文森斯附近的僻静路段，遭到机枪扫射，撞到一棵树上。车上的弹孔基本保留原样。经过这一“重构”，事情就变成一场混乱的失事。

“狡狐”此时进入了“穿越沙漠”的艰难时期。戴高乐总统起初曾下令起诉密特朗，后来又改变主意，决定不许再提此事，他自己的政党也不许从中牟利。有人说他这样做是在保护总理米歇尔·德勃雷，防止密特朗在后者谋杀一位阿尔及利亚高级将领一事上走漏消息让其难堪。跟戴高乐走得很近的一些人则认为，总统是在维护政府的尊严，因为密特朗日后可能会当上法国总统，尽管这在当时看来让人难以置信。当然，戴高乐心知肚明，密特朗肯定不会就此罢休。多年之后，尽管法国国会的议员们在这件事上保持了一种礼节性的沉默，但在他们的发言中，“天文台事件”的字眼还是会不寻常地出现。

5. 帕蒂－克拉玛事件
（尾声）

1962年8月下旬的一个周三晚上：一年中的这个时候，停车位、出租车或空电话亭都很容易找到。咖啡馆里的椅子都摞了起来，还用弹球机堵住了门。街上车辆如此之少，人们只得步行去往协和广场中心的方尖碑。圣奥诺雷外大街55号，带着白手套的警察照例站在门口，让游客很容易认出那就是爱丽舍宫，法兰西共和国总统的官邸。

一名拿着摩托车头盔的男子，先是在街道另一侧观看俄罗斯古董店的橱窗展品，然后透过铁门看到戴高乐将军从爱丽舍宫的台阶走了下来（那正是将军本人，而不是他有时安排的替身）。他看到戴高乐催促妻子进入一辆黑色雪铁龙DS型汽车，然后跟她一起坐在车子的后排座椅。一位官员坐到副驾驶上，此人是戴高乐的女婿阿兰·德布瓦西厄。他们后面的另一辆DS型汽车里，坐着四名"彪形大汉"或"超级警察"。他们姓甚名谁，街边这位观察者全都了如指掌。

部长级会议刚刚开完。会议的中心议题是阿尔及利亚问题。6月，《依云协定》在增加了一些附件条件后获得通过，阿尔及利亚随即成为一个独立国家。但是，一些在阿尔及利亚出生的法国人对戴高乐背叛在阿尔及利亚出生的法国人（这些人在那里闹独立时被赶回法国）的行为感到怒不可遏，他们发誓要继续战斗。他们大肆抢劫银行，留下右翼武装"秘密军事组织"（Organisation de l'Armée Secrète，OAS）的标记。该组织一名高级官员"独眼龙"安德烈·卡奈尔刚刚在巴黎被捕，便衣警察谎称要打扫他的门廊，伺机将其抓获。这名官员手上有一封信，内容是向OAS财政长官申请一笔一百万法郎的款项。显然，他们正在策划一项重大行动。

面对这支由愤愤不平的爱国者和雇佣军组成的军队，政府试图出台一揽子反恐措施，并想法应对成千上万名潮水般涌入马赛的那些心怀不满的难民。会议结束时，与会人员大眼瞪小眼，肚子都气得鼓鼓的，也没有得出可行的结论。有几位部长出门后就立即度假去了，准备下次召开紧急会议时再回来。尽管天色已晚，总统和他的夫人跟女婿还是驱车前往西南方向三十多里外的维拉考布雷飞机场。从那里，他们将搭乘飞机返回科隆贝双教堂村的家中。

他们采取了一些通常的防卫措施，也就是说，并未达到戴高乐的侍卫长所要求的严格标准。长期供职于爱丽舍宫的警察局局长雅克·康特洛布刚刚递交了辞呈，以抗议戴高乐抛弃殖民地的行为。他们不想让太多人知道总统车队的行车路线。有时，戴高乐会想法跟他的司机从爱丽舍宫溜出来，驾车到城里私访，由于车上带有总统专车标志的细长三角旗，任何一个带枪的疯子都会很容易认出他来。即使在他比较配合的情况下，他也只会接受最低级别的保护措施：前面两名摩托车警卫开道，后面跟着一辆 DS 型汽车，最后是两名殿后的摩托车警卫。那个周四晚上七点五十五分，正是这样一个小型车队，从爱丽舍宫的砂石路面嘎吱嘎吱地驶出来，拐上圣奥诺雷外大街车道。

那名一直在街对面监视他们的人，朝他那辆停在一家咖啡馆外的摩托车走去。与此同时，爱丽舍宫有人拿起电话，拨通了缪东地区维克多－雨果大道 2 号公寓的电话号码，“他在第二辆车上。”

* * *

暗杀戴高乐的企图是如此之多，以至于在人们眼中，他成了一个如有神助的幸运儿。当烟囱从屋顶落下时，他刚好起身离开；当蛋奶果冻派扔过来时，他正好弯腰去系鞋带。1961 年 9 月，有一次总统车队沿着 19 号国道朝科隆贝双教堂村行驶时，先是以 110 公里的时速通过了塞纳河大桥，然后减速驶向克朗赛村，其间需要穿过一段露天野地和一片小树林。养路工人刚刚在道路一侧留下一大堆沙子。沙堆中埋着一个装有八十多斤塑胶炸弹的丙烷罐和一个装有四十斤汽油、油脂和肥皂片的汽油桶。一名男子用望远镜注视着车队，然后用远程控制设备引爆了炸弹。天空中顿时飞沙走石，把 DS 汽车瞬间吞没。戴高乐高叫着“前进！前进！”司机加速驶过一道火墙。结果无一受伤。不知何因，雷管和塑胶炸弹被分开了，只有那桶汽油被引爆。法医专家解释说：“它就好比用一张纸去点燃一段树干。”

从那以后，刺杀行动变得更加频繁。OAS 已无力改变政治局势，但却执意要进行报复。即使在巴黎的心脏地带，戴高乐也像兔子一样遭到他们的猎捕。看来，他被枪杀或炸死是迟早的事。打击犯罪的部门中有一个专门机构，夜以继日地寻找着不知名的敌人。他们把酒店房客填写的登记资料扫描下来，还用货车顶上的潜望镜对嫌疑人进行拍照——这一招正是从 OAS 那里学来的。他们还对地铁走廊里出现的神秘字母和政治口号进行分析。正如部长们听到的那样，情报机构被各种各样的资料给淹没，以致其多数时间都在删除那些无用信息。

与此同时，OAS 则拥有一些更高明的信息来源：一位在爱丽舍宫工作的女清洁工，以及（过后很久才被发现的）雅克·康特洛布警长。他们知道总统车队不同的行车路线。他们还知道，有时那辆黑色轿车不过是个幌子，戴高乐通常坐在一辆黄色或蓝色的DS车内。即使爱丽舍宫的线人无法确定行车路线，他们也会在外面的街上或飞机场里安排可以使用电话的专人进行打探。幸运的是，迄今为止，这些人不是这里就是那里总是会出一些差错。

那年早些时候，杀手的信使试图在总统车队抵达路易·贝勒留码头附近的格雷奈尔大桥时，与总统的专车并排行驶。他们刚摇下车窗，就有一辆小型雷诺4CV开到两车之间，然后总统专车就消失在车流中。还有一次，OAS的几名突击队员，"跛子"、"烟枪"、"天使脸"（一名匈牙利雇佣兵）和"迪迪埃"（巴斯蒂安·希利中校），在奥尔良地铁站门口的咖啡馆等候命令通知，却没有注意到邮政系统当天正在罢工，所有的电话系统都无法使用。戴高乐访问法国东部时，他们策划了一个多重刺杀行动（包括在十字路口挖陷阱，把远程控制的炸弹捆在狗身上），结果统统失败。后来，"迪迪埃"在被处决前供认："一直以来，我们的印象就是，如你们所说，运气不好。每次到了最后，总是运气不好。"

他们最接近成功的一次刺杀"大块头"的行动代号叫"羚羊"（这是OAS对需要使用远程步枪的行动的称呼）。5月20日晚，在对芬利博士街13号的前犹太人集中营加以改造的建筑工地进行搜查时，发现了一个标着"阿尔及尔—巴黎奥利"的包裹。包裹里有一个火箭筒和三枚火箭弹。秘密组织知道刺杀目标就是戴高乐，但却不知道行动的地点和时间。OAS发现，每晚八点到九点，住在圣奥诺雷郊外大街86号古玩店楼上的老画家，都会关闭百叶窗打烊。他的卧室窗户正对着爱丽舍宫大门，基本上在一条直线上。5月23日，戴高乐要去接见来访的毛里塔尼亚总统。此类外事访问从未临时更改过时间。来访车辆进入爱丽舍宫的院子后，戴高乐就会从宫里现身，站到台阶的最高处，至少待上九十秒。5月21日，这一刺杀阴谋被发现；5月22日，老画家跟往常一样关掉百叶窗睡去了；5月23日，戴高乐出现在台阶上，迎接毛里塔尼亚总统走进爱丽舍宫。

* * *

那个周三的晚上，总统车队于七点五十五分驶出爱丽舍宫，融入奥古斯塔大街傍晚的车流，穿过亚历山大三世大桥，向着低垂的夕阳，朝西南方的郊区驶去。七分钟后，车队在沙蒂永关卡出了巴黎城。警卫跟往常一样拉响了警笛，他们要以七十公里以上的时速连续走十六里，然后再右转弯驶向飞机场。

车队行驶到十五里时，帕蒂－克拉玛的杜克里特－汤姆逊电视机专卖店的老板放下了大门的卷闸，接着把车库里的车开了出来。

帕蒂－克拉玛位于城外郊区和高速公路带之间，残存着自它还是采石场和菜地以来不同历史发展时期的痕迹。有些房子的外墙上还涂抹着小块鹅卵石，附近有一座安塔尔车站，几家商店，一片荒地。乡间生活（残余的乡间生活）通过一些人家的树篱，种在罐子里的天竺葵，被油烟熏得黑乎乎的窗台上的鸟笼，仍可略见一斑。帕蒂－克拉玛并非任何人都可随意出入之地，以至于那位电视机专卖店老板事后回想起来，对自己未曾注意停在布瓦街的汽车深感惊讶。

那是一辆雪铁龙 ID 型汽车。两百米外，朝着巴黎市区方向，一辆标致 403 停在路边。道路另一侧停着一辆邮政专车，头朝西南，后窗则朝向巴黎市区。总体来看，这三辆车形成一个三角形。此时是晚上八点八分。邮政专车上有名男子慌里慌张地拉开滑动门，跑到一片树篱后小便，一边扭头看着巴黎市区方向。路上有几辆车开了过去，打着雨刷器。一场小雨使得八月的夜晚十分迷蒙，有些从巴黎开来的车辆还打开了头灯。

那名男子裤子都没系好就突然跑回来，朝车内大声叫道“*Itt vannak!*”他打开车门钻入车厢时仍在叫着：“*ITT VANNAK!*”他讲的是匈牙利语：“他们来了！”

总统车队以 90 公里的时速开了过来，警卫拉响的警报就像高速铁路的鸣笛。一位正要驾车去往市区的司机停了下来，接着就看到嗖嗖的微光在前方道路两侧不停闪动，吓得他赶紧把车往后倒。就在标致 403 和邮政专车里的人准备开枪的那一瞬间，阿兰·德布瓦西厄朝他岳父喊道：“趴下！”专卖店里的电视机屏幕随后就被打爆了。子弹还射穿了附近特里亚农咖啡馆的塑料座椅。一两秒钟的时间里，机车加速的尖利声响盖过了四把 M1 狙击步枪、一挺 MP40 冲锋枪和两挺 FM4/29 型冲锋枪的枪声。

如果被交叉火力困住，戴高乐的专车就会暴露在布瓦街角狙击手的直接打击范围内。在缪东的公寓里，枪手们曾用桌上的玩具汽车对此进行过演练。

他们的冲锋枪在手中颤抖着射出子弹，接着就看到那些摩托车警卫突然转弯，滑倒在地。随后，那片被愁云惨雾笼罩着的地段落满了子弹。总统专车的烤漆车身火花四射，司机奋力加速，穿过了塞纳河大桥附近的火力网，路面上留下两道轮胎急速轧过的深痕，咆哮着朝日落方向开去，把看上去比往日更加狼藉的帕蒂－克拉玛抛在了身后。

三分钟后，戴高乐总统从专车上下来，走到维拉考布雷机场的跑道上。一些玻璃碴从他的衣服上滑落地面。他的妻子说道：“但愿那些鸡肉没有出事。”她想的是周四的午餐，鸡肉就放在专车的后备箱里。但那些警卫认为她是在说他们，因为法语中的“鸡肉”（*poulet*）也有“警察”的意思。戴高乐一生中感情从不轻易外露，此时他谢过司机和自己的女婿，镇静地说道："这次还真差点儿挂掉。"他看上去比那些没有完成任务的 OAS 队员还要沮丧："他们连十步外的挡光板都射不准。"

随后不到一小时，那辆邮政专车就在缪东附近被找到。冲锋枪仍在车里，旁边还有一颗炸弹，看来是毁灭证据所用。炸弹的引信已被点着，但不知何因熄灭了。大部分刺客当晚就被捕获，只有"跛子"逍遥法外。在刺杀现场，调查人员在路旁找到了一百枚弹药筒。令人难以置信的是，整个过程中仅有一人受伤（那位驾车去往巴黎市区的司机食指被包扎起来）。约有十发子弹击中车身，但因射中的位置太低，没有造成太大伤害。除了爱丽舍宫安插的眼线，没人告诉过刺客，总统专车的轮胎是防弹的，而且配有液压充气装置。即便如此，他们看起来运气也实在太差了。两挺冲锋枪卡了壳，以致"跛子"不得不在射击中途更换弹夹。

OAS 一方面惊诧于戴高乐幸免于难，一方面也为自己的失败深感沮丧。有些成员怀疑这一次和其他一些刺杀行动过程中，那些秘密侦探暗地实施了破坏，目的就是消磨 OAS 的士气，并把总统打造成"当世奇人"。此类观点在电视评论中也有所反映，例如，蓬皮杜总理就对身为某家电视台老总的朋友表达过这种讽刺性看法。媒体的态度仿佛在说，除此之外，又能如何解释刺客迅速落网，炸弹引信自己熄灭，戴高乐毫发无损，以及所有其他一些奇迹呢？

至于秘密侦探是否真正介入上述活动，证据尚不明了。但即便是证明了这一点，也只会增进戴高乐的声誉，表明他是多么的强大与狡诈。过去二十年中，他经历了多次突发事件，但他从未对此遮遮掩掩，或假借国家利益之名来欺骗选民。绝大多数选民都因此对他赞誉有加。人们普遍相信，若非有一位领袖懂得如何愚弄自己的敌人，法国将不会在一个充满背叛和暴力的世界里存活下来。

* * *

9 月 20 日是一个星期四。当晚，在刺杀事件发生四周后，"当世奇人"在帕蒂－克拉玛的街道附近举行了一场哀悼仪式。戴高乐总统此次决心向法国选民传递一条重要信息。具有讽刺意味的是，汤姆逊电视机专卖店的老板已经把他的店铺翻修一新；如果他留下历史刺杀现场，店里的生意肯定会好很多。

戴高乐总统坐在爱丽舍宫的镀金沙龙里，卡通画画家可能会把他描画成暴风雨中的人类灯塔。他的眉毛如海鸥般上下飞舞，一双大手伸向远方，仿佛要拯救那个脆弱的婴儿——法兰西共和国。在他身后，站着一群身穿法式皮衣默默支持他的选民。

法国公民们……你们已经陪我走过了那么多苦难和血泪交加的历程，我们有着共同的希望，共同的激情，共同的胜利。在我们之间，存在着一条独特的纽带。这条凝聚我们的纽带是我的力量之源，令我深切感到这种力量背后的重大责任……

密特朗在盖尼梅尔街的公寓里，带着一种仇恨和崇拜的复杂心情，听着广播里的消息。戴高乐的讲话极为感人，语速很慢。他的语气仿佛是在对过去的事件进行思索，而非简单地回顾。人们在暴行发生后对戴高乐充满同情，此刻他已登上自法国解放以来个人生涯的最高点。若是他决定退隐科隆贝双教堂村，把爱丽舍宫的位置让给更年轻、更有活力的人，没有人会指责他的软弱。

……尽管发生了种种事情，我们的个人自由还是得到了保障。去殖民化这一阴暗而又痛苦的难题也最终得到了解决。前面仍有大量的工作，等着一个力图继续发展下去的国家去开展。但是，如果我们废掉自己坚实的制度基础，那就没有人再会坚信这个国家还能继续进步。我们的国家就会落入无底深渊……

或许就是在这一刻，密特朗给他的下一本书想好了题目。它将强烈控诉戴高乐政府的政策和实践，以及戴高乐本人的“无冕独裁者”行径……

我们政权的基石是总统制。因此可以断定，与其由一批相对而言数量很少的议会代表来选举总统，不如让人民直接选举总统，由他来实行统治……

他准备给这本书起名《永不停息的政变》……

因此，我决定提议，总统此后将由全体选民选举产生……

人们必须承认，这是一个极为巧妙的安排。虽然参众两院的广大议员联合起来反对“波拿巴式”的政治制度，因为它将太多的权力交到了一个人手里……但是，那些选民忽视了它的深远影响，必然赞同眼下这位“当世奇人”，就像他们的曾祖父那样涌进投票站认可了拿破仑三世的政变。

一个月后，戴高乐的提议得到近三分之二选民的同意。在随后的全国大选中，戴高乐的支持者大获全胜。不过，反对戴高乐的联盟也取得了规模虽小但却意义重大的胜利。在涅弗勒省，有一个人，三年前（由于某些未知的原因）曾蜷伏在拉丁区一片潮湿的草地上，附近一名诺曼底农夫正在用机关枪扫射他的标致 403 汽车。现在，此人重新获得国民议会的席位。随后几年里，他还得继续保持低调，忍受着政敌用天文台刺杀案对他进行的冷嘲热讽。但是，即使戴高乐也不会永垂不朽。五年、十年甚或十五年后，岁月终将完成数以千计的枪支、炸弹、燃烧瓶所无法达成的目标。戴高乐终会成为传说，在他去世时，巴黎的天空也将为之暗淡无光。接下来，或许就在那一片微光里，那只“狡狐”将会最终迎来属于自己的时代。

第十六章

扩大可行性领域

六八年五月风暴

I. A. i.

巴黎第十大学南泰尔学院占地三十二万平米，以前曾是军事禁区，位于巴黎西郊的棚户区。“南泰尔”本名“Nempthor”，源于“Nemptodurum”，意为“树林或旷野圣地中高耸的堡垒”。该地土壤中基本上都是些垃圾和建筑废料，汽车不难通过，但却苦了行人。一万三千名学生居住在钢筋混凝土建成的楼群中，卫生状况一直很差。从一些房间望去，可以看到楼下用带棱的铁皮搭建的棚屋，里面住着从葡萄牙和北非移民来的劳工。现在是1967年。在法国南方的海滨地区，袒胸露乳接受日光浴的人随处可见。女人身上抹着防晒霜，男人则肚皮朝下趴在沙子里。还有一些人住进了松树林里的天体主义者聚居处，暂时结成“夫妇”，尽情享受性爱和社会—经济地位平等。

在南泰尔学院，男女生宿舍楼各自分立。他们尚未享受到1967年12月28日《诺伊沃斯法案》带来的好处，该法案规定口服避孕药为合法。不过，他们中有许多人读过或听过D. H. 劳伦斯、超现实主义者、威廉·赖希[①]、赫胥黎[②]、马尔库塞[③]和波伏娃。地中海俱乐部之类的度假服务提供商开展的民意调查报告表明，性解放的主张很对那些思想意识独立的高薪中产阶层的口味。三年或四年过后，南泰尔学院的大部分学生都会走上国家分配的工作岗位，并会逐渐意识到，他们正在致力于剥削那些无产阶级。

自1965年以来，允许女性参加工作，并可在没有获得父亲或丈夫许可的情况下设立银行账户。她们的母亲在1944年被赋予了选举权。性解放只是“扩大可行性领域”的一部分。怀孕仍是一件很严肃的事情，堕胎属于非法。不过，人们可以采取一些别的办法。《世界时装之苑》（*Elle*）和《嘉人》（*Marie-Claire*）月刊早已引入相关话题，如性挑逗、口交、性高潮、肉体形式的爱及使用“美容产品”等。半数话题都与相关的产品广告有关。照片中模特们的姿势充满性诱惑。在瓶装矿泉水和味美斯酒的外包装上，也可以看到以非正统体位进行性交的图片。与二战前夕相比，法国的平均家庭用电量增长了一倍多。广告中说，由于使用了家

---

① Wilhelm Reich，1897—1957，美国著名心理学家和性学专家，“弗洛伊德主义的马克思主义”的代表人物。——译注

② Aldous Huxley，1894—1962，英国著名作家，代表作《美丽新世界》。——译注

③ Herbert Marcuse，1898—1979，美国著名哲学家、美学家，法兰克福学派的左翼代表人物。——译注

用电器，妇女已被“解放”出来。

南泰尔学院规定，男生不得进入女生宿舍，这给学生们的性行为设置了主要障碍。学校官方领导认为，学生们容易在夜间纵欲狂欢，尤其是黎明时分，叮当作响的垃圾车和采用二冲程发动机的摩托车呼啸而过时，那些意乱情迷的情侣更容易发生性行为。校方的规定似乎是对个人自由的一种无理限制。在一座水泥塔楼中，居住着数百名行动自由的年轻女性，有些女孩只穿着超短裙和套头衫，仿佛回到了中世纪。美国人正在越南进行一场帝国主义战争。激进的思想家质疑着西方文明的基础。有些摇滚明星的年纪则比南泰尔学院的学生大不了多少。

I. A. ii.

正当三月天气回暖之时，南泰尔学院出现了一些麻烦事。通向女生宿舍的门上了锁，但这不过是做做样子，因为门卫们都很清楚，用不了三十秒，一个力气不大的人就能把锁打开。学生们强行打开那些门锁，不久，男生们就开始自由出入女生宿舍。

南泰尔学院的大部分教授都欢迎这一举动，他们不同意把男女生隔离开。这些教授多为社会学家、政治科学家及研究浪漫主义和后浪漫主义文学的专家。除去电台、电视台和报社的记者，校外没人对宿舍中的反叛行为太当回事，顶多将其看成一种狡猾的好色之举。常见的看法是，南泰尔学院的制度得在某些层面进行改造，这样才能与时俱进。一些学生决定推迟他们介入政治生活的时间，直到自己再阅读和思考个一两年；其他人则强调自己需要适应所谓的公共服务（大学）。不过，他们普遍认为，代表政府和资本主义制度的学校领导，应该授予他们某些权利。与此相比，废除一条校规显得微不足道。毕竟，与使用强效神经药物和无端暴力行为的合法化相比，这完全是另一回事。

有段时间，男生们不再从底层窗户爬进爬出，而是大摇大摆地出入女生宿舍。他们带进去了葡萄酒、香烟、突尼斯糕点和热狗，以及勃起的生殖器。结果，有些女生变得更加孤独，讨论的话题结构和行为都发生了改变。男生们已经有能力就他们所读的文本展开更大规模的讨论。他们也经常参加“影迷俱乐部”的活动。女生们仍然更热中于寻欢作乐，而非政治活动。有些历史学家坚持认为，不应该把1967年南泰尔学院的宿舍叛乱，视为后面发生的更严重事件的先导。这种观点可能是对的。

I. B. i.

第二年 1 月 8 日（星期一），是法国青年和体育部长来南泰尔学院为一座照奥运会规格修建的游泳馆揭幕的日子。

1968 年，在一所大学校园里修建一座奥运会规格的游泳馆有些过火，它体现了一种复杂的社会关系和全球资本主义的趋向。从某个层面来讲，在这里，男生和女生可以互相观看对方的身体，而且不会违反任何校规。泳装可以把人体百分之九十的皮肤露在外面，并把其余部分包装和改良起来。然而，在观看对方的身体时，他们不是身处较为原始的海滩或松林，而是处在有冷却系统的场馆中，连水都经过了氯气消毒。那些想在游泳池里认识女生的男生（与其说是“认识”，不如说是“勾搭”），将会发现自己的阴茎缩到青春发育前的状态。借助这些场馆设施，可以开展一些有益于国家的竞赛活动：促进学生体质健康全面发展，为国家运动队培养人才，等等。法国青年和体育部长新近实施了他的“千家俱乐部”政策，承诺资助那些康乐中心，让年轻人掌管俱乐部的行政事务。这样他们就能因地制宜地让俱乐部提供服务，包括乒乓球设施、游泳服、波比足球，以及高压机器磨制的咖啡。部长发表了一份厚厚的报告，《青年白皮书》，里面收录了年轻人的一些积极观点。

I. B. ii.

开幕式在下课后的晚间时分举行。一名敞着领口、带着一副厚颜无耻而又好斗表情的红发学生，打断了部长的讲话。后来，人们发现他是逃到法国的德国犹太人的儿子，他被人们称为“红发丹尼”。“部长先生，”他说，“我读了你写的关于年轻人的白皮书，总共三百多页，没有一处提到年轻人的性问题。”

《诺伊沃斯法案》在十一天前生效。社会保险不负担购买（避孕）药的费用，在法律通过那天，任何开始服用这种避孕药的妇女还是一样可以怀孕。部长对提问的反驳，并未得到媒体的广泛报道，因为他说话的重点，似乎是针对学生打断他谈话的鲁莽行为。部长说：“长着一张你这样的脸，你一定对这类问题不陌生。我不得不极力推荐你尽量扎到游泳池深处去。”

文献 1:《年轻人的空虚生活》一书的结论

法国的年轻人希望和年轻人结婚,然而,他(她)却担心在自己知道如何正确地教育一个孩子长大成人前,两人就生下小孩来。他(她)的首要任务是事业成功,他(她)还要尽量从自己微薄的收入里省下钱来——年轻小伙子想要买车,年轻姑娘想要置办嫁妆。那些法国的年轻男女们对当今除了政治以外的所有问题都感兴趣。有 70% 的年轻人认为,21 岁以下的年轻人不应该享有选举权。他们不相信就要打仗了,他们认为未来将完全取决于工业效率、内部秩序和人们之间的凝聚力。

I. C. i.

人们认为,是南泰尔学院的这个游泳池事件,而非宿舍骚乱事件,成为后来出现的麻烦的重要开端。人们还可以举出其他多例反抗事件,比如,在一年一度的传统新年招待会上,南泰尔学院院长、院长夫人,以及他们的四位客人,离开自己的荣誉座位去自助餐台取餐,这时候(二十五年后院长回忆起当时的情景),他们注意到,有四个年轻的社会学教授将他们的包和个人物品挪走,占了他们的位置。院长想起了他的朋友雷蒙·阿隆(Raymond Aron)听说南泰尔学院要成立社会学系时说的话,"从本质上讲,这个学科会产生一些具有煽动性的行动团体,造成紧张气氛。当心这些社会学家们!他们会把任何事情都搞糟的!"

I. C. ii.

随着考试临近,这些反抗行为开始影响到教育过程本身。起初,教授们在阶梯教室为一千五百名或两千名学生讲课,学生们记着潦草的笔记、聊天、看报。一位教授认为这一场景就像是"在圣拉扎尔车站广场上说话一样"。有时教授们会被口试中学生们"百科全书式的无知"所震住。教授们上课被要求发言权的学生打断,继而被批评为教学方法滞后并扮演了国家镇压民众的工具。

媒体非常关注年轻人的抗议行为,因此,不久,电视观众们(约半数民众)就看到了学生们举行新闻发布会的不寻常景象。学生们像主考官一样坐在搁板桌后面,对着麦克风说话。他们吐出烟圈,向观众摆摆手,发言时使用的是社会学和政治学术语，在观众们看来，他们没有一点学者风度。他们通过提问题的方式表达自己，使用自己惯用的修辞方法："为什么我们成了反抗分子？因为统治阶层想要规定我们的日常生活。他们为什么要那样做呢？因为西方帝国主义制度反对任何形式的流行文化。他们为什么要反对流行文化呢？因为，从最终层面上分析，这是一种阶级斗争。"

这种形式的说明会，一般会使用被动的观众，在对立面提出反对意见前就给出答复："我们自己不是资产阶级的一分子吗？是的，正因如此，我们必须使用我们批评的自由，如果需要的话，我们就要推翻政府。这样的革命将会带来怎样的结果呢？革命的结果将不是简单地让工人阶级资产阶级化，让工人阶级的儿子走到统治阶级岗位上，而是消除劳工阶级和统治阶级之间的差别。"

除了表面上的某些不同，这一论调基本和戴高乐主义相吻合。戴高乐主义是1945年提出的，提倡工人更多地参与到工厂的运营中（著名的"联合管理论"）。对于电视观众来说，这些新闻发布会的有趣之处在于，它对制度权威的篡夺、对世袭权力结构的蔑视着实让人兴奋，还有，它所谈到的媒体独断控制，唤起人们的自我反省意识和不可预见意识，这在政府控制的国营广播媒体中是不常见的。此外，政府和大学的代言人都以身着统一购买的单调制服的形象出现，学生的装扮（编织衣物、领带、二手夹克等）则符合人类学家列维－斯特劳斯所说的"修补术"——即兴使用，而不是刻意去使用成品，(因此，学生们）经常被人们同原始的、资本主义以前的社会联系在一起。

I. C. iii.

3月20日，反对越战的学生们，打碎了歌剧院附近美国快运公司的窗玻璃，并在它的墙上涂写了标语。两天后，在一次支持越共的示威游行中，六名南泰尔学院的学生被捕。这证实了许多评论家的观点，"南泰尔主义"不是法国特有的现象，而是国际青年运动的一部分。

在返回南泰尔学院的那天晚上，好战的学生用锉刀打开了一道小门，门上写着"行政人员与教师专用"。他们推开两名目瞪口呆的行政人员，爬上校园最高建筑物的顶层，还闯进学校董事会的会议室。在那里，他们感受到了会议室反映出的现行教育体制的独裁本质。他们在会议室的墙上喷涂了一些标语（比如，"老师们，你们已经老了，你们所教的文化也是如此。"），并通过了一项决议。学生们同意仿照卡斯特罗的“7·26运动”，把他们的行动称为“3·22运动”。随后不久，他们指定了一间会议室作为政治集会场所，将其重新命名为“切·格瓦拉会议室”。

I. D. i.

那些看到学生们这些造反行为的广大电视观众认为，这是一种新奇的现象。巴黎的青年已从城市中被扣除出去，仿佛被某位夸夸其谈的官僚送进了“学习工厂”。他们被包装起来，沿着香榭丽舍大街被打包输送到都市西部远郊的前军事禁区。一旦来到那里，就会有人向他们灌输预先消化过的信息，还美其名曰“知识”。作为知识分配者的教师，比自动售货机好不到哪儿去。大多数学生都是刚刚二十出头，主要来自巴黎第16、17、18区。他们的父母百分之九十以上都属于资产阶级（中高层经理人、自由职业者、公务员），但他们的父母要么不太情愿，要么不够富裕，无法给自己的孩子提供更好的食宿条件。在南泰尔学院，一间“水泥小屋”每月住宿费为九十法郎，而在巴黎城中，一间没有家具、没有水、没有燃气的房间，每月房租则是一百五十法郎。

I. D. ii.

由于行政部门未能预料到学生人数急剧爆炸，南泰尔学院的活动范围相对仍然很小。校内有影迷俱乐部，有享受补贴的餐馆，有一座可容纳百人的咖啡厅，学生们还可以坐火车去巴黎观光，或搭车去“乡间”，或在公用小厨房熬一锅炖菜，跟朋友们一起享用。有些学生还志愿辅导棚户区的孩子们。他们帮助孩子们学习法语，教他们区分词性和不同的时态。这些学生的许多同龄人开着维斯帕牌摩托车或维勒索雷牌面包车，购买唱片，玩绳艺和手工活，制作钥匙扣和灯罩之类的小玩意。他们经常逛商场和机场，居住条件更适合过性生活或搞些罗曼蒂克活动。在南泰尔学院，朋友之间要么故作高深，要么反对焦虑和被异化。针对年轻人的服务，像流行广播节目和《黑帮你好》杂志，被视为一种家长式作风，多半无法得到知识分子的认同。

造反的学生承诺将会扩大校园活动的范围，使服务内容更有针对性。然而，由于缺乏资金，这些活动通常只是一种象征：展示托洛茨基或毛泽东的照片，在讲座大厅吃三明治，给某间办公室地板铺上一层烟蒂，组织一些政治“小团体”。

具有讽刺意味的是，上电视的学生领袖不仅被视为“新闻人物”，还被看做视觉消费的顾客和对象。用戈达德（Jean-Luc Godard）1966年拍摄的电影《男性，女性》中的话来说，他们是“马克思与可口可乐的孩子”。他们年轻、优雅、聪明，非常有市场潜力。他们的长发跟披头士和阿兰·德龙这样一些商业包装出的青年偶像相一致。尽管学生们的思想意识取向比较具体，而且十分专业：马克思、尼采、弗洛伊德等，他们的思想感情却跟那些流行乐坛主导的“耶—耶”歌曲一样，很少能体现出英美主流的具体商业趣味：“一切都是浮云”，“我不知道自己想要什么”，“我的青春在校园内逝去”。采访者倾向于忽略那些政治—哲学方面的争论，只把注意力放在找寻那些脸蛋和服饰能讨电视观众欢心的女学生身上。他们不想轻视或羞辱她们，虽然他们经常跟她们打情骂俏，借以提高收视率，并让观众产生一种勾引异性的感受。

文献 2

大众广播频道“ORTF”在1968年3月26日播放了一段关于南泰尔学院和“南泰尔主义”的纪录片。它对学生的各项主张表示同情，在观众当中引起强烈反响，从而成为“五月风暴”的思想源泉。该纪录片的大部分内容都是在一间拥挤的屋子里拍摄的，屋里住着十二个社会学系学生。他们做了一锅炖菜，用两把不锈钢煎锅和一个勒·克鲁塞特牌蒸锅盛着，正在一起吃饭。乍看起来，屋里的气氛既热闹，又欢快。

在传统人类学者看来，这段纪录片可能并没什么特殊价值，因为片中的男性记者不断打断那位主要的被采访者：一名穿着瘦版条纹套衫和短裙的漂亮女学生。她楚楚动人，和蔼可亲，甚至有些害羞，但很热中于准确地回答问题。镜头对她的脸部进行了特写，尤其是她的眼睛和嘴巴。在拥挤的房间里，记者不时受到一缕黑发或一只突然扬起以查看金色腕表的黑袖子的干扰。紧挨着她的那名女生裸露着膝盖，搂着她的肩膀，但看上去像被记者有意遮挡起来。起初，房间里的嘈杂声几乎盖过了她回答的几个问题。随着采访进行，屋里逐渐变得十分安静。

你学的什么专业？

去年我在修社会学，今年我在读人口学专业学位。其实……我正在进行有关女性抑郁症患者的生育能力研究。

这是一个很严肃的题目……

对。我发现它很有意思，因为它研究的是女性。

我记得你告诉过我，你过去住在兰斯。

对，我过去住在兰斯。

你曾住过学校公寓……

我的确住过……那时我读大二……我先是来到这儿，在一月份的时候，然后就秘密地住了下来。

"秘密地"是什么意思？

跟男友住在一起……因为我自己没有房子。

跟男朋友住在一起？

对，男朋友。

你们是怎么认识的……

去年认识的……我从去年就跟他在一起了。

你是在这里遇见他的吗？

是在这里。

一个外省来的少女怎么就来到南泰尔……

南泰尔这边有很多外省人……你知道，你来到这儿，起初感到很困惑……

你谁都不认识。

对，我谁都不认识。第一个月，我几乎从不来这儿。我晚上安排的是跟巴黎的朋友在一起……我不想住在这里。它真的很吓人。

为什么？

因为我从未住过这样的 H. L. M.[①]，小得像鸽子笼和箱子。而且我害怕住在这里……那些男生一发现有新女生住进来，就会向你猛扑过来……

你认为是什么原因导致那种情况？

呃，很明显，因为他们太无聊了。他们想玩点新花样，就是这样；没有什么深层次的含义……问题就在于……无聊。当你晚上去餐馆时，不知道该干些什么。你已经厌烦了。还有自助餐厅……

自从你最先遇见这个男生后……你就一直跟他在一起。

对。

---

① H. L. M. (pron. *ash-el-em*): *Habitation à loyer modéré*（公共廉租房）。

这种情况很常见吗？

不常见，一对情侣很难长久待在一起。

为什么？

因为在这里根本不可能像情侣那样生活。这不是正常的生活状态。而且你永远也摆脱不了那帮朋友……有很多情侣经常换来换去。他们在一起住上一个星期，然后就再次更换伴侣。

你认为这种情况跟南泰尔有什么关系吗？

没有……我认为任何学生宿舍都可能会出现这种情况。

它跟学校公寓的居住条件有关系吗？

你瞧，如果一千五百名女生和一千五百名男生面对面住在一起，肯定会出现一些问题……关于情侣的问题，关于……我也说不清……

你不感到担心吗？

（沉静片刻）对，我很担心……

你认为跟你住在一起的这名男生关心这些问题吗？

当然……当然……尤其是出现了某种集体狂躁症后，人们开始离开……一开始的时候，个体组成的集体还很平衡，然后突然就分崩离析，各奔东西。

（停顿片刻。）

是不是有些晚上你觉得真的厌烦了？

当然……现在每天晚上都很烦。

甚至跟雅克在一起的时候也这样吗？

（停顿片刻。）对。

房间里现在十分安静。坐在被采访者左边的那名女生，一开始看起来还很欢快，此时则显得沮丧不安。一名男生咬着手指甲，显然也很不安。从采访中得不出任何结论。突然，画面一转，转到了纪录片的结尾，镜头里是四名穿着西班牙戏服的男生，站在水泥塔楼的底座上，用吉他和曼陀铃弹奏着吉卜赛音乐。

问题与参考答案

- **学生们害怕的是什么？**

他们可能用大把的青春去努力学习，结果却找不到工作（当时的失业率仍然居高不下）。

• **会出现什么样的后果？**

他们的努力可能白费，不但影响到自己的婚姻，还会影响到以后的生活方式，最终会导致与社会“对抗”。

• **20世纪60年代后期日益加剧的社会流动对学生们有何影响？**

社会流动的影响是多方面的。它不仅意味着无产者的子女可以爬上经理人的位置，也意味着，资产阶级的孩子将会发现自己正在沦为新型无产阶级。

II. A. i.

5月2日，迫于抗议行动仍在持续和对学校财产的损坏，当局决定采取措施。政府的部长们担心，南泰尔学院发生的事情会扩散到其他地区的大学中去。那天晚上，南泰尔学院的院长，一脸严肃和遗憾地宣布学校停课。

面对这种复杂的公共关系新形势，毫无准备的格拉潘（Grappin）院长很是悲痛，就像一名格斗士身处雷区一样。为了让人们理解他所说的话，他采用的句法要求人们异常专心。他使用了多个名词和代词，以便在说完整个句子前，可以让听众从语法角度认同这些话。实际上，他策划了一个小型公众测验。他结束了发言，屏幕转为灰色，学生们陆续从南泰尔出发，列队走入索邦大学用氯气消毒过的走廊和阶梯教室。

暴乱人群现在从西部地区的荒地，转到了欧洲大陆最著名的、适合上镜的地区：巴黎拉丁区和它的主要商业干道圣米歇尔大街。

又过了一天，他们行进到了雷区，当局要求警察们撤离索邦地区。

II. B. i.

5月3日在索邦大学校园里集结起来的大学生们，受到南特、斯特拉斯堡、柏林、伯克利大学类似抗议行动的鼓舞。他们拿起凿子和锤子，将部分大楼和部分楼内的家具变成“反法西斯主义者的工具”（棍棒和石头）。他们假设遭到反共产主义学生团体所说的极右派的攻击——该学生社团曾受到OAS（秘密军队组织）前恐怖主义伞兵的渗透。极右派成员戴着摩托车头盔，挥舞着斧头，在离此仅数

公里远的圣·米歇尔大街举行游行示威活动，要求将抗议分子送到北京去。

当天下午约四点钟，学生们没有看到一心想要打架的戴头盔的法西斯主义者们，而是看到一队军人进入索邦大院，这些军人通常会在星期五下午被派去疏导交通，逮捕窃贼和纠缠不休的乞丐，并对巴黎女人（少数情况下也会对外国女游客们）性感迷人的部位表达赞美之意。

被学生们误认作是共和国卫队（CRS，参见下文）成员的这些警察们，缺乏控制群体活动的经验，执行任务时搞得很糟。他们匆匆将三百名学生装进“沙拉碗”（警车）就离开了。被捕的学生中，包括原本应该出现在 5 月 6 日巴黎大学的会议上的“红发丹尼”，丹尼尔·科恩·本迪特，他被指控犯了“煽动罪”。

大学方面和政府方面都认为，出现在索邦大学的“极端分子”仅代表少数学生，其他大部分学生都在宿舍里忙着为三周后的考试做准备。

II. B. ii.

尽管有越来越多的学生穿着无性别特点的衣服、梳着男女皆可的发型，警察们还是成功地辨认出哪些是男学生、哪些是女学生。为了避免男学生与女学生接触，警察们把男学生都关进了待命的警车里。

接下来发生的一幕，比四十年后人们看到的更为重要。女学生们围住警车反复喊着口号“CRS–SS”，她们将警察视为盖世太保（从历史角度看这值得商榷，但这些口号非常引人注意），高呼“释放我们的同志！”对警察们来说，这些女孩子并非托洛茨基主义者、列宁主义者、斯大林式的基督徒或毛主义者；她们是能生育的装饰品和泄欲的对象。她们使用“同志”这个词，既包括男性，又包括女性，调转了斗争的矛头，在维持秩序的警力中制造了危险的语义混乱。

七天后，在“街垒之夜”的第一天晚上（见 III. A.—B. 部分），警察们发动了袭击。他们冲向盖·鲁萨克大街上那些并不结实的街垒，为追捕参与暴乱的学生而非法闯入民宅。在矿山学校附近的一条大街上，一个女孩从一所建筑物中跑出来，身上几乎没穿衣服，如一只被围捕的小兔一样站在大街上。她经过一队警察，被痛打一顿后又被拖进一辆停在福赛·圣雅克大街上的警车里。亲眼目睹这一情景的当地居民，为之惊骇不已。

问题和参考答案

• 冲突是如何发生变化的？

冲突一直十分激进，并呈极端趋势。那些主要出身无产阶级、工匠和小资产阶级家庭的警察，重申了权威部门的权力高于个人和资产阶级的自我表达。然而，他们这样做时，并未得到其资产阶级出身的上级的认可。警察总署署长莫里斯·格里莫从电视上看到暴力冲突的画面时，给他的所有下属发了一封公开信：“打击已经倒地的示威者，无异于自毁形象。”这句话更像是句格言，而非一则命令，遭到了人们的公开漠视和嘲笑。

• 到底是谁的错？

（1）是警察，他们本来答应让学生平安地离开索邦大学，但在学生们企图离开时却又拘捕了他们。这激起了强烈的示威游行活动，警察则用更加暴力的行动加以镇压，从而导致更为暴力的游行示威。

（2）任何人都没错。虽然造反的苗头被警察煽动起来，但个人或群体的自觉意识却服从于当时的权力斗争，那种权力斗争同样也是由长时段的历史趋势所决定。对绝大多数参与者来说，这场斗争的性质仍不太清楚。

• 这场斗争的性质是什么？

学生们采取的是一种消费者抗议模式，主要对校方裁员、设施落后、男女隔离及抬高大学门槛的那项法律（福歇法案）表示不满。当警方强制介入进来后，学生们发现自己对抗的是一个由下层阶级成员武装起来的群体。这次造反行动跟当时的历史趋势（资产阶级垄断剩余价值，无产阶级被异化等）联系更为紧密，从而出现了另一个矛盾斗争的焦点。

III. A.

5月6—8日，巴黎发生了游行示威活动。5月9日，政府宣布继续封锁索邦大学。5月10日晚，拉丁区的几个主要路段自1944年以来首次出现了街垒。

虽然这些街垒跟以前的街垒成分不同（汽车取代了马车，咖啡馆的凳子取代了私人家具），它们却被报纸读者和电视观众跟正义与性刺激联系起来：雨果《悲惨世界》中的珂赛特和马吕斯，德拉克洛瓦《自由引导人民》中袒胸露乳的“自由”女神形象，以及基于1789、1830、1848、1871年巴黎革命片断演绎出的无数浪漫故事。

这些街垒看上去给人们提供了一个创造“历史”的独一无二的机会，它们突然出现在拉丁区，也有助于造反者在舆论上占得上风。不论是从短期还是从长期来看，它们都提升了拉丁区作为一个旅游景点的关注度。战斗间隙，一辆比利时旅游巴士停在一处破碎的街垒附近。一个年轻人走下车，捡起两个石块，站到街垒上，他的父亲则站在一边给他拍照。

六八年五月事件令巴黎成为一座革命主题公园。各种公共建筑物的墙上留下的涂鸦，甚至在重大历史事件发生前，就为它们的历史意义作了广告：“*Ici, bientôt, de charmantes ruines*”（“迷人废墟，即将呈现”）。

III. B. i.

半是出于偶然，半是模仿游击战，学生们使用自行车、机动自行车、步话机及晶体管收音机，建起了一个粗略的通讯网络。由于穿着薄底鞋，他们要比穿靴子的警察跑得更快，从而能够小规模地在城中各处活动，避开路障，焚烧汽车，并朝某位身上着火的无名士兵撒尿。欧洲一台和卢森堡电台的青少频道对此进行了现场报道，跟那些暴乱活动起到了同步的功效。收音机就放在窗台上，评论员一边俯视街头，一边进行立体报道。记者夸大了参与者的规模，结果将更多的人吸引到了街上。

政客和警察试图找出造反头目，但却无法识别出他们的指挥系统。学生们也稀里糊涂，未能遵从最初的资产阶级抗议模式（带兜帽的夹克，宽松的蓝套衫，黄色的“博雅”牌香烟）。后来，警方在屡次教训之下总结出了资产阶级青少年文化的大致特征：“不要妄下决断！一名优秀的警察不能以貌取人：穿黑皮夹克的人不一定就是小流氓；嬉皮士也并不都是瘾君子；长头发也不一定就是不良少年的外在特征。”[①] 失去了这些常见的判断标准，许多警察发现执行任务时颇有难度。

III. B. ii.

5 月 10—11 日，索邦大学占领者的“反法西斯装置”，已经升级为一座效率更高的准军事化军械库。警方使用了催泪弹、震撼弹、高压水炮、木质警棍、橡皮警棍和警靴。学生们使用的武器范围则更为广泛：各种投掷物，包括建筑用碎石、铺路石和铁棒；弹弓；砂喷；带钉木棒；化学系学生制作的烟幕弹和催泪瓦斯；含有金属碎屑的燃烧弹，混入汽车润滑油的燃烧弹，具有凝固汽油弹的类似功效。

焚烧汽车——尤其是西姆卡 1000 型和雪铁龙 II 型汽车——既可用于防御，也可用作攻击性武器。（这些汽车的主人对学生深表同情，他们的车都有保险，而且早就想换辆更新或更有名的牌子，通常不会反对学生们拿它们制作街垒。）

学生武器的杀伤力可从警方的伤亡人数上略见一斑。自从街垒出现后，三百六十七人受伤，其中二百五十一人是警察，其余都是些维护人员。重伤者中，警察占十八人，学生只有四人。六十辆汽车被毁，一百二十八辆严重受损。不过无人死亡，这可能是此次暴乱的显著特征之一，从某种程度上也反映出，使用武器只是一种象征。然而，需要指出的是，由于设置了路障，或路面状况不佳，约有两百辆汽车趴了窝，更多的车辆则停在地下停车场，十分安全。在 1968 年的五月风暴中，拉丁区居民死于暴力活动的几率可以忽略不计。

---

① *Le Policier et les jeunes*（《警察与青年》），警察总署内刊，2008 年仍在刊印，形式略有变化。

路障

III. B. iii.

武力手段只是一种象征，关于这一点，铺路石是一个明证——产自布列塔尼和孚日山区的蓝灰色方形石块或略带桃色的花岗岩，重约四斤，在工人熟练的手工布置下摆成扇形，可以很方便并持久地维护路面。许多铺路石被用于道路的面部薄层，很容易用鹤嘴锄或钻头迅速起下。如果投掷力道够大，一块铺路石甚至可以给一名全副武装的警察造成重伤。

2008 年，有人出售 1968 年五月风暴中使用过的铺路石，说明当时有很多人在收集它们，并把它们当成值钱的商品和投资品（参见文献 3）。每块铺路石的价格，根据其历史意义和审美价值差异而略有不同。

“铺路石”（*pavés*）并不仅仅是一种武器，它们还是一种象征，代表着巴黎的本质（“*le pavé de Paris*”正好是一种体现浪漫主义风格的押韵手法）。而且，铺路石也代表着无产阶级艰辛劳作的生活状态，以及国家机器提供公共服务时那种千篇一律的专横作风。有句标语“铺路石之下是沙滩”（参见文献 4），指出了个体消费者在选择权方面的内在本质，强调追求安逸生活的自由。（那些沙子其实并非巴黎下面地质学意义上的“沙滩”，而是从外面运来的工业用沙，它们被撒匀，摊平，为上面的铺路石提供了平坦的基础。）

文献 3：2008 年 5 月法国易趣网对铺路石所作的宣传广告

(a)“原装铺路石，法国历史的见证者”：1 欧元；邮递费 10 欧元。

(b)一百五十块用红色和蓝色颜料标记着“拉丁区，68 年 5 月”的铺路石：“令人难忘的纪念品，可用作书挡或镇纸。”

(c)“可用于展示的装饰品”，目前位于比利时布叙的某座花坛：“六八年五月风暴的一位见证者，曾击穿我岳父当时停在拉丁区的汽车挡风玻璃”。定价 10 欧元。

(d)“巴黎原装铺路石，仍留有沥青的痕迹”，于 5 月 23—24 日夜间由一位消防员当成“纪念品”予以收藏，“后来一直用作书挡”。定价 27 欧元。

IV. A. i.

街垒之夜过后，这场冲突已不再仅被看做一场反对政府及其代理人的起义。

此时出现了一个新角色，可以说，学生们曾经预料到、甚或是盼着它登场。共和国卫队（CRS①）成立于法国解放后，作为特种部队，填补了警察与军队之间的空白。卫队受过群体事态控制和山区搜救方面的训练。他们在市区的机动车道进行巡逻，在湖泊和海滩地区担任救生员之职。

CRS 招收的队员学历较低。许多都是来自缺衣少食的地区，在那里，肢体暴力是家常便饭，也是一种自卫方式。他们没有私人住房，平时住在特制营房里。他们是他们负责警戒地区的陌生人，部分是因为，作为无产阶级的儿子，他们可能发现自己在处理罢工事件的过程中，对抗的正是他们的家人或族人。

CRS 成员工资很低，不被赏识。许多人觉得自己被社会异化了，缺乏安全感，生出一系列心理问题。为了弥补这一点，他们在内部建立起一种部落式的效忠意识和传统，进而认为，所有武装部队的不端行为，都是 CRS 的耻辱。1968 年 5 月，他们经常连续执行任务，并在夜间执勤。他们的军车全副武装，就停在街道旁。

---

① CRS (pron. ‘say-air-ess’): Compagnie Républicaine de Sécurité，共和国卫队。

IV. A. ii.

与资产阶级和巴黎的权威部门相比，这些表面上的无产阶级和外省部队，成了学生们眼里更主要的“敌人”。一如此类冲突中常见的那样，宣传过程中通常会把敌人妖魔化，从而使自己的战士克服对其使用暴力时的道德或审美障碍。例如，一个学生作业本上有幅卡通画，画着一名 CRS 队员躺在病床上，准备接受心脏移植手术，邻近的病床上躺着一头麻醉了的“笨牛”（相当于“蠢猪”），将要为他提供心脏。

CRS 对学生们却抱着一种同情态度。他们攻击那些无知的旁观者，希望人们按照朴素的阶级意识行事。据一位目击者说，一位教师走出拉丁区一家书店时遭到一群 CRS 队员殴打。一位管事的军官注意到这位受害者面貌可敬，不像是个学生，便命令自己的手下住手。一名队员表示反对，“头！他可是带着书的啊！”

IV. B.

现在，学生暴乱活动的商业影响，出人意料地显现出来。在充斥着各种商业广告的大街小巷，暴乱本身也衍生出自己的商业生态，证明人们善于把时下的流行元素跟有形的商业产品完美地结合起来。从一开始，暴乱地区的商店就在出售红手帕、印有切·格瓦拉头像的 T 恤衫，及其他饰有革命符号的用具。艺术学院学生设计的大幅海报，涌入新兴市场，呼吁广大罢课学生四处张贴它们。拉丁区的墙上到处都涂写着标语，它们对这次暴乱阐释得极为透彻，以致到了 2008 年，人们仍在引用这些标语去分析当时的冲突事件。

文献 4：问题与参考答案

试析下列标语：

•“铺路石之下是沙滩。”

（相关标语：“我走进了铺路石中”。）

“沙滩”象征着闲适自足的生活。学生们在经过一段城市生活后，接下来会变成经理人和公务员，许多暴乱分子将会在乡间或城乡交界的湖畔或海边取得或出租房产，用以度假或经营相关事务，从事水上救援、出口贸易及其他一些休闲行业。这种生活方式或许跟某种自由主义思想存有关联，反过来也是对六八年五月风暴的一种怀旧。

• **"现实点吧，追求一些难以企及之物。"**

（相关标语："把你的愿望当作现实"。）

这些标语亦庄亦谐地主张由消费者来控制市场，并以个人爱好来界定自由的概念。试比较"挑剔些吧，来瓶轩尼诗！"和"因为我配得上它"。也可以比较 CGT[①] 对法国工人发出的号召："你的愿望必须符合现实"。

• **"干死他们，要么被干"。**

（相关标语："像经常解开裤子那样解放你的思想。""做爱吧，好再来。"）

这些标语反映了当时流行的赖希、福柯和拉康的理论。色情活动被界定为一种社会—政治斗争形式。"*baisez-vous*"这一标语带有渎神意味，源自约翰福音 15：12，后来衍生出其他形式，用于专业的商业和金融市场活动。

• **"如果遇到条子，就打烂他的狗头"。**

（相关标语："地主戴上绞索，方能大快人心"。"别再说'教授先生'，而要说'婊子，去死！'"）

这些标语盗用了无产阶级的话语模式，却打上了资产阶级讽刺手法的烙印。"*salope*"本是阴性名字，却被用于男性，无疑加重了侮辱的程度。这些标语中，只有第一条具有指导现实的意义。

V. A. i.

5 月 13 日，星期一，工人们加入到了暴动中来，这看上去像是学生宣传工作的胜利。工会毫无准备，伪称是号召一天的大罢工。政府则优柔寡断，犹豫不决。学生们的示威游行活动引发了大规模的骚乱，直接威胁到工会的权威和国家的经济利益。这种工人和知识分子自发的结盟，让人不禁担心地联想起 1830 年和 1848 年成功的革命。

---

① CGT: Confédération Générale du Travail（全国总工会），法共领导下最有影响力的工会组织。

学生们在火车东站集合，沿着马真塔大道游行。游行人群经过社会主义党总部时，一些老社会主义者举着匆匆做成的“与大学生团结一致”的标语，出现在阳台上。学生们高声回应：“机会主义者！”“官僚主义者——到大街上来！”这些社会主义者被学生们这种对政治传统和年龄尊严的无政府主义蔑视行为搞懵了，尴尬地退回房间。然而，社会主义政治家密特朗则参加了游行，并在总统大选中成为折中派候选人。

在共和国广场，学生和工人的游行队伍汇集到一起（官方估计有二十万人），从图尔比戈大街上，涌向沙特莱广场和东岸地区，这并不是工人游行的传统路线（传统路线为：从共和国广场到巴士底狱）。几个小时过去了，游行的人群从圣米歇尔大街走到了丹费尔－黎世留广场。

V. A. ii.

共产党人的报纸《人道报》，抨击学生们是“可疑元素”和“资产阶级左派”。共产党领导下的总工会（CGT），称学生们是“为资产阶级服务的伪革命家”。但是，西部郊区布洛涅－比扬古的大型雷诺工厂的年轻工人们，对学生们自发的斗争很是钦佩。尽管他们认为每个人都应抱怨大学教育这个观点有些古怪，但是，他们看重的是学生们那让人振奋的无政府状态。有些工人没穿蓝色的工装裤就来上班，有些人穿着皮夹克，其他人则穿着那些为高级管理人员定做的制服。他们厌倦了工会坚持遵守“党的规定”，而且他们并不十分反对自己成为资产阶级。

游行队伍经过了天普地区，那里的阿尔及利亚人有人曾在1961年目睹自己的家人被巴黎警察所害，他们微笑着加入游行队伍中，高呼口号“CRS–SS”。数千名学生在行进过程中秩序井然，分成不同的区，举着整洁的条幅，呼吁“教育系统民主改革”。他们经过了沼泽区——那里是斗志高昂的工人们和处于贫穷状态的中产阶级知识分子们破破烂烂的宅邸，被忘却的文明之地。第三和第四街区的激进主义分子曾常因在夏洛特大街街角的红孩儿市场墙上写他们最新的一期“墙报”，而到警察局“度周末”。他们中的许多人都在做些临时性工作：为建筑队和搬家公司工作（就像那些没有找到工作的社会学专业的大学毕业生一样），或是为调查公司做调研，因此，他们几乎无法承受罢工带来的经济损失。

CGT 的干事与警察达成协议，控制了游行。而对于这次游行，工会曾命令采用和平方式，并对学生、无政府主义者和工人学生行动委员会保持警惕。学生们高呼“给工人权利”、“戴高乐下台”，工会的游行标语则是“保卫我们的采购权”。

V. A. iii.

下午五点半，当游行队伍打头部分的人群到达丹费尔－黎世留广场时，发生了一些事情，现在看来那一事件表明暴乱本质上具有资产阶级倾向，但在当时，却是一个转折点。工会干部紧抱着武器，阻止学生们继续游行。学生们试图在战神广场将游行的人们聚在一起，进行一次自 1794 年罗伯斯庇尔宣布最高存在节以来最大的集会。大喇叭对着人群喊话，要人们“保持秩序、保持冷静、保留尊严”地解散。学生们拒绝回家，工会干部将他们打倒在地，还抢过他们手里的标语撕个粉碎。

只有几千名学生成功到达战神考场。学生们坐在埃菲尔铁塔旁边的草地上，聆听过演讲，重又占领了索邦大学，与此同时，工会的领导者则回到家，准备和政府进行谈判。

V. B. i.

巴黎此时进入了一段节日般的混乱时期。尽管没有工会支持，总罢工仍在继续。很快就出现了排队买汽油的景象，街上又跑满了雪铁龙、福特、标致、雷诺和西姆卡。巴黎人对自己的城市有了新的认识，并在街上彼此交流。废弃的铁道在阳光下闪闪发亮，塞纳河畔和圣马丁运河边上的垂钓者，在过往船只的水波冲击下仍然镇定自若。就连“不二价商店”（法国一种专售廉价商品的连锁商店），虽然其地下超市的周一营业模式曾引发某种零售业革命，现在也关门歇业了。

经过两个星期的总罢工，虽然城中香烟紧缺，工人和学生们仍然立场坚定。

他们发起手动卷烟活动，出售那些用从烟蒂中回收来的烟丝制成的烟卷，大家一致同意，四支一包，每包十四生丁。

V. B. ii.

罢工期间，抗议活动仍在继续，但是人们已经有了一种对暴乱活动的怀念之情。5 月 23—24 日晚，被称为第二个街垒之夜。学生们希望以点燃市政厅酒店的方式来纪念巴黎公社运动，但那些身穿土耳其长衫和中山装的特务，事先对政府部门发出了警告，警察出动了从军方借来的巨型高速推土机。学生、工人和失业者聚集在里昂车站，分批向右岸进发，继而在证券交易所燃起大火，并朝前来救火的消防员发起攻击。

人们对这些事件的印象，将会在日后成为一种宝贵的记忆，并会对他们的儿孙和研究者复述很多遍：警笛声此起彼伏，直升机在屋顶上低空盘旋，主干道上有大批警察列队行进，催泪弹发出刺鼻的气味，黑皮手套和胶质警棍闪闪发亮，还有一些三明治被踏扁在地，汁水四溢。这种不可再现的宝贵经历，因学生们的体貌变化而令人印象更为深刻：他们衣衫不整，彻夜不眠，声名狼藉。他们在脸上涂抹了滑石粉，或用柠檬汁浇湿手绢捂住口鼻，抵御催泪瓦斯。街上充斥着化学药剂的烟雾，使得巴黎看起来就像是过去革命时期的某块郊区，如果想象力再丰富些，还会让人联想起《巴黎竞赛》(*Paris-Match*)中的越战场景。

第二个街垒之夜里有两个小时，巴黎的很大一片区域都控制在学生手里。人们常说，被电视节目洗过脑的人永远也不会去攻占巴士底狱，因为每个人都已经跑回家看电视去了。但在此时，学生们（其实是八百万罢工的工人）却极其偶然地将第五共和国推到了崩溃的边缘。

由于缺乏领导者，他们未能把这些优势转化为资本。在那天以及随后的日子里，担心被愤怒的市民处以私刑的 CRS 和警察们，开始把骑自行车经过的学生拉下车，刺破车胎，将其书包里的东西全部倒在大街上。他们命令那些学生背朝警车站着，然后踢其裆部。他们到处抓捕那些手上沾泥、肤色较深或有红头发的人(记住“红发”丹尼)。基于同样的理由，他们还逮捕了那些有外国名字或口音的人。他们击打这些人的喉咙，命令其在 CRS 队伍中行走，结果 CRS 队员把这些人的肋骨和鼻梁都给打断了。在博容医院，说是医院实为一家拘留所，他们威胁要继续痛打这些人，禁止其给家人通电话或接受医生检查。他们在释放这些人前，还没收了每个被拘留者的一只鞋子。

拉丁区的红绿灯从红色变成绿色，最终沦落成一种点缀。到了五月底，巴黎开始变得如同科幻电影里的场景。当地铁开始运转时，一群貌似火星机器人的CRS队员，等着学生们从红衣主教勒莫瓦纳、马毕伦或莫伯特－穆图里提车站出来，伺机抓捕他们。一些不问世事只顾及时行乐的封闭街区，俨然成了核战后幸存下来的孤岛。索邦大学和奥德翁剧院被一帮无政府主义者把持着，里面老鼠乱窜。许多占领者都是第一次看到大学或剧院的内部景象。在索邦大学，熏香和藿香的味道盖过了消毒液味。在无政府主义者的题字和涂抹下，早期的一些标语消失不见。在走廊里，一些男生和女生失去了自己的童贞。他们发现了吉米·亨德里克斯[①]、詹尼斯·乔普林[②]，体验到了印度大麻和致幻剂的滋味。学生领袖仍然保持着那种玩世不恭的乐观主义情绪，他们向每个人保证，学年结束时，他们肯定都能通过那些不复存在的考试。

文献5：1968年5月后期的标语

“考试＝奴性、地位爬升与等级社会”。

“如果真有上帝，也得把他废掉”。

“一只手指指向月亮，愚人则只看向手指（中国谚语）”。

“改革顶屁用”。

VI. A. i.

三个星期令人眼花缭乱的狂飙过后，1968年五月风暴注定要落得一种虎头蛇尾的结局。

在总罢工的高潮时期，戴高乐总统神秘地失踪了。有谣言称他去了巴登－巴登，以确保军队在政变中支持他。工会组织跟政府进行了谈判，提出最低工资标准要提高36%，每周工时要减少到四十小时，工会也要在厂务管理方面有更多发言权。

---

① Jimi Hendrix，1942—1970，美国著名吉他演奏家，歌手，作曲家，流行音乐史上最重要的电吉他演奏者。

② Janis Joplin，1943—1970，美国著名民谣女歌手，有“最伟大的白人摇滚女歌手”和“伟大的布鲁斯歌手”之称。

令那些工会领袖吃惊的是，这些主张遭到社会各界的反对。就在此时，戴高乐总统回到了巴黎。5 月 30 日，他坐在办公桌前，对着话筒发表了关于“胁迫、迷醉和暴政”的讲话。他还在电视上露面，这种姿态胜过出动千军万马：他的耳朵显出了老态，他那双松弛的眼睛，就像注满水的矿井那样湿润，他那张灰白而瘦削的脸庞，宛如一座饱经风霜的雕像。大部分选民都觉得他很可靠。总统宣布解散国民议会，新的立法选举（而非总统大选）将于六月举行。

VI. A. ii.

这一举措收到了立竿见影的效果。工会组织把工人抛给了 CRS，自己则全神贯注地投入到选战中。“六八年五月”极富魅力和戏剧性，“六八年六月”则更加血腥，对电视观众不那么有吸引力，加之大部分选战都发生在巴黎以外，人们就更不热心了。正是在六月，与自己所属的阶级发生对抗的各种武装部队赢回了他们的荣誉。6 月 11 日，在法国东部城市索肖的标致汽车厂，两名工人被杀，一百五十一人受到重伤。政府出台了紧急法令：许多左翼组织被宣布为非法，示威活动被禁止，准军事化的戴高乐支持者则得到“全权委托”，负责“鼓励”工人结束罢工。

VI. A. iii.

6 月 14 日，索邦大学、艺术学院和奥德翁剧院，被警方全部肃清，并由外来的清洁女工予以消毒。一些尚未弄明白历史潜在趋势的市民惊奇地发现，政府倾向于满足学生们的基本要求。在一次和南泰尔学院院长举行的私人会谈上，新任教育部部长埃德加·福尔列出了新政策的要点，就是让那些抗议者有机会拿到更多的经费，从而安抚他们：“给他们钱，他们就会闭嘴。”

还在这些法令仍在起草之时，一些厂商就已开始重新定位自己的品牌，以迎合顾客口味的变化。《世界时装之苑》特刊（6 月 17 日），对女学生的“超凡勇气”表示祝贺，强调交流互动的重要性：“我们希望更密切地关注你们今日之所急及明日之所想，希望你们也关注我们的活动。”

女学生在暴乱中主要负责分发小册子，照顾社区儿童，以及昏倒在地时供摄像师进行拍摄。她们中只有少数人投掷过燃烧弹，而且从未在电视上以造反领袖的身份抛头露面。然而，各种武装部队却对她们一视同仁，从而让她们产生了一种公民权利和消费者权益意识。艺术学院设计的一幅海报名为《街头美人》，画中一位年轻女子，双腿修长，裤腿紧绷，穿着一件长及膝盖的风衣，衣袂飘飘之间，正在猛力投掷一块铺路石。这幅动人的象征作品引领了后来的流行风格，并在夏季时装中展现出来，其中以伊夫圣罗兰品牌最有名。他为五月风暴中的学生，设计了大量带兜帽的风衣和有流苏的夹克。

VI. B.

1968年的五月风暴，象征着个性解放和家长式专断系统的破产。然而，其中有一点非常重要，那就是1968年五月风暴期间，规模最大的群众示威活动跟学生无关：当戴高乐将军在5月30日返回巴黎时，五十多万群众游行到了香榭丽舍。这场声势浩大的支持戴高乐政权的活动，是由戴高乐的支持者组织的，但其参加人数之多，大大超出组织者的意料。在后来的全国选举中，戴高乐的支持者大获全胜。左翼政党则史无前例地只获得微弱票数。

不久以后，南泰尔学院院长看到大批家具和教学设施运到校园。一些价值不太明显的大项目也开始了筹备过程。自助餐厅和语言实验室也扩展到了整个校园，那些建筑工人——花费了国家大量经费，自己却极少花钱——公开打趣称，他们很快就要提前退休了。对于这些尚未掌握现金流理论和长期增长原理的人来说，这种现象只能被称为一种“浪费”。教育部部长告诉学院院长，1970年以前，不必过问教育支出问题。对院长而言，这也可聊以自慰了。

问　题

- **1968年5月的学生暴乱如何导致法国历史上规模最大的以支持现有政权为目的的群众示威活动？**

- **作为1968年五月风暴的结果，人们的日常生活发生改变了吗？**
- **学生们把考试看做一种等级社会的镇压工具，这一观点对吗？**
- **根据前面的分析，做一总结。**

1968年5月，资产阶级的孩子们发动了一场无产阶级暴乱。暴乱采取了两种形式：(1) 对各类武装部队发动暴力攻击，将其界定为人民公敌；(2) 抛开工会领袖，发动工人总罢工，造成工会组织与工人之间的分裂。

这种情况的后果是：(1) 青年资产阶级的住房条件和服务设施迅速得到改善；(2) 不为学生考虑的教育方法遭到质疑；(3) 按资排辈现象受到贬斥；(4) 工会领袖的资本主义理想得到公众认可；(5) 法国共产党在国内政坛一蹶不振。

- **请根据下面的民意调查问卷来描述一下1968年五月风暴的遗产。**

1968年5月之后，62%的法国人宣称自己对社会总体情况"十分满意"，对人际关系、住房条件和工作情况不太满意，但对休闲生活比较满意——这或许标志着一种消费者的自觉意识。只有32%的人认为自己比较悲观（16%的人未置可否，或许根本不想思考相关问题）。十五到二十岁之间的人中，更多的人认为1969年的生活要比1957年更幸福。71%的人认为购物"很自由"，或许是由于他们的购买力提高了，或许是因为产品的种类足以满足他们的需要。77%的人认为自己生活在20世纪60年代末期是种幸运。

2008年，填写民意调查问卷的人大都认为，1968年的五月风暴给法国社会带来了一场革命，尤其是在男女平等和工人权利方面，那场暴乱使得政府更加关注民意。在被问到1968年五月风暴中哪条标语跟当今世界最有关联时，约有一半人选择了"禁止再说禁止"，只有18%的人选择了"现实点吧，追求一些难以企及之物"。

第十七章

环城大道

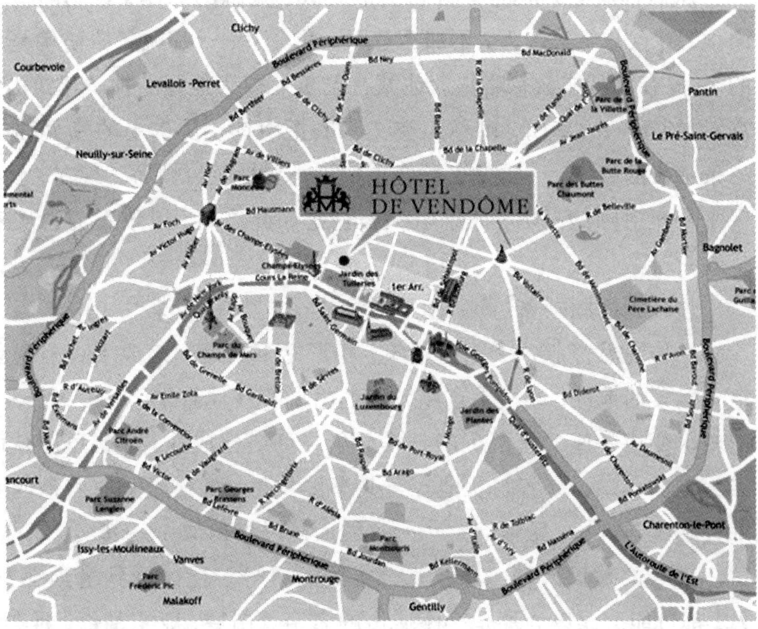
HÔTEL
DE VENDÔME
Clichy
Boulevard Périphérique
Courbevoie
Levallois -Perret
Neuilly-sur-Seine
Pantin
Le Pré-Saint-Gervais
Bagnolet
Bd Haussmann
Jardin des Tuileries
1er Arr.
Parc des Buttes Chaumont
Cimetière du Père Lachaise
Jardin du Luxembourg
Jardin des Plantes
Parc André Citroën
Parc Suzanne Lenglen
Issy-les-Moulineaux
Vanves
Malakoff
Montrouge
Gentilly
Charenton-le-Pont
L'Autoroute de l'Est

GAN，1972—1977

眼前的景象仿佛来自一册连环画：某位掌握着无穷的预算、品味龌龊、患有夸大狂的连环画插图画家，在这座城市涂抹了一组题材荒谬的建筑草图。

财政部长刚刚从卢浮宫开完会出来。他顺着西北偏西方向的道路望去，惊讶地张大了嘴巴。他喃喃自语道："那是个什么鬼东西？！"

一座细长的垂直建筑出现在他那瞪大的双眼中。随后，记忆深处的某种图景浮现在他脑海，他想了起来："对啊，它应该很大，但也不至于那么大啊……"（它实在是太高了，高得简直让人一眼看不过来。）

从后面看去，他的身材确实很高大：宽阔的肩膀，颈间略有皱纹，轻微有些谢顶，有点儿像英国人，不那么惹眼。但是……（那幅景象仿佛是从他头上冒出来的。）没有人可能会忽略它。他站在巴黎人视为地标的神圣建筑沿线的一头：卢浮宫、方尖碑、凯旋门，堪称人类文明的指南针。历史上的伟大轴心就是地球中央一条细长的直线：一端是吉萨金字塔，一端是曼哈顿岛。现在，就在这条路上，出现了一座丑陋的高塔：冈恩塔——它是如此之高，以致看上去从来都不是完全垂直的。

连环画插图画家仿佛用了两个画框才把它画出来。

西城蓦然竖起这么一座建筑，相形之下凯旋门缩成了一个老鼠洞。它重新界定了巴黎的地标，改变了这座城市的格调。在他看来，一条细长的阴影横贯巴黎，把城区变成一座死气沉沉的日晷。早在高塔建成前，那幅草图就已呼之欲出：一只无主的飞鸟，一名妇女推着婴儿车，生意人身穿光鲜的蓝色西服，里面是有着垂直条纹的衬衫，跟他们工作所在的大楼风格类似——其实，堪称吻合。

塔身的玻璃表面，写着公司集团的口号。任何看到塔顶那三个巨大字母的人，都可能会误以为那是一座城市的名字。迦特、亚实基伦、雅典、巴比伦，以及GAN（法国保险集团，Groupe des Assurances Nationales）。

面对着这幅巨大而丑陋的景象，财政部长（早已开始考虑他的方案）的思绪回到了1960年，回到了克鲁勒巴尔布路……"克鲁勒巴尔布"：听起来像是儿童故事中的名字。克鲁勒巴尔布路33号决定了未来十二年的发展模式。首先，在一间由法兰西第二帝国时代的绘图室改装的显示板上，画上了一幅示意图。图上的名字都无伤大雅，显示出它不过是这座城市普通的组成部分：帕西码头116号，莫尔朗大道17号，弗兰德路173号，等等。建筑师们讨论着"整合方案"，仿佛

冈恩塔（GAN）

故事书中一头怪兽要在热情好客的邻居中间搭筑巢穴：小餐馆里铺着带有跳棋格子的桌布，一只猫蜷缩在打毛衣的门房脚边，洗衣店里各种衣服密密地挂在一起。然后，突然间，就像坐上电梯一般，在一天之内，四周的生活空间一层接着一层拔地而起。

友好的邻里社区已不复存在。至于那头怪兽，则没有什么好说的——或者极少有什么可说：一根钢管，一个空白面板，接着又是一根钢管，随后是一面窗户，一排八个面板，十一面窗户，型号各异，如此垂直分布，共计二十三层。

它所用的玻璃比凡尔赛宫的镜厅还要多。在克鲁勒巴尔布路33号，你可以从东西两个方向同时看到落日。现在，经过十二年的城市化建设，它可谓是小巫见大巫。

作为财政部长，他出席过大部分会议。回想起来，其间有过许多讨论都是关于透明化的：政府透明化、建筑透明化（他能透过桌旁的人们看到其身后的东西）。有些符号和比喻将被付诸实施。为什么？这就是讨论的内容。

他非常有理由怀疑玻璃的透明性。克鲁勒巴尔布路丑闻过去十二年后，任何一个在巴黎散步的人都能在各处看到自己的倒影。巴黎城从未如此透明。巴黎人的巴黎无处不在，每条双向人行道都成了自怨自艾的自恋狂。

是时候来画一条界线了。而且应该由他来画这条线……否则他就不叫瓦勒里·季斯卡·德斯坦。

* * *

五年后，已经成为法国总统的他，把图画中心的尺寸画成二十五米，外围画成三十七米。这个尺寸分别是季斯卡身高的十三倍和十九倍，或是人们平均身高的八倍和十五倍。图中没有艾菲尔铁塔，没有蒙帕纳斯大厦，没有前面提到的那几个地址，也没有拉代芳斯和塞纳河林荫道的后期工程，因为它们早已在建了。二十五米宽和三十七米高的规划图，重新界定了巴黎的城市建设，而且得到公众的广泛支持。几乎每个人都能理解图示的含义。

黑太子1号

夜色中的巴黎北城：贝尔维尔、美尼尔芒砀和沙罗纳青灰色的山丘上，密密麻麻地架设着许多天线和烟囱。百合门附近某处，有一栋不太对称的房子。

透过房子第五层的窗户望去，一个年轻女子正在睡觉。她盖着一条防风毯，在月光和昏黄路灯的映照下，毯子显得有些斑驳。

窗户开着，外面传来一些声响。听起来像猫在叫春："喵—呜—呜！"声音传得很远，几乎到了城市边缘。她在睡梦中吃了一惊，蹬了两脚，仿佛是要缓解内心的紧张。房间里没有开灯，窗上的斑斑灰尘和阴影看上去宛如人的脸。楼下人行道上，一名男子面无表情地散着步。他缓缓转过街角，仿佛还要走很长的路。他的鞋子价格不菲，但早已穿旧。在他身后，白色的尘土上，留下了一串足迹。

贝蒂讷码头，1971

无论季斯卡向巴黎的哪个方向看去，他总能看到自己前任的作品：银行家蓬皮杜、热爱诗歌的蓬皮杜、总统蓬皮杜，有时甚至是梦想家蓬皮杜。那位趾高气扬的两面派乡巴佬，曾把他踢出财政部。——“蓬一皮一杜”，听起来就像汽车的鸣笛声。

若不是他在1974年死去，谁知道他还会干出些什么？

蓬皮杜来自阿弗尼地区，那里星星点点的火山堆，就像饱经侵蚀的远古大厦，遍布花岗石的牧场极为荒凉，机车驶过，声音宛如云雀的鸣叫，又如牛犊的低吼。当他驾车来到巴黎后，就想让那些高楼大厦全部消失，某种意义上它们确实消失了。他说：“应该让城市适应汽车，而不是让汽车适应城市。我们必须告别一种过时的审美观。”他的身体早已适应了驾车生活：他有老司机那样松垂的臀部和神经过敏的大腿。

1971年，那些赢得设计大赛的建筑师们到爱丽舍宫去见他。他们第一眼瞧见的是衣冠楚楚的法兰西共和国总统，但一转眼，他就换了一副较为随和的模样，抽着高卢牌香烟，口中说道：“我很高兴自己不是一名建筑师。那一定是世界上最难对付的工作——建筑业的条条框框实在是太多了！”

虽然他不想装作业内行家，但却颇有自己的见地。谈到现代都市建筑，他说：“要是没有高塔，它就无法存在。”《费加罗报》的一名记者从总统办公室的窗户向外张望，发现就在他讲话的时候，外面的地平线正在发生变化。“无论你喜欢与否，”蓬皮杜说，“你都无法逃离高塔。”然后，他以一种肯定的语气补充道：“虽然我知道自己不该这么讲，但就圣母院的塔楼来说……它们实在是太矮了！”

他的妻子克洛德对于细节问题更为在行。正是由于她的意见，才决定把波布中心的大型通风装置（屋顶上的冷却塔和街边的进气孔）设成白色，而非蓝色。

* * *

蓬皮杜一家住在圣路易岛白求恩码头24号。从饰有狮头和花冠的防盗门来看，这是一座漂亮的老式住宅。三百年前，一些地产投机商改造了白求恩码头，将其改名为观澜码头，以吸引购买者的注意力。那些戴着扑粉假发的巴黎人经过这里时，觉得这些高档的滨水住宅有碍观瞻：那些阳台破坏了古典门廊的简约风格，那些富商的妻子在阳台上抛头露面时，跟妓女没什么两样。1934年，观澜码头的豪宅中，有一座被化妆品行业的百万富婆伊莲娜·鲁宾斯坦买下。她把它全盘拆掉，然后重建了一座并不显山露水的大厦，只是把窗户装成了时下流行的舷窗。原有的建筑中，仅有大门被保留下来。这就是蓬皮杜一家居住的24号。

夜晚的圣路易岛是如此宁静，以致人们几乎相信桥头仍有收费员用铁链阻止任何人在天黑后上岛。隔壁就是22号，波德莱尔曾在那里住过。那时他还是个花花公子，抽着水烟，睡在棺材里，屋里放着从岛上的古玩店赊来的古画。蓬皮杜崇拜波德莱尔，热爱诗歌。“我仍然坚信，”他在自己的回忆录中写道，“少女的脸庞和柔滑的胴体跟诗歌一样，都是世间最动人的事物。”他选编的法语诗集中，就有几首来自《恶之花》：

悸动的黎明，身穿略带粉色的青衣，
缓缓地行走，走过荒芜的塞纳河畔。
凭栏远眺，那披着粉红雾气的黑夜，
酥胸如此之迷人，内心如此之良善！

建筑设计大赛的评审工作已经结束，距改造工程破土动工也已过去了好几周，钻头震得附近的巴黎市区不停地颤动（对圣路易岛则没什么影响）。蓬皮杜和波德莱尔从各自的窗户向往张望，抽着烟，朝左岸的方向吐着烟圈。两者之间隔着一条波罗蒂埃街，但在时间上却差了一百三十年。凭窗望去，可以看到河中的灰鼠，正在奋力游向附近的排水管道。

波德莱尔凝望着圣热讷维耶芙山上“水汽氤氲的太阳和浓云密布的天空”，想起了他的混血女友“说谎时的眼神”。他看到了塞纳河的支流在德苏利桥下泛起的气泡，看到了运输垃圾的驳船，以及设在船上的洗衣作坊。他想象着自己置身于一座运河交错的城市，城中“到处都是游荡的船只，可以帮你实现哪怕最微小的愿望”。

在波德莱尔的隔壁，蓬皮杜想象着此前从未有人想象过的东西：用高强钢丝绳和斜拉桥遮住眼前的乱象；屋顶上，一座多车道大桥飞跨而过，上面跑着太空时代的汽车，转弯时宛如下山猛虎。在情侣漫步和乞丐做梦的地方，他看到了限量享用的高速公路，就像右岸地区早已投入使用的乔治·蓬皮杜大道一样，在高架桥下的通道中，一千张挡风玻璃中的面孔，被眼前突然出现的美景（镀金圆顶、塔楼等）惊呆了，直到某个浑球猛踩刹车发出一声尖响，把他们带回现实。

黑太子 2 号

蓬皮杜把尚未熄灭的烟蒂扔到了下面的街上。一名男子面无表情地朝码头走去。每走一步，他的鞋跟都会敲击一下地面，发出清脆的声响。他穿着一件长外套，颜色跟地上的碎石没什么分别。他走到了圣路易岛的另一端，仰望郊区的山丘，以及圣心教堂上方的土星 5 号。天上的云彩现出暗红色。一阵轰鸣声划过天际，惊起百合门附近山上的某户人家，一名女子从床上坐了起来。

她想起了往日在马鞍上打盹时，把头靠在情人的背上，倚住他那黑色的皮衣。抚摸着他的肩膀，她能感觉到他心脏的每一下跳动，以及心跳之间的停顿。他的静默令她担忧。他说："非我族类，其心必异。"

他们均已年届三十，在这个年纪，任何事情仿佛都过得特别快。速度越快，变化就显得越慢，也显得更容易——轻微的驼背，发福的身体，等等。他总是说："当某些情况发生变化时，就得对它进行再认识。"

从现在起在七个小时里，他试图打破一项纪录，原纪录是十二分零几秒。他希望看到一个别人从未见过的巴黎，因为在高速行驶过程中，一切看起来都是另一幅景象。她梦见自己在自行车上睡着了，醒来时正好置身巴黎最美的地方：圣马丁运河那绿树成荫的河畔，小丘广场，以及中央市场。她在被窝里放松下来，伸了个懒腰。窗外，黎明的晨曦把房间染成了淡黄色。

波布，公元前 250 年至公元 1976 年

那天晚上，他从贝尔维尔山一路走回圣路易岛，随后又过了河，来到市政厅广场。在一幅没有其他标记的地图上，他的足迹显得杂乱无章，这也证明市区的街道规划缺乏统筹，并受到古代习俗和地形地貌的限制。他走了约十六里路，跨越了两千年的历史。他站在一个碎石嶙峋的小山丘上，凝视着所谓的"波布高地"。

他对这片土地熟得不能再熟。或者说，早在娘胎里他就知道这个地方。（太近发生的事情只会留下微弱的印象，往往令人视而不见。）他曾在索邦大学举行过有关巴黎历史的演讲，听众几乎都是些乳臭未干的孩子。他从高卢人讲起，讲他们如何定期毁坏这座城市，以防城池落入敌人之手。在被问及如何从专业角度看待巴黎的重新规划时，他写了一本历史书，写作地点就在奥斯曼男爵设计出重建

巴黎计划的办公室上方市政厅酒店的一个房间。在师范学校，他和蓬皮杜是同学，曾跟总统吃过几次午饭，还跟其他几个“师范生”在奥特凡伊路一家小饭馆吃过饭，波德莱尔就出生在那里。不过，他在饭桌上从未表达过自己的真实观点。

现在，路易·谢瓦利埃正在写一本名为《巴黎刺客》的书。那是他长期以来散步时思考的结果，也得益于过去的大量阅读。他想展现出城市屈从于规划者和财政家的景象，而且在愤慨之余，若有机会，他将会按照记忆中的图景慎重地重建巴黎：“人们总是非常健忘历史。不过，幸运的是，我们还有小说——它们富含感情，人物形象生动，用语言的沙石塑造起一座座丰碑。”

他想体验一下波布地区臭气扑面而来的感受：当地的垃圾是其重要的历史组成部分。原来的村庄建在河畔沼泽边的堤坝上，之所以得名“波布”（小地方），自有一番中世纪的反讽意味。路易九世特许的可让妓女开业的九条街道中，有三条位于波布地区，而且各自拥有巴黎最粗俗的名称：莫比埃街（丑事街），普提慕斯街（娼妓街），普瓦劳库街（屁毛街），格拉库街（脱裤街），特鲁斯瓦什街（肥女人街），特鲁斯努嫩街（卖淫修女街），以及提尔维特街。苏格兰的玛丽女王来到提尔维特街时，曾问向导：“这是条什么街？”向导答道：“陛下，是香肠街。”还有一条“腊肠街”，直到 19 世纪，才改名玛丽－斯图亚特街。

在这块肮脏的土地上，却能找到一些建筑史上的明珠：稀奇古怪的门楣和窗扉，掩映在破落小巷中的文艺复兴时期的楼梯，镌刻着花纹的残破塔楼和山墙，以及断壁残垣下面的地窖。直到 1950 年，圣梅里教堂屋顶上私搭乱建的小屋才取得合法地位，并用飞拱相互隔开。

他所站立的波布高地，现在变成一座“荒野停车场”。那些边边角角的场地都被汽车和卡车司机利用起来，为当地商家提供了方便。一到夜间，一些身穿奇装异服的人还有其他一帮家伙就会在这里瞎逛，直到黎明时分，他们才会被一群肌肉发达的待业人士所取代。这些人身强力壮，希望能在市场上找些零活干。

有段时间，人们认为房屋的藏污纳垢之地带有病菌，波布地区因而得名“一号不良卫生区”。它是法国官方在 1906 年和 1919 年认证的十七个不良卫生区之一。1925 年，勒·科布西埃研究出一个方案（并得到一家汽车公司资助），用以一劳永逸地解决不良卫生问题。他主张把右岸地区的大多数建筑物改成平房，把“结核状”房屋（和其他所有房屋）改成十八栋十字形塔楼。东西走向的街道应该能让汽车司机在几分钟内穿过巴黎老城区。科布西埃的秘书是郊区出身，这样一来他就再也不用担心上班迟到了。这一方案虽被束之高阁，但其中心思想却仍被当成一种梦想：保罗·德卢弗里耶（Paul Delouvrier），“郊区的奥斯曼”，从他的斯达德贝克牌汽车的可调节驾驶座位上重新认识了巴黎，判定巴黎人应该能够以五十到六十公里的时速在自己的城市里到处行驶。

作为城市合理化和卫生化建设的一部分，一号不良卫生区的几条街道在20世纪30年代被封闭，只留下一片荒地。每天晚上，这里都会重新布满一层碎玻璃、避孕套和皮下注射器的针头。

* * *

蓬皮杜选择了这块地方，准备修建文化中心和现代艺术博物馆。（他解释道：“必须是现代艺术，因为我们早已有了卢浮宫。”）六百八十一个建筑师小组提交了令人眼花缭乱的设计方案：立方体形状，玻璃和金属复合拱状，怪异的菱形结构，倒置的金字塔结构，巨蛋结构，废纸篓结构。最后胜出的设计方案被比喻为一座炼油厂，却令建筑师们感到满意。它大胆地综合了钢铁、塑料及彩色管道的长处：绿色管道用于输水，黄色管道用于输电，蓝色管道用于通风，红色管道用于输送暖气。座椅、烟灰缸及布告牌都经过特殊设计，十分符合建筑的整体风格，后来竟被人当成纪念品给顺走了。设计方案中最棒的一点是，有一座塑胶外壳的自动扶梯可以直通户外。

绝大多数当地居民并不反对兴修这座建筑。他们指着自己所属的不良卫生区

蓬皮杜文化中心

那片贫民窟，问道："谁愿跟那玩意儿住在一起？"他们期待着这座炼油厂般的建筑早日落成。它将引领这片地区"走向复兴"。所有资金都流向巴黎西区，也该让东区享受一点繁荣成果了。这里将会出现新的店铺，更好的排水系统，咖啡馆里也将顾客盈门，在欢声笑语中痛快淋漓地讥评市政官员、总统、技术官僚、开发商、游客和年轻人。

谢瓦利埃讨厌民众在不知历史背景的情况下钟爱巴黎。对他来说，巴黎是无数代人构筑起的一座古城，就像一幅可以多层透视的画卷，地下拥挤不堪地堆积着古人的尸骨，地上则游荡着活人的幽灵。他打心底想把这座城市推倒重建。

天上下起了蒙蒙细雨。他的裤脚很快就给打湿，腿上也沾满了泥浆。他来到瓦莱里街路口，站在圣梅里教堂门口。1662 年，帕斯卡①的妹妹曾在那里等候巴黎第一辆公共马车（这项服务是她哥哥的主意）。五辆马车过去了，辆辆客满，气得她只好走回家。他沿着她曾走过的路线走了一会儿，然后进入圣奥巴丹广场附近的一条辅路。这条道路两旁，处处可以听见辛苦劳作的声音。一个皮匠坐在自家门口钉着一块皮子。市场上的商贩有的挎着篮子，有的推着小车，有的赶着驴子，有的骑着三轮车，还有的开着早已停产的汽油动力的卡车。

街尽头就是切除中央市场的"大洞"（Grand Trou）。外来游客和巴黎当地人都倚在栏杆上，盯着那暴露出的地层，联想起恐龙和高卢人。

中央市场周边的这片荒地上，各个时期移居至此的巴黎人显得尤其拥挤。两个世纪前，一名身穿蓝色外衣的男子靠在一堵墙上，墙上贴满海报和布告，间或有许多小刀和凿子抠出的洞眼，攥着一把房门钥匙，在石头上刻着什么。布雷顿的雷斯提夫，早已让圣路易岛上的每一道矮墙面目全非，现在则开始朝着波布地区进发。几年之后，"为了让过去重新浮现在当今之日"，他还会回来查阅这些自己留给未来的信息，回忆起自己当时的确切想法："6 月 10 日，重归于好：她跟我上床了。"

历史学家宣称发现了雷斯提夫的某些涂鸦，但是墙上的许多石头早已被拆掉更换，而且雷斯提夫用房门钥匙刻画的痕迹不是很深。现在，墙上的涂鸦中充斥着被刺穿的心脏和生殖器，一些岩画和卡通脸谱，以及一些骷髅。由于雨水的冲刷和汽车尾气的侵蚀，那些骷髅的眼窝变得更宽和更深。旧标语的字母年久模糊，无政府主义者的缩写 As，早已与刻在糙石巨柱上的古老线条一样看不清。

---

① Blaise Pascal，1623—1662，法国著名数学家、物理学家、哲学家和散文家、近代概率论的奠基者。

黑太子 3 号

下雨可不是什么好兆头，不过天亮后应该就会停住。从海拔一百三十米的贝尔维尔望去，巴黎城显得更加清晰，就像是一道海岸线。它几乎要变成尼斯或君士坦丁堡。她向市中心望去（机场上高大的起重机闪着红灯），等待黎明的阳光缓缓照出城市的边界。

这一次，他只有孤身一人，就像一位独自踏上征程的骑士或王子。不过，他的朋友都会来送他上路，车手间以各自的声音识别对方。他们叫他“帕斯卡”，但这只是为了表示他们关系比较近。很快，他将以另一个名字闻名于世。摄影记者早已聚在马约门外，一位车手竭力向一名记者解释道：“它就像一种新型雷达探测器：你知道它们的确存在，但却不知道它们到底在哪里。”

她穿了一身皮衣，里面穿着锁甲护具。她在窗前又站了一会儿，最后看了一眼巴黎，然后把头盔夹在了腋下。

波布，1977 年 1 月 31 日

在这里，诗人曾坐在一家葡萄酒商店，要了一瓶勃艮第酒，一盘樱桃，然后在信封背面写道：“新宫殿、脚手架、大堆乱石，// 老郊区，一切都今非昔比，// 我那些珍贵的记忆，已重若磐石。”此刻，在谢瓦利埃被迫居住的巴黎城，葡萄酒商店上方的广告牌写着“皮尔洋酒——各类高中低档东方美酒，包您满意”。他朝里沃利大街走去，那里对他来说仍很新鲜，沿途一闪一闪的霓虹灯广告牌几乎全不认识：药房、快餐店、法雅客（FNAC）、米克－迈克（Mic-Mac）、成人用品店、悦己（Self）、小王子、霍尔－卡彭（Halles-Capone）。

在干树街附近的街口，一名年轻军官向他询问一家酒店的位置。那家酒店其实已经不在，它所在的街道也改了名字。他向那位军官说明了这种情况。

年代倒错现象对谢瓦利埃来说是常有的事。不过，自从城区复兴计划开始实施以来，就连那些生活在现代的人也已注意到，不同的历史时期，会出现一些极为巧合的现象。一些前来查看工程进度的人，会遇到一些没精打采的老妓女，倚在特制的楼梯石栏边，楼梯口正对着外面的大街。母亲们把自家孩子的视线转到别的地方，紧盯着自己的丈夫。喝醉的小丑所属的马戏团在战后倒闭，现在他们

面临着马歇·马叟戏剧学校毕业生的竞争。波布地区从过去的历史重负下振作起来，甩掉了不良卫生区的帽子：除去老式拱廊，几乎所有东西都被推倒重建；从沙特莱的走廊到中央市场地铁站，则仍保留着几个世纪来的各种气息：肥沃的土壤，湿润的石灰石，呕吐物，卷心菜，死尸，消毒液味。一个除臭小组分析了它的成分，但却全然无用。贫民窟早已被改造，中央市场迁到了兰吉斯，然而，波布地区的标志性臭气依然阴魂不散。

他掉头折返波布高地，回到他曾站立过的地方。现在，他以另一个年龄段的视角来重新审视那道耀眼的灯饰围墙。他曾看见大楼一层一层拔地而起，但是直到现在，它看起来好像永远都无法完工。

* * *

他的圆屋顶在聚光灯下闪着微光，季斯卡像进地下室一样弯下了腰。当他和蓬皮杜的妻子一起来到休息大厅时，鲍德温一世（Baudouin I）、格蕾丝王妃（Princess Grace）、蒙博托总统和桑格尔总统，以及所有其他一些国家政要，早已在铬合金的皮椅上就座。这是克劳德·蓬皮杜在丈夫死后首次参加公共活动。前任总统的画像就挂在休息大厅里，金属条纹的画框呈六角形。即使在这种状态下，他看上去仍像是一个傻笑的老农。

来宾共有五千名，在过去的一个小时里，他们拥挤着走进电梯，一层楼接一层楼地寻找自助餐厅。(季斯卡已经下令，在开幕典礼上不提供食物或饮料。）随后，电梯也停住了，“波布大厦”顿时充满了恼怒的声音，以及踢打金属台阶的声响。

屋外，波布高地的外围草坪上，一名男子站在旁观者中，周围都是些世界顶级的卖艺人，以及老资格的小丑。如果《巴黎刺客》配有插图的话，画家将会插上梦想的翅膀，以其生花妙笔，展现出波德莱尔《巴黎之梦》里的图景：

> 凡夫俗子永远也看不到这恐怖的景象……
> 那些密不成行的植物都被人连根拔除。
> 金属、石头、流水，单调得令人陶醉，
> 楼梯、柱廊，直入云天；这一座宫殿
> 广大无边，不知从何入，不知从何出。
> 大洋之水，服服帖帖，流入宝石涵洞。
> 黑暗之中，粼粼波光，竟如一道彩虹。
> 不见星辰，亦无残阳，天穹虽在咫尺：
> 宇宙万物，造化神奇，皆因内在之光……

屋内，季斯卡小心谨慎地向透明的乐队指挥台走去。他曾希望这一项目因缺乏资金而不了了之。然而就在此时，蓬皮杜的弟子“推土机”雅克·希拉克（他突出的下巴很像推土机的铲子），在蓬皮杜中心项目上使出浑身解数，最终推动它在委员会中获得通过。

蓬皮杜中心后来出人意料地证明了自己的价值。在以总统身份首次进入爱丽舍宫的私人房间时，季斯卡发现身旁到处都是不锈钢装置，心中颇感不安，甚至有些愠怒。他周围的东西就像一台晶体管收音机的内部元件，自己则仿佛缩小到了一只跳蚤的尺寸。这种“环保沙龙”是按蓬皮杜的要求定制的：人在房间里走动时，墙上装饰的五千多种颜色会显示出不同的景象，进而引发联觉效应——最终导致一种剧烈的头痛。遵照季斯卡的命令，这一“动感空间”后来被移到了蓬皮杜中心，可谓得其所哉。

因此，带着一种解脱和厌恶的复杂心情，季斯卡在那幅六角形的傻笑老农画像下，发表了他那颠三倒四而又阴阳怪气的开幕式致辞：

> 现在，以及未来的几十年中，将会有无数人涌入这座中心。人文力量的长波将会不断冲刷博物馆画布的堤岸，破译书籍中的秘密，盯着那些图像发呆，聆听音乐中的柔和声调，以及那些省音环节。

在他讲话时，他抬头看了看那些空洞的钢架和管道线路——绿色表示输水，蓝色表示通风……

现在他终于可以看到，这里还真有一些完全与蓬皮杜中心搭配的东西。所有的垃圾都要运到某个地方，但是，哪个地方能比得上堪称设计师眼中钉的垃圾场上的这座建筑呢？它还把那些讨厌变革和恐惧变革的巴黎资产阶级联合起来。第二天，有一万八千人到这里进行参观，大大超出所有人的预期。

* * *

在漫步了几个世纪之后，这位历史学家在皱巴巴的床上睡去，梦中依然激动不已。跟许多巴黎人一样，他也会关上百叶窗，大白天也不例外。只有仆人才会打开它们，拭去上面的灰尘。波德莱尔已从白求恩码头搬到岛上的另一侧。他极为谨慎，总是把窗子的下半部分遮住，“这样我就能只看到天空”。

> 随后我就醒了……眼睛要喷出火来。
> 可怖的贫民窟，烦人的呵护，残忍的钟表——
> 正午！——到处都是阴影，一切皆已麻木。

黑太子 4—5 号（1989 年 9 月）

走到星形广场和福煦大道交汇处，她停了下来，朝鲁尔山山坡望去。福煦大道的远处风景，充满朦胧的褐色和粉色斑点。她能看到他的红色尾灯渐行渐远，直至消失不见。巴黎人很少在星期天早晨的这个时候出来散步。路面上仍然残留着夜幕的痕迹，但过不了多久，就会被微风吹散。古城门外的情况则迥然不同。她听到旋风的声响，还听到清洁车在城南和城西一带洒水作业。

他们从巴黎各地赶来送他上路。一支光波小队护送着“黑太子”（“帕斯卡”）前往香榭丽舍的感潮大河（great tidal river）。半路上，他们在圣饼鲜果店买了一个苹果派和一杯咖啡。正是在那里，他们一周前宣誓保持沉默。他们的名字可能是从连环画或旺铺招牌中挑选的：菲洛、胡狼、卡罗卢斯、提提、奥伯利克斯、潘多拉、小公主。

她一直陪他来到凯旋门，然后目送他爬上福煦大道的斜坡。此时是 7：05。在海豚地铁站的十字路口，他放慢车速，停下来等红灯变绿：有人在他前面穿过马路，走得很小心，没有抬头看他。

在福煦大道的另一头，她能感到他在进入高速公路后开始提速，把一个带着秒表的车手超了过去。

* * *

季斯卡感觉自己就像桑贝卡通画里的小教堂，在那些高塔的映衬下变成小侏儒。他叫停了意大利广场附近那座一百八十米高的阿波奇高塔，从而拯救了奥赛车站。他给城区的摩天大厦项目下了一道令其沮丧的命令，即高度不得超过三十七米。但在阻止这座强加给巴黎的最高建筑方面，他却无能为力。

从平原门开始，它已东移到了意大利广场。它以每小时二十三厘米的速度连续扩张了十八年，已经到达了 19 世纪修建的外围城墙。20 世纪 50 年代，老城墙被园林部门的主管称为一条“绿化带”，沿线有许多树林和操场，是一座“储存清新空气的宝库”。蓬皮杜逝世前不久，环城大道的最后一部分：从阿涅勒站到海豚站的路段修建完工。现在，它已成为巴黎地图上最显著的标志：一个歪歪扭扭的阿米巴状外环，与之相比，老城的纪念碑成了毫无特点的小圆点，等着被自己周围的空泡给消化殆尽。

大革命前包税人修建城墙时，遭到市民强烈抗议。从城内建围墙，无异于自己把自己围困起来。当时有位才子匿名写下了一句名言：“巴黎人被困城中，都怨声载道；一想到墙外有墙，怎能不悲伤。”现在，这句名言变成了事实：巴黎周边噪声不断，汽车轮胎、停机坪和内燃机发出的恼人声响，形成一道无形的高墙。

环城大道（缩写为“环道”）丝毫未能改善城内的交通拥堵状况，就像体外输血系统向已被体内细胞堵塞的尸体输血一样。人们称其为“死亡之环”和“地狱之环”。它平均每天每一公里都会发生一起事故，而它总长三十五公里。

* * *

即使到了这一时刻，他们仍然激情澎湃地探求治理交通拥堵的方案。很有必要尽快让车辆达到一个安全的速度：时速190—200公里。车距至少要有一米，这正是他所需要的。

红灯正在闪烁：在未来某个时段的某个时刻，人类的交通工具将会开始改变道路。他把自己的机器时速调到更大：210、220……

隧道里的柱子，闪耀的橘黄色，瞬间经过时，就像卡通画里的景象。一条标记着25号的人行道一闪而过。——0分45秒——下一个出口，马约门地铁站，已经出现在眼前：油箱上的摄像机拍到饱受非议的会展中心的巨大塔楼低下了头。其他一些略矮一些的塔楼则侧过身，为他让路。

他就像熟悉情人的身体一样熟悉“环道”：拉维莱特和庞坦之间的路面粗糙而多隆起；百合门附近则会出现诡异的弯道，令他在两秒钟内看不到前面的路况。他放慢速度，然后重新回到第五档。

一座吊桥的钢索有些松弛，桥面微微有些晃动。不知去往何方的汽车，从对面一闪而过。一座巨大的路障挡住了他的视线：一辆卡车（它根本不准上这条道）在他前面被拖走，车头一下子变得更高，瞬时间他被迫跟那辆卡车滞留在同一时段。桥面开始围绕自己的重心摇晃。仿佛遭遇龙卷风袭击的一排树木，或是大灾后的畜栏，全都跑到了头顶上面。

或许，在她等候的地方，她能听见机车加速的尖利声响。

* * *

房间里有一个白色的隔断墙。在这里，就像蓬皮杜曾抱怨过的，距离爱丽舍宫还不到三百米，城内的声响被阻住和消解掉了。隔断墙前有一座国家图书馆新馆模型。它包括四座塔楼，据说就像四本打开的图书，但却没有书脊或书页。

进入办公室的人无不对之侧目。一千万册图书将摆满这些塔楼的窗户。在目前的技术条件下，这些书籍将会被日晒给毁掉，但是，形势变得太快了，以至于在塔楼建好前，某个地方的某个人将会发明出一种特制玻璃，这种玻璃既能保证采光效果，又能避免光线的有害辐射。

季斯卡的继任者被称作“密特朗派”，这是密特朗执政九年后发生的事情。他也被称作“大叔”，所以该派别又叫“大叔派”。他来自夏朗德河畔的雅纳克。早在巴黎西人用木栏圈住自己的领地时，这个王国就已明确地与外部世界划清了界线。现在，“环城大道以内”已经成了“巴黎”的另一种说法。

每过几个星期，密特朗就会跟他的智囊在城内象征性地巡回一圈。从塞纳河顺流而下，在神圣的边界内，可以看到这些“宏大项目”（有些是他本人提议修建的，有些是从季斯卡那里继承下来的）如何走进了巴黎，占据了塞纳河两岸，仿佛河岸沿线成了一片巨大的殿堂总汇：法国国家图书馆和贝尔西公园，巴士底歌剧院和阿拉伯世界文化中心，奥赛博物馆和金字塔。

“我还是个学生时，”他对在金字塔窗格玻璃斜面前采访他的电视台记者说道，“我就已经准备重建巴黎。”对建筑物进行喷砂，地上铺满绿草，重新安排居民，窗户上安装监控器和电缆，巴黎的心脏地带再也不会看起来那么新潮了。但是，那些纪念碑在一天天变老。一座大楼现在是一种障碍，是一种增强了的自我，是街头景物的放大。那些塔楼在一代人之后注定要被拆掉。站在两名记者中间，密特朗显出了老态，脸上布满皱纹。环城大道已不再是一种限制，它已成为这座城市的主干道，需要人们对它有新的认识——这是从空中见过它的建筑师的说法。或者也可这么说，它已成为一座巨大的带有卫星城的大都市的中心。

速度正在侵蚀城市的结构，改变它的形状和密度。溜滑板的人在路上摇摇摆摆地横冲直撞，本能地对两千年来城市的发展规划情况产生了再认识。玩跑酷的人在市区飞来飞去，比汽车还要快，就像加西莫多那样在圣母像面前跳来跳去。

> “城市的形状改变得很快，唉，比人的心跳还要快！”

是时候改变人类的心脏了……

* * *

一位卡车司机的面孔出现在玻璃面前，下巴紧贴方向盘，双眼圆睁……喵呜！！！——

这座城市已经向右倾斜，他驾车冲向弯曲的地平线。头顶上的水泥天花板就像某幅未来派画家的作品。——7 分 46 秒。——一架卫星测速装置被声障冲击得失了灵，随后，两侧车道中间涌现出一片棚户区。北边，在标记着那些看不见的郊区名称的钢架后面，是一片越来越近的塔楼。在车速的影响下，“环道”产生了一种节奏感和整体感，不过，数以百万计的司机从未注意到这一点。

太阳从他背后升起，接着又移到他右侧：越来越多的车辆正在进入“死亡之环”，而且开始出现了一些紊乱的迹象，可能会在当天晚些时候引发大堵车。经过坚特利后的直道：蒙特鲁日、马拉考夫、平原门，一卷而过，成了他的车速参照物，此时他已感觉到了加速的力量。——10 分 10 秒。

两段隧道转眼而过，接着就是王子花园的片断景象，如同空中侵略者一般快速舞动——它太大了，从下面拍摄不到。穿过布瓦·德·布洛涅长长的隧道时，里面的回声此起彼伏。接着，是一条小路，街灯仍然亮着。另一条街道过去了，他从容不迫地抵达了海豚地铁站的环形广场。

11 分 04 秒——从海豚地铁站出发绕城一周。这个纪录在几年内都不会有人打破。

* * *

她清晰地听到了欢呼声。她从星形广场出发，骑过爱丽舍宫，在卢浮宫前面的广场停了一会儿，金字塔大门成为她的背景，接着又及时赶到早已被交警接管的圣饼鲜果店。这是属于他自己的历史时刻……

他只说了几个字：“11 分 04 秒。”

她用双手搂住了他的头盔。他的脸有点模糊。疾驰之下，这座城市正在被甩进一个已被遗忘的未来。

第十八章

萨科、布纳和扎耶德

布纳和扎耶德追念会

1. 邦迪

两个世纪前，对于那些无法乘坐舒适的交通工具去旅行的人来说，巴黎的起点和终点就位于凯旋圣母教堂路 28 号。那里曾是布兰维列侯爵的宅邸。1785 年，法国国王花了六十万里佛尔从侯爵手里买下这块地产。宅子里的花园被改造成全国运输与邮政服务总站，即皇家通讯处，其业务站和售票处曾遍布全城。每天早上七点或八点，及傍晚五点或六点，那些车身饰有通讯处金字招牌的马车，人称“提尔戈坦”，都会准时发往法国各地；每天的其他时间，驶入的车辆络绎不绝，带着遥远异乡的巨量尘土，把那些已经颠簸得四肢麻木的乘客，倾入巴黎五方杂厝的人群中。

不管他们脑子里在想什么：留在后方的恋人或是盼望已久的情人，奢华的巴黎或是单调乏味的外省，那些搭车去往东方的最天真烂漫或温文尔雅的乘客则不会作如是想，尤其是当他们未能订到早班车的车票时，就只得等到华灯初上才能搭车出城。

跟其他旅客一样，他们得查看车厢和马匹的情况，判断捆行李的绳子是否系得够紧，检视车夫没有醉酒。他们还会爬上车顶，观察天象，眺望远方，判断天气好坏和路况优劣。当车夫招呼他们上车时，乘客之间会留意彼此的年龄、职业、身材和气味，然后准备进行巧妙的对话，对话的结果将会决定他们在未来四到五天中的亲密程度。

除了这些心思缜密的考虑，去往东方的乘客们还会担心一种情况。在圣马丁关口离开巴黎之后，他们的马车将会沿着乌尔克运河，穿过一片点缀着教堂和迷人的乡间别墅的平原。四十分钟后，他们将会到达一个名叫邦迪的小村庄，村庄位于塞纳河与马恩河之间的景区边缘。在那片遍布乡间小道和秀美草地的怡人景区，巴黎人常去散步和野餐。接着，在经过村庄和补给站后，他们将会进入一片山林密布的地带，那里仿佛巴黎中心区暗无天日的死胡同，已经不再属于文明世界的范畴。

虽然乘坐公共马车不到半小时就能穿越该地，但对巴黎人来说，邦迪森林仍是一片巨大的黑暗地带。这里属于那种带有传说意味的地方，就像从土伦到马赛途中的奥利乌勒，或是比利牛斯山高原地区的边卡，会让城里人觉得，哪怕待在犯罪率极高的大都市，也会比在这些地方更有安全感。虽然距离灯火通明的林荫大道仅有二十里，人们却相信邦迪森林是一个强盗成群出没之地，那些人为了抢到几块硬币和小首饰，会毫不犹豫地把那些旅客吊到临时竖起的绞架上。自从公元 675 年国王希尔德里克二世和比利柴尔德王后在这片森林中遇害，又有许多旅客在强盗手中丢掉性命，从而使得法语中的“邦迪森林”成了“贼窝”的代名词。正是在那里，萨德侯爵的女英雄们遭到了无法言表的残害。此后不到一年，那一事件被搬上林荫大道上的一家舞台，虽然没有邦迪森林，却使用了浓重的黑色和绿色油漆，为另一位身穿白衣的不幸少女提供了生动的舞台背景。

邦迪森林的恐怖程度无疑被夸大了，但车夫和乘客却总是乐于看到事情的另一面，而且直到经过利夫里（Livry）和克利希（Clichy）的村庄后，乘客们才敢尽情吃喝他们从巴黎购买的食物，并开始唱起歌曲，打发漫长的旅途时光。

虽然某种程度上对敌情有误判，但他们的恐惧并非全无道理。邦迪森林曾是巴黎外围双重密林地带的一部分，为城里人提供了木材和燃料，并为其抵御入侵者提供了不太牢靠的屏障。越过法兰西岛的森林边界，就是多风的香槟平原和洛林平原。再远一些，就是可以一直延伸到亚洲的空旷地带，历史上曾经遭遇过蛮族入侵和瘟疫传染。1814 年，正是在利夫里和克利希的高处林地，哥萨克人首次看到巴黎，而且正是在邦迪山庄，沙皇亚历山大阴险地提醒拿破仑的使团，法国人也曾无缘无故地攻打过莫斯科。半个多世纪后，普鲁士的军队摧毁了同一片森林和村庄，包围了不设防的巴黎城。

除了在驿道旁开业的打铁铺和旅店主人，当地居民仍像远方殖民地的野人一样不为人知。那些熟悉自己街区一草一木的巴黎人，以及那些能够识别出某位邻居日常生活中极为细微变化的巴黎人，对于林荫大道以外的人的生活情况却只有非常模糊的概念。林中居民首次引起巴黎人的注意，是在大革命前夕，那时法国境内每个市镇和村庄都被请来陈述自己的冤屈。结果人们发现，生活在邦迪森林的村民也有自己惧怕的东西。他们时常面临饥荒的危险。通向当地市场的道路一年中有一半时间不能用，富裕地主家的马、猎狗、鸽子和兔子经常糟蹋他们的庄稼，而且他们要交很重的税。奥尔尼－莱邦迪的人们抱怨说，他们的财产没有得到尊重：“在自己的围栏内，每个人都应享有自由，不应遭受外界干涉，只有这样才算公平。”

即使到了工业化时代前夕，林中的村庄也仍是得不到这座大城市爱护的卫星城。他们感受到了都市的向心力，但却感受不到它的温暖。巴黎让它的郊区感到恐惧，因为它一方面不遗余力地榨取郊区的劳动力和各种资源，另一方面却将其拒之门外，甚至还想将其一举取消。1548 年，亨利二世命令在郊区新建房屋的主人自行将其拆除。1672 年，郊区已经延伸到乡间，再去阻止已然晚矣，只有下令禁止再在远郊边界之外建房。人们担心巴黎会像古代城市那样，由于扩展得太大，以至于治安情况难以保证。但是，巴黎的财富和需要，吸引了更大的外来务工队伍。那些人沿着车子辐条一样的公路、运河和铁路，来到轴心城市地带。虽然他们修补和服务着这座城市，却被城里人视作奴仆。19 世纪 40 年代，巴黎外围建起环形防御工事，这些工事与古城墙之间的无主地带，迅速成为人口过密的郊区社会。为了维持公共秩序，这些新出现的郊区在 1859 年被并入市区。然而，市区仍在扩展，每年都会有一批农场、牧场、葡萄园和民宅，被城市化的浪潮给吞没。

由于正好坐落在市区范围的极限地带，使得克利希、利夫里、奥尔尼和邦迪地区仍然保存着乡野风貌。人们所知的最后一名剪径强盗在 1824 年被处决，当时这种勾当已很少有利可图：铁路夺去了东部地区公路运输的生意，而且从那些村庄路过的外地人，大都属于一个行将消失的世界。他们选择这些老路，为的是享受现代城市无法提供的舒适。他们会到森林中的圣母院安格斯教堂进行朝拜。正是在那里，圣母玛利亚于 1212 年自己生日那天，随着一道光从天而降，从盗贼手里拯救了三名商人；人们发现，附近流淌的一条小溪具有某种神奇的医疗作用。即使林中盗贼已经变得跟野狼一样稀少，那里的村庄仍跟一千年前没什么两样。其实，如果政府可以找到理由决定将邦迪森林变成一块令人生畏的地方，这一地区极有可能避过城市化的浪潮。

* * *

几个世纪来，巴黎的主要屠宰场和垃圾场，一直都在蒙福孔刑场地区，那里有一片中世纪塔楼，楼上每扇破败不堪的窗户上都停着一群乌鸦，等着屠夫把牲畜的残骨从铁链上摘下扔掉。当市区向肖蒙高地和拉维莱特的村庄扩展时，也把这片垃圾场圈了进来，结果越来越无法忍受那里的恶臭。1817 年，政府决定把屠宰场迁往奥伯维列，垃圾场则迁往臭名昭著的邦迪森林。到 1849 年时，每天都有长长的大型驳船沿着乌尔克运河驶出巴黎，把城里的垃圾扔到邦迪地区。

邦迪森林成为垃圾场后没过几年，人们便看清了此中的危险。这一地区再次成为巴黎东北地带的幽灵。政府的便民之举，无意间应验了一个古老的诅咒。1883 年，一群热心的市民拿着一本题为《巴黎传染病》的书向政府部门提出警示。每年天气刚一转暖，巴黎东北地区就会出现一股“污秽味”。那本书的封面上，巴黎市区被划分为二十个行政单位。封面右上方是标着“邦迪”的黑色小方块，正在向巴黎市区放射着传染瘟疫的射线。正对着邦迪的五个行政区——第 10、11、18、19、20 区——都变成黑色，其余各区则视其距离传染源远近而或灰或白。在书中，这幅图片再次出现，这一次则附上了一小幅图表，显示出距离邦迪最近的行政区每年的死亡率也最高，图表下有行说明文字："这幅地图本身就能说明一切。"

古老的邦迪森林相对而言更加可悲。现代的邦迪则在数以千计地残害着巴黎人。"下水道工人、屠夫和其他行业的工人正在阻塞巴黎，并因此而发家致富。"住在令正常人闻之作呕、行将毁灭的废弃之地上的有害寄生虫，都是些什么人？有没有人看到过他们的身份证件？根据这本书的说法，那些靠城市垃圾过活的没有注册登记的工人，是"偷渡来的外国人，大部分是德国人和卢森堡人"。人们尚不清楚，威胁巴黎的到底是城市垃圾，还是外籍人口携带进来的病毒。

1911年，一位勇敢的人种学者冒着臭气前去查看当地居民的生活状况。他在圣母玛利亚生日那天探访了邦迪森林。在位于克利希和蒙费梅伊之间的村庄，他发现人们仍然络绎不绝地赶往圣母院安格斯教堂。但是，那些古老的传统已被感染——至少这位人种学者是这么看的——感染源正是他所在的现代世界。没有迹象可以证明，那些仍过着中世纪生活的虔诚农人造成了污染。朝拜者居住的小木屋飘溢着熟食的有害气息，许多香客明显是为宗教信仰之外的目的来到此地："人们可以十分确定地判断，对成千上万名香客中的绝大部分人而言，圣泉中的泉水并非他们主要的饮用水源。"教堂本身近来也发生了被盗事件，看来那里已不再被视为圣地。

虽然邻近地区发展迅速，巴黎东北山区变革的步伐却十分缓慢。在那些有害气体得到现代技术处理后，邦迪森林的更大地段被分成小块，出售给了追求廉价"田园"养老房的巴黎商人。他们带来自己的园艺工具，同时也带来了无产阶级理想和生活方式。当旧有的地主和农民阶级划分解体后，这些村庄成了社会主义者和激进分子藏身的"红色地带"，成为威胁巴黎治安的另一大渊薮。尽管如此，这里仍然维持着一种农家生活，甚至到二战前夕，有些地块的主人仍在收集着利夫里和克利希大街上的牛粪，以此来为自家的玫瑰花丛提供肥料。

该地迟早会被巴黎城区给淹没，这不过是个时间问题。城市化进程沿着乌尔克运河逐步推进，它带着自己的树种和土壤，给邦迪森林构成最终的威胁。那些村庄被一些整洁的小房子取代，新修的铁栅栏跟往日的篱笆一样，既精巧又脆弱。1960年，首批公寓楼建设完工，接着又完成了一系列社会安居工程，名称千奇百怪，都是那些市政官员搜肠刮肚想出来的：某某部落、某某山庄、寺院山林、老磨坊，等等。不久，那些起伏不平的山地，就被修整成了不起眼的坡地，行人只有身负重物或患有关节炎才能感受到其坡度。昔日香客朝拜的教堂周围，被改造成大片草地，附近修了一条四车道的加格兰大街。圣泉被一条地下涵沟引到别处。后来，那个神圣的泉眼受到污染，遂被封住不用。在今天暴露在多风地带的高处，建起了更多的塔楼："航天大厦"、"阿连德大厦"、"维克多·雨果高塔"。

那些外来劳工，早先来自阿尔萨斯和德国，接着是布列塔尼和法国南部，现在则来自更加遥远的国度：土耳其和中东地区，马格里布和赤道非洲，中国和东南亚地区。自上一代就迁至郊区的巴黎人，当他们跟穿着色彩鲜艳的驼绒外衣的黑种人、棕种人或黄种人一起在车站等车时，环顾身边土里土气的当地人，不禁会自问，他们是否仍然居住在法国的国土上。

很难说清，这个地区何时彻底告别了自己的农业社会状态，邦迪森林何时以一种假象重新变成荒野。克利希和蒙费梅伊一带的石膏产地，直到1965年仍在生产熟石膏肥料，而且仍有一些菜园供应当地的杂货店，对抗着那些超市。在运河另一侧的奥尔尼－苏布瓦地区，即使在其绝大部分人口都住进巴黎之时，仍有许多土地种着小麦、燕麦、大麦、甜菜和马铃薯。不过，耕地一直在减少，小猪和犁过之后的土地气息，作为可以勾起新来者对远方家园回忆的东西，已经变得越来越清淡。旧世界悄悄地终结了。20世纪60年代的某一天，当埃菲尔铁塔仍然可以从高处望见时，最后一位农民来到自家土地的尽头，开起拖拉机返回某座"山庄"，把他的土地留给了开发商。

2. 天使谷

发动机的声音渐渐远去，那一刻，他们看起来安全了。荒地里有一座铁门开着。三个小男孩飞奔过去，躲到围墙里的矮树丛下。那些低矮的树丛，就像蹲着一群身材不一的囚犯。瘦弱的枝条爬满藤蔓植物，树根则深深扎进那片古老的垃圾场。这些树丛仿佛是某片林地的一小块残余，为三个孩子提供了藏身之所。

刚才一共有十个小孩在运动场上踢足球，而不仅仅是玩耍：半数来自克利希－苏布瓦的孩子球技都很高超，原因很简单：一到假期，除了去商场闲逛，到穆斯林汉堡王的店里听盗版光碟里播放的祖克乐和美国说唱乐，他们无所事事，只好踢足球打发时间。他们懂得如何从角球区传出弧线球，准确地落到小齐达内或小亨利的头上，然后由后者顶向球门，穿过守门员的防守破门得分。他们的一员，布纳（Bouna）的弟弟，被一个球探选中，后来去了勒阿弗尔受训。他们身手敏捷，脑子也很机灵，这三个小孩尤其出色，他们速度极快，配合默契。布纳是个黑人，来自毛里塔尼亚；穆伊坦（Muhittin）来自土耳其，是库尔德人；扎耶德（Zyed）是阿拉伯人，来自突尼斯，是巴黎市郊的传奇人物，人送外号“弹弓”，因为他能用一个栗子投中十七层楼的一扇窗玻璃。

在他们看表前，他们注意到天色正在变暗。现在是斋月的最后一周，他们从早上起来到现在都还没吃东西。他们的家长对于六点才能进食的教规执行得非常严格。听到警笛声，十个孩子撒腿就跑，但大部分都被捉住，只有他们仨跑到了高塔丛中。在那里，风一直在刮，厂子门口堆满垃圾。

塔楼的门廊曾经采用过大理石装饰，也雇用过门卫来清理垃圾，确保电梯正常运转。一代人过后，塔楼成了废弃之地。墙上布满水渍，走廊里充斥着尿骚味。在夏尔－戴高乐机场起降的飞机，经常对它们作出误判，不过这些塔楼终究要解体。孩子们的自行车和堆在阳台上的垃圾，使它们看起来就像被轰炸过的贫民窟。有些居民住进来后就再也没搬出去，由于楼下信箱残破不堪，面目全非，使得这里更像是无人居住一般。数年前，他们为躲避阿尔及利亚解放阵线（FLN）或红色高棉的迫害来到这里。现在，他们则深受那些未成年人之害：克利希－苏布瓦的人口在全法国是最年轻的，同时也是失业率最高的地区之一。

刺耳的警笛声，像一阵风穿过建筑物间的空隙，回荡在围墙各处。一名在火葬场工作的男子，看到那些穿越建筑工地的男孩包着头巾、戴着耳机、穿着软底运动鞋飞奔在暮色中，便给警察打了电话，因为他们有可能掉进坑里伤着自己，或是因为他们肯定想进去偷东西。

出于谨慎，他们谁都没带身份证（他们的家人要花几年时间才能取得这些证件），而要没有证件，就会被逮捕。扎耶德的父亲曾告诉他，警察不拘以什么理由抓住他，他就会被送回突尼斯，那种命运甚至比死掉还糟。

警察或是“资产阶级”可能会注意到他们走的这条路非同寻常，十分可疑。他们知道这里容易迷路，于是选择了一条从足球场直通家里的捷径——穿过塞维格涅大街的建筑工地和市政府公园，然后去往橡树尖和天使谷的高塔，扎耶德就住在那里。应急灯的微弱光线，使得暮色更加深沉。三个孩子在奔跑的同时，还不忘按耳机里的音乐调整自己的节奏。“法兰西是个荡货……像个下流的浪货……我撒给拿破仑，我尿向戴高乐……那些婊子养的警察，统统都去他妈的。”

尖利的警笛声越来越大，越来越响。一个孩子趴在一辆被烧毁的汽车下面，看见警察们从旁边走过。有些警察身着便衣，这可不是什么好兆头，而且他们手里还拿着闪光弹（市场上称作“次级杀伤力武器”，因为子弹不会穿透人的衣服）。布纳、扎耶德和穆伊坦，就像终场结束前发起最后一击的边锋球员，飞奔到公园另一侧，像兔子一样穿过公路，一头闯进树林密布的垃圾场。这个地方用警察的行话来说，属于“地形极为复杂的山丘地带”，由于这些警察来自纯由法国人居住的利夫里－加尔冈地区，他们可能很快就会放弃追捕收队回家。

垃圾场是片无人区，位于克利希－苏布瓦的某块郊区。其实，克利希－苏布瓦本身就是一个连自己的位置都搞不清楚的地方。

* * *

由于这里已被大巴黎所淹没，东北“郊区”离林荫大道也就越发遥远。当地许多居民从未去过巴黎，从未见过埃菲尔铁塔。克利希－苏布瓦没有火车站，它与巴黎中心区的通道又窄又不方便。这块地方已被“困住”。克利希甚至没有出现在RER地图中：它位于塞夫朗－利夫里和勒伦西－维勒茂布勒－蒙费梅伊之间的某块空地，看起来就像一些无关紧要的边区村落，尽管有二十五万人住在这里。在《悲惨世界》里，冉阿让在蒙费梅伊将珂赛特从她的前任家长手中救出后，经由利夫里和邦迪回到巴黎，还能享受到市中心提供的直达交通服务：一辆从圣马丁关卡附近的圣阿波罗大街发出的小马车。而在2005年，布纳的父亲，一个跟扎耶德的父亲同是清洁工的人，每天早晨从工作地点回家时，都得坐一小时城铁，再换乘601路公交车走上二十里，才能到达圣母院安格斯教堂附近。

不管怎么说，一个郊区来的黑人或阿拉伯人，跟19世纪圣马尔索郊区居民到圣日耳曼教区闲逛的情况根本不同。因为对从“郊区”来的孩子来说，巴黎只是一个大火车站，或是一个大市场，在那里，法国孩子会花数千欧元买限量版的时装和CD，会吸食毒品，会当街亲吻，仿佛他们不用照看自家兄弟，也不知道什么叫廉耻。

巴黎还以其极端的危险性而闻名。一个摩洛哥男孩在首次拿到证件后去巴黎探望姑妈，结果在里昂火车站被捕，四个警察将其关入囚室痛打一顿，然后又在未经审讯的情况下将其放出。这里的每个人都有类似经历。警察会在街上拦住一个男孩，强迫他脱下牛仔服，侮辱他的家人或有关其信仰的东西。有时，他们假装要弄死他，或攥着他的睾丸，讲一些警察手册上可能写着的狠话。“你喜欢给它们挠痒痒，不是吗，你这个小无赖！来吧，让你的马子看看，你是个什么样的脓包！”这种情况在“郊区”也时有发生，但在“郊区”内部，人们至少还有一种社区意识，而且还有一些警察从未涉足的区域。

这也就是为何他们听到警笛后拔腿就跑，为何在听见另一辆车停到垃圾场对面时，开始感到无比的恐慌。

垃圾场南边有一个很陡的斜坡。那里有一些松软的土丘，上面的树木长得歪歪扭扭，仿佛要逃走一般。这里曾是一座石膏采集场，后来成为市区垃圾堆放处。

成为垃圾场前，这里属于克利希修道院。他们就站在距离老修道院地窖不远的地方，那里是塞维涅夫人喜欢探访的圣地。1672 年，她在那里给自己的女儿写信称："看到这里的花园、小径、小桥、林荫道、草地、森林、磨坊和玲珑的景观，令我无时无刻不在想念我那可爱的孩子。"

孩子们匆忙穿过树丛，发现了标志着垃圾场边界的水泥墙。墙的另一侧是一片封闭区域，里面满是金属结构和没有窗户的建筑。再往外看，则是阿巴耶路沿途排列整齐的小房子，房前配有整洁的花园，装着安全门。邻家的狗吠个不停，它们为警笛声和警示灯而兴奋不已。孩子们可以听到几米外警察对讲机的噼啪声。至少有一辆警车停在附近，看来垃圾场已被包围。他们唯一能走的只有围墙。墙上有些警示符号（"郊区"一带的墙上都有这样的符号）：一个骷髅图，一些文字，还有一只高举的黑手，看起来就像是蜡纸印出的粗糙雕刻。另一幅警示图展示的是一个头发被电得炸开的卡通头像。他们爬上围墙，由于太过惊慌，忘了担心它的高度，摔落到围墙的另一侧。

* * *

环绕巴黎这座光明之城的两条电缆，一条距离市中心有四十八里，另一条有三十二里。虽然没人愿去参观它们，这两条巨大的电缆却像标志着市区阶段性扩张的城墙和壁垒一样，在巴黎的历史上有其重要意义。外环电缆的电压有 40 万伏，1936 年接通克利希 – 苏布瓦的内环电缆则有 22.5 万伏。在法国，这种双重结构对巴黎起着独一无二的支撑作用。某座变电站出现故障，邻近的变电站就会帮它继续供电。通过这种方式，就可保障用电量占法国五分之一的巴黎地区免受重大断电之虞。

三个孩子躲进了克利希变电站，那里的输入电压是两万伏，然后再调换输出到当地电网。孩子们先是试着打开主楼的一扇门，但那扇门锁得很紧。接着，他们翻过一座大门，进入一个复杂的封闭区域，并尽量站到离大门足够远的地方：万一警察进来，他们还能躲到其中一台变压器后面。

布纳和扎耶德躲在院子的一侧，穆伊坦则躲在另一侧。他们已经没有希望在六点钟前赶回家了，现在唯一的愿望就是等着那些警察走掉。十分钟过去了，二十分钟过去了，警察们仍然坐在车里，车顶的警灯不断扫视着树丛。他们用对讲机跟利夫里 – 加尔冈的警员通着话："对，在利夫里，我们锁定了两个家伙；他们爬进了 EDF① 变电站——""重复最后一句——""不错，我认为他们正在准备

① Électricité de France，法国国家电网。

进入 EDF 变电站。最好提供一些支援，这样我们就能包围这片区域。”“好的，收到。”有一阵子，可以听到一名警察在说：“要是他们进了 EDF 变电站，他们可就没得跑了。”

四辆警车和十一名警察把院子包围起来。没有人通知电力公司或消防部门。五点半左右，孩子们进入了变电站。六点十二，有一个孩子，不是布纳就是扎耶德，出于绝望或是急躁伸了一下胳膊，希望能出现奇迹或是缓解一下紧张情绪。很有可能就是在那个时候，警察离开了现场，因为没人报告墙上飞舞过一道耀眼的光芒，跟着就消失不见。

3. 外来移民

二十个小时前，内务部长在天黑后访问了阿让特伊的西北郊区。这显然是种有争议的访问活动。当地青年投掷了一些石块，被警卫们紧急撑开的保护伞给弹了出去。一位妇女站在塔楼的阳台上对着部长喊话，问他如何对付这些“人渣”。摄像机的镜头显示出，部长曾向阳台望去。有一阵子，一个光头男孩不停地在镜头前跳来跳去，咧嘴大笑，抢去了部长的风头。部长用手指狠狠地压住男孩的肩膀，冲着阳台上的女人说道：“你希望有人除掉这帮人渣，是吗？……我们将会为你除掉他们。”

在部长警卫的映衬下，有位男子显得像个侏儒，虽然如此，他却不像是一个可以要笑的人。他解开自己的领带，露出一种介于愤怒和邪恶之间的复杂表情，就像一个牛仔协警发现自己没有击中坏蛋一样。他的手势有些跳跃，也有些傲慢，从录像中看，很容易剪辑成一个说唱歌手：“一听到‘郊区’二字，就掏出闪光弹子！”（可笑的是，部长曾下令起诉一位诋毁法国警方的说唱歌手。）

这种“郊区”步行探访活动，对于部长而言意义重大。他的支持率在每次“郊区”探访活动后都会猛涨，他把这种表演发挥到了极致。他是个体面人，每次都能尽情表现，他会勇敢地面对那些小流氓，告诉他们谁才是管事者。六月份他曾视察过拉库尔讷沃郊区，那里有个孩子被枪杀。部长承诺，该地区将会“被‘卡彻’强力净化”，即用一种高压水枪清扫铺路石上的污秽。他说他不会为自己使用煽动性语言这一行为“道歉”。“法语的词汇极其丰富。我觉得自己没有理由不尽情发挥这一优势。”

当他在自己的宣言性自传中解释这种情况时，他说，为了生存，必须强硬起来。一开始，他只能靠自己："我没有关系网，没有个人财产，也不是公务员。"他只是塞纳河畔富人区的一名律师。他同样也是一个移民的儿子，有着一个很不常见的外国名字：萨科齐·德·纳吉－博克萨（Sarközy de Nagy-Bocsa）。这个姓氏可能源自犹太人，也可能源自吉卜赛人，但肯定不是源于法国人。"若是名字被取成这样，许多人可能宁愿销声匿迹，也不愿成为引人注目的焦点人物。"

"萨科"（他的政敌和盟友都这样称呼它）热爱自己的内务部长职务："办公室门口不分昼夜地上演着悲情戏：人质危机、恐怖威胁、森林火险、游行示威、狂热演说、禽流感、洪灾、人口失踪案，凡此种种，部长都要对其负责任。"他给关在桑加特飞机修理库的非法移民写信时称："三千双眼睛在恳求我，威胁我。他们谁都不会讲一句法语。他们希望从我这里得到一切，而我却只能提供极少的一点东西。"他把指纹库的容量从四十万提高到二百三十万，并允许逃出皮条客魔爪的外籍妓女留在法国。

出于对工作的热爱，他甚至不能顾及自己的妻子：总有一些东西得牺牲掉。这个国家正在分崩离析。法国的乡村正在接受一种英式殖民，法国的商人则源源不断地移居伦敦。他自己的女儿也去了那里，为一家银行工作。中产阶级发现自己的投资不断贬值，与此同时，那些加入工联的劳工，则认为自己获取最低工资的权利神圣不可侵犯。

他还记得十五岁时，自己如何在戴高乐将军葬礼那天把一朵花放在凯旋门下。再也没人关心这个国家了。法国球迷甚至对《马赛曲》都发出嘘声。一战时期被枪毙的胆小鬼重新恢复了名誉。拿破仑·波拿巴成了跟希特勒相提并论的人物，殖民事业则被看成一种犯罪活动。

作为一名职业政客，他竭尽所能地争取警方的尊重。他允许他们携带闪光弹，既然"最大的问题是住房问题"，他就为他们改善了营房和警察局的条件。一名警官结婚或生子时，会收到部长本人送来的花束。部长自己的拉布拉多猎狗，也被送到国民警卫队的 RAID 反恐组织接受训练。警察们已经不再需要倒背双手执行任务：老的"防御策略"已被一种"进攻哲学"取代，以便"对不法之徒进行火力打击"。

他的讲话曾经播给公关公司组织的公众成员观看，这些成员人手一只连通计算机的操纵杆，根据自己对话语的反应进行操作：向左表示反对，向右表示赞成。当出现"人渣"这个词时，向右的操作明显占了多数。

10 月 26 日晚上在阿让特伊的阳台上喊话的女人，无意中讲出了一句竞选口号用语。记者们经常去找一些手持购物袋的老年白人女性，或是衣着光鲜的社会工作者，从这些人口中得知“郊区”的情况不算太坏，年轻人只是无所事事罢了，犯不着那么残暴地对待他们。但是，一旦看到美丽的巴黎城被“人渣”包围，没有一位政客会忽视普通人的恐惧。

4. 光明之城

2005年10月27日六点十二分，克利希－苏布瓦的灯灭了。千家万户顿时充满恐慌，人们不停地喊叫着。接着，应急预备电源被接通，电力供应得到恢复。这种服务在破败不堪的“郊区”人民眼里，成了一种期望的对象。

一个十几岁的孩子摇摇晃晃地走了回来，看起来就像个外星人。他正朝天使谷和橡树尖走去，脸色蜡黄，惨不忍睹，衣服多处烧焦，仿佛他身上将要喷出火焰一般。他跌跌撞撞地走着，眼神呆滞，口中喃喃地说着胡话，人们根本听不清他在说什么。

六点三十五分，他来到了购物中心。他第一个看到的是布纳的大哥希亚卡·托奥雷（Siyakha Traoré）。穆伊坦几乎已经不会讲话，仿佛成了一个大舌头。希亚卡仅能听出两个词，因为他在不停地重复它们：布纳……出事了……

仿佛在一场梦中，他翻过了那堵围墙。警察们早已无处可寻。他看到自己的衣服正在燃烧，真是不可思议。他的朋友们随着一道亮光消失不见。有一阵子，空气中着起火来。接下来他知道的事情，就是希亚卡的朋友帮他把衣服从头上脱了下来。

当穆伊坦带着希亚卡穿过公园时，希亚卡的朋友打电话叫了辆救护车。穆伊坦说：“他们在追我们……”

他们来到树丛附近的一个地方，希亚卡虽然这些年一直住在克利希－苏布瓦，却从未注意过它。他能感受到水泥墙后传来的热量，里面有一股气味，令他想起病房中的情景。“他们在哪儿？”穆伊坦用一只胳臂捂住脸，另一只手指向里面：“在那里。”

那天夜里晚些时候，穆伊坦躺在圣安托万医院的手术台上，接着被送到无菌室。他的父亲，一位失业的砖瓦匠，只能通过话筒跟他讲话，并在旁边照看他。这件新闻先是通过口耳相传，在“郊区”一带传播开来。接着电视和电台也开始展开报道，再后来，网络上也逐渐如大雨般四处流传。

后来发生的事情几乎立即乱成了一锅粥。消息中的关键部分呈现出一边倒的趋势，而且准确无误地反映了事情的真相。不管事实经过了怎样的剪辑加工，采用了“郊区”的何种语言，结果都只有一个。警方导致克利希－苏布瓦两名男孩死亡。内务部长曾称他们为“人渣”。另一名男孩正挣扎在生死线上。受害者包括一名黑人、一名阿拉伯人和一名库尔德人。他们都是“郊区”来的孩子，跟其他人没什么两样。他们中有一个人年仅十五岁。

第二天晚上，克利希－苏布瓦有二十三辆汽车被烧，群众和警方之间发生了激战。在郊区，经常有汽车被烧，但这次的火焰却如山巅灯塔一般，象征着一种侵略或狂欢。

穆伊坦刚刚做完皮肤移植手术，只能静静地躺在病床上。病房墙上有壁挂电视，可以看到当下的新闻报道。有时，他会泪流不止；另一些时候，则会激动得全身发抖。政客们正在给自己的谎言文过饰非。在他住院后第二天，警察过来找他问话。他们带来一台计算机，一台打印机，跟他讲话时连耳机都不用。“瞧瞧你现在惹的麻烦，”他们说道，“昨天烧了十三辆车。”他们让他在一份声明上签字。由于他双手烧伤，无法写字，他们就让他在签名处画了个十字。

这份声明很快便被登在媒体上。据说，穆伊坦已经招供，称警方并没有追捕他们，他们完全清楚进入 EDF 变电站的危险。法国总理和内政部长进一步宣称，根据警方提供的信息，那两个孩子是在从事盗窃活动的过程中丢掉了性命。

10 月 30 日，警察向克利希－苏布瓦的比拉尔清真寺门外发射了催泪弹，烟雾顿时弥漫了整栋建筑。由于当天是斋月的最后日子，清真寺里挤满了人。当那些教徒手忙脚乱地跑出来后，发现警察一边用枪指着他们，一边大声呵斥。后来，局面开始“稳定下来”：当晚只有二十辆车被烧。然而，暴力活动仍在蔓延，起初是在北部郊区一带，接着就扩散到了西部和南部。

在历史上，当北方民族乘船沿着塞纳河到巴黎进行抢掠时，编年史专家夸大了这些事件造成的灾难，以渲染其罪恶之深重。2005 年，电视上的新闻报道发挥了同样的功效。在 CNN 频道，一幅精确度还比不上中世纪几何图表的法国地图，把里尔标在了海滨，把图卢兹标在了阿尔卑斯山。评论员分析了眼下的局势，并在国际背景下对此次灾难提出警告：巴黎“郊区”的纵火行为与种族矛盾、恐怖主义、伊斯兰原教旨主义、一夫多妻制及妇女头戴面纱的陋俗紧密相连。巴黎已不再是建筑师和政治家保护下受世人敬重的铁板一块的乐土。它已变得巨大、走形、丑陋、无序、不和。市民中，知识分子、咖啡店伙计和“魅力无人可挡的女士”都已绝迹。在国际媒体报道中，巴黎的新人口出现在世人面前，这些人裹着头巾，当警车打着闪光灯从旁经过或是又一个汽油弹爆炸时，他们眼中就会冒出毁灭性的怒火。

11月初，法国首都到处都在冒烟。从克利希－苏布瓦开始，沿着乌尔克运河直到巴黎市中心，整个邦迪、博比尼、庞坦、拉维莱特地区变成了人间地狱。11月6日，群众骚乱事件蔓延到了从布列塔尼到地中海沿岸的其他十二座城市。

内政部长称“此类极端暴力事件在法国极为罕见”，但身处骚乱中心的民众心里清楚，他们正在见证某种巴黎所特有的东西。警方的情报系统正在准备一份秘密报告：当下的骚乱活动与宗教、种族或国别出身问题没有任何关系；恐怖组织或黑帮分子并未卷入；暴力活动完全是一种自发行为；它不是青少年犯罪，它是一种“市民起义”和一种“群众暴动”。

“郊区”的革命精神仍未灭绝，古老的巴黎传统被“人渣”所继承。11月8日，为向光明之城致敬，从佩皮尼昂到斯特拉斯堡，有数百座小镇和城市燃起了火焰。官方宣布，法国进入紧急状态。

那些被称为“郊区”的巨大而丑陋的巴黎市区，正在证明自己对于首都的价值。或许有一天，跟其他群众暴动一样，这些骚乱活动也会被视为新型都市诞生时的阵痛。自从中世纪以来，巴黎就在不断向外扩展，吞并了附近的平原、山谷和河流，仿佛最终要占据整个巴黎盆地。每次暴动都威胁着要摧毁这座城市，但每次都会在废墟上崛起新的巴黎。从蒙马特高地和埃菲尔铁塔望去，可以看到一些怒气冲冲的山丘，在那里，一个新的世界正在形成，数百万理解和热爱巴黎的人们将会回到城中，重新发现这座城市的魅力。与此同时，来自旅行社和酒店的报告则称，大批人正在取消来巴黎旅游的计划。“郊区”居民正在从他们的钢筋混凝土居所中发出自己的电子信息，世界各地的媒体随之就把这些夹杂着法语、阿拉伯语、吉卜赛语、斯瓦西里语和美式英语的“郊区式”方言翻译成各种文字。

他们的巴黎是一连串冗长而枯燥的地名，只有那些最详细的旅游指南才会辨认出它们也是光明之城的一部分：克利希－苏布瓦，拉库尔讷沃，奥伯维列，邦迪……这就是那座从塞纳河中的小岛成长起来的城市，最终它扩展到了地平线上的各个方向。那些“人渣”在缪东的林地和博斯与布里平原之间的大片灰色楼群中标出了自己的领地。他们也是巴黎的孩子，跟土生土长的其他市民一样，他们也会用赌咒发誓般的狠话表达心中的自豪感。既然现在全世界都在奇迹般地阅读他们的消息，他们就写出了自己的危险历程，自己难忘的教育经历。对于任何胆敢造访这片隐秘都市的荒郊野林之人，他们的劝告是：“你要敢来邦迪，就别想活着出去！……”

终点站

北　关

巴黎北站

夕阳把乌尔克运河变成一条银灰色的丝带，我们骑着自行车抵达了邦迪。那天早上，我们从法国东北部的孚日山脉最高峰下三百米远的多农山隘口启程。几个世纪来，这个关口曾被凯尔特部落和罗马军团用作日耳曼和高卢之间的通道。山上残留着墨丘利神庙的遗迹，南麓的山坡上还竖着为感谢那些帮助法国囚犯逃出纳粹魔掌的“偷渡客”而建的纪念碑，足以证明该地位置的显要。从那里出发，我们一路穿过松林，越过格勒努代勒布什关卡，经过莱茵河谷和斯特拉斯堡市，接着穿越了法国北部的平原。当我们抵达巴黎时，根据我的全球卫星定位装置，我们已经骑了 581 公里，平均时速为 92 公里。我的全球卫星定位装置是在斯特拉斯堡火车站打开的，结果一时兴奋，忘记关了。

巴黎东站附近的运河岸边有一条自行车道，沿途可以经过拉维莱特科学公园的玩具城，还有新哥特式磨粉机的凶恶大眼。这座名为庞坦大磨坊的磨粉机，在 2003 年前，负责把布里和博斯平原所产的小麦加工成面粉，供应巴黎的面包房。骑过庞坦，有条轻便摩托车道，弯弯曲曲地穿过一片半已废弃的楼群，沿途还有一些已经废弃的大型厂房，却仍不可思议地安装着摄像头。厂子里的每扇窗户都已被打烂，墙上到处都是涂鸦，俨然成了涂鸦客的工作室和拓展区域。接着，车道又和运河连通起来，路也好走多了。我们把变速器调到大轮上。不久，邦迪地区和标志着巴黎近日点体系的法兰西岛边界的大桥蓦然出现在眼前。一列火车在驶入毕加索车站前逐渐放慢了速度，透过车窗，可以看到向外张望的乘客的面孔。

在傍晚的这个时候，东北部郊区看上去就像是给购房者和开发商展示的一段宣传片。一位非裔黑人正在跟一位库尔德人朋友沿着整洁的堤岸散步，一个小女孩骑着三轮车欢快地跑开父母的怀抱。在小路上，我们惊讶地发现那里没有出现碎玻璃，唯一的危险不过是狗去追逐练习花式溜冰的人。走过邦迪，运河转向东北方向。在一座岩洞般幽暗的公路桥下，站着三个十几岁的男孩，他们很剽悍，也很镇静。他们应该都很在意某些东西，但显然没有到发狂的地步。当他们看到我们骑车过来时，就走到公路桥的另一侧，并向玛格丽特发出欢呼，因为他们认出她戴的是法国布伊格电信车队运动员的红色帽子。

我们在一座人行天桥离开了运河车道，沿着欧奈苏布瓦的街道骑行了两公里。巴黎市政厅是一座五层楼房，房间正对着停车场。宾馆前台的塞内加尔裔服务员帮着我们把车子存到地下车库，然后询问我们是从哪里“那样”过来的。

每个自行车手都喜欢借此机会轻描淡写地提一下自己史诗般的征程，顺便赞美一下爱车的神速。于是我告诉他：“今天早上我们还在孚日山的最高峰，然后骑车赶到斯特拉斯堡，接着坐高铁到了巴黎东站。”

服务员略显惊诧，显然我们还没有回答他的问题。“不，不，”他说，“我的意思是，你们是怎么从巴黎东站来到这儿的？”“我们沿着运河骑过来的。”他的眉毛扬了起来，险些要喊出声来：“你们从巴黎东站过来的——骑车来的？！”——“对……”——“啊呀！你们真是太酷了！”他摇着头，把房间钥匙交给我们，“你们可真够强的！”

令他惊讶不已的不是我们骑行了十七公里，而是纳闷我们究竟如何穿越了那些封闭的旧厂房、建筑工地、公墓、学校、医院、赛场、广告宣传用地，以及连接巴黎市区和郊区的地下通道。基于某些原因：挑战自我、全球卫星定位装置失灵抑或异想天开的做事风格？我们抛开了惯常的交通网络，全凭自己的判断走完了一段意想不到的征程。

第二天一早，下起了瓢泼大雨，在这种情况下接着赶路，会让人觉得我们已经近乎偏执。我们骑车穿过运河，越过没有围栏的铁路线，来到了克利希－苏布瓦地区。探查过电死两个孩子的 EDF 变电站后，我们开始朝巴黎方向回返。雨下得很大的时候，我们就在一座桥下避雨。桥墩上用蓝漆画着一张狞笑的面孔，宣布着“运河兄弟派”的无上地位，“邦迪北方”的少年则识趣地待在家里。我们在法兰西岛的环城公路附近离开了运河，沿着德朗西大街的主干道冒雨前行，来到了拉米约特地区恶名昭彰的公寓楼群。1942 年“犹太人大搜捕行动”中抓来的犹太人，就曾被关押在这里。战争结束后，这些公寓楼被封存起来，仿佛什么事也没有发生。院子周围那些在 20 世纪 70 年代拆迁大潮中幸存下来的“U”型大楼，现在成了“社会保障房”。五百多位居民中，大多数人都盼着能早日迁入更加洁净一些的社区。有些人站在水泥雨篷下，好像已经做好了随时搬走的准备。

在一张早晨拍摄于德朗西的照片中，玛格丽特平时总是充满朝气的脸上写满了复杂的表情，表明这次征程绝非我们最喜爱的那种春季旅行。幸运的是，对巴黎郊区的探访仅仅是一种前奏：我们带着一项使命再次来到巴黎。三个月前，在巴黎的一家书店，我偶然发现了邦迪的故事，后来便开始了一段探寻业已尘封了几个世纪的传奇故事的旅程。邦迪曾是巴黎最重要的属地之一，某种意义上，它也是引领巴黎未来发展的重要区域。

当我们来到第 18 区的边缘，雨停了。圣心教堂上空呈现出蛋壳般淡淡的蓝色。它仿佛预示着我们的私人旅程将会成为一次具有历史意义的探险。然而，就在此时，我说了句傻话：“巴黎的旧貌将一去不返。”随后不久，仿佛圣克里斯托弗的孪生魔鬼听到了路人的愿望，并立即将其实现，结果我们迷路了。我十几岁时就曾在第 18 区住过一段时间，此时发现它已完全变样，身上的简易全球卫星定位装置只能显示出黑乎乎的一串圆点。位于20世纪30年代修建的铁路线之间的街道，悄然改变了方向，然而乍看起来却像是在直行。在那座面积虽小却极易让人迷路的赫伯特广场，我摊开巴黎地图，默念过几句祈祷语，我们就再次上路，朝圣礼拜堂方向骑去。

* * *

在法国东南部的格勒诺布尔，阿尔卑斯山从“每条街道的尽头”拔地而起。格勒诺布尔人司汤达在1799年初到巴黎时，觉得当地“令人生厌”：“市区的环境极为丑陋，令我震惊——这里竟然没有高山！”法国的首都在地理上属于渐降式格局，是一座建筑在沙子和水坑里的城市。巴黎最大的街区之一名为“沼泽区”，最初叫卢特提亚，人们认为该词源于高卢语中的“泥浆”或“沼地”。每隔三十年左右，塞纳河就会健忘地暴发洪水，将大半的沼泽区灌得满满当当，似乎要把该地重新变为它的河床。这里距离城心岛不过三里地，沿途尽是些宽阔的林荫大道。市区周边密密麻麻分布的石膏小丘，使得巴黎看起来像是在模仿罗马的七座小山。19世纪，有些小丘被夷为平地，仿佛城市规划者牢记了以赛亚的预言：“每一座山峰都应削平：所有的弯道都应改作直路。”

1899年，受人爱戴的地理学家欧内希姆·雷克鲁斯发现，巴黎的子午线刚好把布加拉克山的顶峰分成两半，距离南方六百六十四公里，这一事实令人感到一种具有讽刺意味的心理安慰。他宣布，布加拉克山就是巴黎人的比利牛斯山，“都市正中之巅峰”：巴黎终于也有一座山了……不过，人们即使在大晴天的埃菲尔铁塔上也看不到它，这座山只在最抽象的层面上属于巴黎景观的一部分。考虑到巴黎盆地未来的地质可能会发生剧变，首都人将不得不满足于给那些小丘起上宏大的名字：蒙马特，蒙帕纳斯，蒙特鲁日，蒙苏利和圣热讷维耶芙山。

那是在2008年1月，当我在拉丁区逛书店时，发现巴黎人口最为密集的地区之一好似有一座山。这个发现极其不可能，以致我想要带着这条宝贵的信息立刻离开这家书店，把它储藏起来。在我不可避免地感觉失望之前，至少可以储存数天吧。像很多来到巴黎的游客一样，我有了一些早已为上百万人所熟知的“发现”：巴黎圣母院南面神秘的小屋顶房俯瞰着塞纳河，埃菲尔铁塔底座西侧附近的灌木林里藏着一个锯齿状砖塔（早先的液压升降电梯留下的烟囱）。有些发现完全值得珍藏下来，它们完全消失，现在已无法通过想象获得：未被标记出的让玛丽–安托瓦内特身首异处的断头台，或是很少有人知道的曾位于现在法国议会所在地前面、塞纳河上的美杜莎岛（又称“希提岛”）。最后，所有的发现都完全不是发现，因为，除了似是而非的真实的类似之物，它们只存在于作家的想象中：先贤祠后面，那破败的公寓在“剥落的漆皮和一股一股的黑泥形成的溪谷里”，这是巴尔扎克的小说《高老头》的开头，或是伏尔泰码头那家古玩店，在那里，瓦伦丁的拉斐尔得到了有魔力的驴皮，让他的愿望成了真。

这一次，我确信在激动人心的表面背后存在一些真实的东西，我要把这些东西归还给巴黎，而不是仅仅将它的财富珍藏在记忆里。线索来自某个不知名的艺术家在 1686 年创作的一幅雕刻图。图画中显示的是，圣礼拜堂所在的村庄（现已成为第 18 街区的一部分），自上而下错落分布在山脊上，白色的天空，用洛可可手法描绘的翻滚的云海下，一座座小房子呈现出黑色的轮廓。一条用篱笆围着的路，穿过犁得整整齐齐的田地，向上通往一个小教堂的城堡。城堡位于最高点，在这里，来自巴黎的道路与主街道相交，穿过村庄，又从另一边向下延伸开去。

任何一个带着标出景观的路线和符号的地图步行或骑车游过法国的人，看到这幅雕刻画都会立刻认出这里是一个（山峰与山峰之间的）隘口。国际自行车比赛通常选择隘口或山口作为比赛地点：骑行的难度系数，或是骑车游巴黎的困难程度，是由骑行通过的隘口数量来衡量的，即便是一个隘口只有一二百米高（海平面以上），通过的车手也会有权觉得自己征服了那座山。这些隘口通常会由小礼拜堂、十字路口、竖在路边的石头作为标志，如果是官方认可的隘口，还会有专门制作的道路标示。隘口，被人们称为 *pas*（如果它跨越了边界，也称 *porte*），是通往另一个世界的关口。在隘口，就像在河流交汇的地方、部族之间的分界线处，人类的历史和空间地理空前紧密地联系在一起。

自从听说了有个名叫“百个隘口俱乐部”的自行车车手协会，我就开始将我们旅途中偶然或特意经过的隘口列出了一个清单。多农山隘口在我的清单里，排第 215 位，格勒努代勒布什隘口排在 216 位。一名“纯属个人爱好”而非以竞赛为目的骑完至少一百个不同隘口的自行车手，可以提交一份完整的清单，如果所有隘口都在俱乐部的目录里，这名新成员就会得到一张彩色证书，上面写着：证书持有人在“仅用身体肌肉作为动力的自行车”上，“爬过了至少一百个隘口，其中有五个隘口在海拔两千米以上”。

正如司汤达可能猜测过的那样，巴黎位于隘口沙漠的中央。尽管山峦延绵的边陲和中央山丘有上千个隘口，但在孚日山脉和诺曼底山脉之间，只有十个隘口，而且，只有一个隘口从巴黎圣母院出发一天就能骑到。自从 2007 年公共自行车自助服务计划问世以来，这变得尤其令人伤感。每天，数千名巴黎人骑在灰白色笨重的自行车上——或许这让他们儿时漫画里的内容变成了现实——重新发现自己城市的地形地貌：香榭丽舍大道曾是一座山，圣热讷维耶芙山也不再是写错的名称。然而，自行车运动爱好者的探索还未获得官方正式认可，那些踩着脚踏车的巴黎人并未发现什么能够突显他们的城市（巴黎）的出众之处。位于圣礼拜堂的那个想象中的关口，似乎可以弥补我们的遗憾。如果塞纳河通上来与北部山脊交叠的那条路是一处隘口的话，那么，在隘口任意一侧的蒙马特高地和肖蒙山，都可被理所应当地看成是山脉了……

* * *

一月份，关于山脚的初步调查，给出了一些让人振奋的证据。在好莱坞影像商店和欲望都市俱乐部对面的圣丹尼教堂，道路从两侧倾斜向下。从南面延伸而来的罗马古道和圣丹尼近郊路出现交叉，交叉点恰在现在的马克斯·多尔莫伊地铁站。在另一个方向，道路缓缓下行，通到圣丹尼平原——伦蒂特巨大的中世纪集市所在地就在那里。有些历史学家认为，卢特提亚沼泽上这个便捷的高原乃是神圣的“高卢中心”，据恺撒所说，德鲁伊教团员从遥远的地中海和大不列颠赶来这里，推选他们的罗马教宗。

圣礼拜堂仍旧保留着道路主交汇点的匆忙和混乱。主街道为双向路，供汽车和卡车川流不息地通行。街上拥挤的人群和破落的商店，使它显得更像是与一个大都市相邻，而非巴黎中心那精心布置的场景。和教堂隔着一条街，是条死胡同。从圣心教堂的铁栏杆向远处眺望，可以看到蚁丘上一片片房顶和一座座烟囱。再

往下，可以看到从皮卡迪、弗兰德斯和运河上游开来的列车，咔嚓咔嚓地穿过陡峭的山谷，向巴黎东站和北站驶去。

昏暗的教堂里，一本小册子展示了消逝的历史。册子上说，这个地方是埋葬圣丹尼和宗教领袖的地方。是圣丹尼把基督教带入卢特提亚。圣热讷维耶芙，一位来自南泰尔、善于组织武装反抗并致力于妇女解放的修女，于公元 475 年在这里修起了神殿。显然，她知道殉道者应该被安葬在隘口这样的地方，因为这种地方是众多游客的必经之地。与教堂相邻的是圣女贞德的纪念堂，那里记录着 1429 年，圣女贞德在骑马前往被占领后的巴黎之前过夜的地点，以及她腿上受了箭伤后第二晚休息的地点。因为要“传达欢迎和友好的讯息”，消逝了的历史被提供给人们。我们借由他人提供的烛火，阅读了这个册子。在第二页的最上方，我们发现有人已经先于我们到达了那里：

> 这座教堂在伟大的高卢道路旁边矗立起来。那条路从城心岛跨过塞纳河，又穿过蒙马特和梅尼芒砀之间的隘口，来到圣丹尼城，又向前延伸开去。

找到确凿证据后的欣喜，冲淡了被隘口所征服的小失落。三个月后，我们骑着自行车，完成了我们认为的第一次有意识的、骑两轮车登上巴黎唯一的隘口之旅。在沙佩勒隘口，我们转向南面，和路上其他上千人一起，开始沿着坡道一直向上骑。在我们到达顶点时，为了记住这个历史性时刻，我向下眺望那座教堂，但是有辆拉家具的货车挡住了我的视线，货车的车胎和路缘石之间的狭长地带，立刻成为我的兴趣所在。丧失了专心，探索注定就此结束，甚至连获得一个正式的纪念性勋章“穿过沙佩勒隘口时丧命”作为安慰都不可得。

之后，真正的困难来了，那就是如何让“百个隘口俱乐部”承认这个隘口。我知道，这并不是件容易事。每年，该俱乐部都会列出一份“不合格的隘口”清单。这在非自行车手看来近乎荒谬，但有些旅游部门则会通过吹嘘他们当地的山如何陡峭，来吸引自行车旅游爱好者前去旅游。有些人甚至捏造出莫须有的隘口，还邀请自行车协会或俱乐部和记者们一起前去，庆祝挂牌。“百个隘口俱乐部”对这种把戏毫不买账。曾被列入清单里的这类典型地点有：

> “坎东尼埃隘口”（瓦尔）：系人为捏造，无当地证据证明，仅为宣传目的。违背了第 11 条规定。
>
> “自行车爱好者隘口”（萨伏伊）：地形不够明晰。由当地自行车爱

好者捏造。违背了第11条规定。

后来，俱乐部的一名成员在造访巴黎圣母院的“考古地下室”时，发现了古时巴黎的一张羊皮纸上的地形图标着“沙佩勒隘口”，之后，俱乐部曾讨论过巴黎的隘口之事。委员会的专家们最终认为没有足够证据说明隘口存在，讨论就此打住。俱乐部主席回复我邮件的速度之快、效率之高，堪比一位比赛中的自行车手经过坑坑洼洼的路段时来了个急转弯：

> 这个隘口从未获得承认。它没有在任何一张地图上出现过，也没有被任何标志标出来过。

至少他的信中留下了一丝希望：“这个隘口……”它的存在并没有被明确否认。因而，从程序上看，下一步就是要努力把这个隘口的信息标注在地图上，并制作相应的路标。

我给国家地理研究所发了封电子邮件，然后又寄去一封信，提出了可以互证的资料，及从图书馆里找到的更进一步的证据。资料显示，兰毕图和奥斯曼当巴黎市长时，曾将那些昏暗的小巷改造成使用煤气灯照明的林荫道。当时有一位考古学家西奥多·法奎尔，像一只“永远蜷缩着的刺猬”，嗅着那些古物的残片，力图为卢特提亚拼出一幅完整的画面。他在索芙洛大街地下，发现了古罗马时期的广场，还在蒙日大街附近发现了古罗马竞技场。法奎尔善于发掘，但不善于写作。不过，在他于1912年去世后，一位地理学家从他的巨量笔记和草图中萃取精华予以出版。正是在这本书中，首次揭示了“沙佩勒隘口”的存在。自此之后，一些地理学家（而非制图学家）开始更加明确地探寻巴黎的过去。他们勘探着仍然残存着远古海水的前寒武纪河床与山丘，并把从布列塔尼亚到地中海的史前“锡路”的关隘写了下来。

几个星期过去了，要么是位于文森斯的国家地理研究所总部派出去探索消失了的隘口的小分队再也没有回来，要么就是我的信去了垃圾循环再利用中心。与此同时，我给第18行政区的区长写了信，也给巴黎市政厅的领导写了信。

一个月后，我收到了国家地理研究所的回信。信中证实了巴黎的隘口，即“蒙马特山和肖蒙山之间的最低点”，在“地理和地志层面”是存在的。但是，“直到现在”，回信者有点嘲弄似的接着写道，基于两个原因，这个隘口从未在国家地理研究所的地图上出现过：第一，“该地区的城市机构分布非常稠密”；第二，“该名称已为当地居民弃置不用”。换句话说，地图上的地名已经够多的，如果一个探险者到达沙佩勒隘口，询问有关隘口的事情，他所获得的将只是对方迷茫的眼神（当然，除非他恰好遇到一名地理学家或是写作逝去历史的那个人）。

我徒劳无功地期待着市政官员的答复，他们或许不会苟同国家地理研究所那种犹犹豫豫的观点。但到此时为止，看起来他们回不回复都已无关紧要。嵌在沙佩勒沥青中的加尔文教徒制作的关隘标记，只会被视同一块无用的绊脚石，或是自行车爱好者拍照的对象，实比永恒的涂鸦强不了多少——一些类似的其他标语也都冷静地揭示了巴黎的真相："禁止通行"、"此路不通"、"请您排队"，等等。

有些事情一直以来都很清楚：一座由人类建造的城市，往往跟人们的期望大相径庭。对于人类的构想，隐秘而荣耀的传说，持久的爱情和尊严的童话，以及只有一人能懂或需要世代人坚信不疑的传奇故事，它都将其固化起来。即使那些最成功的自大狂，在它面前也显出其梦想的渺小。在蒙帕纳斯高塔之巅，才显出了巴黎的真实面目：保安不停地巡逻，以防有人跳塔自尽。从那些高耸入云而且张灯结彩的巨型建筑望去，大多数情况下看到的只是黑暗。

活人居住的每一座城市都是一个大墓地，堆积如山的先人遗骨移居到了土壤之下。国王、王后和皇帝都只是它的奴仆。他们帮助城市抹去了哪怕一丁点可能的记忆。拿破仑三世修建的纪念场馆，埋葬了数英亩的历史。以某次战役来命名的街道，湮没了数以百万计的人们的回忆，而且在他的统治行将结束之际，国家档案馆化成了灰烬。

在距巴黎万里之遥的南大西洋的一座岛屿上，拿破仑想象着"如果只给他二十年时光和一点业余闲暇"他可能做成的事。在一个被放逐者的望远镜里，巴黎曾是他拿在手里把玩的一个小球。如果真给他足够的时间，这座古老的城市可能已经不复存在："你对古城遗迹的寻找将会徒劳无果。一点残余都不会留下来。"

在圣赫勒岛，拿破仑翻箱倒柜地追寻着他的过去：城心岛塔楼下的船坞，狭窄的街巷中拥堵的人群，军事学院和罗亚尔宫。他回想起了 1792 年那个糟糕年月的某一天。警钟不断，谣言四起，说将要天下大乱。一支衣衫褴褛的军队正在从市郊朝杜伊勒里宫进发。他离开自己下榻的梅勒路酒店，向卢浮宫与凯勒塞尔大桥之间贫民窟和废庄园所在的街区走去。一群相貌丑陋的恶棍举着长矛游行，矛尖上戳着一个人头。他们注意到这位年轻上尉双手白净，衣衫整洁，便威逼他高喊"法国万岁！"——"可想而知，我赶忙照做。"

他来到了凯勒塞尔广场，走进住在那里的一位朋友家。那栋大楼几乎变成一家货栈：里面堆积着许多逃到乡间的贵族家的物品，那些家具、饰品、家族画像，给钱就卖。他穿过那些行将消失的世界的残片，走上楼梯，朝窗外望去：一群乌合之众正在涌向杜伊勒里宫，砍杀那些高大的瑞士警卫。那扇窗户的位置就像一座剧院的包厢，让他见证了法国旧王朝的覆灭。数年之后，当这位法国皇帝在许多个夜晚身穿便衣在街上暗察民情，察言观色之余，从中找寻他们对自己创造的世界的评价时，他也在寻找一间屋子，那里有太多的故事都刻在他的心里。不过，他已下令对旧城区加以巧妙改造，从而“出现了如此之多的重大变革，竟然使我再也无法看到它的旧貌”。

沙佩勒隘口依旧在地图中不可见，巴黎也没有什么山脉。与人类历史不同，地理方面的事件无需纪念，或许如国家地理研究所的信中所暗示的那样，“它已不在”。在19世纪，铁路线经过隘口，就像它一路所经过的一样，几乎把隘口轧为平地。这种切割改变了整个景观；白色的蒸汽从火车头上冒出来，融入沙佩勒关隘上空新的天空中，造就了新的想象空间——一条人行道，一个烟囱的天堂，黑色的通道上行进着一队幽灵。2010年，只有川流不息的车辆证明了这个隘口的重要性。它是未来城市的脑干，远在人类在塞纳河上的小岛定居之前，就曾有人从那里经过。现在，它已被从伦敦到巴黎的欧洲之星专线所取代。想要一睹这一景点的乘客，可以朝开往巴黎方向的列车左首观望，就在列车驶出“兰迪站”不远的地方（“兰迪”源自传说中的高卢中心集市“伦蒂特”）。当列车抵达关隘的最高点时，人们可以轻微感到机车由紧张到松弛的变化，但对关隘本身却很容易忽略过去，因为车厢经过它时，车内光波早已播出：“巴黎北站就要到了”——乘客们该收起手中的书本，检查自己的行李，准备与一座神奇的都市会面。在那里，就连最僻静的街道，也充满传奇的故事。

巴黎大事年表

约公元前 4500 年	塞纳河（今贝尔西城区所在的位置）居民进入新石器时代。
公元前 52 年	巴黎人部落被恺撒手下的二号统帅拉贝努斯击败。
公元 1 世纪	塞纳河左岸的高卢罗马人建起一座卢特提亚城，并发展出公共论坛、导水管、浴室（克吕尼）、吕特斯竞技场。
3 世纪末期	圣丹尼把基督教引入卢特提亚。
360 年	朱利安二世在卢特提亚称帝。
451 年	热讷维耶芙从匈奴王阿提拉手中拯救了那座现在被称为巴黎的城市。
508 年	法兰克王国的国王克洛维定都巴黎。
543 年	在巴黎城外建造了圣日耳曼德佩修道院。
639 年	位于圣丹尼的长方形基督教堂成为王室专用墓地。
885—886 年	北欧海盗围困巴黎。
10—11 世纪	公共建筑物不断腐坏，巴黎日益衰落，人口减少。
1108—1137 年	路易六世统治时期，巴黎成为王室的主要居住地。
约 1140—1307 年	圣殿堡垒成为圣殿骑士团的总部。
1163—1345 年	在圣太田基督教堂原址修建了巴黎圣母院教堂。
1190 年	开始修建卢浮宫和菲利普－奥古斯特长城。巴黎占地面积为 2.53 平方公里。
1248 年	圣礼拜堂开始举行献祭仪式。
1257 年	开始修建索邦教堂。
1328 年	巴黎人口为 61098 户（超过 20 万人）。巴黎成为欧洲第一大城市。
1356—1383 年	修建了查理五世城墙和巴士底狱。巴黎占地面积为 4.39 平方公里。
1407 年	国王查理六世的弟弟奥尔良大公路易遇刺，引发内战。
1420 年	英国人和勃艮第人占领巴黎。
1429 年	9 月，圣女贞德向巴黎发起进攻。
1437 年	11 月，查理七世光复巴黎。

1515—1547 年	弗朗索瓦一世统治时期，卢浮宫大大扩展，在格列夫广场新修了市政厅。
1560—1574 年	美第奇家族的凯瑟琳担任法国摄政，其间修建了杜伊勒里宫。
1572 年	8 月 23—24 日，圣巴托罗慕节期间，新教徒被大肆屠戮。
1588 年	5 月 12 日，“街垒之日”，民众掀起反抗亨利三世的起义。
1589—1610 年	法国国王亨利四世（1594 年加冕）统治时期，新桥完工，沼泽区与圣日耳曼郊区大大扩展。
1635 年	红衣主教黎塞留创建了法兰西学院。
1648 年	8 月 26 日，“街垒之日”，投石党内战爆发。
1658 年	2 月，塞纳河洪水泛滥。
1661—1715 年	路易十四统治时期，修建了天文台（1667）和荣军院（1671），巴黎城墙被林荫大道取代（1676）。
1665—1683 年	让－巴蒂斯特·科尔伯主政时期，改善了以巴黎为中心的公路系统，创建了法兰西科学院（1666），设立了有中将军衔的巴黎市警察局局长一职（1667），命其负责公共安全及街道卫生等事务。
1682 年	王室住地搬到凡尔赛。
1686 年	巴黎首家咖啡馆——普罗科普咖啡馆——成功开业。
1700 年	巴黎人口约为 51.5 万。
1702 年	12 月 12 日，巴黎被划分为十二个区。
1715—1774 年	路易十五统治时期。
1722—1728 年	修建了波旁宫（国民会议所在地）。
1740 年	12 月，塞纳河洪水泛滥。
1751—1788 年	设立了陆军学院和炮兵学院。
1755—1775 年	修建了协和广场。
1775—1791 年	埃德姆·韦尔尼凯绘制出第一幅精确的巴黎地图。
1779 年	巴黎铺设了第一条人行道——奥德翁路。
18 世纪 70 年代和 80 年代	巴黎迎来建设高潮，肖塞安坦和塞纳河河畔地带有了极大发展，罗亚尔宫商铺林立（1781—1784），郊外的农村被卷入城市化进程。
1782 年	法兰西剧院——奥德翁剧院成立。
1783 年	11 月 21 日，彼拉特·德罗齐埃完成从米约特城堡到卡耶尔山的首次自控热气球飞行。
1784—1789 年	包税人修建了巴黎城墙，巴黎占地面积达到 33.7 平方公里。
1786 年	吉约莫建成地下茔窟。

1789 年	巴黎人口约为 65 万。
	7 月 14 日，巴士底狱被攻陷。
	7 月 15 日，巴黎首任市长产生。
	10 月 5—6 日，路易十六在群众示威的压力下被迫从巴黎退回凡尔赛。
1790 年	圣热讷维耶芙教堂（先贤祠）修建完工。
	1 月 15 日，法国划分为 83 个行政区。巴黎为其中之一，享有自治权。
1791 年	6 月 21 日，路易十六和玛丽 - 安托瓦内特在瓦伦被抓获。
1793 年	1 月 21 日，路易十六被处决。
	8 月 10 日，卢浮宫博物馆对公众开放。
	10 月 16 日，玛丽 - 安托瓦内特被处决。
1794 年	7 月 17 日，巴黎市长职位被取消（后来曾于 1848 年和 1870—1871 年短暂恢复）。
	7 月 28 日，罗伯斯庇尔被处决。
1795 年	11 月 11 日，巴黎划分为十二个区，各区自设区长，并细分为四十八个街区。
1799 年	11 月（雾月 18 日）发生政变，拿破仑·波拿巴成为首席执政官。
1801 年	巴黎进行首次官方人口普查，统计人口为 54.7 万。
1801—1826 年	修建了乌尔克运河和拉维莱特港口。
1804 年	拿破仑一世在圣母院加冕为皇帝。同年，设立贝尔 - 拉雪兹公墓。
1804—1814 年	巴黎实施了一些改革发展举措，尤其是将教会财产国有化：修建了里沃利街的首条路段，沙特莱广场，股票交易所（布隆尼亚宫），马德莲娜教堂的延伸路段，凯旋门（1836 年建成），新桥（工艺桥，奥斯特利茨桥，耶拿桥），以及下水道系统。
1805 年	首次对巴黎的街道进行统一编号和命名。
1811 年	巴黎设立秘密警察机构——治安大队。
1814 年	3 月 31 日，巴黎被反法联军占领。
	4 月 11 日，拿破仑首次退位。
	5 月，出现第一次王政复辟。
1815 年	6 月 18 日，滑铁卢战役。
	7 月 9 日，第二次王政复辟。
1815—1824 年	路易十八统治时期。
1824 年	查理十世登基即位。
1828 年	巴黎首次成功提供公共马车服务。
1829 年	派克斯路成为巴黎首条使用煤气灯照明的街道。
1830 年	发生七月革命，查理十世退位，路易 - 菲利普加冕为皇帝。

1832 年	3—9 月，霍乱流行。 6 月，群众起义遭到镇压。
1833—1848 年	巴尔特洛·德·兰毕图出任塞纳河地区行政长官：其间修缮了多处广场和纪念碑，设立了公共饮水处，修建了首批沥青路面街道，以及首批公厕。
1834 年	4 月 14 日，发生群众骚乱事件，国民警卫队在特兰斯努嫩路 12 号屠杀大量男人、妇女和儿童。
1837 年	巴黎建成首座火车站，位于圣拉扎尔街 124 号。
1841 年	巴黎人口为 93.5 万（50% 生于巴黎，近 3% 的法国公民住在巴黎）。
1841—1844 年	梯也尔修建环形防御工事。
1843 年	路维尔斯岛加入塞纳河右岸。
1845—1864 年	圣母院在维奥莱–拉迪克主持下加以重修（并在 1862 年圣诞节举行典礼）。
1848 年	发生二月革命。 6 月，群众起义遭到镇压。
1851 年	12 月 2 日，路易–拿破仑·波拿巴发动政变（成为法国皇帝拿破仑三世，于 1852—1870 年在位）。
1853—1870 年	乔治–欧仁·奥斯曼担任塞纳河地区行政长官期间，拆除了两万座房屋，修建了 4.4 万座房屋和公寓楼，街道被加宽，公路网扩展到 106 公里（包括 4 座新建桥梁和长达 664 公里的人行道），架设了 2.1 万盏路灯，排水管道系统从 107 公里增加到 561 公里，新修了 3 座公园、8 座广场、13 座教堂、两座犹太教会堂、5 家剧院。
1854—1857 年	爱丽舍宫和布瓦·德布洛涅的景观被加以美化。
1855 年	9 月 21 日，奥斯曼开始巡查巴黎的和谐状况：同一街区的所有建筑必须配有相同的阳台、檐口和屋顶。
1855—1859 年	从巴黎东站到天文台修建了南北向的中轴路（塞瓦斯托波尔大道的落成时间为：1858 年 4 月 5 日）。
1859 年	11 月，郊区村舍被并入市区，巴黎城区被重新划分为二十个区。并区之前巴黎人口为 117.4 万，并区之后为 169.6 万（占法国总人口的 4.6%），城区面积为 78.02 平方公里。
19 世纪 50 年代和 60 年代	出现了首批百货公司：博马舍百货公司（1852），卢浮宫百货公司（1855），市政酒店商场（1860），春天百货（1865），美丽花园（1866），莎玛丽丹（1869）。
1860—1868 年	在亨利·拉布鲁斯特主持下修建了国家图书馆。
1865—1866 年	城心岛主体建筑被拆除，岛上人口从两万减少到五千人。

1866 年	开始采用气动邮政网络（一直使用到 1984 年）。
1870 年	9 月，法国军队在色当被普鲁士击败；巴黎被围；法兰西第三共和国宣告成立。
1871 年	3 月，巴黎公社举行选举；在凡尔赛成立国民政府。 5 月，开始修建巴黎市政厅（1874—1882 年重建）和杜伊勒里宫（后来没有重建）；巴黎公社在政府军的镇压下遭到失败。
1875 年	由查尔斯・加尼叶设计的歌剧院开幕（歌剧院大街于 1878 年修建完工）。
1875—1914 年	在蒙马特高地修建了圣心教堂。
1879 年	法国政府从凡尔赛迁回巴黎。
1889 年	在埃菲尔铁塔举办了寰球博览会及其开幕式。
1891 年	3 月 15 日，法国东部开始采用巴黎时间。
1895 年	12 月，首家公共影院开业，由卢米埃尔兄弟运营，位于卡比赞大道的格兰德咖啡馆。
1898 年	1 月 13 日，左拉就德雷福斯事件发表公开信。
1900 年	4—11 月，巴黎举办寰球博览会；奥赛车站、大小皇宫、亚历山大三世大桥落成。 7 月 19 日，巴黎开通首条地铁线。
1903 年	7 月，首届环法自行车赛举行，出发点和结束点均设在巴黎郊区。
1906 年和 1919 年	“不良卫生区”被列出，开始贫民窟清洁行动。
1910 年	1 月，巴黎爆发自 1658 年以来最为严重的洪水。 11 月 4 日，首条贯通城南城北的地铁开通。
1911 年	巴黎人口为 288.8 万（占法国总人口的 7.3%；若加上郊区人口，则占法国总人口的 18%）。
1914 年	7 月 31 日，让・饶勒斯遇刺。 8 月 1 日，法国进行全民战争总动员。 8 月 30 日，巴黎首次遭到空袭（巴黎东站）。
1915 年	3 月 20—21 日及 1916 年 1 月 29 日，齐柏林飞艇空袭巴黎。
1918 年	1—9 月，德军哥达轰炸机和远程大炮不时轰击巴黎。 11 月 11 日，双方停火。
1919 年	建成布尔盖机场。开始拆毁梯也尔防御工事。
1921 年	巴黎人口为 290.6 万（占法国总人口的 7.4%；若加上郊区人口，则占法国总人口的 15%）。
1925 年	巴黎举办世界博览会及国际装饰艺术与现代工艺博览会。

1930 年	巴黎的陆地面积（包括现在的布瓦·德布洛涅和布瓦·德文森讷）为105.4 平方公里。
1937 年	夏悠宫举行国际博览会开幕式。
1939 年	9 月 3 日，法国宣战。
1940 年	6 月，德军进入巴黎；法国政府迁往图尔斯，后迁往波尔多。 7 月，维希政府成立。巴黎此时处在德军占领区，仍是法国的首都。
1942 年	7 月，巴黎的犹太人遭到大肆围捕。
1944 年	巴黎解放。
1946 年	巴黎人口为 272.5 万（占法国总人口的 6.8%）；塞纳河地区人口为477.6 万。
1950 年	政府出台了公共廉租房项目，成立首批"宿舍城区"；在让尼维耶开放了巴黎新港。
1952 年	奥利（Orly）取代布尔盖机场，成为巴黎最主要的民用机场。
1958 年	巴黎设立了商务专区——拉代芳斯。
1959—1969 年	戴高乐任法国总统。
1961 年	"巴黎专区"成立（1976 年仿照以前的省份改名为"法兰西岛"）。 10 月 17 日，巴黎警方对阿尔及利亚人大开杀戒。
1962 年	7 月，法国承认阿尔及利亚独立。 8 月 4 日，根据《马勒侯法令》在巴黎中心地带划出一片保留地。 8 月 22 日，在帕蒂·克拉玛有人阴谋行刺戴高乐总统。
1964 年	7 月，塞纳河地区被分为巴黎、塞纳－圣丹尼省、马恩谷省和上塞纳省。
1965 年	"巴黎地区规划蓝图"出台：设立了五座"卫星新城"—— 塞吉－蓬图瓦兹、埃夫里、马恩谷、默伦塞纳和圣昆廷－伊芙兰。
1968 年	5—6 月，法国爆发学生抗议运动和全国工人大罢工。
1969 年	蒙巴纳赛塔楼开始修建（1972 年完工），市区高速列车网络（RER）也开始修建。中央市场被移到兰吉斯。
1969—1974 年	乔治·蓬皮杜任法国总统。
1973 年	环城公路修建完工。
1974 年	戴高乐机场落成。
1974—1981 年	德斯坦任法国总统。
1975 年	巴黎人口为 231.7 万（占法国总人口的 4.4%），法国城市人口为 987.9 万（占法国总人口的 18.7%）。 7 月 1 日，巴黎所有的公交网络开始采用一卡通。

1977 年	1 月 31 日，乔治－蓬皮杜中心（“波布”）落成。
	2 月 28 日，政府规定巴黎市中心的新建楼宇高度不得超过二十五米。
	3 月，希拉克成为 1871 年以来的首位巴黎市长。
1979 年	贝尔西的葡萄酒仓库被拆毁。
	9 月，巴黎大堂开业。
1981—1995 年	密特朗任法国总统。
1981 年	9 月，法国开通第一条高速铁路，贯通巴黎和里昂。
1984—1987 年	修建拉维莱特公园。
1986 年	12 月，奥赛博物馆落成。
1989 年	3 月，卢浮宫金字塔落成。
	7 月，巴士底剧院落成。
1991 年	贝尔西发现新石器时代工具，并开始进行考古挖掘工作。
1992 年	4 月，巴黎迪斯尼乐园开始向公众开放。
1994 年	11 月 14 日，首列欧洲之星列车从巴黎北站发车，驶向伦敦滑铁卢车站。
1995—2007 年	希拉克任法国总统。
1996 年	12 月，法国国家图书馆对外开放。
1998 年	7 月 12 日，法国国家足球队在圣丹尼国家体育场赢得世界杯冠军。
1999 年	巴黎人口为 212.5 万，市区（法兰西岛）人口 109.47 万（其中 18.7% 出生于法国本土，6.9% 出生于欧盟以外）。
2001 年起	贝特朗·德拉诺埃出任巴黎市长。
2002 年	7—8 月，“巴黎海滨”落成：塞纳河畔建起临时“海滩”。
2005 年	10—11 月，法国爆发全国范围的城镇郊区群众骚乱事件。
2006 年	3 月，学生占领巴黎大学，不久在共和国卫队的镇压下撤出校园。
2007 年起	萨科齐出任法国总统。
2007 年	7 月，开始引入公共自行车出租系统。
2008 年	从 1 月 1 日起，巴黎的咖啡馆和饭店禁止吸烟。
2010 年	巴黎市法兰西岛环城大道建成通车。

参考文献

第一章

Abrantès, Laure Junot, duchesse d'. *Mémoires de Madame d'Abrantès*. Ed. A. Ollivier. 1958.

Arrêté des demoiselles du Palais-Royal consfédérés [sic] pour le bien de leur chose publique. c. 1790.

Balzac, Honoré de. *Le Colonel Chabert*. 1832.

Balzac, Honoré de. *Splendours et Misères des courtisanes*. 1838—47.

Bertin, Le Chevalier. 'Voyage de Bourgogne'. In *Voyages des poètes français*. 1888.

Blagdon, Francis William. *Paris As It Was and As It Is*. 1803.

Boudon, Edmée-Marie-Claude de. *Lettres... ou Journal d'un voyage à Paris*. 1791.

Carroll, Charles Michael. 'The History of "Berthe": A Comedy of Errors'. *Music & Letters*, July 1963, pp. 228—39.

Chateaubriand, Franàois-René de. *Mémoires d'outre-tombe*. Ed. J.-C. Berchet. 1989—92.

Hurtaut, Pierre-Thomas-Nicolas and Magny. *Dictionnaire historique de la ville de Paris et de ses environs*. 1779.

Isherwood, Robert. *Farce and Fantasy: Popular Entertainment in Eighteenth-Century Paris*. 1986.

Kotzebue, August von. *Souvenirs de Paris en 1804*. Tr. G. de Pixérécourt. 1805.

Lamothe-Langon, Étienne-Léon de. *Voyage à Paris, ou Esquisses des hommes et des choses dans cette capitale*. 1830.

Lefeuve, Charles. *Les Anciennes maisons de Paris*. 1875.

Mercier, Louis-Sébastien. *Tableau de Paris*. 1782.

Napoleon I. *Manuscrits inédits, 1786—1791*. Ed. F. Masson and G. Biagi. 1907.

Parent-Duchâtelet, A.-J.-B. *De la prostitution dans la ville de Paris*. 3rd ed. 1857.

Restif de la Bretonne, Nicolas-Edme. *Le Palais-Royal*. 1790; 1988.

Salgues, Jacques-Barthélemy. *Mémoires pour servir à l'histoire de France sous le gouvemement de Napoléon Buonaparte*. Vol. I. 1814.

Wild, Nicole and David Charlton. *Théâtre de l'Opéra-Comique, Paris: répertoire, 1762—1972*.

2005.
Winter, Edward. 'Napoleon Bonaparte and Chess'. 1998. http://www.chesshistory.corn/winter/extra/napoleon.html
Young, Norwood. *Napoleon in Exile: St. Helena, 1815–1821*. 1915.

第二章

Blagdon, Francis William. *Paris As It Was and As It Is*. 1803.
Clément, Alain and Gilles Thomas. *Atlas du Paris souterrain*. 2001.
Dulaure, Jacques-Antoine. *Histoire physique, civile et morale de Paris*. 1829.
Dunkel, Jean-Timothée. *Topographie et consolidation des carrières sous Paris*. 1885.
Guillaumot, Charles-Axel. *Mémoire sur les travaux ordonnés dans les carrières de Paris*. 1797; 1804.
Guillaumot, Charles-Axel. *Remarques sur un livre intitulé 'Observations sur l'architecture', de M. l'abbé Laugier*. 1768.
Héricart de Thury, Louis. *Description des catacombes de Paris*. 1815.
Hurtaut, Pierre-Thomas-Nicolas and Magny. *Dictionnaire historique de la ville de Paris et de ses environs*. 1779.
Jenlis, Suzanne de. 'Charles Axel Guillaumot'. *ABC Mines*, April 2004. http://www.annales.org/archives/x/guillaumot.html
Journal des Mines, XXXV (1814), p. 194.
Lefrançois, Philippe. *Paris souterrain*. 1950.
Mercier, Louis-Sébastien. *Tableau de Paris*. 1782.
Mercier de Compiègne, C.-F.-X. *Manuel du voyageur à Paris*. 1798–99.
Pétition des ouvriers employés aux carrierès de Paris, adressée an Conseil d'État. c.1790.
Pinkerton, John. *Recollections of Paris, in the Years 1802–3–4–5*. 1806.
Simonin, Louis-Laurent. 'Les Carriers et les carrières'. In *Paris-Guide, par les principaux écrivains et artistes de la France*. Vol. II. 1867.
Thépot, André. *Les Ingénieurs des mines du XIXe siècle*. 1998.

第三章

Maps: Roussel, *Paris, ses fauxbourgs et ses environs* (1730); Louis Bretez ('Plan Turgot'), 1739; Guillaume Dheulland, *Ville, Cité et Université de Paris* (1756?); Jean Delagrive, *Plan de Paris* (1761); Robert de Vaugondy, *Plan de la ville et des faubourgs de Paris* (1771); Hurtaut and Magny, 'Plan de la ville et fauxbourgs de Paris', in *Dictionnaire historique* [...] (1779); Edme Verniquet (see Pronteau, below).
Angoulême, duchesse d'. *Mémoire écrit par Marie-Thérèse-Charlotte de France sur la captivité des princȩs et princesses ses parents*. 1892.

Anon. *Almanach du voyageur à Paris*. 1787.

Anon. 'Paris'. In Pierre Larousse. *Grand Dictionnaire universel du XIXe siècle,* XII (1874), p. 243 ('Rues').

Barberet, Joseph. 'Cochers et loueurs de voitures'. *Le Travail en France,* IV (1887), pp. 199–324.

Berty, Adolphe. *Topographic historique du vieux Paris: région du Louvre et des Tuileries*. 1885.

Bouillé, François-Claude-Amour, marquis de. *Mémoires sur la Révolution française*. 1797.

Bouillé, Louis-Joseph-Amour, marquis de. *Souvenirs et fragments*. Ed. P.-L. de Kermaingant. Vol. I. 1906.

Campan, Madame. *Mémoires sur la vie privée de Marie-Antoinette*. 1823.

Cointeraux, François. *Paris tel qu'il étoit à son origine, tel qu'il est aujourd'hui*. 1798–99.

Convention Nationale. *Procès-verbaux du Comité d'instruction publique de la Convention nationale*. Vol. IV. 1794.

Fontanges, François. *La Fuite du Roi (20 juin 1791): relation du voyage de Varennes*. 1898.

Gauthier, V.-Eugène. *Annuaire de l'imprimerie*. 1853.

Hillairet, Jacques. *Dictionnaire historique des rues de Paris*. 10th ed. 1997.

Lavallée, Théophile. *Histoire de Paris, depuis le temps des Gaulois jusqu'à nos jours*. 1857.

Lefeuve, Charles. *Les Anciennes maisons de Paris*. 1875.

Louis XVI, Marie-Antoinette and Mane-Élisabeth. *Lettres et documents inédits*. Ed. F. Feuilletde Conches. 1864–73.

Mercier, Louis-Sébasden. *Tableau de Paris*. 1782.

Moustier, François-Melchior, comte de. *Relation du voyage de Sa Majesté Louis XVI lors de son départ pour Montmédi*. 1815.

Pinkerton, John. *Recollections of Paris, in the Years 1802–3–4–5*. 1806.

Pronteau, Jeanne. *Edme Verniquet, 1727–1804, architecte et auteur du 'Grand Plan de Paris'*. 1986.

Pronteau, Jeanne. *Les Numérotages des maisons de Paris*. 1966.

Prudhomme, Louis-Marie. *Voyage descriptif et philosophique de l'ancien et du nouveau Paris*. 1814.

Rousseau, James. 'Rue sans nom'. In Louis Lurine. *Les Rues de Paris,* II (1844), pp. 207–20.

Tourzel, Louise-Élisabeth, duchesse de. *Mémoires de madame la duchesse de Tourzel, gouvemante des enfants de France*. 1883.

Valori, François-Florent, comte de. *Précis historique du voyage entrepris par S. M. Louis XVI, le 21 juin 1791*. 1815.

Weber, Joseph. *Mémoires concernant Marie Antoinette, archiduchesse d'Autriche, reine de France*. 1804–09.

第四章

Balzac, Honoré de. *La Peau de chagrin.* 1831.

Beaugrand, Émile. 'Cordonniers (hygiène industrielle)'. *Dictionnaire encyclopédique des sciences médicates,* XX (1877), pp. 429–32.

Dumas, Alexandre. *Le Comte de Monte-Cristo.* 1845–46.

Échard and Michaud Jr. 'Peuchet (Jacques)'. *Biographic universelle (Michaud) ancienne et moderne.* 2nd ed. XXXII (c. 1856), pp. 631–33.

Marx, Karl. 'Peuchet: vom Selbstmord' ('Peuchet on Suicide'). *Gesellschaftsspiegel,* January 1846.

Pacca, Bartolomeo. *Mémoires du Cardinal Pacca.* Tr. L. Bellaguet. 1833.

Peuchet, Jacques. *Mémoires tirés des archives de la Police de Paris.* 1838.

Peuchet, Jacques. *Du Ministère de la Police Générale.* 1814.

Peuchet, Jacques. 'François Picaud'. *Le Monte-Cristo* (ed. A. Dumas), 23 and 30 June 1859.

Reichard, Heinrich August Ottokar. *Guide des voyageurs en France.* 1810.

Thiers, Adolphe. *Histoire de la Révolution française.* 1839.

第五章

Parts of this story appeared in a different form in the *London Review of Books: G.* Robb, 'Walking Through Walls', *LRB,* 18 March 2004.

Anon. 'Juin 1832 (Insurrection des 5 et 6)'. In Pierre Larousse. *Grand Dictionnaire universel du XIXe siècle,* IX (1873), pp. 1096–97.

Chenu, A. *Les Conspirateurs*. 1850.

Cooper, James Fenimore. *A Residence in France*. 1836.

Grasilier, Léonce. 'Les Policiers officiels adversaires de Vidocq'. *L'Intermédiaire des chercheurs et curieux*, 1910, pp. 827–29.

Hugo, Victor. *Les Misérables*. 1862.

Kalifa, Dominique. *Naissance de la police privée.* 2000.

Merrick, Jeffrey. ' "Nocturnal Birds" in the Champs-Élysées: Police and Pederasty in Prerevolutionary Paris'. *GLQ* (2002), pp. 425–32.

Roguet, Christophe-Michel. *Insurrections et guerre des barricades dans les grandes villes.* 1850.

Stead, Philip John. *Vidocq: A Biography.* 1953.

Vidocq, Eugène-François. *Mémoires de Vidocq, chef de la Police de Sûreté, jusqu'en 1827.* 1828–29.

Vidocq, Eugène-François. *Les Voleurs: physiologic de leurs moeurs et de leur langage.* 1837.

第六章

Baldick, Robert. *The First Bohemian: The Life of Henry Murger.* 1961.
Boisson, Marius. *Les Compagnons de la vie de bohème.* 1929.
Caron, Jean-Claude. *Générations romantiques: les étudiants de Paris et le quartier latin, 1814–1851.* 1991.
Champfleury. *Souvenirs des Funambules.* 1859.
Champfleury. *Souvenirs et portraits de jeunesse.* 1872.
Claretie, Jules. *La Vie à Paris.* 1880.
Delvau, Alfred. *Henry Murger et la Bohème.* 1866.
Du Camp, Maxime. *Paris, ses organes, ses fonctions et sa vie.* 1875.
Dufay, Pierre. 'Des Buveurs d'eau à la "Vie de Bohême"'. *Mercure de France,* 1 April 1922.
Héricault, Charles d'. *Souvenirs et portraits.* 1902.
La Bédollière, Émile de. *Le Nouveau Paris: histoire de ses 20 arrondissements.* 1860.
Montorgueil, Georges. *Henri Murger, romancier de la Bohème.* 1928.
Murger, Henry. *Propos de ville et propos de théâtre.* 1875.
Murger, Henry. *Scènes de la vie de bohème,* ed. P. Ginisty. 1924.
Murger, Henry. *Scènes de la vie de bohème,* ed. L. Chotard and G. Robb. 1988.
Nadar et al., *Histoire de Mürger [sic],* n. d.
St John, Bayle. *Purple Tints of Paris: Character and Manners in the New Empire.* 1854.
Schanne, Alexandre. *Souvenirs de Schaunard.* 1887.
Toubin, Charles. 'Souvenirs d'un septuagénaire'. In *Baudelaire devant ses contemporains.* Ed. W. T. Bandy and C. Pichois. 1995.
Vitu, Auguste (?). *Le Corsaire-Satan en Silhouette.* Ed. G. Robb. 1985.

第七章

Annuaire-almanach du commerce et de l'industrie, ou Almanach des 500,000 adresses. 1861.
Annuaire de la librairie, de l'imprimerie, de la papeterie, du commerce, de la musique et des estampes. 1860.
Avice, Jean-Paul. 'Marville et les fantômes du réel'. In *Naissance du fantôme.* Ed. J.-D. Jumeau-Lafond. 2002.
Baudelaire, Charles. *Correspondance.* Ed. C. and V. Pichois. 1973.
Baudelaire, Charles. *Œuvres complètes.* Ed. C. Pichois. 1975–76.
Carmona, Michel. *Haussmann.* 2000.
Davanne, A. *Rapport sur les épreuves et les appareils de photographic.* In Ministère de l'Agriculture et du Commerce. *Exposition Universelle Internationale de 1878 à Paris.* 1880.
Delvau, Alfred. *Les Dessous de Paris.* 1860.
Disdéri. *Manuel opératoire de photographic sur collodion instantané.* 1853.

Haussmann, Georges-Eugène. *Mémoires*. Ed. F. Choay. 2000.

Kerouac, Jack. *Satori in Paris*. 1966; 1985.

Lazare, Félix and Louis. *Dictionnaire administratif et historique des rues de Paris et de ses monuments*. 1844–49.

Lecouturier, Henri. *Paris incompatible avec la République: plan d'un nouveau Paris où les révolutions seront impossibles*. 1848.

Le Gray, Gustave. *Traité pratique de photographic sur papier et sur verre*. 1850.

Maréchal, Henri. *L'Éclairage à Paris*. 1894.

Musée Carnavalet. *Eugène Atget: itinéraires parisiens*. Ed. D. Harris. 1999.

Ollivier, Émile. *L'Empire libéral*. Vol. III. 1898.

Paris, ses curiosités et ses environs avec un nouveau plan. Annuaire parisien, contenant 25.000 adresses des fabricants, négociants et commerçants les plus importants. 1850.

Pichois, Claude. *Baudelaire à Paris*. 1967.

Pichois, Claude and J.-P. Avice, *Baudelaire-Paris*. 1994.

Texier, Edmond. *Tableau de Paris*. 1852–53.

Thézy, Marie de. *Marville, Paris*. 1998.

Van Zanten, *David. Building Paris: Architectural Institutions and the Transformation of the French Capital*. 1994.

Le Véritable conducteur parisien, 1828.

Viel-Castel, Horace de. *Mémoires... sur le règne de Napoléon III*. 1883–84.

第八章

Bullard, Alice. *Exile to Paradise: Savagery and Civilization in Paris and the South Pacific*. 2000.

Daeninckx, Didier. 'La Marque de l'histoire' (lecture). 2003. http:// www.editions-verdier.fr/v3/oeuvre-cannibale–3.html

Dousset-Leenhardt, Roselène. *Terre natale, terre d'exil*. 1998.

Du Camp, Maxime. *Les Convulsions de Paris*. 1881.

Edwards, Stewart. *The Paris Commune 1871*. 1971.

Exposition Universelle Internationale de 1889 à Paris. Catalogue général officiel. 1889.

Forbes, Archibald. *Camps, Quarters, and Casual Places*. 1896.

Gamier, Jules. 'La Nouvelle-Caledonie à l'Exposition universelle de 1878'. *Bulletin de la Société de Géographic*, January-June 1879.

Gayet de Cesena, Amédée. *Le Nouveau Paris: guide de l' étranger*. 1864.

Grousset, Paschal and François Jourde. *Les Condamnés politiques en Nouvelle-Calédonie*. 1876.

Hans, Ludovic and J.-J. Blanc. *Guide à trovers les ruines*. 1871.

Home, Alistair. *The Fall of Paris*. 1989.

Lissagaray, Hippolyte-Prosper-Olivier. *Histoire de la Commune de 1871*. 1876.

Michel, Louise. *Légendes et chants de gestes canaques*. 1885.

Michel, Louise. *Mémoires.* 1886.

Paris libre, journal du soir, April-May 1871.

Pierotti, Ermete. *Rapports militaires officiels du Siège de Paris.* 1871.

Rochefort, Henri. *Les Aventures de ma vie.* 1896.

Roujou, Anatole. 'Sur quelques types humains trouvés en France'. *Bulletins de la Société d'anthropologie de Paris,* 1872, pp. 768—82.

Schreiner, Alfred. *La Nouvelle-Calédonie depuis sa découverte (1T74) jusqu'à nos jours.* 1882.

Société d'anthropologie de Paris. *La Société, l'École et le laboratoire d'anthropologie de Paris à l'Exposition universelle de 1889.* 1889.

Topinard, P. 'Discussion sur les moyennes'. *Bulletins de la Société d'anthropologie de Paris,* 1880, pp. 32—42.

第九章

Alexis, Paul. *Émile Zola, notes d'un ami.* 1882.

Anon. 'Chronique de l'Exposidon'. *Le Temps,* 31 March 1889, p. 2.

Anon. *Les Merueilles de l'Exposition de 1889.* 1890 (?).

Bloch-Dano, Evelyne. *Madame Zola.* 1997.

Brown, Frederick. *Zola: A Life.* 1996.

Goncourt, Edmond and Jules de. *Journal: mémoires de la vie littéraire.* 1989.

Hemmings, F. W. J. *The Life and Times of Émile Zola.* 1977.

Laborde, Albert. *Trente-huit anné es près de Zola.* 1963.

Maupassant, Guy de. *La Vie errante.* 1890.

Mitterand, Henri. *Zola.* 1999—2002.

Say, Léon. 'Les Chemins de fer'. In *Paris-Guide, par les principaux écrivains et artistes de la France.* Vol. II. 1867.

Zola, Émile. *Correspondance.* Ed. B. H. Bakker. 1978—95.

第十章

Albaret, Céleste and Georges Belmont. *Monsieur Proust.* 1973.

Basset, Serge. 'Sur le Métropolitan!'. *Figaro,* 20 July 1900, p. 3.

Bechmann, Georges. *Salubrité urbaine, distributions d'eau, assainissement.* 1898—99.

Biette, Louis. 'Le Métropolitain'. *Revue de Paris,* 15 April, 1 and 15 May 1906.

Carter, William C. *Marcel Proust: A Life.* 2000.

Davenport-Hines, Richard. *Proust at the Majestic.* 2006.

Galipaux, Félix. 'Le Métro, monologue'. *Je sais tout,* 15 June 1916, p.671—75.

Lamming, Clive. *Métro insolite.* 2005.

Ossadzow, Alexandre and Claude Berton. *Fulgence Bienvenue et la construction du Métropolitain*

de Paris. 1998.
Petitjean, Narcisse-Nicolas. *Les Grands travaux de Paris: l'Exposition de 1900, le Métropolitain, la démolition des remparts, la nouvelle enceinte, le tout-à- l'egout.* 1895.
Proust, Marcel. *À la recherche du temps perdu.* Ed. J.-Y. Tadié. 1987–89.
Proust, Marcel. *Correspondance.* Ed. P. Kolb. 1970–93.
Proust, Marcel. 'Joumées de lecture'. *Figaro,* 20 March 1907, p. 1.
Rearick, Charles. *The French in Love and War: Popular Culture in the Era of the World Wars.* 1997.
Tadié, Jean-Yves. *Marcel Proust.* 1996.
Vuillaume, Maxime. *Paris sous les Gothas.* 1918.

第十一章

A scholar without Fulcanelli's mystical insights might have identified 'The Alchemist' as the Wandering Jew: see M. Camille, *The Gargoyles of Notre-Dame* (Chicago, 2009).
Aubert, Marcel. 'La Maison dite de Nicolas Flamel'. *Bulletin monumentale (Société française d'archéologie),* 1912, pp. 305–18.
Bottineau, Yves. *Notre-Dame de Paris et la Sainte-Chapelle.* 1966.
Chancel, Jacques. Interview with Eugène Canseliet. 'Radioscopie'. France Inter, 23 June 1978.
Choquette, Leslie. 'Homosexuals in the *City'. Journal of Homosexuality,* 2001, pp.149–68.
Comptes rendus hebdomadaires des séances de l'Académie des Sciences, CCXXVI (24 May 1948), pp. 1655–56; CCXXIX (7 November 1949), p. 909.
Dillon, Emile Joseph. *The Inside Story of the Peace Conference.* 1920.
Edwards, Henry Sutherland. *Old and New Paris.* 1893–94.
Figuier, Louis. *L'Alchimie et les alchimistes.* 1860.
Fulcanelli. *Le Mystere des cathedrales et l'interprétation ésotérique des symboles hermétiques du Grand Œuvre.* Ed. E. Canseliet. 1964.
Fulcanelli. *Les Demeures philosophales et le symbolisme hermétique .. . Ed. E. Canseliet. 1965.*
Gobineau de Montluisant, Esprit. Explication très-curieuse des énigmes et figures hiéroglyphiques au grand portail de l'eglise cathédrale et métropolitaine de Notre-Dame de Paris. 1640; 1954.
Hugo, Victor. *Notre-Dame de Paris. 1482.* 1831.
Ibels, André. 'Les Faiseurs d'or'.*Je sais tout,* August 1905, p. 185–94.
Jollivet-Castelot, François. *Comment on devient alchimiste.* 1897.
Jollivet-Castelot, François. *Le Grand-Œuvre alchimique.* 1901.
Levenstein, Harvey. *We'll Always Have Paris: American Tourists in France Since 1930.* 2004.
MacMillan, Margaret. *Peacemakers: the Paris Conference of 1919.* 2001.
Pauwels, Louis and Jacques Bergier. *Le Matin des magiciens.* 1960.
Phaneg, G. *Cinquante memeilleux secrets d'alchimie.* 1912.

Pitollet, Camille. 'Où est la momie de Cléopâtre?'. *L'Intermédiaire des chercheurs et curieux,* 1935, pp. 6–9, 387–91 and 832.

Richelson, Jeffrey T. *Spying on the Bomb: American Nuclear Intelligence from Nazi Germany to Iran and North Korea.* 2006.

Sclove, Richard E. 'From Alchemy to Atomic War: Frederick Soddy's "Technology Assessment" of Atomic Energy, 1900–1915'. *Science, Technology, & Human Values,* Spring 1989.

Soddy, Frederick. *The Interpretation of Radium and the Structure of the Atom.* 1920.

Tiffereau, Cyprien-Théodore. *Les Métaux sont des corps composés: mémoires présentés à l'Académie des Sciences.* 2nd ed. 1857.

Viollet-le-Duc, Eugène. *Du style gothique au XIXe siècle.* 1846.

Viollet-le-Duc, Eugène and Jean-Baptiste Lassus. *Projet de restauration de Notre-Dame de Paris.* 1843.

Weber, Eugen. *The Hollow Years.* 1995.

Weiss, Louise. *La Résurrection du chevalier.* 1974.

White, Watson. *The Paris That Is Paris.* 1926.

第十二章

Anon. 'Last Days'. *Time,* 24 June 1940.

Below, Nicolaus von. *At Hitler's Side: the Memoirs of Hitler's Luftwaffe Adjutant.* Tr. G. Brooks. 2001.

Bormann, Martin. *Hitler's Table Talk, 1941–44. His Private Conversations.* Tr. N. Cameron and R. H. Stevens. 1953; 1973.

Breker, Arno. *Im Strahlungsfeld der Ereignisse, 1925–1965.* 1972.

Cobb, Richard. *French and Germans, Germans and French.* 1983.

Cocteau, Jean. Journal, *1942–1945.* Ed. J. Touzot. 1989.

Dietrich, Otto. *The Hitler I Knew.* Tr. R. and C. Winston. 1957.

Engel, Gerhard. *Heeresadjutant bei Hitler, 1938–1943: Aufzeichnungen des Majors Engel.* Ed. H. von Kotze. 1974.

Giesler, Hermann. *Ein anderer Hitler: Bericht seines Architekten,* 2nd ed. 1977.

Hitler, Adolf. *Reden und Proklamationen, 1932–1945.* Ed. M. Domarus. 1987.

Krob, Melanie Gordon. 'Paris Through Enemy Eyes: the Wehrmacht in Paris, 1940–1944'. *Journal of European Studies,* 2001, pp. 3–28.

Langeron, Roger. *Paris, juin 40.* 1946.

Paul, Elliot. *The Last Time I Saw Paris.* 1942; 2001. (British edition: *A Narrow Street.)*

Pryce-Jones, David. *Paris in the Third Reich.* 1981.

Schroeder, Christa. *Er war mem Chef: aus dem Nachlaß der Sekretärin von Adolf Hitler.* Ed. A. Joachimsthaler. 1985.

Shirer, William L. *The Collapse of the Third Republic.* 1969.

Speer, Albert. *Inside the Third Reich.* Tr. R. and C. Winston. 1971.
Sweeting, C. G. *Hitler's Personal Pilot: The Life and Times of Hans Baur.* 2000.
Warlimont, Walter. *Inside Hitler's Headquarters.* Tr. R. H. Barry. 1964.

第十三章

I am particularly indebted to *La Grande rafle du Vel d'Hiv* by C. Lévy and P. Tillard. Nat Linen (Anatole Linenstein) was arrested and deported in 1944; he was interviewed in 1965. Anna Lichtein and her mother returned from Auschwitz.
Alary, Eric. *La Ligne de démarcation.* 2003.
Amouroux, Henri. *La Vie des François sous l'Occupation.* 1961.
Coctem, Jean. *Journal, 1942–1945.* Ed. J. Touzot. 1989.
Colette. *Paris, de ma fenêtre.* 1944.
Diamond, Hanna. *Women and the Second World War in France, 1939–48.* 1999.
Grynberg, Anne. *Les Camps de la honte.* 1999.
Guéno, Jean-Pierre and Jérôme Pecnard. *Paroles d'étoiles.* 2002.
Laloum, Jean. *Les juifs dans la Résistance et la Libération.* 1985.
Langeron, Roger. *Paris, juin 40.* 1946.
Lazare, Lucien. *Rescue as Resistance.* Tr. J. M. Green. 1996.
Lemalet, Martine. *Au secours des enfants du siècle.* 1993.
Lévy, Claude and Paul Tillard. *La Grande rafle du Vel d'Hiv.* 1967.
Marrott-Fellag Ariouet, Céline. 'Les Enfants cachés pendant la seconde guerre mondiale'. 2005. http://lamaisondesevres.org/cel/celsom.html
Ousby, Ian. *Occupation: the Ordeal of France.* 2000.
Sartre, Jean-Paul. 'Paris sous l'Occupadon' (1945). In *Situations, III.* 1949.
Veillon, Dominique. *La Mode sous l'Occupation.* 1990.
Zeitoun, Sabine. *Ces enfants qu'il fallait sauver.* 1989.

第十四章

The imaginary screenplay is based closely on the autobiography of Juliette Greco, several interviews, and Miles Davis's unsparing account of himself in *Miles: the Autobiography.*
Anon. 'L'Existentialisme à Saint-Germain-des-Prés' (documentary). *Les Actualités françaises,* 20 September 1951.
Beauvoir, Simone de. *La Force des choses.* 1963.
Beevor, Antony and Artemis Cooper. *Paris After the Liberation, 1944–1949.* 2004.
Caries, Philippe. Interview with Juliette Greco. Tr. R. Williams. *Guardian,* 25 May 2006.
Charbonnier, Jean-Philippe. 'Juliette Gréco & Miles Davis-Paris 1949' (photograph).
Davis, Miles and Quincy Troupe. *Miles: the Autobiography.* 1990.

Gréco, Juliette. *Jujube.* 1982.
Gréco, Juliette. Interview. 'Gros plan'. ORTF, 13 July 1962.
Queneau, Raymond. *L'Instant fatal.* 1946; 1948.
Sartre, Jean-Paul. *La Responsabilité de l'écrivain.* 1946; 1998.

第十五章

Barrat, Michel. 'Scènes de la libération de Paris en 1944'. 1998. http://adminet.tv/barrat/liberation.html
Belvisi, Armand. *L'Attentat: indicatif Écho-Gabriel.* 1972.
Cocteau, Jean. Journal, *1942–1945.* Ed. J. Touzot. 1989.
Crang, Jeremy A. 'General de Gaulle under Sniper Fire in Notre-Dame Cathedral, 26 August 1944: Robert Reid's BBC Commentary'. *Historical Journal of Film, Radio and Television,* August 2007, pp.391–406.
Delarue, Jacques. *L'O.A.S. contre de Gaulle.* 1981.
Duprat, François. *Les Mouvements d'extrême-droite en France depuis 1944.* 1972.
Gaulle, Charles de. *Mémoires de guerre.* 1954–59.
Giesbert, Franz-Olivier. *François Mitterrand ou la Tentation de l'histoire.* 1977.
Lacouture, Jean. *Mitterrand: une histoire de François.* 1988.
Lame, André. *Les Flies.* 1969.
Mackworth, Cecily. 'Letter from Paris'. *The Twentieth Century,* December 1959.
Marton, Lajos. *Il faut tuer de Gaulle.* 2002.
Méfret, Jean-Pax. *Jusqu'au bout de l'Algérie française.* 2003; 2007.
Nay, Catherine. *Le Noir et Ie Rouge, ou l'Histoire d'une ambition.* 1985.
Pesquet, Robert. *Mon vrai-faux attentat contre Mitterrand.* 1995.
Peyrefitte, Alain. *C'était de Gaulle.* 1994.
Tiersky, Ronald. *François Mitterrand, the Last French President.* 2000.
Williams, Philip M. *Wars, Plots and Scandals in Post-War France.* 1970.

第十六章

Dark Star Collective. *Beneath the Paving Stones: Situationists and the Beach, May 1968.* 2001.
Daum, Nicolas. *Mai 68 raconté par des anonymes.* 2008. Revised ed. of *Des révolutionnaires dans un village parisien.* 1988.
Franco, Victor and Claude Ventura. 'Les Résidents de Nanterre'. 'Tel Quel'. ORTF, 26 March 1968.
Gallant, Mavis. *Paris Notebooks.* 1968; 1988.
Grappin, Pierre. *L'Île aux peupliers, de la Résistance à Mai 68: souvenirs du doyen de Nanterre.* 1993.

Grimaud, Maurice. *En mai, fais ce qu'tl te plaît.* 1977.

Kidd, William. 'Liberation in Novels of May '68'. In *The Liberation of France.* Ed. H. Kedward and N. Wood. 1995.

Labro, Philippe, Michele Manceaux et l'équipe *d'Éiditton spéciale. Mai/juin 68: 'Ce n'est qu'un début'.* 1968.

Marwick, Arthur. *The Sixties: Cultural Revolution in Britain, France, Italy and the United States, c. 1958–c. 1974.* 1998.

Quattrocchi, Angelo and Tom Nairn. *The Beginning of the End: France, May 1968.* 1968;1998.

Reynolds, Chris. 'May 68: A Contested History'. *Sens public,* October 2007.

Rioux, Lucien and René Backmann. *L'Explosion de mai.* 1968.

Ross, Kristin. *May '68 and Its Afterlives.* 2002.

Seidman, Michael. *The Imaginary Revolution: Parisian Students and Workers in 1968.* 2004.

Singer, Daniel. *Prelude to Revolution: France in May 1968.* 1970.

Speter, Ludwig. 'La Crise de mai-juin 1968 dans *le Figaro'.* Institut d'Études politiques de Rennes, 2005.

Veillon, Dominique. 'Esthétique et représentations de la femme à travers la presse féminine'. *Les Années 68: événements, cultures politiques et modes de vie.* Lettre d'information, 26. 1997.

第十七章

Agence Trévelo & Viger-Kohler. 'La Question de la limite'. In 'Paris Métropole'. 2006. www.paris.fr/portail/accueil

Agulhon, Maurice. 'Paris: la traversée d'est en ouest'. In Pierre Nora, ed. *Les Lieux de mémoire.* Vol. Ill, 3. 1992.

Bernard-Folliot, Denise and Societe Anonyme d'Économie Mixte d'Aménagement et de Restauration du Secteur des Halles (SEMAH). *Les Halles-Beaubwrg.* 1980.

'The Black Prince' ('Le Prince Noir'). *Paris Périphérique, 11.04: The Illegal Record* (DVD). 2008.

Brassaï. *Graffiti.* Tr. D. Radzinowicz. 2002.

Charnelet, Patricia and William Leymergie. 'Midi 2'. Antenne 2, 4 March 1988.

Chevalier, Louis. *L'Assassinat de Paris.* 1977; 1997.

Evenson, Norma. *Paris: a Century of Change, 1878–1978.* 1979.

Fierro, Annette. *The Glass State: the Technology of the Spectacle.* 2003.

Flonneau, Mathieu. *L'Automobile à la conquête de Paris.* 2003.

Jamet, Dominique, et al. 'Les Paris de François Mitterrand': Institut François Mitterrand. 2003. http://www.mitterrand.org/Les-Paris-de-Francois-Mitterrand

Joffet, Robert. 'Le Point de vue du Conservateur des Jardins de Paris'. *Urbanisme,* XXI, 3–4 (1952), pp. 109–24.

Le Corbusier. *La Ville radiense.* 1935. *(The Radiant City.* 1967.)

Maspero, François. *Roissy Express: A Journey through the Paris Suburbs.* Tr. P. Jones. 1994.
Mollard, Claude. *Le Centre National d'Art et de Culture Georges-Pompidou.* 1975.
Périer, Gilberte *née* Pascal, et al. *Lettres, opuscules et mémoires.* 1845.
Poisson, Georges. *Histoire de l'architecture à Paris.* 1997.
Pompidou, Georges. *Entretiens et discours.* 1975.
Pompidou, Georges. *Pour rétablir une vérité.* 1982.
Quatremère de Quincy, Antoine. *Encyclopédic méthodique: Architecture.* 1788–1825.
Restif de la Bretonne, Nicolas-Edme. *Mes Inscripcions.* Ed. P. Cottin. 1889.
Roussel, Éric. *Georges Pompidou.* 2004.
Silver, Nathan. *The Making of Beaubourg: a Building Biography.* 1994.
Sutcliffe, Anthony, *Paris: an Architectural History.* 1993.

第十八章

Barron, Louis. *Les Environs de Paris.* 1886.
Black, Robert. *The History of Electric Wires and Cables.* 1983.
Bonnier, Louis. *L'Évacuation des matières de vidanges à Paris.* 1910.
Bromberger, Dominique. *Clichy-sous-Bois, vallée des anges.* 2006.
'Cahier des trés-humbles remontrances, supplications, plaintes et doléances de la paroisse d'Aulnay-les-Bondis' (1789). In *Archives parlementaires ... États Généraux,* I, IV (1879), p. 326 ('Paris; hors les murs').
Gazelles, Christophe, et al. *Les 'Violences urbaines' de l'autvmne 2005.* Centre d'analyse stratégique, 2007.
Chaigneau, Rafaël. 'Un pèlerinage en foret de Bondy'. *Revue du traditionnisme français et étranger,* 1913, pp. 156–8.
Chemin, Ariane. 'Le Dernier jour de Bouna Traoré et Zyed Benna'. *Le Monde,* 8 December 2005.
Counil, Émilie, et al. 'Petite histoire de la commune d'Aulnay-sous-Bois'. In *Étude de santé publique autour d'une andenne usine de broyage d'amiante.* 2007.
Dorré, L. *L'Infection de Paris et de la banlieue.* 1883.
Faure, Alain. 'Villégiature populaire et peuplement des banlieues'. In *La Terre et la Cité: Mélanges offerts à Philippe Vigier.* 1994.
Guillerme, André, et al. *Dangereux, insalubres et incommodes: paysages industriels en banlieue parisienne.* 2004.
Hugo, Victor. *Les Misérables.* 1862.
Initiatives Pour un Autre Monde (IPAM). *Le Soulèvement populaire dans les banlieues françaises d'octobre-novembre 2005.* 2005. http://www.reseau-ipam.org/IMG/pdf/Dossier_IPAM_Revoltes_urbaines.pdf
Louette. *Itinéraire complet de la France.* 1788.
Mignard, Jean-Pierre and Emmanuel Tordjman. *L'Affaire Clichy.* 2006.

Monsieur R. 'Fransse'. *Politikment Incorrekt* (CD), 2005.
Perrignon, Judith. 'Muhittin Altun'. *Libération,* 31 December 2005.
Recasens, Olivia, Jean-Michel Décugis and Christophe Labbé. *Place Beauvau: la face cachée de la police.* 2006.
Rouquette, Jules. *La Forêt de Bondy, ou les Misères du peuple.* 1887.
Sarkozy, Nicolas. *Témoignage.* 2006.
Sévigné, Marie de Rabutin-Chantal, Mme de. *Lettres.* Ed. M. Monmerque. 1862—66.
Slooter, Luuk. *Cité Dreams: An Analysis of the French Suburban Riots of 2005.* Utrecht University, 2007.
Stovall, Tyler. *The Rise of the Paris Red Belt.* 1990.

终点站

Abeillé, Anne. *Dictionnaire du Vélib'.* 2007.
Bastié, Jean. *La Croissance de la banlieue parisienne.* 1964.
Beaujeu-Gamier, Jacqueline. *Paris: hasard ou prédestination? Une géographic de Paris.* 1993.
Bonnardot, Alfred. 'Note sur un des îlots de la Seine'. *Bulletin de la Société de l'Histoire de Paris et de l'île-de-France,* 1879, pp. 29—30.
Bourgon, Anne. 'La Cité de la Muette à Drancy'. In *Place, Memory, Meaning: Preserving Intangible Values in Monuments and Sites.* ICOMOS, 14th General Assembly, 2003.
Chenay, Christophe de. 'L'Ancien camp de Drancy devient monument historique'. *Le Monde,* 1 August 2005.
Chevalier, Louis. *Montmartre du plaisir et du crime.* 1980.
Club des 100 cols (journal). Articles by A. Collonges (1981), C. Guitton (1982) and J. Briot-Giraudin (1989).
Dion, Roger. 'Paris dans la géographic'. *Revue des Deux Mondes,* 1 January 1951, pp.5—30.
François, Jacques. *Histoire du village de La Chapelle.* 2002.
Jones, Colin. 'Théodore Vacquer and the Archaeology of Modernity in Haussmann's Paris'. *Transactions of the Royal Historical Society,* 2007, pp.157—83.
Las Cases, Emmanuel, comte de. *Memorial de Sainte-Hélène.* 1842.
Lombard-Jourdan, Anne. *'Montyoie et Saint Denis!': le centre de la Gaule aux origines de Paris et de Saint-Denis.* 1989.
Pachtère, F.-G. de. *Paris à l'époque gallo-romaine.* 1912. (From the papers of Théodore Vacquer.)
Planhol, Xavier de. *Géographic historique de la France.* 1988. (Tr. J. Lloyd: *An Historical Geography of France.* 1994; 2006.)
Reclus, Onésime. *Le Plus beau royaume sous le ciel.* 1899.
Rouleau, Bernard. *Le Tracé des rues de Paris.* 1988.
Stendhal. *Vie de Henry Bmlard.* 1835—36; 1890.